普通高等院校"十二五"规划重点教材

国际贸易系列

国际营销学

张占东／主 编

屈浩峰 娄世娣／副主编

立信会计出版社
LIXIN ACCOUNTING PUBLISHING HOUSE

图书在版编目(CIP)数据

国际营销学/张占东主编. —上海：立信会计出版社，2012.4

普通高等院校"十二五"规划重点教材. 国际贸易系列

ISBN 978-7-5429-3411-6

Ⅰ.①国… Ⅱ.①张… Ⅲ.①国际营销–高等学校–教材 Ⅳ.①F740.2

中国版本图书馆 CIP 数据核字(2012)第 081168 号

策划编辑　赵新民
责任编辑　赵新民
封面设计　周崇文

国际营销学

出版发行	立信会计出版社		
地　　址	上海市中山西路 2230 号	邮政编码	200235
电　　话	(021)64411389	传　　真	(021)64411325
网　　址	www.lixinaph.com	电子邮箱	lxaph@sh163.net
网上书店	www.shlx.net	电　　话	(021)64411071
经　　销	各地新华书店		

印　　刷	浙江省临安市曙光印务有限公司
开　　本	787 毫米×1092 毫米　1/16
印　　张	20.25
字　　数	465 千字
版　　次	2012 年 4 月第 1 版
印　　次	2012 年 4 月第 1 次
印　　数	1—3 100
书　　号	ISBN 978-7-5429-3411-6/F
定　　价	34.00 元

普通高等院校"十二五"规划重点教材·国际贸易系列

总　　序

改革丌放以来，尤其是加入WTO之后，中国的对外贸易得到了快速发展，为国民经济的健康发展作出了巨大贡献。在这种背景下，培养高素质的外贸从业人员，保持国际贸易持续快速增长，就显得十分重要。高素质的外贸从业人员，需要掌握系统的相关理论、知识和技能，这套国际贸易系列教材就是为这一目的而编写的。

本套教材共13本，分别是《国际营销学》、《中国对外贸易概论》、《国际贸易》、《国际贸易实务》、《国际贸易法》、《国际金融》、《外贸英语函电》、《国际商务英语》、《国际服务贸易》、《国际贸易结算》、《国际货物运输与保险》、《国际贸易单证实务》、《国际商务谈判》，其中前8本可作为商务部外销员的考试用书。这8本教材以商务部最新外销员考试大纲为指导，在涵盖大纲全部内容的基础上，适当进行了扩充，使其既可满足外贸从业人员参加外销员考试复习之用，亦可供高等院校国际贸易及相关专业的学生学习使用。

本套教材的最大特点，在于注重理论性、知识性和趣味性的同时，也注重实用性和可操作性。比如，《国际贸易实务》介绍了如何选择进出口商品和寻找贸易商的各种有效途径，还有如何办理出口外汇核销和出口退税手续的相关内容等；《外贸英语函电》的案例几乎全部来源于外贸公司的真实案例；《国际贸易单证实务》的各种单证全部来源于外贸公司和外贸运输公司的真实单证，以便学生学以致用，提高实际业务操作技能，毕业后能快速适应外贸工作。全套教材都适当增加了“知识拓展”和“案例分析”，便于学生理解、掌握相关理论和知识。

本套教材的另一特点，是内容的前沿性和新颖性。最新相关理论、惯例、政策、规章制度以及所涉及的相关最新知识、信息等均被纳入教材中，紧跟时代步伐。

本套教材的编者，有长期从事国际贸易相关专业的教学和科研工作的专家、学者，还有长期从事国际贸易实务、管理及相关工作的专业人士，既确保了理论知识的深度、广度和系统性，又确保了应用知识的真实性和实用性。

本套教材的广泛使用，将有助于改变长期以来教材与国际贸易实践脱节的现状，有利于培养理论知识系统，全面、扎实，操作技能强的综合性外贸专门人才。

李朝民

前　言

20世纪70年代，市场营销学被引进我国。随着经济全球化的发展和企业国际营销参与程度的提高，我国出现了不同版本的国际营销学教科书，客观上促进了国际营销实践和学科的迅速发展。但是，作为一门学科或课程也有其自身的不足。因此，有必要进行探索，编写新的国际营销学教科书。本书的突出特点在于：

第一，针对性。表现在针对于国际经济与贸易专业、国际商务专业和外销员等专业人员和考生。目前市场上已有的国际营销学教科书，大多数是面对市场营销专业编写，其前提是假定学生已学习了市场营销专业的先导课程，掌握了市场营销的基本理论，所以侧重于用案例解释国际营销问题。而国际经济与贸易、国际商务专业由于课时的原因，在没有学习市场营销学课程的前提下直接学习国际营销学，就显得力不从心，不能很好地学习和理解国际营销问题。而本书是在运用市场营销基本理论的前提下，研究探讨国际营销问题和解决国际营销实际，因此具有针对性。

第二，创新性。表现在结构和内容上。已有的国际营销学大多局限于市场营销学已有的结构框架或者是偏重国际营销的环境部分，一是篇幅较长，二是不能反映国际营销的本质内容。本书的创新表现在两个方面：一是结构新，将所有国际营销集中在八章中反映出来，整体结构紧凑精炼；二是内容新，将4R、4V、绿色营销、关系营销、顾客让渡价值、定制营销、体验营销、全面营销等最新的营销理论和观念充实到教科书中，以便学生很好地把握市场营销的发展方向。

本教材共有国际营销概述、国际营销环境、国际营销调研、国际营销战略、国际营销中的产品策略、国际营销中的定价策略、国际营销中的分销策略和国际营销中的促销策略等八章内容，为了方便学习在每章后设有小结和自测练习题。

本教材由从事国际营销教学与研究的教师共同完成，张占东教授担任主编，屈浩峰、娄世娣任副主编并协助主编进行本书的大纲设计、初稿修改和统阅定稿事宜。各章的编写者是：蒋堃（第一章）、屈浩峰（第二章）、付晓丹（第三章）、张占东（第四章、第七章）、娄世娣（第五章、专业词汇索引、外销员考试历年真题汇总）、郭伟、周佩（第六章）、冯大力（第八章）。

《国际营销学》以国际市场观念为贯穿全书的主线，在集大成的基础上自成体系，理论与实践并重，既不遗漏重大理论问题，又使现有理论得以进一步深化；《国际营销学》以国内外著名案例为主，同时注重案例的经典性、规范性以及广泛的实用性。《国际营销学》教材供国际经济与贸易、国际商务等涉外专业（本科）和外销员考试使用，也是国际营销人员学习与参考的书籍。

作为一部旨在全面而系统地阐述国际营销理论与实践的教材，本书采用了国内外有关方面的研究成果，吸收了散见于报纸杂志、网络上探讨国际营销的有益观点、文章和案例，在此谨向有关作者表示谢意。同时，对格雷厄姆·胡利教授的《营销战略与竞争定位》、甘碧群教授的《国际市场营销学》、方虹教授的《国际市场营销学》、万后芬教授的《市场营销教程》、李强教授的《市场营销教程》等教材中能够反映市场营销学、国际营销学本质内容的成熟部分，编者采取"拿来主义"的方法，将这些内容或照搬或略加修改使用，理由是优秀的东西值得推广运用。感谢他们对我国市场营销学科建设，对国际营销理论发展作出的杰出贡献。

感谢我的兄长育川，他仔细地阅读了本教材，并提出了恰到好处的修改建议，又一次展示了他的才华和博学。感谢娄钰教授，他对本教材的所有英文进行了把关、斧正。感谢我的研究生孙亚楠、王晓燕、王旭、李浩杰，他们的自觉学习为我提供了充裕的时间，得以顺利完成本教材的写作。同时感谢立信会计出版社的编辑，以及为本教材的出版作出贡献的其他同志，是他们认真负责的态度和辛勤的劳动使本教材得以顺利出版。

本书与读者见面后也会暴露它的缺点和不足，故诚望各位读者对书中的错误、不足之处，直言批评、指正。

编　者

目　录

第一章　国际营销概述

学习目标

通过本章的学习，理解市场、市场营销、市场营销学、国际营销、国际营销学等相关定义，掌握生产观念、产品观念、推销观念、市场营销观念、社会营销观念，以及市场营销组合含义、特点与发展问题，熟悉开展国际营销的动因和国际营销的程度，了解绿色营销、关系营销、顾客让渡价值、定制营销、整体营销、整合营销传播等最新营销理论。

第一节　营销原理与国际营销

老百姓眼中的市场，与经济学家、营销学家眼中的市场是不同的。国际营销是指企业跨越国界的营销活动。根据企业在国际市场的参与程度，可以把企业跨国营销归纳为国内营销、出口营销、国际营销、多国营销和全球营销等五个阶段。推动企业开展国际营销的是市场、竞争、成本、技术和政府等五大因素。

一、市场的含义

市场营销在一般意义上可理解为与市场(Market)有关的人类活动。因此，我们首先要了解市场及其相关概念。

在日常生活中，人们习惯将市场看作是商品买卖的场所。古代“日中为市，致天下之民，聚天下之货，交易而退，各得其所”里面描述的就是这种时间和空间的市场概念。

经济学家从揭示经济实质角度提出市场概念，认为市场是一个商品经济范畴。市场是商品内在矛盾的表现，是供求关系；市场是商品交换关系的总和；市场是社会分工和商品生产的产物，通过市场交换反映人与人之间的关系。

营销学家侧重从具体的交换活动及其运行规律去认识市场，将市场看作是供需双方在共同认可的一定条件下所进行的商品交换活动。认为市场是由人、购买力、购买欲望三个要素共同构成的，即包括现实市场和潜在市场两个部分。从销售者营销的角度看，同行都是竞争者，不是市场。销售者构成行业，购买者构成市场。市场是多种多样的，按不同的分类标准，主要可分为生活资料市场与生产资料市场、国内市场与国际市场等。国际市场比国内市场更加复杂，国外消费者的需求比国内消费者更加多样化，因此国际市场消费者对产品的要求也就更加优质化、高档化和现代化。

将上述市场概念作简单综合和引申，可以得到对市场较为完整的认识。市场是建立在社会分工和商品生产基础上的交换关系。现实市场的形成包括消费者一方需要或欲望的存在，并拥有其可支配的交换资源；有另一方提供的能够满足消费者需求的产品；要有促成交换双方达成交易的各种条件。市场的发展是一个由消费者(买方)决定，而由生产者(卖方)推动的动态的过程。在组成市场的双方中，买方需求是决定性的。

二、市场营销的相关问题

(一) 市场营销与市场营销学

1. 市场营销的概念

市场营销(Marketing)包含两层含义：一种是动词理解，指企业的具体活动或行为，这时称为市场营销；另一种是名词理解，指研究企业的市场营销活动或行为的学科，称为市场营销学。

市场营销的第一版官方定义认为，“市场营销是将货物和劳务从生产者流转到消费者过程中的一切企业活动。”该定义是 1935 年由美国市场营销协会(AMA)的前身——美国营销教师协会提出的，1948 年被 AMA 正式采用。1960 年，当 AMA 重新审视第一版定义时决定依然保持不变，不作任何修改。就这样，关于市场营销的最初定义一直沿用了 50 年，直到 1985 年被重新修订。修订后的定义认为，“市场营销是指通过对货物、劳务和计谋的构想、定价、分销、促销等方面的计划和实施，以实现个人和组织的预期目标的交换过程。”这一定义一直沿用到 2004 年夏天才被重新修订。推动重新审视和修订 AMA 关于市场营销的官方定义的主要力量之一是来自 AMA 的 CEO 丹尼斯·杜兰普(Dennis Dunlap)。这次新定义指出，“市场营销既是一种组织职能，也是为了组织自身及利益相关者的利益而创造、传播、传递消费者价值，管理消费者关系的一系列过程。”这次市场营销定义的修订，引起了广大国际营销者的普遍重视和进一步巩固了 AMA 在国际上的地位。

国内外学者对市场营销已下过上百种定义，企业界的理解更是各有千秋。

国际营销权威菲利普·科特勒(Philip Kilter)认为，“市场营销是个人和群体通过创造并同他人交换产品和价值以满足需求和欲望的一种社会过程和管理过程”，这一定义强调了营销的价值导向和营销的社会属性。

美国营销学家尤金·麦卡锡(E. J. McCarthy)认为，“市场营销是企业经营活动的职责，它将产品从生产者直接引向消费者以便满足消费需求及实现公司利润，同时也是一种社会经济活动过程，其目的在于满足社会或人类需要，实现社会目标。”这一定义虽然明确指出了满足消费需求及实现利润是公司的营销目标，但把企业营销活动仅局限于流通领域的狭窄范围，而不是视为企业整个营销的全过程。

芬兰学者科瑞斯汀·格朗鲁斯(Christian Gronroos)认为，“市场营销是在一种利益基础上，为了满足公司和相关利益者的目标而进行的识别、建立、维持、促进，并在必要时终止关系的过程”，该定义创新性地强调了关系营销。

2. 市场营销的理解

综上所述，可以将市场营销概念具体归纳为下列要点：

(1) 市场营销的最终目标是使人或群体满足需求和欲望,实现企业利润。

(2) 市场营销的基础是交换,交换过程是一个主动、积极寻找机会、满足双方需求和欲望的社会过程和管理过程。

(3) 交换过程能否顺利进行,取决于营销者创造的产品和价值满足消费者需求的程度和交换过程管理的水平。

(4) 市场营销的核心概念有需要、欲望和需求,产品,效用、费用和满足,交换、交易和关系,市场营销者。

(5) 市场营销的主体是营销者,营销者可能是卖方,也可能是买方,积极方是营销者,消极方是潜在消费者,都积极都是营销者,叫互惠的市场营销。

(6) 市场营销是一个动态的概念,营销主体由企业发展为一切面向市场的个人和组织,营销客体由货物、服务发展到货物、服务、计谋,营销内容由单纯的销售活动发展到定价、分销、促销活动,由企业的管理过程发展到社会的管理过程。

(7) 市场营销既是一种经营哲学又是一种经营职能,作为一种经营哲学,通过满足需求,消费者满意,实现多赢;作为一种经营职能,与其他职能管理部门一样,从事营销的分析、计划、实施与控制等活动。

(8) 市场营销属于工商管理的范畴,市场营销学是建立在经济学、现代管理理论和行为科学基础上的一门应用学科。

3. 市场营销学的含义

市场营销学是研究企业营销活动及其规律,即研究企业如何从满足消费者的需求和欲望出发,有计划地组织企业的整体营销活动,通过交换,将产品或服务从生产者传递到消费者手中,以实现企业营销目标的一门应用学科。

市场营销学是在总结企业营销活动的成功经验与失败教训基础上建立起来的。市场营销学的产生与发展是与企业营销实践、市场观念的发展相适应的。市场营销学在西方国家经历了形成、应用、变革各个阶段。20 世纪 50 年代以后,市场营销学开始同企业管理相结合。市场营销的应用从仅限于流通领域扩展到生产领域以及服务领域,从而市场营销学从传统的市场营销学演变为现代市场营销学。20 世纪 70 年代开始,市场营销理论扩展应用于社会领域、政治领域、服务产业,从而出现了社会营销学、政治营销学、服务营销学等。市场营销理论应用于国际市场后,也就出现了国际营销学。

(二) 市场营销学在国际上的发展

市场营销学于 19 世纪末 20 世纪初在美国兴起,后来传播到欧洲、日本和其他国家,在实践中不断完善和发展。市场营销学理论形成于 1900—1930 年间,到第二次世界大战结束,市场营销学得到长足发展,并在企业营销实践中广泛应用。第二次世界大战结束至今,市场营销学从概念到内容都发生了深刻的变化。许多市场营销学者经过潜心研究,提出了一系列新的观念。其中之一就是将潜在需求纳入市场概念,确立以消费者为中心而不是以生产者为中心的观念问题。这一新概念导致市场营销学基本指导思想的变化,在西方称为市场营销学的一次革命。

1. 百年营销思想的持续创新

过去的 100 年,是营销理论从孕育、成长到大发展的百年,是营销管理思想不断创新与丰富的百年。在国际营销领域差不多每隔10年就会产生一种创新的思想与方法，营销思想的创新是营销领域前进的动力和知识的源泉。

1923年，美国人A·C·尼尔逊开始创建专业的市场调查公司，市场研究建立营销信息系统的工作就成为营销活动不可分的有机体，开辟了理性营销之路。1931年，宝洁建立了品牌经理体制和内部品牌竞赛机制，开始了管理创新。1940—1950年，营销管理逐渐从经济学母体中分离出来，营销走向管理导向是一个历史飞跃。科特勒说过："经济学是营销学之父，行为科学是营销学之母；数学乃是营销学之祖父，哲学乃营销学之祖母。"1950年以后市场研究已发展为一个专业服务产业，与广告代理公司、公共关系公司、管理咨询公司、会计师事务所、律师事务所等专业机构一样，成为随生产企业成长的服务伙伴。1956年，温德尔·斯密(Wendell R. Smith)提出了市场细分的理论和方法，营销进入有所为有所不为的时代。1957年，通用电气公司的约翰·麦克金特立克提出了市场营销观念，声称消费者需求、目标市场、协调营销，以及通过满足消费者需要创造公司利润是企业制胜的四大法宝。1960年，尤金·麦卡锡教授提出了4P组合理论，营销历史上开始了"P"字游戏。1969年的定位论，不仅以更大的创意提供了新的营销思路和方法，而且成为整个营销活动的战略制高点和诸多策略的出发点和依据。1980年以来，追求卓越的公司必须从消费者需求出发，这是营销观念的精粹，消费者满意度已成为营销追求的目标和执行指标。1983年，如何在"地球村"的背景下开拓有竞争力的全球营销，是企业迈向国际化普遍关注的基本问题，标准化与本地化并举提供了解决之道。1985年，巴巴拉·本德·杰克逊(Barbara B. Jackson)强调了关系营销(Relationship Marketing)的重要性，营销历经百年之后，关注的焦点终于回到了营销活动的主体——人及人的关系上，这可以说是一种回归，亦是西方文化向东方文化的一种回摆。将品牌扩展为品牌资产是20世纪90年代西方营销理论的一个重要创新，已成为西方国际营销战略的新源泉，并推动品牌建立进入一个新阶段。进入21世纪以来，技术是营销变革创新的最基本的力量，网络营销、数据库营销、定制营销、消费者关系管理等新的营销方式和手段层出不穷，无论是世界，抑或是中国，21世纪的营销将是动人心魄的。过去100年的营销创新几乎都是西方人作出的，在新的世纪中，中国人应当脱颖而出，有所作为。

市场营销理论于20世纪初诞生于美国，至今已有100年的发展历史。深入研究美国早期市场营销思想形成与发展的主要影响因素，全面考察各主要学术流派及其代表人物的学术思想，对研究市场营销理论大有裨益。

2. 美国市场营销学界的主要先驱

在美国市场营销学界，最早对市场营销思想发展作出贡献的4个人是爱德华·D·琼斯(Edward D. Jones)、西蒙·李特曼(Simon Littman)、乔治·M·费斯克(George M. Fisk)和詹姆斯·E·海杰蒂(James E. Hagerty)。他们于1902—1905年间分别在密执安、加利福尼亚、伊里诺斯和俄亥俄开设了市场营销课程。

3. 美国早期市场营销的主要流派

威斯康星学派，当时威斯康星大学的学生和教师都为市场营销学科的最终建立作出了贡献，他们将这一领域中的概念加以集中，并首先在课程和著作中使用了"市场营销"一词，第一次讲授了农产品市场营销课程，并通过对外联系，传播了市场营销知识，对学术和农业市场营销的研究都起到了促进作用。纽约学派，其代表人物休·安格纽有多年的营销教学经验，由于职业因素安格纽思想和著作中广告和沟通方面是成功的。哈佛学派，哈佛大学的学者们是市场营销理论早期发展的重要参与者，但他们主要的贡献是对市场营销问题，包括一般性问题和专业化问题的编辑整理。中西部学派，其主要贡献在于对市场营销理论的集成与提炼，并开展了市场营销职能和原理的研究，他们将这门学科加以定型，并不断丰富了市场营销理论体系。

（三）市场营销学在中国的变迁

20 世纪 30～40 年代，市场营销学在中国曾有一轮传播。现存最早的教材，是 1933 年由复旦大学出版了丁馨伯编译的《市场学》。改革开放，为我国重新引进和研究市场营销学创造了良好条件。1978—1985 年，是市场营销学再次引入中国并初步传播时期。1984 年 1 月，为加强学术与教学研究，推进市场营销学的普及与发展，中国高等财经院校综合大学市场学教学研究会成立，1987 年改名为中国高等院校市场学研究会。1991 年 3 月，中国市场学会在北京成立。1992 年以后，是市场营销理论研究结合中国实际并提高创新的时期。

1. 中国市场营销学教师的三大构成

在中国，市场营销学教师大体上由三部分人组成。第一，是新中国成立时在海外学成归来，以后在学校从事市场营销学、贸易经济学等课程教学工作的教师。改革开放以后，大连的中美企业管理培训中心培养了一批中国市场营销学教师。第二，是由中国自己培养的市场营销学教师。20 世纪 80 年代中后期，我国最早接受市场营销学教育或培养的第一批市场营销专业的学生开始走向教学岗位。到了 90 年代中后期，这批人已经成为中国市场营销学教学的中坚力量。这个时期也是营销学在中国迅速发展的黄金时期，中国市场经济的逐步形成，现代企业制度的确立，市场竞争的加剧，以及企业管理水平的提高，促使营销学在中国迅速发展，并将它推向一个新高度。第三，进入 21 世纪，一批海外学成归来的年轻人成为中国第三代市场营销学教师，他们带来了国际化视野、国际化的研究方法，对国际营销学的新理论、新方法在中国的传播起到了十分重要的作用。

2. 中国市场营销学发展的三件大事

第一件，1984 年邓小平同志访问日本回国后，指示要大规模地对企业管理人员进行管理学培训。在这次全国性的培训中，政府把市场营销学作为必学课程，厂长、经理通不过考试不能上岗。这是市场营销学在中国的一次大普及、大宣传。第二件，1991 年市场营销学成为 MBA 教育九门必修课课程之一，并按照国际通行的 MBA 教学惯例，采用了案例教学法。此后，教师们又把 MBA 教学的先进理念和方法，延伸到本科生、研究生的教学中，推动了各层次学生的市场营销学教学。第三件，1998 年国家教育部在修改大学专业目录的时候，把市场营销列入本科专业目录。如今，市场营销在中国的各个高校已经是一个重要专业。在过去的 30 多年里，在中国的大学里，没有一门课程像市场营销学那样受到学生的重视；在中国的企业里，没有一项工作像市场营销那样影响着企业的生存与发展；在中国的社会里，也没有任何一件事情像市场营销那样改变着人们的生活。

3. 中国市场营销学未来的五大趋势

第一，市场营销学将增加更多的战略元素，企业在实践中运用战略思维、战略目标、战略措施、战略手段等,使市场营销学带有浓重的战略色彩。第二,心理学、行为科学的各种研究范本使市场营销学更加贴近实际,并从大量实证研究中发现一致性来满足消费需求。第三,市场营销学将从适应市场走向创造市场,企业借助营销数据库找出消费者行为的规律,并找到创造消费需求的各种策略等。第四,对市场营销问题进行定量分析将成为一个潮流,把结论建立在严格的推理和科学的模型之上,减少了市场营销主观臆断的成分。第五,信息技术的广泛应用,使网络营销方式、营销传播手段更加丰富多彩,除了博客以外,还有播客、威客、换客,这对市场营销学的教师们而言是一场不大不小的挑战。

4. 中国本土市场营销的八大流派

第一,基本理论派,代表人是中国人民大学郭国庆教授。该学派多年来一直致力于营销基本理论的研究,对营销思想史、国外营销流派、营销原理、国际营销等问题都有系统的研究和贡献。第二,消费者满意派,代表人是清华大学赵平教授。该学派建立了中国第一个消费者满意度调查大型数据库,得到了学术界和企业界的普遍认可,其数据库已经为学术界和企业界广泛使用。第三,品牌营销派,代表人是南开大学范秀成教授。该学派提出的消费者关系资产决定因素与测评方法、品牌联想结构的分析法,消费者的品牌权益的评价方法等,在学术界产生了广泛影响,形成了独具特色的品牌管理理论。第四,营销道德派,代表人是武汉大学甘碧群教授。该学派的企业营销道德的影响因素、企业营销道德性的决策因素、企业病态营销动因、企业营销道德评价方法、企业营销道德评价指标体系等系列研究成果,形成了具有中国本土特色的营销道德理论体系。第五,营销实务派,代表人是中山大学卢泰宏教授。该学派先后在中国内地、中国香港地区、中国台湾地区、日本出版了《跨国公司行销中国》、《行销中国 2001》、《行销中国 2002》、《行销大中国》、《行销体育》、《营销在中国:2001 营销蓝皮书》等一系列有关中国当代营销问题研究的专著,在海内外引起了极大的反响。第六,营销安全派,代表人是四川大学李蔚教授。该学派提出的营销安全三维结构模型、营销安全预警结构模型、营销安全评价方法、营销安全预警指标体系等一系列理论和方法,在学术界产生了较大的影响。第七,精准营销派,代表人是上海交通大学吕巍教授。该学派运用数据挖掘理论技术,结合现代信息技术通过对精准营销的前提、精确营销的方法、精确制导、整合营销精准传播等问题的研究,提出了一系列精准营销的理论方法和技术,形成了具有本土特色的精准营销研究成果。第八,消费者价值派,代表人是大连理工大学董大海教授。该学派提出了消费者期望价值构成要素的探测方法、基于消费者价值的竞争战略系统工程方法、基于消费者价值动态性的竞争优势预测方法、基于消费者价值的消费者满意测量方法、基于消费者价值的持久竞争优势的构建方法等,这一系列研究,形成了独具特色的消费者价值理论。

三、国际营销的相关问题

(一) 国际营销与国际营销学

1. 国际营销

国际营销是指企业跨越国界的营销活动,即企业在目标市场国中为获取利益所从事的一切与营销相关的活动。美国著名国际营销学者菲利普·R·凯特奥拉(Philip R. Cateora)认为,国际营销是指企业在一个国家以上把生产的产品或服务传递到消费者手中,以获取利润的一种跨越国界的营销活动。

对国际营销这一概念的理解应把握好以下几个要点：

(1) 国际营销是跨国营销活动，只有将产品或服务销往国外或境外市场才是国际营销。

(2) 国际营销是企业跨国营销活动的管理过程，跨国公司、出口企业等是国际营销的主体。

(3) 国际营销活动是为了满足国外消费者的需求，必须注意产品或服务的市场适销性。

(4) 国际营销的基本思想是企业的全部活动必须以国外消费者为中心，以满足国外消费者的需求和欲望为出发点。通过满足国外消费者的需求，吸引更多的消费者和拥有更大的市场占有率，以达到企业的营销目标，并同时兼顾社会公众利益，保护环境，提高社会福利，促进人类的共同发展。

2. 国际营销学

国际营销是市场营销在市场空间上的扩展，是企业跨越国界的营销活动。第二次世界大战之后，国际分工不断细化，世界各国经济交往频繁，经济上相互依赖性加强，国际合作规模不断扩大，企业营销活动跨越了国界，人们经历的国际营销实践对市场营销理论研究提出了新的要求。在此背景下，在原有市场营销原理的基础上，融合国际贸易学、国际金融学、管理经济学、心理学、社会学和统计学等学科的理论，出现了一门综合性学科——国际营销学，成为市场营销学的一个分支学科。

国际营销学是关于国际营销企业如何从消费者的需求和欲望出发，依据那些自身不可控的国际政治法律环境、国际社会文化环境、国际人口经济环境、国际科学技术环境和国际自然环境等因素，运用自身可控的产品、价格、分销和促销等因素，有计划、有组织、有目的地将产品或服务迅速转移到国际消费者手中，达到国际消费者的最大满足，以实现企业利润目标的学科。

3. 国际营销的特点

国际营销与国内营销之间，既有联系，又有区别。联系体现在两者的基本理论、营销观念、营销过程和营销原则等方面具有相通性。区别体现在企业的国际营销活动是在本国以外的其他国家进行的。国际营销和国内营销相比有以下特点：

(1) 国际营销环境的差异性。由于世界各国的地理位置、资源状况、文化背景、政治制度、法律法规、生产力发展水平等方面存在较大的差别，所以影响国际营销的环境与国内营销相比也就有了较大的差异。这种差异可能导致在国内营销中的一些可控因素到了目标市场国就可能成为不可控因素，适应某一目标市场国的营销策略不一定能适应其他目标市场国。

(2) 国际营销系统的复杂性。营销系统是指进入企业营销活动的各种相互作用、相互制约、相互影响的参与者，如供应商、制造商、分销商、竞争者、各类市场、各种媒体等的总和。与国内营销系统相比，国际营销系统更加复杂，带来的营销风险和困难要比国内多。

(3) 国际营销组合的多样性。国内营销面对的是国内消费者和国内不可控因素，营销组合相对要单一些、简单些、容易些。国际营销受各个目标市场国消费者和不可控因素，以及目标市场国环境的影响，因此国际营销组合就具有了多样性、复杂性和难度较大的特点。

(4) 国际营销过程的风险性。由于国际营销环境比国内营销环境具有多变性，国际营销系统比国内营销系统具有复杂性，因此，国际营销的风险要比国内营销大得多，这些风险主要包括政治风险、文化风险、价格风险、汇率风险、交易风险、物流风险等。

(5) 国际市场竞争更加激烈。在国际营销中，企业面对更多的国外消费者和来自全球的竞争者，由于各国的地理位置和文化差异等因素的影响，企业很难全面了解和掌握国际消费者、竞争者的情况，因此企业面对的竞争更为激烈。

总之，国际营销的上述特点，要求国际营销人员要不断了解世界经济发展变化规律和方向，了解各个目标市场国的文化特性和消费习俗，具有全球意识。

(二) 企业跨国营销的程度

企业跨国营销的发展同本国经济和国际经济一体化的进程紧密相连，如果将企业跨国营销进行归纳和总结，根据企业在国际市场的参与程度，可以把企业跨国营销发展演变归纳为国内营销、出口营销、国际营销、多国营销和全球营销等五个阶段。目前，发展中国家的企业已经进入国际营销阶段，大多数发达国家的企业属于多国营销阶段，部分经济发达国家的跨国公司已进入全球营销阶段。

1. 国内营销

国内营销(Domestic Marketing)以国内为唯一的市场，企业营销活动的视野、焦点，以及营销范围集中于国内消费者、供应商、中间商、竞争者和参与者。处于国内营销阶段的企业在国内从事营销活动，展开与竞争对手的竞争，是有意识的、自觉的主动选择，而躲避国外竞争者的挑战是无意识的、不自觉的被动选择。如果说，在60多年前，大部分企业依靠国内市场就能获得成功的话，在经济全球化的今天，越来越多的公司要发展壮大，就离不开国际市场了，就必须开展跨国营销，积极参与国际市场竞争。

2. 出口营销

出口营销(Exporting Marketing)是进入国际市场、参与国际竞争的第一步，目标市场是国外市场，营销的重点是借助社会已有的中间商把本国产品销售到目标市场国，满足目标市场国消费者的需求。处于出口营销阶段的企业，要积极研究目标市场国，争取使产品适应每个目标市场国的不同需求。

3. 国际营销

国际营销(International Marketing)是进入国际市场，参与国际竞争的第二步。特点是较少依赖中间商，倾向于在目标市场国建立能销售自己产品的本土化分公司，产品、促销直接延伸。企业把国内营销策略和计划扩大到世界范围，并将国内业务放在第一位，国际业务放在第二位，而且把国际业务看成是国内业务的附属和延伸。

4. 多国营销

多国营销(Multinational Marketing)是进入国际市场，参与国际竞争的第三步。当企业进入国际市场后，发现不同目标市场国之间的需求差异很大，为了适应各个目标市场国不同的需求而不得不实行多国营销战略和策略，对不同目标市场国提供不同的产品，在广告、定价、分销等方面采取本地化策略。多国营销的重大缺陷是企业在不同目标市场国采取独立的营销战略和策略，如果彼此之间不相互协调、不配合，就不利于企业在全球范围内进行资源的优化配置。

5. 全球营销

全球营销(Global Marketing)是进入国际市场、参与国际竞争的第四步,也是企业跨国营销的最高阶段。全球营销是以全球为目标市场国,将企业的资产、产品集中于全球市场。全球营销是以全球文化的共同性及差异性为基础,主要侧重文化的共同性,实现统一的营销战略,同时注重各个目标市场国需求的差异性,在产品、人员、研发、管理、营销等方面实现本土化策略,即思维全球化,策略本土化。必须注意,全球营销并不意味着进入世界每一个国家,进入世界多少国家主要取决于企业的资源,面对的机会及威胁。

(三) 企业国际营销的动因

推动企业开展国际营销的动力和原因很多,总体上可以概括为市场、竞争、成本、技术和政府等五大因素。

1. 市场推动因素

市场推动因素(Market Drivers)是推动企业开展国际营销最强有力的因素。市场推动因素具体包括共同的顾客需求(Common Customer Needs)、全球化顾客(Global Customers)、全球化渠道(Global Channels)、可转换营销(Transferable Marketing)。

(1) 共同的顾客需求。当不同国家的顾客对某种产品或服务有同样的需求时,共同的顾客需求就成为推动国际营销的一个因素。随着科技进步和全球化通讯手段的发展,许多国家的顾客面对的都是类似的信息和产品。在许多产业中,自由贸易和不受限制的旅游已在全球范围内形成了同质化的顾客群体。消费者偏好的本土色彩逐渐消失,取而代之的是标准化和全球化色彩。但某些市场仍然保持着多样化国内市场的特色,没有向全球化方向转变,典型的,如与文化相关的产品或服务市场,包括食品、饮料、服装和娱乐产品等市场。在这些市场上,仍然存在着各种不同的偏好和差异化的产品。

(2) 全球化顾客。全球化顾客是指在不同国家却需要同样的产品或服务的顾客。例如,随着企业全球化,全球化顾客希望在世界各地都能买到具有同样品质的产品或服务。这就是汽车产业的零部件供应商要走向海外市场的原因。全球化顾客促进了全球连锁饭店、全球广告代理商和全球通讯业的发展。

(3) 全球化渠道。全球化渠道是指那些在世界各地提供连续储运服务的零售商和物流企业,他们对国际营销战略的出现也同样发挥着积极作用。在许多情况下,只要必需的基础设施的发展跟得上,企业就能顺利地进行国际化扩展。由于运输系统的全球一体化,大型金融机构的全球化分布,世界范围内粮食和其他产品跨国销售商的出现,国际零售巨头的全球广布网点,新的全球一体化网络系统的形成,使企业在世界各地销售他们的产品成为可能。

(4) 可转换营销。可转换营销指在不同的国家使用同样的营销创意。它可以是同样的包装、广告、品牌,或其他相同的市场营销手段。如果某一创意在一个国家被证明是成功的,企业就可以将这种创意原封不动或略加修改后运用到别的国家市场上。耐克公司在美国市场上使用的篮球巨星迈克尔·乔丹的运动鞋广告已经成功地运用到了其他许多国家的市场,好的创意就是这样被有效利用的。许多消费品采用的多种语言包装使企业可以在各个国家提供具有相同颜色和相同品牌的相同产品包装。

2. 竞争推动因素

竞争推动因素(Competitive Drivers)是促使企业开展国际营销的一个重要因素。在许多产业中,由于竞争对手向海外市场发展促使企业也不得不向海外市场发展的例子很多。当年,瑞典的爱立信公司和芬兰的诺基亚公司同时进入中国移动电话市场并不是一个巧合。德国的大众公司,日本的本田公司,美国的通用、福特公司等纷纷进入中国市场,其中包括建立独立的市场销售网络。紧跟竞争对手的市场战略的合理性可以用于成功地说服对国际化营销心存疑虑的股东以及分公司经理采用与竞争对手相同的战略进入国际市场。

在国内市场上,外国竞争者的出现也促使企业向海外扩展,这样企业可以在外国市场上进行反击。德国的西门子、瑞典的伊莱克斯等家电制造商的进入,促使中国的海尔公司向海外市场寻求发展。强大的国际竞争者的出现为国内企业走向全球市场创造了必要的条件。国际化企业不仅仅是在国外销售自己的产品,而且还在国际间进行技术转移,这就使国内企业进行国际化扩张更加容易了。首先带头进入新的国外市场进行国际营销的企业通常是那些在国内营销成功的国际化企业。

3. 成本推动因素

成本推动因素(Cost Drivers)通常会促使企业实施国际化的企业战略,而这些战略又进一步促使企业进行国际化的营销活动。

(1) 规模经济。在汽车制造等一些产业中,大规模生产才会产生效率,而企业仅仅靠一个市场通常是难以产生规模经济效应的。规模经济效应不仅是指产品单位成本的降低,要降低产品的单位生产成本就需要进行大规模的生产,而要进行大规模的生产就必须由多个国外市场来提供足够的市场需求以消化这种大规模的生产能力。

(2) 范围经济。即使在不存在规模经济的地方,范围经济通过生产多种产品或开展多种经营获得的经济优势,也可以推动企业的国际化。正因为如此,在小包装消费类产品方面,由于主要的跨国公司在很多国家都建有小型工厂,它们可以通过销售各种类型的产品获得范围经济利润。联合利华、高露洁、宝洁等企业在中国境内拥有大量统一的产品种类和品牌名称,但它们的生产基地几乎遍布中国所有的省份。

(3) 全球化资源优势。即通过使用廉价劳动力、完善的物流和销售体系、低成本的全球通讯手段来节约成本。而且,高昂的新产品研发成本和高速发展的新技术都需要通过开拓国际市场来弥补这方面的投资支出,这也加强了企业向国际化方向发展的必要性。

(4) 投资节约。国际营销所带来的成本节约最主要的还是体现在避免了在国与国之间进行的不必要的重复投资,它不需要为不同的市场重新设计产品,避免了在不同市场上进行相互冲突的促销活动,避免了不利于产生正的溢出效应的本土化营销口号和品牌名称,不需要在不同市场使用不同包装,只要在包装上用多种语言注明就可以解决问题。这些曾经造成浪费的问题现在可以在不给企业造成损失的情况下得到很好的解决。实际上,企业实施国际营销的最初动力其实就是来自企业营销管理层减少重复投资、创造协同优势以降低成本的愿望。

4. 技术推动因素

技术创新使企业国际化扩张变得更加有效和迅速。有学者研究过媒体、电讯领域的技术革命是如何推动国际标准化进程的，也研究过国际标准化进程所导致的市场偏好的同质性。我们也看到过高科技产品或服务是如何自然地成为国际化市场推动力量的。在此，我们重点研究的是国际营销的另一个非常强大的技术推动因素（Technology Drivers），即互联网技术所带来的革命。

(1) 促销效应。互联网本身就是全球化的。你可以从世界上任何一个地方登录万维网和各个主页。企业可以足不出户就在国外市场展示自己的形象。企业在国际营销中的交通、宾馆、旅游和金融服务等方面的成本支出将大大降低。新企业可以通过建立公司网站在国外市场进行宣传活动，通过电子邮件接收来自海外的订单，利用信用卡进行付款，然后立即进行货物装运，没有任何金融风险。电子商务甚至允许企业在不同国家之间对消费者进行一对一的营销，以最低的成本为消费者制定个性化产品。

(2) 营销调研。互联网技术也经常被用在国际营销调研中，企业可以通过网站对经过恰当翻译的调查问卷进行管理。调查问卷的反馈信息可以通过电子邮件、微博等，或者流行网站的广告栏进行收集。当接收到反馈信息时，软件可以自动对数据进行列表和加总处理，形成统计数据。在互联网上进行的市场调研可以很好地解决来自不同国家的数据缺乏可比性的问题，而这曾经是长期困扰国际市场调研的一个问题。在市场反馈信息的代表性方面存在一定的问题，但随着互联网在世界各国的普及，这个问题最终会得到解决。

(3) 新型媒介。互联网使电子邮件从内部联系工具发展成为取代长途电话的最主要的远程个人通讯媒介之一，它的成本优势是长途电话无法比拟的。内部备忘录可以不受时间和空间的限制，及时被传送到国际营销企业的各个部门。电话答录机建立的语音邮件和可视会议电话系统进一步增强了互联网的功能，这使企业在各个相距遥远的市场上能同步协调实施产品导入和广告战略成为可能。

5. 政府推动因素

政府推动因素（Government Drivers）包括有利的贸易政策、对外国投资的接纳、兼容的技术标准和统一的营销规则，所有这些因素对国际营销都有直接的影响。

(1) 贸易壁垒。过去，各国政府设置的各种贸易壁垒使本土市场受到严格的保护，国际营销在这种条件下根本不可能存在。虽然现在各国都在逐步开放本国市场和积极地实行自由贸易，但我们也应该明白，各种贸易壁垒可能随时重新建立起来，政治因素会使最完美的国际营销计划成为废纸一张。

(2) 技术标准。体现政府对国际化影响的一个很好的例子就是ISO9000标准的引入。由于ISO9000标准是国际范围内的通行标准，因此它本身就是鼓励国际营销的。而且，企业开展营销的国家越多，在改进操作以获得认证方面所获得的投资回报就越高。同时，更高的标准也鼓励了在世界各地实施统一的操作方式。当欧盟各成员国企业面对各国内部数不胜数的产品或服务标准时，欧盟布鲁塞尔委员会决定采用欧盟内部标准化措施取代各国国内原有的标准。该委员会成立了一个考察组，负责对企业进行认证，认证范围包括设备的安全性、原材料的加工以及质量检验程序等，甚至还包括消费者满意度的测量手段。虽然企业是否参与该项认证并没有法律上的强制规定，但很多企业，不管是欧洲企业还是非欧洲企业，都决定投入资源改进自己的操作以获得认证，因为这样会使它们在与那些没有获得认证的企业的竞争中占有一定的优势。

(3) 政府政策。政府实施鼓励与支持政策是企业走向国际市场的巨大推动力。一般来说,政府实施鼓励与支持主要通过税收政策,如减税、退税;或金融货币政策,如低息贷款、担保贷款和出口价格补贴;为企业提供诸多服务,如提供外贸咨询和国际市场信息等,所有这些支持都有利于提高企业的国际市场竞争力。例如,第二次世界大战后美国政府向企业提供税收优惠和政府担保等优惠政策,如通过"马歇尔计划"带动本国企业向海外扩张;为减轻跨国公司的税赋,美国政府还同不少国家签订了避免双重课税的协定。另外,美国政府还建立进出口银行,为跨国公司提供出口信贷,并与世界上 100 多个国家签订双边投资保护协定,以加强对私人对外投资的保护。总之,在其经济发展过程中,奖励、促进和保护对外投资的安全和利益,是美国政府一贯的基本政策。这一切,促使美国跨国公司一直在发达国家国际营销中独占鳌头。

第二节 国际营销中的市场观念

市场观念是企业进行国际营销的指导思想,是市场理念、态度、思维方式和商业哲学的综合。市场观念要解决的是国际营销中消费者利益、企业利润、社会福利三者之间的关系问题。市场观念随着国际营销的演进而变化,经历了以企业为中心到以消费者为中心,以产定销到以销定产,从国内营销到国际营销的过程。从西方企业的营销实践看,先后出现了五种市场观念,即生产观念、产品观念、推销观念、市场营销观念和社会营销观念。

一、生产观念

生产观念(Production Concept)是 19 世纪末 20 世纪初形成的一种最古老的观念。生产观念是以产品生产为中心,以提高劳动生产率、增加生产量、降低生产成本为重点的市场观念。在市场经济不发达、绝大多数产品供不应求的环境下,企业往往以生产观念指导企业的生产经营活动。

持生产观念的企业普遍认为,市场需要我们的产品,消费者喜爱那些随时可以买得到、价格低廉的产品。因此,生产观念是一种"以产定销"的观念,表现为重生产轻市场、重数量轻特色。其主要特点是:第一,企业将主要精力放在产品的生产上,追求高效率、大批量、低成本,产品单一、生命周期长;第二,企业对市场的关心,主要表现在关心市场上产品的有无和产品的多少,而不是市场上消费者的需求;第三,企业以生产车间或部门为主要机构。

生产观念在以下两种情况下是合理、可行的:一是产品短缺的条件下,市场产品供不应求时。此时,消费者最关心的是能否买得到产品,企业以生产观念为指导,不断扩大生产、保证供给,从客观上讲,也就是满足了市场的需求;二是由于产品成本过高而导致产品的市场价格居高不下时。在这种情况下,企业以生产观念为指导,不断改进生产,提高生产效率,降低成本,在短期内能够取得比较好的营销效果。

因此,直到 20 世纪 30 年代以前,不少企业都以生产观念作为指导从事营销活动。而把以生产观念为指导开展营销活动的企业,称为生产导向企业。然而,随着社会经济的发展,仅希望"买得到、买得起"的目标市场越来越少时,生产观念的用武之地也就越来越小。

美国福特汽车公司20世纪初开始生产T型轿车，由于引入了生产流水线，使生产效率不断提高，成本不断降低，许多消费者买得起。一时，福特汽车供不应求。到1921年，福特T型轿车在美国汽车市场的占有率达到了56%。老亨利·福特曾傲慢地宣称："不管消费者需要什么颜色的汽车，我们只生产黑色的。"福特公司当时就是在生产观念指导下创造出奇迹的。

二、产品观念

产品观念(Product Concept)是以产品质量为中心，以提高现有产品质量、增加产品功能为重点的市场观念。当市场供求关系发生变化，供不应求局面得到缓解时，一些企业开始转向以产品观念为指导开展营销活动。

持产品观念的企业普遍认为，消费者喜欢那些品质优良、功能齐全、具有某种特色的产品。因此，企业致力于提高产品的质量、增加产品的功能，不断地进行产品创新。同时，抱着"酒香不怕巷子深"、"皇帝女儿不愁嫁"的态度，认为只要产品好，不愁没销路。

在产品观念的指导下，企业一抓管理，提高员工的素质，制定各种规章制度；二抓质量，不断改进产品，提高产品功效，增加产品特色。因此，产品观念也是一种"以产定销"的观念，表现为重生产轻销售、重产品质量轻消费需求。其主要特点是：第一，企业将主要精力放在产品的改进和生产上，追求高质量、多功能；第二，企业轻视销售，单纯强调以产品质量吸引消费者，一味排斥促销手段；第三，企业仍然以生产车间或部门为主要机构，但是加强了生产过程中的质量控制。

产品观念相对于生产观念来讲，有了一定的进步，在只抓产量不抓质量、大批劣质产品充斥市场的情况下，产品观念对于提高产品质量、改善企业形象起到了一定的作用。然而，不顾市场的实际需求，一味地提高产品质量，增加产品功能，无论是对消费者、对企业，还是对整个社会都是十分不利的。菲利普·科特勒指出，那些以产品观念为指导的企业"应当朝窗子外看的时候，却总是朝镜子里面看"。美国著名营销学家西奥多·莱维特认为，产品观念导致"市场营销近视症"。

莱维特指出，市场营销近视症是指企业在市场营销中缺乏远见，只注重自己的产品，认为只要生产出优质产品，消费者就必然会找上门，而不重视市场需求的变化趋势。市场营销近视症的主要表现如下：一是企业营销目标狭隘。这些企业将自己的营销任务看得过于狭隘，人为地把自己限制在一个特定的狭隘目标上，以致限制自己的发展。如某香皂企业将自己的营销目标定位"向市场提供品质优良的香皂"，为此企业的产品研发部门在改进香皂的香型、配方、色彩、包装等方面很下工夫。这种狭隘的营销目标定位使企业未能认识到自身在从事"向市场提供清洁皮肤、护肤、美容等方面满足"的事业，因此当新一代液体洗面奶、营养洗面剂问世后，企业无法适应，生产活动受到很大冲击。二是企业营销视野短浅。这些企业把自己的注意力集中在现有产品上，用主要技术和资源进行现有产品的研究和生产。他们目光短浅，看不到市场需求的新特点，看不到市场营销策略的新变化，看不到新产品取代旧产品的大趋势。总认为自己的产品是永远不会被淘汰的，只要有好的产品就不怕消费者不上门，这样的企业必然遭到失败。

西奥多·莱维特指出，防止和治疗市场营销近视症的"处方"是企业逆向营销过程，即将传统的营销过程颠倒过来：第一，了解消费者的消费需求；第二，分析消费需求，找出企业能够满足的部分；第三，确定满足消费需求的具体产品形式；第四，购进必需的零配件及原材料；第五，确定生产工艺；第六，生产具体产品；第七，将产品推向市场，满足消费者的需求。

三、推销观念

推销观念(Selling Concept)是以产品的销售为中心，以激励销售、促进购买为重点的市场观念。这种市场观念产生于20世纪30年代末至50年代初，是生产观念、产品观念的发展和延伸。

持推销观念的企业认为，消费者在购买中往往表现出一定的惰性和消极性，如果没有一定的动力去促进，消费者通常不会自觉地、足量地购买某一企业的产品。因此，企业必须积极主动地组织宣传促销活动，促使消费者大量购买，使企业产品占有较大的市场份额。

在推销观念的指导下，企业的主要任务是在狠抓产品生产的同时，抽出大量的精力与时间用于产品的销售。一方面，积极引进先进技术和科学管理方法，不断提高生产效率，增加产品的品种和数量。另一方面，抽出一部分业务骨干，组成强有力的推销队伍，寻找潜在消费者，研究和运用各种说服潜在消费者购买本企业产品，以提高产品的销售量，扩大市场占有率，获得较大的利润。

第二次世界大战以后，西方国家经济发展很快，工业、科技及管理方法的推广，使市场上产品数量增加，花色品种增多，并开始出现供过于求的市场态势，企业之间的竞争加剧。企业在注重生产的同时，开始注重广告术、推销术的运用并广设销售网点，以扩大产品销售。在推销观念的指导下，企业相信产品是“卖出去的”，该类企业被称为推销导向企业。

因此，推销观念仍然是一种“以产定销”的观念，其主要特点是：第一，产品不变，企业仍然根据自己的条件决定生产能力和生产数量；第二，注重产品销售，研究和运用广告、推销技巧和其他推销方法；第三，开始设立销售部门，但在企业的机构中仍处于从属地位。

推销观念不仅注重产品的生产，而且注重产品的销售。推销观念在以下两种情况下是可行的：一是当产品供过于求，出现大量积压时。此时市场竞争激烈，企业积极开展各种推销活动，以大量销售企业已经生产出来的产品，减少产品积压，获取较大的利润；二是对于一些非渴求产品，通过推销可以引起消费者的兴趣，促进消费者购买。

然而，推销观念注重的仍然是产品和利润，不注重市场需求的研究和满足，不注重消费者利益和社会利益。强调推销不仅会引起消费者的反感，从而影响营销效果，而且可能使消费者在不自愿的情况下购买了不需要的产品，严重损害了消费者的利益。

推销工作只是市场营销的一个组成部分，而不是最重要的部分。正如菲利普·科特勒所言：“推销只不过是营销冰山的顶峰。推销要变得有效，必须以其他营销功能为前提。”著名管理大师彼得·德鲁克也指出：“某些推销工作总是需要的。然而，营销的目的就是要使推销成为多余的。营销的目的在于深刻地认识和了解消费者，从而使产品或服务完全适合消费者的需要而形成产品自我销售。”推销作为市场营销活动的一种职能，无论是过去、现在和将来，都会被企业采用，在企业的营销活动中发挥一定的作用。但是，现代企业必须摒弃产品导向的市场观念，树立消费者需求导向的市场观念。

四、市场营销观念

市场营销观念(Marketing Concept)是以消费者的需求为中心,以研究如何满足目标市场需求为重点的市场观念。这种观念产生于20世纪50年代以后,当时社会生产力迅速发展,市场趋势表现为供过于求的买方市场,同时广大居民个人收入迅速提高,有可能对产品进行选择,企业之间为实现产品价值的竞争加剧,许多企业开始认识到,只有转变市场观念,才能求得生存和发展。

市场营销观念认为,实现企业营销目标的关键在于正确地掌握目标市场的需求,并从整体上去满足目标市场的需求。因此,企业必须生产市场所需要的产品,通过满足市场需求去获取企业的长期利润。市场营销观念的基本内容,主要包括以下几个方面:

第一,注重消费者需求。树立"消费者需要什么,企业就生产什么,就销售什么"的理念,不仅将消费者的需求作为企业生产的出发点,而且要将满足消费者的需求贯穿于企业营销的全过程,渗透于企业的各个部门,成为各个部门工作的准则。不仅要了解和满足消费者的现实需求,而且要了解和满足消费者的潜在需求,根据市场需求的变化趋势,调整企业的营销战略,以适应市场的变化,求得企业的生存与发展。

第二,坚持整体营销。市场营销观念要求企业在市场营销中,必须以企业营销的总体目标为基础,协调地运用产品、价格、渠道和促销等因素,从各方面满足消费者的整体需求。

第三,谋求长期利益。市场营销观念要求企业不仅要注重当前的利益,更要重视长远的利益。在营销中不仅要满足消费者的需求,而且要使消费者满意,通过消费者满意来树立企业的良好形象,争取消费者的再次购买。因此,企业在营销中,不仅要注重产品的生产和销售,而且要重视服务,把服务贯穿于企业营销的全过程,从而推动企业营销管理水平的不断提高。

从推销观念到市场营销观念的变化,是企业从"以产定销"的传统市场观念转变为"以需定产"的现代市场观念一个重大的、带有转折性的变化。这在国际上称为可以与产业革命相提并论的"销售革命"。

五、社会营销观念

社会营销观念(Social Marketing Concept)产生于20世纪80年代。进入20世纪60年代以后,西方国家的一些企业为了牟取暴利,生产外表精美而内在质量低劣的产品,甚至采用一些蒙骗消费者的手段,以次充好、以劣充优、掺假使假,并以虚假广告进行宣传,使消费者上当受骗。同时,存在盲目开采开发,破坏自然资源,并且在生产中造成污染严重的现象。这种情况给社会资源造成了巨大浪费,使社会环境遭到严重的污染,消费者的长期利益受到侵害。

在这种情况下,一方面,以美国为代表的西方国家消费者保护运动盛行。消费者为了维护自身的利益,纷纷成立"消费者协会"等组织,以游行、请愿等形式抗议企业对消费者利益的侵害,呼吁政府出面干预企业的不正当行为。为了平息消费者保护运动,1962年美国总统肯尼迪签署了《消费者权利法案》,宣称消费者有获得安全的产品、取得有关产品的可靠信息、选择产品或服务、当正当权益遭到侵害时,能以某种方式向官方申诉,以保证得到赔偿等权利。另一方面,市场营销界的学者们也纷纷行动起来,指责市场营销中的缺陷,并提出了一系列新的市场观念。

管理大师彼得·德鲁克在20世纪70年代指出:"市场营销漂亮话讲了20年之后,消费者主义居然成了一个强大的流行的运动,这就证明没有多少公司真正奉行市场营销观念,消费者运动是市场营销的耻辱。"美国密执安大学的威廉·莱泽(William Lazer)认为,当今工业高度发展的世界上,企业活动的目的不仅是使利润最大化,而且要考虑取得更好的社会效益,即企业通过营销活动,充分有效地利用人力资源、自然资源,在满足消费者需要、取得合理利润的同时,还要保护环境、减少公害,维持一个健康、和谐的社会环境,以不断提高人类的生活质量。

因此,20世纪80年代以后,西方学者提出了人性观念、明智的消费观念等一系列市场观念,其中最引人注目的是社会营销观念。

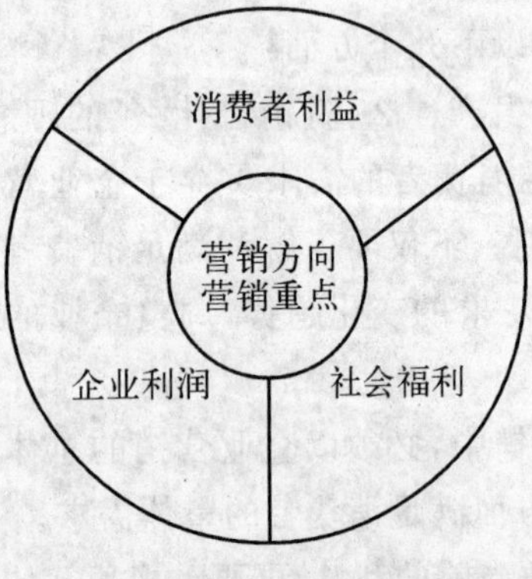

图1-1 社会营销观念示意图

如图1-1所示,在社会营销观念指导下,图中间的圆是企业的营销方向和营销重点。因此,企业一方面要搞好市场调查研究,不仅要调查了解消费者的现实需求和潜在需求,而且要调查消费者需求的满足情况,以避免重复生产带来的社会资源的浪费。另一方面要注重企业自身和竞争对手的优势、劣势分析,以自身的优势搞好营销。同时注重营销的社会效益分析,从全局利益考虑,发展有利于社会福利和消费者长期利益的业务项目和产品,放弃那些高耗能、高污染,有损消费者身心健康的业务项目和产品,为促进经济社会和谐发展,造福子孙后代作出贡献。

综上所述,生产观念、产品观念、推销观念之间没有本质区别,都是以企业为中心的"以产定销"的市场观念。因此,生产观念、产品观念、推销观念三者被称为传统市场观念。市场营销观念是以消费者为中心的"以需定产"的市场观念,而社会营销观念是对市场营销观念的补充和发展。市场营销观念、社会营销观念两者被称为现代市场观念。在不同的市场观念指导下,企业营销活动的重点、中心、手段和目标是不相同的。各种市场观念的区别如表1-1所示。

表1-1　　　　各种市场观念特征对照表

市场观念		市场态势	营销中心	营销重点	营销手段	利润实现
传统观念	生产观念	卖方市场	企业	产品数量	提高产量 降低成本	增加生产 获取利润
	产品观念	卖方市场	企业	产品质量	提高质量 增加功能	提高质量 获取利润
	推销观念	过渡市场	企业	产品销售	推销广告	扩大销售 获取利润
现代观念	市场营销观念	买方市场	消费者	消费需求	4P组合	满足需求 获取利润
	社会营销观念	买方市场	消费者、企业 社会的利益	和谐发展	整体营销	满足消费需求 增加社会福利 获取企业利润

第三节　国际营销中的营销组合

市场营销组合是营销战略的一个重要组成部分，是将企业可控的基本营销因素组成一个整体的活动。市场营销组合从 4P—6P，产生了两大营销技巧；从 6P—10P 或 11P，产生了营销战略。4C 理论是市场营销组合的大变革，4R 理论是市场营销的新框架，4V 理论是新经济时代的营销组合。

一、市场营销组合的概述

（一）市场营销组合的含义

市场营销组合（Marketing Mix）是指企业在选定的目标市场上，综合考虑环境、能力、竞争因素和状况，并优化组合多种营销变量，以实现预期营销目标的活动的总称。

市场营销组合这一概念是由美国哈佛大学教授尼尔·鲍顿（N. H. Borden）于 1964 年最早提出的，并确定了营销组合的 12 个要素。1960 年，密歇根大学教授杰尤金·麦卡锡在《基础营销学》一书中提出了以企业为核心的 4P 组合理论。随后，理查德·克莱维持（Richard Claywerther）教授把营销组合要素归纳为产品、价格、渠道和促销。

（1）产品（Product）。包括产品类别、质量、性能、设计、款式、规格、品牌、包装、服务、交货期、零配件等。

（2）价格（Price）。包括基本价格、出厂价、批发价、零售价、折扣价、优惠价、付款期限、信用条件等。

（3）渠道（Place）。包括经销商、代理商、批发商、零售商、各类分销商，仓储、运输各种物流条件等。

（4）促销（Promotion）。包括广告、人员推销、营业推广、公共关系等。

市场营销组合的基本思想是从制定产品策略入手，同时制定价格、渠道及促销策略，组合成策略总体，以便于将适当的产品，以适当的价格、适当的促销方式，把产品送到适当地点，实现满足消费需求，获取合理利润的目的。企业经营的成败，在很大程度上取决于市场营销组合策略的选择和综合运用效果。

市场营销组合是制定企业营销战略的基础，做好市场营销组合工作可以保证企业从整体上满足消费者的需求。市场营销组合是企业对付竞争者强有力的手段，是合理分配企业营销预算费用的依据。

市场营销组合是企业营销战略的一个重要组成部分，是将企业可控的基本营销因素组成一个整体的活动。市场营销的主要目的是满足消费者的需要，而消费者的需要很多，要满足消费者需要所应采取的措施也很多。因此，企业在开展市场营销活动时，就必须把握住那些基本性措施，合理组合，并充分发挥整体优势和效果。

（二）市场营销组合的特点

市场营销组合是市场营销理论体系中一个很重要的概念，具有以下特点，如图 1－2 所示。

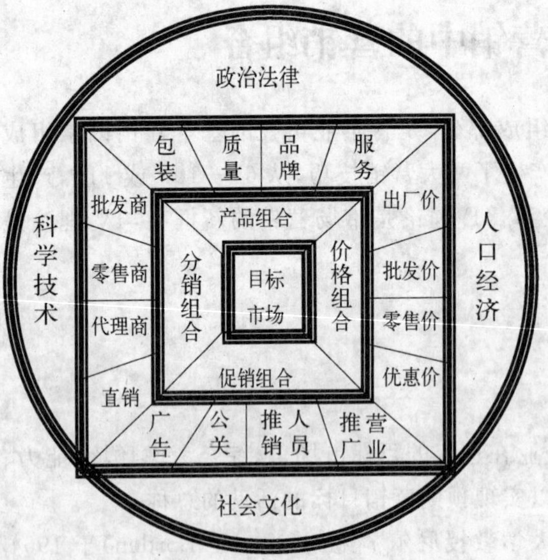

图 1-2 市场营销组合示意图

(1) 市场营销组合是可控因素的组合,即 4P 组合。影响市场营销的有两类因素,一类是能给营销带来机会和威胁的外部营销环境,如经济、人口、科学、技术、政治、法律、自然等,这是企业不能控制的因素;另一类是根据目标市场的需要,可以自行决定的产品结构、价格水平、渠道选择和促销方法等内部营销条件,这是企业可以控制的因素。因产品、价格、渠道、促销这四类变量的英文都以字母 P 开头,故市场营销组合又被称为 4P 组合,即对等企业可控因素的综合运用和优化组合。

(2) 市场营销组合是动态的 4P 组合。构成市场营销组合的 4P 的各个自变量,是最终影响和决定市场营销效益的决定性要素,而营销组合的最终结果就是这些变量的函数,即因变量。从这个关系看,市场营销组合是一个动态组合。只要改变其中的一个要素,就会出现一个新的组合,产生不同的营销效果。市场营销组合的这一动态特性,反映某一时期企业营销的重点。

(3) 市场营销组合有多种 P 的次组合。市场营销组合由许多层次组成,就整体而言,4P 是一个大组合,其中每一个 P 又有自己的若干构成要素。这样,企业在确定营销组合时,不仅更为具体和实用,而且相当灵活;不但可以选择 4P 要素之间的最佳组合,而且可以恰当安排每个要素内部的组合,从而得到多种 P 的次组合。市场营销组合多种 P 的次组合的特性,反映某一时期企业与竞争对手抗衡的具体营销策略。

(4) 市场营销组合的中心是目标市场。消费需求的多样性和企业资源的有限性,决定了企业不能提供所有产品,满足所有消费者的需求。在营销实践中,企业必须选择目标市场,目标市场是实施 4P 组合的出发点和目的。因此,只有围绕目标市场才能制定出产品策略、价格策略、渠道策略和促销策略,顺利实现满足消费需求,赢得竞争优势,实现营销的目标。

(5) 市场营销组合受不可控因素的影响。企业是一种社会存在,是社会大系统的一个子系统。企业的营销活动是在一定的环境条件下进行的。人口、经济、科学、技术、政治、法律、社会文化等虽然是企业不可控的因素,但是这些因素时刻影响着企业的营销活动,并给企业营销带来机会或威胁。因此,任何市场营销组合都必须考虑外部不可控因素,研究环境要素之间的相互作用和相互联系,从环境分析中把握发展趋势、识别市场机会和规避市场威胁。

二、市场营销组合的发展

1. 大市场营销:从 4P 到 6P

20 世纪 80 年代以后,国际经济进入了一个发展滞缓、缺乏生气的时期,世界各国为了保护本国企业的利益，开始采取封锁政策，贸易保护主义抬头。企业在进入贸易保护主义严重的那些特定市场进行营销活动时，面临着各种政治壁垒和公众舆论的障碍。针对这种情况，1986 年菲利普·科特勒在《哈佛商业评论》中撰文提出了大市场营销理论。

大市场营销(Mega-marketing)就是指企业为了成功进入特定市场，并在那里从事营销活动，必须在策略上协调地使用经济的、心理的、政治的和公关的等手段，博得目标市场国有关方面的合作与支持，以顺利实现预期目标的营销活动。

特定市场是指封闭型或保护型市场。在这种市场上，已经存在的参与者和批准者设置的种种障碍、层次关卡，如歧视性法律规定、垄断协定、社会文化偏见、不友好的分销渠道、拒绝合作的态度等，使那些能够提供类似产品，甚至能够提供更好的产品或服务的企业难以进入。设置障碍的既得利益集团，往往可以得到政府立法部门、劳工组织、银行及其他组织的支持，使市场形成了一个封闭系统。这是一种贸易保护主义和政府干预，在当今市场经济大发展的形势下，国内或国际都存在着这种市场。企业要想打入这样的特定市场，必须运用大市场营销组合。在交易条件上，除作出较大的让步外，要求营销人员善于运用 4P 组合策略吸引消费者，并力求降低成本，提高经济效益。更重要的是，营销人员要具有通过施加影响或运用权力、疏通关系的特殊技巧，具有打开关锁，推倒各种壁垒，使自己的产品在特定市场上通行无阻的能力。

大市场营销是在特定的市场环境下，运用特殊营销手段进行的营销活动，具有特殊性。大市场营销除一般市场营销的手段外，又增加了两大营销技巧或手段：

(1) 政治权力(Political Power)。大市场营销理论认为，为了进入某一特定市场并开展营销活动，必须找到打开市场大门的钥匙，找到掌握钥匙的关键人。很显然，要打入特定市场，必须得到具有影响力的职员、立法部门和政府部门的支持。企业、政府机关、社会团体、公职人员、社会名流等对公众的影响权、控制权和支配权也会在一定程度上影响企业营销活动的开展。消费者的态度、意见和偏好，在相当程度上是受这些权力的影响而形成的。企业可以采用各种策略和技巧，从目标市场国政府、立法机构和当地企业那里取得进入这个市场的特权，也可利用政府公职人员或社会名流在社会公众中的威望开展权力营销，获得意想不到的成功。

(2) 公共关系(Public Relations)。在大市场营销活动中，如果说政治权力是一种“推”的策略，那么公共关系则是一种“拉”的策略。利用公共关系，借助各方舆论的力量，通过各种途径，逐渐在消费者心中树立起良好的形象，往往会收到比利用政治权力更广泛、更持久的效果。企业为了适应环境，争取公众的了解、信任和支持，树立良好的企业形象，必须采取一系列与之相关的决策、计划和行动。公共关系是一种内求团结、外求发展的营销管理艺术。从事国际营销的企业，不仅要有好的产品，建立好的企业形象，还要面对复杂的市场和激烈的竞争。尤其是在一些无形壁垒保护森严的封闭型市场，公共关系往往成为有力的敲门砖。公共关系包括企业与之打交道的方方面面，如消费者、供应商、经销商、代理商、竞争者、媒体、政府机构、社会团体、股东、员工以及一般社会公众等。

2. 市场营销战略：从 6P 到 10P 或 11P

根据市场营销的发展实际，1986 年菲利普·科特勒提出了新 4P 组合理论，自此完成了从4P到6P,6P再到10P或11P的过渡。

(1) 探查(Probing)。市场调研是企业从事营销活动的前提。只有通过市场调研,企业才能掌握消费者对产品的需求情况,以及与其他供应商的同类产品的竞争程度,从而使企业在制定营销策略时能有一个合理的定位。通过市场调研,不仅能掌握市场环境的现状,还能对市场发展的趋势进行预测,从而有利于企业制定长远的生产计划和营销规划。

(2) 细分(Partitioning)。由于国际市场上产品供应的多元化和消费者需求的差异化,企业必须在市场调研的基础上,进行市场细分,即按一定标准将一个整体市场分为若干个细小市场,并从中选择目标市场。市场细分的实质是把有不同需求的消费者分离开来,归入不同的子市场中,以便企业充分利用自身资源,采用针对性的营销策略,有的放矢地打入并占领这些子市场,最后达到扩大销售额的目的。

(3) 优先(Prioritizing)。在市场细分的基础上,还要注意选择目标市场。任何一个企业,不管规模有多大,其资源总是有限的。加上消费者人数众多,需求各异,同行竞争激烈,企业就必须扬长避短,优先选择经营对象,实现有效的目标营销。目标市场一般应具有以下几个条件:有足够大的销售量,能实现企业的目标销售额和利润;本企业有足够的资源满足其特定需求;竞争者尚未进入或未完全进入,本企业具有相对经营优势。

(4) 定位(Positioning)。企业在进行细分市场和确定目标市场的同时,还要根据竞争对手情况和企业自身条件,为自己选择一个合适的市场位置,确立一种特殊的形象。独特的形象可以带来差异化和特色,一方面能够很好地满足消费者需求,另一方面可以很好地应对同行竞争。

(5) 人(People)。这里的人是指企业内部的员工和企业外部的公众。其含义是理解人和为人提供服务,它贯穿于企业营销活动的全过程。在企业内部表现为掌握员工需要的动向和规律,形成强大的凝聚力,提供优质产品或服务。在企业外部表现为通过提供优质产品或服务满足消费者的需求,及时搜集反馈信息,不断调整营销策略。

菲利普·科特勒认为,在11P中,老4P,即产品、价格、渠道、促销是营销策略;新4P,即探查、细分、优先、定位是营销战略;2P,即政治权力和公共关系是营销技巧;1P,即人是营销主体与目标市场。策略4P合理与否,取决于战略4P。企业在策略4P和战略4P的支撑下,还必须运用政治权力和公共关系2P技巧,以便排除通往目标市场的各种障碍。而企业从事营销活动的最终目的还是为了人这个P,为了获得人的支持,为了向人提供服务,营销以人为本。

3. 市场营销大变革:从4P到4C

随着市场竞争日趋激烈,媒介传播速度越来越快,4P组合理论越来越受到挑战。20世纪90年代,美国的罗伯特·劳特朋(Robert Lauteborn)针对4P存在的问题提出了4C营销理论。

(1) 消费者的需求(Consumer's Need)。从消费者的需求出发去设计产品能缩短消费者的接受过程,但是消费者的需求具有不可完全的确定性。在产品功能同质化时,外观等细节表现就成为体现产品差异化的亮点,而所有这些都必须经过产品生产出来才能产生价值。此外,满足消费者真正的需求却来自品质和功能,外在只是附属,消费者看中产品的外在形象是源于对品质具有相对的信任度。

(2) 消费者愿意付出的成本(Cost)。从消费者能够接受的心理价位去定价,这样做的目的也是为了能够一步到位地满足消费者的需求,缩短销售的过程。而实际上更多的情况是消费者的心理预期都是低于企业的定价预期。此外,这中间的消费者购买成本不仅包括其货币支出,还包括其为此耗费的时间、体力和精力消耗,以及购买风险。

(3) 消费者的购买便利(Convenience)。企业在制定分销策略时,要更多地考虑消费者的方便,而不是企业自己的方便。要通过好的售前、售中和售后服务让消费者在购物的同时,享受到便利。便利是消费者价值不可或缺的一部分。从目标消费者的消费开始到设计渠道,同样是为了缩短销售的过程,对这一方式的设计成功与否就在于能否正确理解便利的内涵。便利在于分销组合的创新以及消费流程的创新优化,但是再便利的分销模式依然是现有分销元素的重新组合而已。

(4) 与消费者的沟通(Communication)。就是把单一的促销行为变为整合传播推广。其本质在于寻找消费者更易接受的促销方式,脱去促销所体现的"卖"的外衣,增加消费者"买"的情感系数。沟通有单向和双向之分。在现在竞争激烈的市场环境中,要体现真诚,变单向促销为相互的、全方位的信息整合沟通,从而产生理解与信任,促进销售。

总的来说,4C 是 4P 的转化和发展。但其被动地适应消费者需求的色彩较浓,企业需要从更高层次以更有效的方式在企业与消费者之间建立起新型的主动性关系。在市场竞争日益激烈的今天,企业不仅应看到消费者的需求,还应更多地注意到现实竞争对手、潜在竞争对手、供应商等多种因素,冷静分析自身优劣并采取相应的策略,在竞争中求得发展。

4. 市场营销新框架:4R 理论

针对 4C 理论没有解决满足消费者需求的操作性问题,如提供集成解决方案、快速反应,以及企业与消费者没有建立新型的主动性关系等,1990 年美国西北大学整合营销传播理论的鼻祖唐·舒尔茨(Don E. Schulz)提出了 4R 营销理论。4R 营销理论认为,随着市场的发展,企业需要从更高层次上以更有效的方式在企业与消费者之间建立起有别于传统的新型的主动性关系。

(1) 与消费者建立关联(Relate)。在竞争性市场中,消费者具有动态性。消费者的忠诚度是变化的,他们会转移到其他企业。企业必须通过某些有效的方式在业务、需求等方面与消费者建立关联,形成一种互助、互求、互需的关系,把消费者与企业联系在一起,减少消费者的流失,以此来提高消费者的忠诚度,赢得长期而稳定的市场。利用系统集成的模式为消费者服务,为消费者提供一体化、系统化的解决方案,建立有机联系,形成互相需求、利益共享的关系,共同发展。提高产品与需求的对应程度,提供符合消费者特点和个性的具有特色或独特性的优质产品或服务。

(2) 提高对市场的反应速度(Reaction)。在今天的相互影响的市场中,对营销者来说最现实的问题不在于如何控制、制定和实施计划,而在于如何站在消费者的角度及时地倾听消费者的希望、渴望和需求,并及时答复和迅速作出反应,满足消费者的需求。目前多数企业多倾向于说给消费者听,而不是听消费者说,反应迟钝,这是不利于市场发展的。面对迅速变化的市场,要满足消费者的需求,企业必须建立快速反应机制,提高反应速度和回应力。这样可最大限度地减少抱怨,减少消费者流失的可能性。

(3) 重视与消费者的互动关系(Relation)。在企业与消费者的关系发生了本质性变化的市场环境中,与此相适应产生五个转向:第一,从交易营销转向关系营销;第二,从着眼于短期利益转向重视长期利益;第三,从单一销售转向建立战略合作伙伴关系;第四,从以产品性能为核心转向以产品或服务给消费者带来的利益为核心;第五,从不重视服务转向高度承诺。所有这一切的核心是处理好与消费者的关系,把服务、质量和营销有机地结合起来,通过与消费者建立长期稳定关系来实现消费者忠诚的目标。

(4) 回报是营销的动力(Reward)。对企业来说,市场营销的真正价值在于为企业带来短期或长期的收入和利润的能力。一方面,追求回报是营销发展的动力;另一方面,回报是维持市场关系的必要条件。企业要满足消费者需求,为消费者提供价值,但不能做"仆人"。因此,营销目标必须注重产出,注重企业在营销活动中的回报。一切营销活动都必须以为消费者及股东创造价值为目的。

4R 营销理论着眼于企业与消费者建立互动与双赢的关系,不仅积极地满足消费者的需求,而且主动地创造需求,通过关联、关系、反应、回报等把企业与消费者联系在一起,形成了独特的竞争优势。当然,4R 营销同任何理论一样,也有不足和缺陷。如与消费者建立关联、关系,需要实力基础或某些特殊条件,并不是任何企业可以轻易做到的。

5. 新经济时代的营销组合:4V 理论

进入 20 世纪 90 年代之后,随着高科技产业的迅速崛起,高科技企业、高技术产品或服务不断涌现,营销观念、方式也不断丰富与发展,并形成独具风格的新型理念。在新经济时代,培育、保持和提高核心竞争能力是企业营销管理的中心,也是企业营销活动的着眼点。4V 理论正是在这种需求下应运而生的。

(1) 差异化(Variation)。差异化就是企业凭借自身的技术优势和管理优势,生产出性能上和质量上优于市场上现有水平的产品,或是在销售方面,通过有特色的宣传活动,灵活的推销手段、周到的售后服务,在消费者心目中树立起不同一般的良好形象。值得一提的是,差异化营销所追求的差异是在产品功能、质量、服务和营销等多方面的不可替代性,因此也可以分为产品差异化、市场差异化和形象差异化三个方面。

(2) 功能化(Versatility)。功能化指以产品的核心功能为基础,提供不同功能组合的系列化产品供给,增加一些功能变成高档品,减掉一些功能就变成中、低档产品,以满足不同消费者的消费习惯和经济承受能力。关键是要形成产品核心功能的超强生产能力,同时兼顾延伸功能与附加功能的发展需要,以功能组合的独特性来博取目标消费者群的青睐。

(3) 附加价值(Value)。产品的价值包括基本价值与附加价值两部分。从发展趋势看,产品物耗、活劳动消耗在价值构成中的比重在逐步下降,而高技术附加价值、品牌及企业文化附加价值、服务附加价值在价值构成中的比重进一步上升。第一,提高技术创新在产品中的附加价值,从技术创新走向价值创新;第二,提高创新营销与服务在产品中的附加价值;第三,提高企业文化或品牌在产品中的附加价值。

(4) 共鸣(Vibration)。共鸣指企业为消费者持续地提供具有最大价值创新的产品或服务,使消费者能够更多地体验到产品或服务的实际价值效用,最终在企业和消费者之间产生利益与情感关联。共鸣强调的是企业的创新能力与消费者所重视的价值联系起来,将营销理念直接定位于包括使用价值、服务价值、人文价值和形象价值等在内的消费者整体价值最大化。

从整体上来分析，4V营销组合理论不仅是典型的系统论和社会营销论，既兼顾了社会和消费者的利益，又兼顾了企业家、企业与员工的利益。更为重要的是，通过4V营销可以培养和构建企业的核心竞争力。

第四节 国际营销中的最新理论

现代意义上的市场营销或国际营销，已经离不开网络、信息等技术革命。在新的技术革命中催生出了绿色营销、关系营销、顾客让渡价值、定制营销、整体营销、整合营销传播等最新营销理论，而且已经在现实营销实践中发挥了很大的作用，可以说为整个社会营销带来了伟大的变革。

一、绿色营销

（一）绿色营销的产生与发展

绿色营销(Green Marketing)是指企业以环境保护为指导思想，以绿色文化为价值观念，以绿色消费为中心和出发点的营销活动和策略。绿色营销要求企业在营销过程中，将企业自身利益、消费者利益和社会利益三者统一起来，并以此为中心对产品或服务进行构思、设计、销售和制造。

绿色营销是适应21世纪消费需求而产生的，是在人们追求健康、安全、环保的意识形态下所发展起来的新的营销方式、方法和策略。绿色营销策略的制定和方案的选择及相关资源的整合还无法也不能脱离原有的营销理论基础。

1. 绿色营销是人类社会发展的产物

人类的工业文明仅仅经历了200年的历史，就已经让地球付出了沉重的代价，同时也是人类应该承受的代价。随着资源短缺、环境的进一步恶化、淡水的枯竭、大气层的破坏、地球变暖等生态及环保问题的加剧，人们开始将生态观念、健康、安全、环保观念扎根于人类的思维理念中，继而形成绿色习惯，由绿色习惯催生出绿色需求，进而产生绿色营销。也就是说，绿色营销是在人类社会更加注重消费质量、环境保护、安全健康及社会可持续发展的情况下应运而生的。

2. 绿色营销是人类追求高品质、高品位的必然

当人们已经不再为基本的需求而奔波的时候，人们开始追求生存质量和生活质量。生存质量的追求表现在更加注重生态环保，生活质量的追求表现在倾向于消费无公害产品、绿色产品。由于这些产品本身所包含的特性和特点，使人们在消费过程中得到品质的满足和品位的提升。

3. 绿色营销是新型消费观念形成的产物

新的消费观念讲究满足基本消费的同时，考虑基本消费所带来的附加值。事实上，随着人们对于生态环保观念的认知和加强，促使人们改变原有的消费观念，许多人站在绿色消费

立场上开始拒绝非绿色产品，心甘情愿地为人类社会的可持续发展买单。

4. 绿色营销是法制化和社会宣传的结果

为了更好地推行绿色消费，培育绿色需求，一些国家特别是发达国家已经制定和颁布了相关法规，用于规范和推行绿色需求，实现绿色消费。乌拉圭回合的《贸易壁垒协议》中规定："不得阻碍任何国家采取措施来保护人类、动物或植物的生命健康、保护环境。"这实际上就为国际营销的产品绿色化提供了法制基础。

发达国家已经通过各种途径和手段，推行和实现全部产品的绿色化，从而培养了极为广泛的市场需求基础，为绿色营销活动的开展打下了坚实的根基。发达国家的绿色营销在发展过程中，基本上形成了绿色需求—绿色研发—绿色生产—绿色产品—绿色价格—绿色市场开发—绿色消费为主线的消费链条。发展中国家由于资金和消费导向，以及消费质量等原因，还无法真正实现对所有消费需求的绿色化。

（二）绿色营销的内容

1. 绿色产品

产品策略是市场营销的首要策略，企业实施绿色营销必须以绿色产品为载体，为社会和消费者提供满足绿色需求的绿色产品。所谓绿色产品是健康、安全、环保的，对社会、对环境改善有利的产品。与传统同类产品相比，具有下列特征：

(1) 产品的功能。产品的核心功能既能满足消费者的传统需要，符合相应的技术和质量标准，又能满足对社会、自然环境和人类身心健康有利的绿色需求，符合有关环保和安全卫生的标准。

(2) 产品的实体。产品的实体部分能减少资源的消耗，尽可能利用再生资源。产品实体中不添加有害环境和人体健康的原料、辅料，在产品制造过程中消除或减少"三废"对环境的污染。

(3) 产品的包装。产品的包装减少对资源的消耗，包装的废弃物和产品报废后的残物能成为新的资源。

2. 绿色价格

一般来说，绿色产品在市场的投入期，生产成本会高于同类传统产品，因为绿色产品成本中应计入产品环保的成本，主要包括以下几方面：

(1) 在产品开发中，因增加或改善环保功能而支付的研制经费。

(2) 在产品制造中，因研制对环境和人体无污染、无伤害而增加的工艺成本。

(3) 使用新的绿色原料、辅料，增加的资源要素成本。

(4) 由于实施绿色营销，增加的管理成本、销售费用。

但是，绿色产品的价格上升是暂时的，随着科学技术的发展和各种环保措施的完善，绿色产品的制造成本会逐步下降，趋向稳定。所以，企业生产经营绿色产品不仅能使企业盈利，更能在同行竞争中取得优势。

3. 绿色渠道

企业实施绿色营销必须建立稳定的绿色营销渠道，在绿色渠道建设中，企业要结合产品特点，充分发挥产品的绿色特质，实现渠道绿化。

(1) 启发和引导中间商的绿色意识，建立与中间商的恰当利益关系，不断发现和选择绿色中间商等营销伙伴，逐步建立稳定的营销网络，采取正当可行的绿色竞争手段，实施可持续发展的绿色健康竞争秩序。

(2) 企业可以开设一些绿色专营店，确保专营店"纯绿色营销"，建立产品良好的绿色信誉，确保消费者对于绿色产品的认知。

(3) 为了真正实施绿色营销，从绿色交通工具的选择，绿色仓库的建立，到绿色装卸、运输、贮存、管理办法的制定与实施，认真做好绿色渠道的一系列基础工作。

(4) 尽可能建立短渠道、宽渠道，减少渠道资源消耗，降低渠道费用。

4. 绿色促销

绿色促销是通过绿色促销媒体，传递绿色信息，指导绿色消费，启发引导消费者的绿色需求，最终促成绿色购买行为。绿色促销的主要手段有以下几方面：

(1) 绿色广告。通过广告对产品的绿色功能进行定位，引导消费者理解并接受广告诉求。在绿色产品的市场投入期和成长期，通过量大、面广的绿色广告，营造营销的绿色氛围，激发消费者的购买欲望。

(2) 绿色推广。通过绿色营销人员的绿色推销和营业推广，从销售现场到推销实地，直接向消费者宣传、推广产品绿色信息，讲解、示范产品的绿色功能，回答消费者绿色咨询，宣讲绿色营销的各种环境现状和发展趋势，激励消费者的绿色欲望。同时，通过试用、馈赠、竞赛、优惠等策略，引导绿色消费兴趣，促成购买行为。

(3) 绿色公关。通过企业的公关人员参与一系列公关活动，诸如发表文章、演讲、影视资料的播放，社交联谊、环保公益活动的参与、赞助等，广泛与社会公众进行接触，增强公众的绿色意识，树立企业的绿色形象，为绿色营销建立广泛的社会基础，促进绿色营销的发展。

5. 绿色服务

绿色服务对绿色营销最终价值的实现发挥着极其重要的作用，绿色营销必须开展绿色服务。绿色服务的功能有：

(1) 传播绿色消费观念，减少绿色消费误区。

(2) 真正从专业化的角度解决消费者在绿色消费中出现的问题，指导消费者进行纯绿色消费。

(3) 通过绿色服务，减少资源浪费、节约物质消耗、减少环保成本、实施资源综合利用，实现绿色产品在绿色服务中价值最大化。

6. 绿色管理

企业在实行绿色营销的过程中，要将绿色观念融入企业的生产经营管理活动中。目前，国际比较通行的做法是"5R"原则：

(1) 研究(Research)。把环保纳入企业的管理决策中来，重视对于环保的研究及相关的环境对策。

(2) 减消(Reduce)。通过采用新技术、新工艺、新材料，减少或消除有害废异物的排放。

(3) 再开发(Rediscover)。积极进行科研活动，变普通产品为绿色产品，积极创造绿色品牌。

(4) 循环(Recycle)。对废旧产品进行回收处理,循环利用。

(5) 保护(Reserve)。积极参与环境整治活动,培养员工环保意识,树立企业绿色形象。

(三) 国际营销中的绿色壁垒

所谓绿色壁垒(Green Barriers,GBs)是指一种以保护有限资源、环境和人民健康为名,通过蓄意制定一系列苛求的环保标准,对来自国外的产品或服务加以限制。绿色壁垒属于一种新的非关税壁垒形式,已成为发达国家国际贸易政策措施的一部分。绿色壁垒的表现形式主要有:

(1) 绿色关税和市场准入。发达国家以保护环境为名,对一些污染环境,影响生态环境的进口产品课以进口附加税,或者限制、禁止其进口,甚至实行贸易制裁。例如,美国食品与药品管理局规定,所有在美国出售的鱼类都须来自经美方证明未受污染的水域,否则不允许入关。

(2) 绿色技术标准。发达国家的科技水平较高,处于技术垄断地位。发达国家在保护环境的名义下,通过立法手段,制定严格的强制性环保技术标准,限制国外商品进口。这些标准都是根据发达国家生产和技术水平制定的,对于发达国家来说,是可以达到的,但对于发展中国家来说,是很难达到的。因而势必导致发展中国家的产品被排斥在发达国家市场之外。欧盟启动的ISO14000环境管理系统,要求进入欧盟国家的产品从生产准备到制造、销售、使用以及最后处理阶段都要达到规定的技术标准。ISO14000系列标准提供了以预防为主,减少和消除环境污染的管理办法,是解决经济与环境协调发展的有效途径,为世界各国在统一的环境管理标准下平等竞争提供了条件,但同时也为发达国家设置环境壁垒提供了依据。

(3) 绿色环境标志。环境标志由政府管理部门或民间团体按照严格的程序和环境标准颁发给厂商,附印于产品及包装上,以向消费者表明该产品从研制、开发到生产、使用直至回收利用的整个过程均符合生态和环境保护要求。绿色标志产生的时间不长,但发展十分迅速,发展中国家的产品只有得到绿色环境标志才能进入发达国家市场,因而绿色标志又有绿色通行证之称。从1978年德国率先推出蓝色天使计划以来,许多发达国家纷纷效仿,如北欧四国的白天鹅制度、欧洲联盟的EU制度、加拿大的环境选择制度、日本的生态标志制度等。环境标志制度对环境保护的独特作用是毋庸置疑的,但也为构成贸易壁垒提供了可能。

(4) 绿色包装制度。绿色包装是节约资源,减少废弃物,用后易于回收再用或再生,易于自然分解,又不污染环境的包装。目前,世界各国在环保包装方面采取的措施主要有:以立法形式规定啤酒、软性饮料和矿泉水一律使用可循环使用的容器;制定强制包装再循环或利用的法律;税收优惠或处罚,即对不使用可再循环包装材料的厂商征收较高的税赋,以鼓励使用可回收再生的材料。

(5) 绿色卫生检疫制度。基于保护环境和生态资源,确保人类和动植物免受污染物、毒素、微生物、添加剂等的影响,许多国家,特别是发达国家制定了严格的卫生检疫制度和标志。由于各国环境与技术标准的指标水平和检测方法不同,以及对检验指标设计的任意性,而使环境和技术标准可能成为绿色贸易壁垒。

(6) 绿色补贴。为了保护环境和资源，有必要将环境和资源费用计算在成本之内，使环境和资源成本内在化。发达国家将严重污染环境的产业转移到发展中国家，以降低环境成本。使发展中国家的环境成本因此而提高。更为严重的是，发展中国家绝大部分企业本身无力承担治理环境污染的费用，政府有时只能为此给予一定的环境补贴。发达国家又以这种“补贴”违反世界贸易组织的规定为由，限制发展中国家向发达国家进口产品。

二、关系营销

(一) 关系营销的含义

1. 北美学派的观点

北美学派的代表人物是美国亚特兰大 Emory 大学的白瑞(Leonard L. Berry)和哈佛商学院的巴巴拉・本德・杰克逊(Barbara B. Jackson)，他们最早从服务营销和产业营销的角度提出了关系营销、内部营销的概念。

一般认为，关系营销(Relationship Marketing)一词最初是 1983 年由从事服务营销研究的美国学者白瑞(Leonard L. Berry)在一篇服务营销的会议论文中率先引入文献的。白瑞站在服务业的角度，认为关系营销就是“提供多种服务组合，吸引、维持以及增强消费者关系”。根据白瑞的观点，关系营销是对市场营销的扩展，因为“原来市场营销关注的对新消费者的吸引，仅仅是营销过程的第一步，而巩固关系，把一般消费者转化为忠诚消费者，像对待家人一样地为消费者提供服务，都应该属于市场营销的范畴”。

1985 年，在白瑞提出关系营销概念之后，巴巴拉・本德・杰克逊从产业营销的角度定义了关系营销，认为关系营销是“关于吸引、发展并保留与消费者关系的营销导向”。后来有许多学者认为这是关系营销的一种狭隘理解，因此，他们在界定关系营销时，扩大了关系方的范围。

1994 年，美国学者摩根和亨特(Robert M. Morgan and Shelby D. Hunt)从交换关系的角度来界定关系营销，认为关系营销是“旨在建立、发展和维持成功的关系型交换地所有营销活动”。

2. 产业营销学派的观点

产业营销学派的代表人物是瑞典 Uppsala 大学的哈坎逊(Hakansson)教授等人。该学派从网络理论的角度将传统的买卖双方之间的关系扩展到三方以上的角色之间的关系，强调关系各方在资金、网络地位和技能等资源上相互依赖性以及关系投资的共同性，认为关系营销就是协调各方关系，最终取得各方共同取得收益的一种社会活动过程。

3. 服务营销学派的观点

1990 年，芬兰学者科瑞斯汀・格朗鲁斯(Christian Gronroos)是较早扩展关系营销适应范围的学者，他把公司的利益相关者界定为关系营销的对象，认为关系营销就是“识别、建立、维持、加强与消费者及其他利益相关者的关系，以实现各方经济目标和其他目标的过程，这个过程是靠双方不断作出承诺和履行承诺来完成的”。1997 年，格朗鲁斯又对这一定义进行了修改，认为成功的关系营销不仅要建立和发展关系，在适当的时候终止关系也是很关键的，他给出的新的关系营销定义是："识别、建立、维持、加强以及在必要时结束与消费者及其他利益相关者的关系，以实现各方的经济目标和其他目标的过程，这个过程是靠双方不断作出承诺和履行承诺来完成的。"

1994年，瑞典学者古姆松(Gummesson)认为，关系营销就是"从关系、网络和互动的角度来看营销"。他认为关系营销涉及的关系方多达30个，面对如此多的关系，不可避免地要用一种网络视角来看关系营销。

4. 英澳学派的观点

美澳学派的代表人物是英国Granfield管理学院的马丁·克里斯托弗和澳大利亚墨尔本商学院的百朗替内(Ballantyne)。他们提出了六大市场的多重利益相关者模型和关系发展阶梯模型，强调各种营销职能的交叉，认为关系营销就是产品质量、消费者服务和营销活动三位一体的社会活动过程。

5. 本书的观点

综合各种定义，本书编著者认为关系营销是指企业在盈利的基础上，通过建立、维持、促进与消费者和其他伙伴之间的关系，充分强化和利用各种形式的关系及关系网络进行营销实践，实现参与各方目标的一种社会活动。

(二) 关系营销的本质特征

1. 关系营销以协同和沟通为重要基础

在竞争性的市场上，明智的营销者应强调与利益相关者建立长期的、彼此信任的、互利的关系。这可以是关系一方自愿或主动地调整自己的行为；也可以是关系双方都调整自己的行为，以实现相互适应。各具优势的关系各方，互相取长补短，联合协同去实现对各方都有益的共同目标，可以说是协调关系的最高境界。大量事实证明，参与营销的各方为了共同的利益往往采取相互支持、相互配合的态度和行动，已有越来越多的营销者日益重视与消费者、分销商甚至竞争者建立长期的、彼此信任的互利关系，这些关系主要表现为顺从、顺应、互助、合作。公司与消费者之间保持良好的合作关系，企业与企业之间的长期合作关系都有助于保持企业的稳定发展。关系营销已经从追求每一笔交易利润的最大化转向追求各方利益关系的最优化。只有与企业营销网络中各成员建立长期、良好、稳定的伙伴关系，才能保证更多有利的交易，才能保证营销额和利润的稳定增长，否则那些暂时的利润随时都会消失。协同和沟通是一种保持集体性状态和趋势的因素，因而使系统具有整体性、稳定性，因此协同和沟通是关系营销的重要基础。

2. 关系营销是一种双向的信息沟通过程

社会学认为，关系是信息和情感交流的有机渠道，在这一过程中，不仅仅传递了信息和感情，而且能有机地影响和改变信息和感情的发展。良好的关系能保证营销渠道的畅通，恶化的关系会造成营销渠道的阻滞，中断的关系会使营销渠道堵塞。人们在交往过程中形成的认识和态度是持久的和不易改变的，因此关系的稳定性并不因为交流的间歇或停止而消失，关系营销的沟通应该是双向的，既可以由企业向消费者开始，也可以由消费者向营销方开始。如果仅仅是消费者联系企业，消费者会认为这种沟通不够充分，因而也无法和某一特定企业建立特殊关系。如果企业主动和消费者联系进行双向交流,对于加深消费者对企业的认识,察觉需求的变化,满足消费者的特殊需求以及保持消费者有重要意义。广泛的信息沟通和信息共享,可以使企业赢得支持和合作。因此,关系营销必须注重信息的双向沟通。

3. 关系营销以互利双赢为出发点

关系营销的基础,在于交易各方之间利益上的互补。如果没有各自利益的实现和满足,各方都不会建立良好的关系。新经济条件下,企业不仅只是经济实体,同时也成了社会实体,市场营销性质发生了根本转变,它不仅要为实现企业目标服务,而且要照顾到公众的利益和需要。企业的利益有实质利益和关系利益之分,关系营销的基本目标是赢得公众的信赖与合作,因此,当关系各方利益相冲突时,企业只能舍弃实质利益,换取宝贵的关系利益。一般而言,出于竞争动机的交易者是为争取各自最大限度的利益,而出于合作动机的交易者则会谋求各方共同的利益。关系营销的发生最主要原因是买卖各方之间有利益上的互补,企业用产品或服务从消费者那里获取利润,看作用货币从市场上获得自己所需的产品或服务。如果没有各自利益的实现和满足,各方就不会建立良好的关系。关系建立在互利的基础上,使双方在利益上取得一致,实现双赢互利,这是关系赖以建立和发展的基础。因此关系协调的关键在于了解各方的利益需求,寻找各方利益的共同点,并努力使各方共同的利益得以实现。

4. 关系营销的信息反馈具有及时性

关系营销要求建立专门机构,用于追踪消费者和利益相关者的态度。关系营销应具备一个反馈的循环,连接关系各方,企业由此了解到环境的动态变化,根据合作方提供的信息,改进产品和技术。信息的及时反馈,使关系营销具有动态的应变性,有利于挖掘新的市场机会。

(三)关系营销的原则

关系营销的实质是在市场营销中与各关系方建立长期稳定的相互依存的营销关系,以求彼此协调发展,因而必须遵循以下原则:

(1) 主动沟通原则。在关系营销中,各关系方都应主动与其他关系方接触和联系,相互沟通信息,了解情况,形成制度或以合同形式定期或不定期地碰头,相互交流各关系方需求变化情况,主动为关系方服务或为关系方解决困难和问题,增强合作伙伴关系。

(2) 承诺信任原则。在关系营销中各关系方相互之间都应作出一系列书面或口头承诺,并以自己的行为履行诺言,才能赢得关系方的信任。承诺的实质是一种自信的表现,履行承诺就是将誓言变成行动,是维护和尊重关系方利益的体现,也是获得关系方信任的关键,是企业与关系方保持融洽伙伴关系的基础。

(3) 互惠互利原则。在与关系方交往过程中必须做到相互满足关系方的经济利益,并通过在公平、公正、公开的条件下进行成熟、高质量的产品或价值交换,使关系方都能得到实惠。

(四)关系营销的形态

关系营销是在各关系方的交往过程中实现的,而各关系方之间的关系复杂多样。归纳起来大体有以下几种形态：

(1) 亲缘关系营销形态。亲缘关系营销形态指依靠家庭血缘关系维系的市场营销，如以父子、兄弟、姐妹等亲缘为基础进行的营销活动。这种关系营销的各关系方盘根错节，根基深厚，关系稳定，时间长久，利益关系容易协调，但应用范围有一定的局限性。

(2) 地缘关系营销形态。地缘关系营销形态指以公司营销人员所处地域空间为界维系的营销活动，如利用同省同县的老乡关系或同一地区公司关系进行的营销活动。这种关系营销在经济不发达，交通邮电落后，物流、商流、信息流不通畅的地区作用较大。在我国社会主义初级阶段的市场经济发展中，这种关系营销形态仍不可忽视。

(3) 业缘关系营销形态。业缘关系营销形态指以同一职业或同一行业之间的关系为基础进行的营销活动，如同事、同行、同学之间的关系，由于接受相同的文化熏陶，彼此具有相同的志趣，在感情上容易紧密结合为一个整体，可以在较长时间内相互帮助，相互协作。

(4) 文化习俗关系营销形态。文化习俗关系营销形态指企业及其人员之间具有共同的文化、信仰、风俗习俗为基础进行的营销活动。由于企业之间和人员之间有共同的理念、信仰和习惯，在营销活动的相互接触交往中易于心领神会，同时他们对产品品牌、包装、性能等有相似的理解，容易建立长期的伙伴营销关系。

(5) 偶发性关系营销形态。偶发性关系营销形态指在特定的时间和空间条件下发生突然的机遇形成的一种关系营销，如营销人员在车上与同坐旅客闲谈中可能使某项产品成交。这种营销具有突发性、短暂性、不确定性的特点，往往与前几种形态相联系，但这种偶发性机遇又会成为公司扩大市场占有率、开发新产品的契机，如能抓住机遇，可能成为一个公司兴衰成败的关键。

(五) 关系营销的市场模型

综合各种学者的观点，我们认为，一个企业必须处理好与下面六个子市场的关系：

(1) 消费者市场。总方针是企业存在和发展的基础，市场竞争的实质是对消费者的争夺。关系营销理论认为，企业在争取新的消费者的同时，还必须重视留住消费者，培育和发展消费者忠诚。通常争取一位新的消费者所需花的费用往往是留住一位老的消费者所花费用的6倍。企业可以通过数据库营销、俱乐部营销等多种工具和手段，更好地满足消费者需求，增加消费者信任，密切双方关系。

(2) 供应商市场。任何一个企业都不可能独自解决自己生产所需的所有资源。在现实的资源交换过程中资源的构成是多方面的，至少包含了人、财、物、技术、信息等方面。与供应商的关系决定了企业所能获得的资源数量、质量及获得的速度。企业与供应商必须结成紧密的合作网络，进行必要的资源交换。另外，企业在市场上的声誉也是部分地来自同供应商所形成的关系。按照企业需求的特殊性，供应商通常分为一般供应商、重点供应商和特殊供应商。

(3) 分销商市场。在分销商市场上，零售商和批发商的支持对于产品的成功至关重要。分销渠道对现代企业来说无异于生命线，随着营销竞争的加剧，掌握了分销通路就等于占领了市场。优秀的分销商是企业竞争优势的重要组成部分。通过与分销商的合作，利用他们的人力、物力、财力，企业可以用最小的成本实现市场的获取，完成产品的流通，并抑制竞争者产品的进入。

(4) 竞争者市场。在竞争者市场上，企业营销活动的主要目的是争取与那些拥有与自己具有互补性资源竞争者的协作，实现知识的转移、资源的共享和更有效的利用。企业与竞争者结成各种形式的战略联盟，通过与竞争者进行研发、原料采购、生产、销售渠道等方面的合作，可以相互分担、降低费用和风险，增强经营能力。种种迹象表明，现代竞争已发展为协作竞争，在竞争中实现双赢的结果才是最理想的战略选择。

(5) 影响者市场。金融机构、新闻媒体、政府、社区，以及诸如消费者权益保护组织、环保组织等各种各样的社会压力团体，对于企业的生存和发展都会产生重要的影响。因此，企业有必要把它们作为一个市场来对待，并制定以公共关系为主要手段的营销策略。

(6) 内部市场。内部营销起源于这样一个观念，即把员工视为公司的内部消费者。任何一家企业，要想让外部消费者满意，首先得让内部员工满意。只有工作满意的员工，才可能以更高的效率和效益为外部消费者提供更加优质的服务，并最终让外部消费者感到满意。内部市场不只是企业营销部门的营销人员和直接为外部消费者提供服务的其他服务人员，它包括所有的企业员工。在为消费者创造价值的生产过程中，任何一个环节的低效率或低质量都会影响最终的消费者价值。

三、顾客让渡价值

(一) 顾客让渡价值的构成

顾客让渡价值理论是1994年菲利普·科特勒在《营销管理》一书第9版中提出来的，他认为顾客让渡价值是指顾客总价值与顾客总成本之间的差额。

顾客总价值就是消费者从某一特定产品或服务中获得的一系列利益，它包括产品价值、服务价值、人员价值和形象价值等。

顾客总成本是指顾客为了购买产品或服务而付出的一系列成本，包括货币成本、时间成本、精神成本和体力成本。

顾客是价值最大化的追求者，在购买产品时，总是希望把有关成本降低到最低限度，而同时又希望从中获得更多的实际利益，以使自己的需要得到最大限度的满足。因此，顾客在选购产品时，往往从价值与成本两个方面进行比较分析，从中选择出价值最高、成本最低，即顾客让渡价值最大化的产品作为优先选购的对象。

企业为在竞争中战胜对手，吸引更多的潜在顾客，就必须向顾客提供比竞争对手具有更多顾客让渡价值的产品，这样，才能使自己的产品为顾客所注意，进而购买本公司的产品。为此，企业可从两个方面改进自己的工作：一是通过改进产品、服务、人员与形象，提高产品的总价值；二是通过降低生产与销售成本，减少顾客购买产品的时间、精神与体力的耗费，从而降低货币与非货币成本。

(二) 顾客让渡价值的测算

将顾客让渡价值表示为函数的形式：$CDV = TCV - TCC$

顾客总价值函数：$TCV = F(X_1, X_2, X_3, \cdots)$

顾客总成本函数：$TCC = F(Y_1, Y_2, Y_3, \cdots)$

顾客让渡价值函数又可以表示为：

$$CDV = F(X_1, X_2, X_3, \cdots; Y_1, Y_2, Y_3, \cdots)$$

以上各式中：

CDV（Customer Delivered Value）表示顾客让渡价值；

TCV（Total Customer Value）表示顾客总价值；

TCC（Total Customer Cost）表示顾客总成本；

$X_1, X_2, X_3, \cdots$ 表示影响顾客总价值的各种变量；

$Y_1, Y_2, Y_3, \cdots$ 表示影响顾客总成本的各种变量。

影响顾客让渡价值的因素$(X_1, X_2, X_3, \cdots; Y_1, Y_2, Y_3, \cdots)$很多，如企业的营销组合策略、企业所处的市场环境、科技水平的进步，乃至顾客的行为、意识等，它们之间的关系以及作用机制也非常复杂。

（三）顾客让渡价值理论的启示

顾客让渡价值理论全面地分析了顾客的购买利益和购买成本，给企业的市场营销活动提供了以下几方面的启示。

1. 顾客支付的不仅仅是货币成本

顾客让渡价值理论从另一侧面提醒公司，顾客购买产品的总成本不仅包括支付的货币成本，还包括购买产品或服务时所消耗的时间成本、精神成本和体力成本。从这些成本概念出发，企业应该明白，当企业通过营销活动，既完善了售后服务，又方便了顾客购买，这时即使不降低购买的货币成本（价格），但由于购买的非货币成本已下降，顾客仍能从中获得较大的价值和满足，产品销售量仍能增加。提高顾客的满意程度，增加顾客对企业的好感和信任，销售量就可增加，企业竞争并不一定靠价格的下降，价格只是影响购买产品或服务的决策因素之一。因此，企业之间的竞争应是全方位的，不应只集中于价格竞争上。

2. 产品创新可增加顾客总价值

顾客让渡价值理论指出，顾客购买产品或服务不仅要考虑购买成本，还要考虑所购买产品或服务所带来的总价值。顾客总价值由产品价值、服务价值、人员价值和形象价值构成，其中每一项价值因素的变化均对总价值产生影响。产品价值是由产品的功能、特性、品质、品种等所产生的价值构成，它是顾客需求的中心内容，也是顾客选购产品的首要因素，因而，一般情况下，它是决定顾客购买总价值的关键和主要因素。但在经济发展的不同时期，顾客对产品有不同的需求，构成产品价值的要素不同，各要素对总价值的重要程度也不同；在同一经济发展时期，不同类型的顾客对产品价值也会有不同的要求。这就告诫企业，在营销时必须认真分析不同经济发展时期顾客的需求共性，以及同一经济发展时期，不同消费群体的需要个性，据此进行市场细分和市场定位，确定目标顾客和目标公众，进行产品的设计与开发，从而为顾客创造更大的价值。因此，在市场竞争日益激烈的条件下，企业更要在产品功能上下工夫。企业应在市场调研的基础上，通过增加科技投入，注重产品创新、新产品开发等途径来引导顾客的购买。

3. 提供服务能增加顾客总价值

产品的服务价值是指伴随产品的出售，企业向顾客提供的各种附加服务，它包括产品介绍、产品保证等所产生的价值。服务价值是构成顾客总价值的重要因素之一，随着收入水平的提高和消费观念的改变，顾客在选购产品时，不仅注意产品本身价值的高低，而且更看重产品的附加价值。企业向顾客提供的附加价值越大，顾客从中获取的实际利益就越大，从而购买的总价值也就越大。无论产品多么完善，价格多么合理，当它们投放市场时，都依赖于服务，缺乏服务的保证，所有努力都将功亏一篑。顾客让渡价值理论应使企业意识到，企业如果从以服务满足顾客需求方面动动脑筋，也许企业就有更为广阔的市场空间。

4. 提高人员价值能增加顾客总价值

人员价值是指企业员工的经营思想、知识水平、业务能力、工作效率与质量、经营作风及应变能力等产生的价值。企业员工的素质直接决定着企业为顾客提供的产品或服务的质量，决定着顾客购买总价值的大小。一个综合素质较高，又具有顾客导向经营思想的员工，会比知识水平低、业务能力差、经营思想不端正的员工创造更高的价值，从而创造更多的满意的消费者，进而创造出更大的市场。希尔顿饭店集团的创始人唐纳·希尔顿有句名言："今天你对顾客微笑了没有？"为什么要对顾客微笑？因为顾客能从中得到一种满足感、一种尊重感、一种精神的愉悦感。员工能否提供这种超常的、高于一般标准的劳动，取决于他是否具有丰富的知识和娴熟的服务技巧。

5. 提高形象价值能增加顾客总价值

形象价值是指企业及企业产品在社会大众中形成的总体形象所产生的价值。它包括产品、商标、工作场所等所构成的有形形象所产生的价值，企业员工的职业道德、经营行为、服务态度、工作作风等行为形象所产生的价值，以及企业的价值观念、管理哲学等理念形象所产生的价值。形象价值与产品价值、服务价值、人员价值密切相关，在很大程度上是上述三方面价值综合作用的反映和结果。形象是企业的无形资产，良好的形象对产品产生巨大的支持作用，赋予产品较高的价值，给顾客带来精神上和心理上的满足感和信任感，使顾客的需要获得更高层次和更大限度地满足，正是在形象价值的激励下，创名牌才成为现代企业的时尚。

（四）顾客让渡价值理论的修正

1. 修正的必要性

顾客让渡价值理论从顾客的角度，为企业认识影响顾客购买决策的要素组合及作用机理提供了一个定性的衡量手段，但同时不可避免地存在缺陷。首先，它忽视了市场营销活动主、客体之间的共生关系；其次，既然市场营销追求的是企业盈利基础上的顾客满意，而市场经济条件下企业生产以利润最大化为目标，这就难以解释为什么在很多情况下，企业放弃高利润而代之以微利，甚至以低于成本的价格出售商品。在经济人假设前提下，企业的活动应视为理性选择，那么低价策略究竟能为企业带来什么？既然存在顾客满意度最大化与企业利润最大化之间的矛盾，那么这一矛盾体是在何种营销机制中才能解决的呢？基于此，顾客让渡价值理论必须修正。

2. 修正的假设前提

初期的营销学是作为经济学的一门课程产生和发展的,因而经济学的很多基本假设也就自然而然成为营销学的假设前提。然而,任何理论都只能在特定的环境与条件下发挥效用,一旦脱离前提假设,理论也就失去了生存的土壤与存在的价值。完全竞争的市场不需要市场营销,市场营销学是建立在不完全竞争的经济理论基础之上的。

功利交换是唯一的市场交换方式,象征性交换与复合型交换因心理上、社会关系等无形物之间的交换属性具有非理性因素而被排除在外。事实上,在市场经济条件下的市场交换中,后两者所占的比重非常少,以至于在经典理论研究中,人们往往忽略了他们的存在。功利交换假定是以经济人假设为前提的,它隐含以下条件,人们在行为上都是有理性的;他们试图通过交换获取最大效用;他们对交换中的可能选择有完备(而不完全)的信息;这些交换相对来说不受外界影响。

在这些隐含条件中,因为资源的稀缺性,理论研究对交换双方利益最大化问题给予了最大的关心,对顾客是如此,对供给者亦是如此。以此反观传统的顾客让渡价值理论,不难发现它对供给者利益缺乏足够的关心,而这恰恰成为修正的逻辑起点,对顾客让渡价值理论的修正将以此为突破点。

3. 具体修正

在一个完全的视角下重新审视顾客让渡价值理论时,我们认为,“产生和决定市场交换关系的力量和条件是什么”的问题应当成为这一理论的终极指向。以此为核心,对该理论作了相应的改进,并认为问题的答案就在于:顾客让渡价值与供给者让渡价值之间的长期动态均衡。

正如前所说,对顾客让渡价值理论的这一修正在总体上看来就是要在顾客利益与供给者利益之间形成一种长期动态均衡,亦即双方满意,交易继续下去,最终形成稳固的交换关系。需要说明的是,为什么顾客忠诚与货币价格(也就是产品售价)共同构成了供给总价值。对顾客而言,在缺乏情感维系的情况下,他们的选择天然具有不确定性。对他们来说,每一次消费行为的心理满足是最重要的,所以顾客行为总是倾向于短期化;而供给者不同,他们的生产活动具有刚性的特点,其投入存在沉没成本,所以与顾客相比,他们必须更加注重自身的长期发展,与顾客之间保持良好的交换关系,能有效地减少交易成本,增加顾客价值。在此观念下,顾客忠诚作为企业的一笔无形资产而被纳入总供给者价值中来。

只要顾客让渡价值与供给者让渡价值均大于零,就有可能达到双方满意的结果,双方满意都达到一定程度,交换活动就有可能持续下去,交易关系就可能得到不断的巩固。在顾客本位主义条件下,顾客满意依然是这一理论的核心,只有顾客满意度最大化,才会产生最佳的顾客忠诚,而忠诚的顾客形成了企业最重要的资产,并构成总供给者价值。由此,顾客满意度最大化与企业利润最大化并不矛盾,后者的产生是以前者的达成为前提的。另外,市场营销的终极目标是为了达到交换双方的共同满意,而非顾客满意本身。

综上所述,修正后的顾客让渡价值理论站在企业发展的长期视角,以塑造忠诚顾客资源为重点,以交换双方的共同满意为归宿,拓宽了营销理论研究的范围。

四、定制营销

（一）定制营销的背景

1. 消费行为个性化色彩浓烈的市场环境，是定制营销思想产生发展的原因

近些年来，全球经济得到了迅猛的发展，国际化使资源、产品能够在全世界范围内自由流动，买方市场因此急剧膨胀，供应于市场上的产品越来越丰富，品种繁多到了令人目不暇接的地步。消费者对产品的选择有了极大余地，因而不再只关心数量的满足，更希望获得品质的享受。这个时期最初的特点是仿同，即众人赶潮流，市场流行什么就买什么。进入20世纪八九十年代后，各种媒体的现代化信息传动使消费价值取向进一步多变，消费者把目光转向了个性化和多元化。产品消费不只是给人以物质上的享受，更重要的是带来一种标新立异的精神满足感。在市场上找不到合意的产品后，消费者就希望能借助于企业为自己定制。

2. 定制营销不是量体裁衣、量脚做鞋的简单回复

早期的定制方式是在制造商的资金、运输、储存、信息等环节受到多方制约，销售区域狭小的情况下形成的，这种时期内生产相同的产品，销量有限。因而企业只能按消费者的规格尺寸和要求的款式花色制造商品。在大机器生产出现后，这种手工作坊式的定制形式因不适应生产力发展而消退了。但大规模生产虽然提供了丰富的产品，却又与消费者的个性需求发生了矛盾。企业为了在保持规模经济效益的同时兼顾满足消费者个性需求而采用了定制营销。所以应把定制营销看作是一种对早期定制进行了多次否定后形成的新事物，是定制的高级形式。

3. 定制营销是定制与现代化规模生产相结合的产物

大规模生产是生产力发展的要求，如果要把定制营销搞成作坊式生产，那是生产力的倒退。以电脑、激光等为特征的高科技为解决定制的规模生产这一难题提供了极大帮助。著名美国学者、《第三次浪潮》的作者阿尔文·托夫勒设想的制衣方式是：消费者打电话到工厂，报上自己要求的规格尺寸、式样款色等资料，或交给厂家一张自己的照片，由厂家对这些资料进行电脑处理，并指挥机器迅速生产出符合消费者要求的衣服。由于这样生产的自动化效率极高，所以可在一定时间内接受大批消费者的不同订单进行生产，形成了规模定制。正如未来学家约翰·奈斯比特所说的，定制营销这种超越大量生产同种产品的形式，是导致改变我们生活十大新方向之一的“从非此即彼的选择到多种多样的选择”的大趋势。

（二）定制营销的含义

定制营销是指企业在大规模生产的基础上，将每一位消费者视为一个单独的细分市场，根据消费者个体的特定需求来进行市场营销组合，以满足每位消费者的特定需求的一种营销方式。定制营销是根据不同消费者的个性化需求提供特色产品或服务的营销活动。定制营销是消费者在生产中居于核心地位，消费者能够按自己的意志参与对所需产品的设计或提出意见，企业据此生产出符合消费者需要的产品的营销活动。

定制营销的主要内容有以下几点：把每一个消费者都作为一个单独的细分市场，生产

的着眼点是使产品能够体现消费者的意志，营销活动建立在买卖双方协同一致的基础之上，定制生产以大规模生产为基础。

从营销的起点看，定制营销是零起点营销，而传统营销是非零起点营销，传统营销通常是利用较多的库存缩短供货时间，而定制营销的库存较少甚至为零。而消费者在通过定制化获得优质的个性化产品或服务的同时，更希望企业提供的产品或服务准时、快捷，以减少购买决策的不确定性，降低购买决策的风险。这就要求企业在较短的时间内作出快速的反应，采取零时间企业运作管理模式，零时间就是指能够立即满足消费者的需要，即意味着你的企业能即时行动和响应市场的变化。对于实施定制营销的企业而言，能否在零时间内——最短的时间内或者在最准确的时间点上，提供消费者所需要的产品或服务，即时满足消费者的需要。因此，构建基于时间竞争的定制营销系统对消费者满意度、消费者忠诚、消费者服务价值链的提升有十分重要的意义。

各国企业都实行了非常有特色的定制营销。美国通用汽车企业实施萨顿计划以后，消费者在该企业的任何一家分销店，都可以坐在电脑旁，挑选欲购汽车的颜色、发动机、座位设备和收音机等。消费者的要求会送到生产地点，在那里会按要求分别为他们组装汽车。在日本，购买房屋的消费者可以和推销人员一起，坐在电脑跟前，从 2 万种不同的标准部件中，随心所欲地调整房间，或大或小，设计整个布局。信息会通过电脑送往工厂，那里有一条三分之一英里长的装配线，将选定的部件组装起来。这些部件 30 天进行内部装修，然后消费者全家就能迁入定制的新居。

（三）定制营销的途径

1. 信息化是定制营销的基础

信息化是指企业在科研、生产、营销和办公等方面广泛利用计算机和网络技术，构筑企业的数字神经系统，全方位改造企业，以降低成本和费用，增加产量与销售，提高企业的市场反应速度，提高企业的经济效益。定制营销的一个重要特征就是数据库营销，通过建立和管理比较完全的消费者数据库，向企业的研发、生产、销售和服务等部门和人员提供全面的、个性化的信息，深刻理解消费者的期望、态度和行为，建立和维持一系列与消费者之间卓有成效的协同互动关系，从而可以更好、更快捷地为消费者提供服务，增加消费者的价值。在这个网络平台上，企业能够了解每一位消费者的要求并迅速给予答复，在生产产品时就对其进行定制。企业根据网上消费者在需求上存在的差异，将信息或服务化整为零或提供定时定量服务，消费者根据自己的喜好去选择和组合，形成一对一营销。因此，没有畅通的信息渠道，企业无法及时了解消费者的需求，消费者也无法确切表达自己需要什么产品，就无从谈起定制营销。

2. 选择合理的定制营销方式

一般来说，定制营销的方式有以下几种：合作型定制、适应型定制、选择型定制和消费型定制。

当产品的结构比较复杂时，消费者一般难以权衡，不知道选择何种产品组合适合自己的需要，在这种情况下可采取合作型定制。企业与消费者进行直接沟通，介绍产品各零部件的特色性能，并以最快的速度将定制产品送到消费者手中。

如果消费者的参与程度比较低，企业可采取适应型定制营销方式。消费者可以根据不同的场合、不同的需要对产品进行调整、变换或更新组装来满足自己的特定要求。

当产品对于消费者来说其用途是一致的，而且结构比较简单，消费者的参与程度很高时，可以采用消费者设计方式。在有些情况下，企业需要通过调查，识别消费者的消费行为，掌握消费者的个性偏好，再为其设计好更能迎合口味的系列产品或服务，如金融咨询、信息服务等行业可以采用这种方式。

因此，不同的定制营销方式适用于不同特点的产品，也对应于不同需求的消费者，定制营销企业要充分考虑自身产品及企业服务消费者的需求差异，采用不同的定制营销方式，赢得时间竞争的优势。

3. 企业业务外包是定制营销的重要形式

业务外包是某一企业(称为发包方)，通过与外部其他企业(称承包方)签订契约，将一些传统上由企业内部人员负责的业务或功能外包给专业、高效的服务提供商的营销形式。

业务外包的本质是把自己做不了、做不好或别人做得更好、更安全、更快捷的事交由别人去做。也就是说，首先确定企业的核心竞争力，并把企业内部资源集中在那些有核心竞争优势的活动上，然后将剩余的其他活动外包给最好的专业企业。由于发包方和承包方专注于各自擅长的领域，更高的生产效率提供了更快捷的产品或服务，取得时间竞争优势。

业务外包种类繁多，形式多样，但从总体上看，主要有研发外包、生产外包、物流外包、脑力资源外包、应用服务外包等五种方式。

4. 敏捷制造系统是定制营销的保证

敏捷制造是信息时代最有竞争力的生产模式，它在全球化的市场竞争中能以最短的交货期、最经济的方式，按消费者需求生产出消费者满意的具有竞争力的产品。敏捷制造能以最快的速度把企业内部和企业外部不同企业的优势力量集中在一起，形成具有快速响应能力的动态联盟。敏捷制造采用先进制造技术，一是快，二是准，核心就在于快速地生产出消费者满意的产品。定制营销企业要构建敏捷制造系统，关键是采用适当的技术和先进的管理，如先进加工技术、质量保证技术、零库存管理技术、物流技术以及制造资源计划Ⅱ、企业资源计划等。企业的生产装配线必须具备快速调整的能力，使企业的生产线具有更高的柔性和更强的加工变换能力，从而使生产系统能适应不同品种、式样的加工要求。

五、整体营销

(一) 整体营销的含义

1992年，菲利普·科特勒提出了整体营销(Total Marketing)理论。整体营销认为，只对消费者展开营销是不够的，企业的营销活动应该囊括内外部环境的所有重要行为者，必须进行全方位的营销。科特勒识别出企业环境中10个重要营销对象，包括供应商、分销商、最终消费者、员工、财务企业、政府、同盟者、竞争者、传媒和一般大众。其中前四者构成微观环境，后六者体现宏观环境，整体营销就是对这10个方面展开营销。

2006年，科特勒又提出了全面营销理论。认为全面营销的基础是发展、设计和执行营销计划、过程及活动，它们在这些领域中各自具有宽广度且相互依赖，全面营销理论认为营销应该贯穿于“事情的各个方面”，而且要有广阔的、统一的视野。全面营销涉及关系营销、整合营销、内部营销和社会责任营销四个部分，其中，关系营销包括顾客、渠道、合作伙伴；整合营销包括产品与服务、传播、渠道；内部营销包括营销部门、高层管理、其他部门；社会责任营销包括道德、环境、法律、社区。

（二）整体营销的内容

1. 供应商营销

开展供应商营销，主要包括两方面的内容：其一，确定严格的资格标准以选择优秀的供应商，这些标准可以包括技术水平、财务状况、革新 能力、质量观念等；其二，积极争取、追逐那些成绩卓著的供应商使其成为自己的合作者。因这种营销活动与产品的流动方向是相反的，故也称为反向营销。如今，越来越多的企业已开始倾向于把供应商看作合作伙伴，设法帮助他们提高供货质量及其及时性，搞好营销管理。

2. 分销商营销

对许多制造商而言，分销商营销正变得比最终消费者营销更重要。在食品、个人保健品、个人电脑等领域这种趋势表现得尤为明显，大零售商事实上控制了最终消费者。因此，制造商必须开展分销商营销，以获取他们主动或被动的支持。其一是正面营销，即与分销商展开直接沟通交流，进行长期合作；其二是侧面营销，即企业设法绕开分销商的主观偏好，而以密集广告、质量改进等手段建立并维持巩固消费者偏好，从而迫使分销商购买该品牌产品。

3. 最终消费者营销

这是传统意义上的营销，指企业通过市场调查，确认并服务于某一特定的目标消费者群的活动过程。在此方面，营销人员已经具备相当复杂的技术手段，建立了消费者品牌偏好和行为选择的数学模型，以寻求满足目标顾客群的最佳途径。另外，最终消费者营销还可采用牵动消费者策略。企业推出消费者意想不到的新产品之后，应通过积极有效的营销活动使人们逐渐了解它、喜爱它、接受它。在美国，电子洗碗机、微波炉等新产品的广泛使用，使其相信这些新技术革新成果确实能提高生活质量。

4. 员工营销

对一个股份制企业而言，它的经营宗旨应当是使员工、消费者、股东都表示满意，而首要的是让员工满意。只要员工心情舒畅、工作积极、服务周到，就能令消费者满意，满意的消费者一定会再次光顾，由此带来的利润上涨就可增加股东的收益，令股东满意。可见，作为企业形象的代表和服务的真实提供者，员工也应成为企业营销活动涉及的一个重要方面。员工营销由于面对内部员工，因而也称内部营销。一方面，通过培训提高员工的服务水平，增强敏感性及消费者融洽相处的技巧；另一方面，强化与员工的沟通，理解并满足他们的需求，激励员工在工作中发挥最大潜能。

5. 财务公司营销

财务公司提供一种关键性的专门资源——资金，因而财务公司营销至关重要。企业的资金能力取决于它在财务公司及其他金融机构的资信，是否被认为能有效地使用借入资金从而能够偿本付息。因此，企业需要了解金融机构对它的资信评价，并由企业的财务经理通过年度报表、业务计划等工具影响其看法，以便在资金成本和便利性方面获得优势。这种影响活动过程及其中的技巧就形成了财务公司营销。财务工作要求避免任何有投机嫌疑的营销行为，但财务经理应该意识到现代营销活动已不限于营销部门的专职，而要求各部门通力合作，所以在合理范围内，财务经理应对财务公司营销负有大部分责任。

6. 政府营销

所有企业的经济行为都必然受制于一系列由政府颁布的法律。汽车企业进行开发、设计时必须考虑不断升级的污染和安全标准，在境外销售产品的企业可能受到别国广告立法的限制及其他贸易、非贸易壁垒。政府营销会产生正、负两个方面的效用。当需要尽快推出一种新型食品、缩短政府各级繁复的审查过程时，政府营销能起到积极的推动作用。而在其他一些情况下，政府营销往往意味着投机取巧、缺乏创新。比如，日本议院和美国国会几乎同时通过了提高汽车排放标准的立法，日本的汽车制造商立即着手生产具有更好排气控制系统的汽车；而美国的同行们则马上派出更优秀的社会活动家游说国会，要求修改这项法律。前者视法律为挑战和机会，后者则视为绊脚石。结果美国汽车制造商搬起石头砸了自己的脚，将一大部分及海外市场拱手相让。

7. 同盟者营销

因为市场在全球范围的扩展，寻求同盟者对企业来说日益重要。同盟者一般与企业组成松散的联盟，在设计、生产、营销等领域为企业的扩张提供帮助，双方并建立互惠互利的合作关系。如何识别、赢得并维持同盟者是同盟者营销需要解决的问题。潜在的同盟者不计其数，但他们的实力、需求及文化特征各不相同，企业必须根据自身的实际资源状况和经营目标加以选择，一旦确定，就设法吸引他们参与合作，并在合作过程中不断加以激励，以取得最大的合作效益。

8. 竞争者营销

通常的看法，认为竞争者只是与自已争夺市场和盈利的对手。事实上，竞争者可以转变为合作者。这种对竞争者施以管理，以形成最佳竞争格局、取得最大竞争收益的过程就可视为竞争者营销。在许多产业都是市场领导者定价，竞争者相随。另外，许多产业的竞争者经常在制订行业标准，发放交叉许可证及合资研究等方面开展合作，因此有必要了解竞争者所需所想，以便影响其行为方式和反应模式，以使竞争态势朝有利的方向发展。

9. 传媒营销

大众传媒，如广播、报刊、电视，直接影响企业的大众形象和声誉，企业甚至要受到它的摆布。传媒营销的目的正在于鼓励传媒作有利的宣传，尽量淡化不利的宣传。为此，首先要明白传媒的需求及接近企业高级主管的必要性。在此前提下，一方面委托公关企业致力于与传媒建立良好关系，另一方面企业的发言人要认真对待传媒的提问，尽量作准确、清晰的回答，以赢得他们的信任和好感。

10. 公众营销

企业逐渐体会到公众的看法对企业生存与发展有至关重要的影响。例如，公众对环境问题的关注迫使化工、冶金、造纸等行业的企业修改生产计划和营销策略；同样，对胆固醇的恐惧和忧虑也要求快餐企业在其产品中添加合理的营养成分。为了获得公众的喜爱，企业必须广泛搜集公众意见，确定他们关注的新焦点，并有针对性地设计一些方案以加强与公众的交流。

(三) 整体营销的意义

整体营销理论突破了以最终消费者营销为中心的传统营销理论的概念，提出从长远利益出发，企业的营销活动应包括其内外部环境的所有重要行为者，整体营销促使企业对原有的竞争模式进行思考。例如，对供应商市场进行营销时，传统营销理论的做法是把供应商放在对立面，刺激和促使以价格竞争为中心的竞争市场形成。整体营销则强调与成绩卓著的优秀供应商建立长期稳定的合作关系。

整体营销理论还认为，在当今开放的市场中，企业的营销活动必须是在追求共同利益的基础上去实现其目标。因此，不但要重视供应链上关联企业的市场营销，也要对竞争对手展开营销研究。通过加强与竞争者之间的了解和沟通，力求能够影响竞争者的行为方式，使竞争态势朝有利的方面发展，避免恶性竞争，共同构建有序的市场竞争环境。

六、整合营销传播

(一) 整合营销传播的特点

美国广告企业协会(American Association of Advertising Agencies，4As)认为，整合营销传播(Integrated Marketing Communication，IMC)是一个营销传播计划概念，要求充分认识用来制定综合计划时所使用的各种能够带来附加值的传播手段——如普通广告、直接反映广告、销售促进公共关系——并将之结合，提供具有良好清晰度、连贯性的信息，使传播影响力最大化。整合营销传播具有以下特点：

(1) 从广告主的角度看。整合营销传播以广告、推销、公共关系等多种手段传播一贯的信息，整合传播战略，以提高品牌和产品形象。

(2) 从媒体机构上看。整合营销传播不是个别的媒体实施运动，而是以多种媒体组成一个系统，给广告主提供更好的服务。

(3) 从广告公司的角度看。整合营销传播不仅是广告，而且要灵活运用必要的推销、公共关系、包装等诸多传播方法，把它们整合起来，给广告主提供服务。

(4) 从企业研究者或经营战略研究者的角度看。从消费者立场出发进行企业活动，并构筑传播方式，以容易接受的方法提供消费者必要的信息。关注消费者的购买行为，实施能够促进与消费者良好关系的传播活动。

(二) 整合营销传播的层次

(1) 认知的整合。这是实现整合营销传播的第一个层次，要求营销人员认识或明确营销传播的需要。

(2) 形象的整合。一是指广告的文字与其他视觉要素之间要达到的一致性；二是指在不同媒体上投放广告的一致性。

(3) 功能的整合。把不同的营销传播方案编制出来，作为服务于营销目标的直接功能，也就是说，每个营销传播要素的优势、劣势都经过详尽的分析，并与特定的营销目标紧密结合起来。

(4) 协调的整合。人员推销功能与广告公关促销、直销等其他营销传播要素直接整合在一起，这意味着利用各种手段确保人际营销传播与非人际形式的营销传播的高度一致。

(5) 基于消费者的整合。营销策略必须在了解消费者的需求和欲求的基础上锁定目标消费者，在对产品明确定位以后再开始营销策划，换句话说，营销策略的整合使得战略定位的信息直接到达目标消费者的心中。

(6) 基于风险共担者的整合。营销人员必须认识到目标消费者不是传播的唯一群体，其他共担风险者，如员工、供应商、中间商以及股东等都应该包含在整合营销传播战术之内。

(7) 关系管理的整合。要向不同的关系单位作出有效的传播，在制造、工程、研发、营销等每个功能环节内，达成不同功能部门的协调，同时对社会资源也要作出战略整合。

(三) 整合营销传播的方法

(1) 建立消费者资料库。整合营销传播的起点是建立现实消费者和潜在消费者的资料库，资料库的内容至少应包括人员统计资料、消费者态度的信息和以往购买记录，等。

(2) 研究消费者。在整合营销传播中，可以将消费者分为对本品牌的忠诚消费者；他品牌的忠诚消费者和游离不定的消费者等三类。很明显这三类消费者有着各自不同的品牌渠道，而想要了解消费者的品牌渠道就必须借助消费者资料库。

(3) 接触管理。所谓接触管理就是企业可以在某一时间、某一地点或某一场合与消费者进行沟通。在消费者主动找寻产品信息的年代里，“说什么”比“什么时候与消费者接触”重要。然而，在市场由于信息超载、媒体繁多，干扰的噪声大大增加的今天，最重要的是“如何、何时与消费者接触”，以及采用什么样的方式与消费者接触。

(4) 发展传播沟通策略。这意味着在什么样的接触管理之下，传播什么样的信息，而后为整合营销传播计划制定明确的营销目标。对大多数的企业来说，营销目标必须非常正确，同时还必须是数字化的目标。对一个擅长竞争的品牌来说，营销目标可能是激发消费者试用本品牌产品；消费者试用过后继续使用并增加用量；促使其他品牌的忠诚者转换品牌并建立起本品牌的忠诚度。

(5) 营销工具创新。营销目标确定后，就是决定要用什么营销工具来完成目标。显而易见，如果将产品、价格、渠道都视为是与消费者沟通的要素，整合营销传播策划人将拥有更多样、更广泛的营销工具来完成策划，其关键在于哪些工具、哪种结合最能够协助企业达成传播目标。

(6) 传播手段组合。选择有助于达成营销目标的传播手段，除了广告、人员推销、公共关系及事件营销以外，产品包装、产品展示、店面促销活动等，只要能协助达成营销及传播目标的工具，都是整合营销传播的有效手段。

本章小结

1. 狭义的市场是商品交换买卖的场所。广义的市场是商品交换关系的总和。营销学将市场看作是供需双方在共同认可的一定条件下所进行的商品交换活动，认为市场是由人、购买力、购买欲望三个要素共同构成的，即包括潜在市场和现实市场两个部分。从销售者营销的角度看，同行都是竞争者，不是市场。销售者构成行业，购买者构成市场。

2. 市场营销的最终目标是使人或群体满足需求和欲望，实现企业利润。市场营销的基础是交换，交换过程能否顺利进行，取决于营销者创造的产品和价值满足顾客需求的程度和交换过程管理的水平。市场营销的主体是营销者，市场营销是一个动态的概念，市场营销既是一种经营哲学又是一种经营职能。市场营销属工商管理的范畴，市场营销学是建立在经济学、现代管理理论和行为科学基础上的一门应用学科。

3. 国际营销是跨国营销活动，跨国企业、出口企业等是国际营销的主体。根据参与程度，跨国营销分为国内营销、出口营销、国际营销、多国营销和全球营销等五个阶段。推动企业开展国际营销有市场、竞争、成本、技术和政府等五大因素。

4. 从西方企业的营销实践看，先后出现了五种市场观念，即生产观念、产品观念、推销观念、市场营销观念和社会营销观念。市场营销组合从4P到6P，产生了两大营销技巧；从6P到10P或11P，产生了营销战略。4C理论是市场营销组合的大变革，4R理论是市场营销的新框架，4V理论是新经济时代的营销组合。

5. 新的技术革命催生出了绿色营销、关系营销、顾客让渡价值、定制营销、整体营销、整合营销传播等最新营销理论，而且已经在现实营销实践中发挥了很大的作用，可以说为整个社会营销带来了伟大的变革。

思考与练习

一、名词解释题

1. 市场营销　　2. 国际营销
3. 多国营销　　4. 全球营销
5. 生产观念　　6. 产品观念
7. 推销观念　　8. 市场营销观念
9. 社会营销观念　　10. 垂直型经济分工
11. 市场营销组合　　12. 市场营销近视症
13. 绿色营销　　14. 关系营销
15. 顾客让渡价值　　16. 定制营销
17. 整体营销　　18. 整合传播营销

二、多项选择题

1. 传统市场观念包括(　　)。

A. 生产观念　　B. 产品观念　　C. 推销观念
D. 市场营销观念　　E. 社会营销观念

2. 大市场营销的两大技巧是(　　)。

A. 特定市场　　B. 商业贿赂　　C. 关系营销
D. 公共关系　　E. 政治权力

3. 10P组合中的营销战略是指(　　)。

A. 探查　B. 细分　C. 优先

D. 定位　E. 员工和公众

4. 4V理论的构成要素包括(　　)。

A. 差异化　B. 功能化　C. 附加价值

D. 共鸣　E. 现代化

5. 关系营销的原则是(　　)。

A. 主动沟通　B. 承诺信任　C. 战略联盟

D. 互惠互利　E. 战略合作

6. 在顾客让渡价值理论中,顾客总价值包括(　　)。

A. 产品价值　B. 服务价值　C. 人员价值

D. 形象价值　E. 品牌价值

7. 整合营销传播的主要层次有(　　)。

A. 认知整合　B. 形象整合　C. 功能整合

D. 协调整合　E. 关系管理的整合

三、简答题

1. 如何理解市场营销?

2. 简述国际营销的特点。

3. 简述市场营销观念的基本内容。

4. 简述市场营销组合的特点。

5. 简述4C营销理论的主要内容。

6. 简述国际营销中绿色壁垒的表现形式。

7. 简述关系营销的本质。

8. 简述消费者让渡价值理论的启示。

9. 简述定制营销的实现途径。

10. 简述整体营销的内容。

四、论述题

1. 试述企业开展国际营销的动因。

2. 试述各种市场观念的区别。

3. 试述绿色营销的内容。

五、案例分析题

宝洁公司的全球营销

宝洁公司是美国的大型生活消费品公司,也是享誉世界的最精于营销的公司之一。宝洁公司拥有50多个品牌,在全世界的年收入约200亿美元。和联合利华公司一样,宝洁公司是一家在洗衣粉、洗涤用品和个人护肤品方面居全球统治地位的公司。第二次世界大战以后,宝洁公司通过采取国际战略的方法向海外扩展。公司把在美国开发的品牌和制定的营销策略转移到欧洲,并且一开始就取得了较大成功。在过去的30年里,这种政策造就了一家典型的国际型企业,新产品开发和营销战略首先在美国进行,然后转移到其他国家。虽然为了照顾各国之间的差别，公司对营销战略进行了某些调整，但这种调整是微乎其微的。

20世纪70年代，当宝洁公司在日本遭受重大挫折后，这种战略开始显露出它的缺陷。到1985年时，宝洁公司在日本已经度过了13个年头，却仍然每年亏损4 000万美元。宝洁公司曾首次在日本引进一次性尿布并一度占领较大市场份额，但是后期却跌到了惨不忍睹的8%，而3家日本生活消费品公司占据了市场的统治地位。原因是宝洁在美国开发的尿布对于日本消费者而言体积太大，与此同时，日本的花王公司推出了一种小巧的尿布，这种产品更受日本消费者的喜爱。为了配合这种新产品的推出，花王公司进行了大规模的营销活动，结果立竿见影地获得了30%的市场占有率。宝洁公司亡羊补牢，认识到必须对产品进行修改才能迎合日本消费者的口味。宝洁公司专门为日本市场开发的小巧型尿布目前已经成为日本市场上最热销的产品之一，市场占有率又回升到30%。

宝洁公司在日本洗衣粉市场上也有类似的经验和教训。在20世纪80年代初期向日本推出了在美国开发的奇尔(Cheer)牌洗衣粉，并采取了与美国相同的营销广告：宣传奇尔洗衣粉在任何温度下都效果显著并且能够产生大量泡沫。但问题是，大多数日本消费者只用冷水洗衣服，因此高温广告就毫无意义了。另外，很多日本人习惯洗衣服时在水中添加纤维软化剂，而这会减少泡沫，所以奇尔洗衣粉在使用中没有如广告宣传的那样产生大量的泡沫。经历这次挫折后，宝洁公司认识到必须调整营销信息。目前，奇尔洗衣粉被宣传为一种能够在添加纤维软化剂的冷水中有效洗涤的洗衣粉，并且成为宝洁公司在日本最热销的另一个品种。

在日本销售尿布和洗衣粉的经验使宝洁公司重新考虑它的新产品开发和营销哲学。宝洁公司现在已经承认以美国为中心的营销模式不再奏效。从20世纪80年代后期开始，更好的营销效果使宝洁公司更加注意各地消费者在口味与偏好上的不同，并且更乐于承认好的新产品也可以在美国以外的地方开发出来。

(资料来源：方虹.国际市场营销学[M].北京：机械工业出版社，2009：62.)

案例问题：

1. 宝洁公司两款产品早期在日本市场失利的原因？

2. 在调整中，宝洁公司运用了哪些国际营销原理？

第二章　国际营销环境

学习目标

通过本章的学习，学会借助PEST分析框架探讨宏观环境的变化，研究政治法律、人口经济、社会文化、科学技术等对国际营销的影响。掌握产业竞争的五力分析模型，产业战略地位和行动评价分析方法。把握竞争者分析的基准、维度、阶段和好的竞争者的选择方法等问题。熟悉消费者分析中消费者界定、消费者行为、消费者决策的方法，了解跨文化消费者分析与研究的重要性。

第一节　国际营销中的宏观环境分析

国际营销面对的大环境正在经历着许多重大变化。营销环境是一个系统，分为微观环境和宏观环境。环境机会与环境威胁并存，研究环境的目的是发现营销机会，规避营销风险。本节以PEST分析为框架探讨宏观环境的变化，即政治/法律的(Political)、经济的(Economic)、社会/文化的(Social)、技术的(Technical)因素对国际营销的影响。

一、政治法律环境

(一) 国际政治环境内容

政治环境是通过政府政策、法令规定，以及其他限制性措施对营销起作用和产生影响的。政府对外商的政策和态度，反映出改善国家利益的根本想法。因此，企业在进入目标市场国从事营销活动之前必须评估该国的政治环境。目标市场国的政治环境主要包括政府类型、政党体制、民族主义等。

1. 政府类型

政府是国家的权力机关和执行机关。世界上多数国家的政府可分为民主制政府和专制政府两类。在民主制度下，政府经常与国民协商，国家政策在某种程度上能够反映大多数人的意见。而在专制制度下，国家政策的制定在很大程度上带有独裁的意愿。国际营销人员要注意了解目标市场国政府的构成及其对营销和外商的主要政策。政府是保守的、中立的还是左翼的？目前的商业政策是鼓励自由经营体制还是鼓励国家所有制？要回答这些问题，还必须考虑执政党的主张。

2. 政党体制

不同的政党有不同的政治主张，政府的政策深受执政党的影响。政党可以影响政府对营销的态度，更重要的是政党对外商在国家经济中的地位具有决定作用。同时，政党之间力量的改变是造成国际政治经济格局变更的最主要原因。各国的政党体制大体上可以分为两党制、多党制、一党制和一党专制等四种。两党制是由势均力敌的两个政党组成，两党各有主张，营销人员要重点研究执政党的主要政策倾向。在多党制国家，没有一个政党具有独立控制政府的能力，政府由各党联合组成。与两党制相比，多党制的党派联合变化更为频繁，因为联合执政时间取决于各党的协助。一党制是某一政党占绝对支配地位，其他政党没有机会在选举中获胜。这种情况在刚开始实行议会制的国家比较普遍。这种体制随着进一步演化，可能转变成多党制。一党专制压制或镇压其他的党派，不会发展成为两党制或多党制，而可能成为独裁制。

国际营销企业对政党主张的认识，要特别注意他们对外商和外国政府的态度。因为企业常被看作是一个国家的代表，或是一个国家的象征。国际营销人员不仅要研究具有代表性政党的基本主张，还要研究整个国家的政党体制，因为每一政党的主张都会对政府政策起影响作用。即使是在一党制国家，其他政党的态度和主张也很重要。

3. 民族主义

尽管政党和政府的更替可能会引起政府—企业关系的不稳定变化，但当今世界影响国际营销最关键的政治因素应是强烈的经济民族主义。民族主义认为，一国的经济发展要更多地依靠本国自己的经济力量，要特别维护本国民族工业的发展。有人把这种主义称为忠诚的民族主义或爱国主义。因此，无论哪一个民族国家，都不会容忍外国企业对本国市场和经济的无限渗透，特别是当目标市场国认为外商的营销决策没有顾及甚至威胁本国经济利益时，更是如此。民族主义对国际营销的影响，无论是在发达国家还是在发展中国家都是一样的，只是程度不同而已。

（二）政治环境的稳定性与持续性

企业进行营销决策是以一定环境背景为条件的，其中就包括政治环境的稳定性。政治环境会影响到经济环境，从而影响到营销计划的实现。通常企业的中长期营销计划比较容易受到政治环境稳定性的影响。国际营销中政治环境的不稳定性可以从政权的频繁更替，暴力事件、治安混乱和示威游行，文化分裂，宗教等几个方面进行分析。

1. 不稳定性的起因

政治环境的不稳定性主要是由于政府结构的变化以及政府首脑在各党派中的更换而引起的。这些更换必然导致包括重新调整对外政策在内的经济工作指导思想的变化。而政府与企业关系的重大变化也会发生在政府更换时期。在许多情况下，为转移社会的不满和激发民族信心，“剥夺外国企业”会成为新政权的政治口号，从而使外国企业成为替罪羊。虽然如此，但只要有长期稳定性和预见性，国际营销仍可在任何类型的政府管制的国家获利。但是，在政府政策急剧变化和不可预测的情况下是不能贸然行事的。

2. 政权更迭

政权更迭分为两类：一是在现行政治法律制度下正常的更迭，是通过选举和政党竞争的方式实现的。这种更迭对政治不稳定性影响的大小主要取决于不同政党和政治领导人政治理念的差异。如果不同政党和政治领导人的政治理念相差不是很大，政权更迭基本不会带来政治不稳定性。如果不同政党和政治领导人的政治理念相差很大，政权更迭就会带来政治不稳定性。二是通过军事或暴力手段实现的政权更迭，最典型的是军事政变。在这种情况下，新政权在政治理念上往往与旧政权存在很大的差异，上台后会采取大幅度的改革措施，会带来很大的政治不稳定性。

3. 文化的分裂

严重的、对立的文化差异往往导致政治的冲突。如加拿大讲法语的魁北克省有人主张分裂出去。西班牙巴斯克分离主义者为了达到从西班牙分离出去的目的，经常制造恐怖事件。英国管辖的印度殖民地因印度教与伊斯兰教宗教的冲突而在独立时分裂为印度和巴基斯坦两个国家，并长期处于对立状态。

一个企业要想掌握外国政府的政治气候，就必须研究现政府的主张，并且尽可能考虑政治发展的长远方向。当地政府政策的稳定与否直接影响到企业政策的持续性，只有在当地政府政策稳定的情况下企业政策才能保持持续性。外国企业主要关心一项政策的实施期限、变化频度和突变的可能性。尽管政府政策可能会改变某些市场的发展态势，只要从长远观点衡量，政策是稳定的和可以预测的，外国企业就可以实现其营销目标。当然，政府政策的变动也可能给外国企业提供更好的营销环境，目前席卷全球的市场自由化趋势就是这样。一般来说，政策的变化对国际营销人员既可能是风险，也可能是机遇。关注当地政府政策的稳定性，就是要在分析国际市场政治环境时预测政策变化的趋势，抓住机遇，减小或避免政治风险。

（三）政治风险及规避措施

1. 政治风险的来源

政治风险的来源主要是国家主权、政治观点差异和经济民族主义。国家主权之所以会成为政治风险最重要的来源，是因为国际法赋予主权国家这样的权利：独立而不受任何外来控制，具有与其他国家完全平等的法律地位，统治自己的国土并选择自己的政治、经济与社会制度，有权与其他国家签订协议。观点不同的政党执政会造成投资、贸易和相关政策的改变，而对跨国公司来说，最重要的就是法规和政策的稳定性和连续性。

任何国家都在某种程度上存在着经济民族主义，可以理解为一个强烈的民族凝聚力和自豪感，这种自豪感具有反对外来营销活动的倾向。总的来说，一国越是感到外来力量的危险，抵制侵犯、保护自己的民族主义的情绪就越是高涨。精明的国际营销企业应该懂得，任何一个国家，不管在客观上多么安全，只要在主观上感到在社会、文化或经济方面的利益受到威胁时，就不会坐视外国企业进入本地市场。

2. 政治风险的种类

第一类是没收、征用和国有化。没收是指政府将外国投资无偿地收归已有，征用是指政府将外国投资收归已有但给予一定的补偿，国有化是指政府制定一系列的政府法令逐步将外国投资收归国家占有和控制。其中，对没收的政府风险最大，征用、国有化的风险虽然比没收小，但也相当严重。由于这三种措施太过激进，会损害自己与其他国家和国际经济社会的联系，目前已比较少见。第二类是经济政策风险，主要包括外汇管制、进口限制、税收管制、价格管制和劳工问题等，各国可能为了保护本国的幼稚工业、储存短缺的外汇、增加财政收入、报复不公平的贸易行为、实行自给自足或其他一些目的，通常以维护国家安全为名对外国企业的营销活动实行限制，形成的风险即经济政策风险。第三类是政治制裁。政治制裁即一国拒绝另一个国家进行贸易往来或者对特定产品的贸易实行制裁。

3. 降低政治风险的措施

首先，要力争做一个良好的企业公民，实施本土化策略，在营销中使目标市场国和当地员工受益；使用当地语言；配备一些当地管理人员等。其次，力求与目标市场国的社会、经济目标相协调，尽量做到增加目标市场国的出口，改善目标市场国的国际收支状况；使用当地生产的产品，转让资本、技术与管理；创造就业机会，增加税收。再次，采取策略，把政治脆弱性和政治风险降至最低程度：与目标市场国合办合资企业，让当地投资者和银行一起参与投资，通过颁发许可证将技术有偿转让从而消除所有风险，以及有计划地进行逐步本地化等。

(四) 国际法律环境

法律环境是指与企业从事的国际营销有关的法令规章。企业要想成功地制定和实施国际营销计划，必须对各国的法律倍加重视，考虑诸如争端中的司法管辖权、解决争端的法律手段、工业产权保护、本国法律的境外应用和有关国际公约等各种问题，并对近年来频频出现问题的新领域，如反托拉斯法、反倾销法、反贿赂法、绿色营销法等进行深入研究。

1. 与国际营销有关的国内法律

国内法律是指从事国际营销的企业由本国制定的法律，包括出口控制、外汇管理、反托拉斯法。

(1) 出口控制。一是出口国别控制，即对出口物资的流向进行限制；二是出口产品控制，即国家基于国家安全及利益的考虑对战略性、敏感性产品、高技术和军事技术产品实行限制出口；三是出口价格管制，如防止跨国公司利用转移定价避税、阻止国内企业为了赢得出口市场过度降低商品价格。

(2) 外汇管理。严格的外汇管制是指国家规定外汇不可以自由买卖，企业出口货物所得的外汇收入和外国对本国投资的外汇必须卖给国家指定的银行，进口物资所需的外汇和对外投资的外汇也必须经过相关部门批准才可以购买。实行严格外汇管制的主要原因是外汇短缺，因此采取这种政策的主要是一些发展中国家。宽松的外汇监管是指国家规定外汇可以自由买卖，无论用于进口货物还是对外投资。大多数发达国家都取消了严格的外汇管制，目前对外汇的管理，一是为了防止国际间的“洗钱”；二是防止国际游资的无序流动。

(3) 反托拉斯法。反托拉斯法又称反垄断法，是对利用市场势力谋取不正当利益的企业进行处罚的各种法律的统称。反托拉斯法之所以与国际营销有关，是因为一些国家规定，在海外营销的本国企业也在本国法律的管辖范围以内。

2. 与国际营销有关的国际经济法律

国际法是调整交往中国家间相互关系，并规定各方权利和义务的原则和制度。国际法的主体一般是国家而不是个人。国际法的主要依据是国际条约、国际惯例、国际组织的决议，以及有关国际问题的判例，等等。这些条约或惯例可能适用于两国之间的双边关系，也可能是许多国家之间的多边关系。尽管国际上没有一个相当于各国立法的国际法制定机构，也没有一个国际性的执行机构实施国际法，也没有实际的法官去裁判国际法，国际法依然在国际商业事务中扮演着重要的角色。目前，世界上对于国际营销活动影响较大的国际经济法，主要是以下几个方面的立法：

(1) 保护消费者权益的立法，又称为国际产品责任法。该类法主要是确定生产者和销售者对生产或提供的产品应该承担的责任，保护消费者的合法权益。如《关于人身伤亡产品责任欧洲公约》、《关于适用于产品责任的法律公约》等。

(2) 保护生产制造者和销售者的立法，又称为工业产权法。该类法主要包括专利法和商标法。如《保护工业产权巴黎公约》、《专利合作公约》、《欧洲专利公约》、《商标国际注册马德里协定》、《商标注册条约》等。

(3) 保护公平竞争条约，又称为国际反托拉斯法、限制性商业管理或保护竞争法。比较有潜在影响的是联合国有关组织和会议制定的《关于控制限制性商业行为多边协议的一套公平原则和规则》、《国际技术转让行动守则》、《跨国公司行动守则》中的有关条款。

(4) 调整国际间经济贸易行为的立法，包括各种国际公约、条约、惯例、协定、议定书、规则等。其中最有影响的有《联合国国际货物买卖条约》、《国际贸易条件解释通则》、《解决国家与他国民间投资争议公约》等。

3. 与国际营销有关的目标市场国的法律

由于没有一个统一管理国际贸易的国际商法，而各国法律又不同，国际营销企业在不同国家的营销面临不同的法律制度。因此，在开展国际营销时，必须注意目标市场国与绝大多数营销业务有关的法律问题。目标市场国法律对国际营销活动的影响无疑是最大的，这主要体现在以下三个方面：第一，外国企业从事国际营销活动首先必须面对目标市场国的市场准入限制，如配额、许可证、关税、反倾销、安全标准；第二，各国都有很多法律对在目标市场国国内从事营销活动进行管理和限制；第三，目标市场国政府的政策及相应法规也会影响企业在国外市场的成功。例如，为了保护环境，很多国家都倾向于制定越来越严格的环保要求，这就给企业的营销带来很多困难。又如，面对国内高失业率的压力，很多发达国家对于撤资和解雇员工制定了严格的规定，即使没有明确的规定，政府也会积极介入，阻止此类事情的发生。

二、人口经济环境

(一) 经济发展水平

1. 市场发展阶段

全球市场处在不同的发展阶段，生产、消费、产业发展都不一样。以人均 GNI(Gross National Income)为基础，把全球市场分为高、中、低三个类型，有利于国际市场细分和营销。

(1) 低收入国家(前工业国)。2005 年人均 GNI 765 美元以下，特点：高出生率、高文盲率、高度依赖援助，以自给自足的农业为主，政治不稳定，这类国家所有产品市场都极其有限，不会造成竞争威胁。

(2) 中低收入国家(工业化早期的国家)。人均 GNI 765～3 035 美元，这些国家消费市场正在扩张，需要建立大量的服装、食品工厂支撑成长中的市场，在成熟的、标准化的劳动密集型产品生产中，具有竞争优势，用低廉而积极性很高的劳动力生产标准化的或成熟的产品用于出口，是正在上升的竞争力量。

(3) 中高收入国家(工业化后期的国家)。人均 GNI 3 035～9 385 美元，人口不断从农村向城市迁移，城市化水平提高，农业人口比例急剧下降；为迅速实现工业化，不断提高工资和文化素质，并推进教育发展，但工资成本比发达国家低得多；既有发达国家的潜力，又有低工资的优势，这些国家逐渐成为发达国家强有力的竞争者，并在出口导向下经济快速发展。

(4) 高低收入国家(工业化的国家)。2005 年人均 GNI 9 385～20 000 美元，除石油国外，这些国家通过持续经济增长达到现在的高收入；服务业占重要地位，信息处理占交换的绝大比重；知识相对于资本的地位上升，智能技术相对于机械技术的重要性上升，科学家与专业人员相对于工程师、技术工人的重要性上升。

(5) 高收入国家(后工业化国家)。2005 年人均 GNI 20 001 美元以上，日本、瑞典、瑞士和美国等国际上最富裕的国家，第三产业高度发达，现代服务业是经济发展的支柱。

2. 经济发展阶段

1960 年，罗斯托提出经济增长六阶段论，将社会分为传统社会、起飞前准备、起飞、成熟、大众消费和追求生活质量六个阶段。其中前三个阶段为发展中国家，后三个阶段为发达国家，认为一个国家处于经济发展的哪个阶段，会直接或间接影响市场需求。不同经济发展阶段的国家其市场特点不同，企业营销方法也不同。

(1) 在消费品市场方面。经济发展阶段高的国家是中高档消费品、民族工艺品、旅游娱乐品、体育文化用品的广阔市场；而经济发展阶段低的国家是物美价廉的中低档家用电器和食品的广阔市场。

(2) 在生产资料市场方面。发达国家重视投资大而且能节省劳动力的生产设备，对劳动力的教育水平和技术水平也要求较高，是高技术产品，先进、精密、自动化程度高的设备的主要市场；发展中国家生产设备偏重于多用劳动力而节省资金，对技术、自动化程度的要求相对较弱。

(3) 在产品促销方面。低阶段国家，营销上侧重产品功能及实用性，价格比较重要；高阶段国家，营销上强调产品款式、性能、特色，品质竞争超过了价格竞争，需要借助广告宣传、营业推广进行大量的促销活动；发达国家比较强调产品款式、性能及特点，需要大量进行促销，非价格竞争比价格竞争更具优势；发展中国家则侧重于产品基本功能以及实用性，价格竞争占据一定优势。

3. 国民收入水平

收入水平是影响市场购买力最重要的因素。

(1) GDP 和人均 GDP。GDP 是反映一国或地区的国民经济发展水平，反映该国或地区的总体市场规模；人均 GDP 可用来衡量和比较一国消费者的平均购买力，并可以根据一般规律推测消费水平和消费结构。

(2) 国民收入。一个国家的国民收入,如果只集中于少数人手里,则多数人的生活就会处于很低的水平上。在这种情况下,整个市场的购买力就不能用人均收入来反映,所需产品构成也与分配比较平均的国家不一样。

(3) 个人收入。个人收入可以衡量当地消费者市场的容量和购买力的高低。个人收入可以分为个人总收入、个人可支配的收入和个人可任意支配的收入。个人可支配收入可以反映消费者用于消费支出和储蓄的能力,个人可任意支配收入的多少决定旅游、轿车、教育、奢侈品等市场的大小。

(二) 市场规模状况

市场规模是国际营销中最重要的经济环境指标,衡量各国市场规模的指标有人口、收入、消费结构和城市化程度。

1. 人口状况

人口状况可以反映市场的规模、结构状况。市场是由购买能力和购买欲望的人构成的,在其他条件不变的情况下,人口越多市场规模也越大。目前世界人口状况方面的特点表现在以下几点:

(1) 从人口增长来看。从世界看,人口发展趋势是增长过快,人口过多,2011 年 10 月达到了 70 亿人。发展中国家人口自然增长率居高不下,发达国家人口自然增长率下降,出现了负增长。因此,发展中国家的市场潜力较大,竞争相对缓和,是国际营销的重点。

(2) 从人口年龄结构上看。科技的进步、经济的发展使得现代人的平均寿命延长,死亡率下降,许多国家人口趋于老龄化。因此,社区服务、保健、医疗等市场和产品将大有可为。

(3) 从家庭户数和结构上看。由于晚婚、少子女、高离婚率等原因,过去那种错综复杂的亲缘关系组成的大家庭,正在逐渐被小型化的"核心家庭"所取代。因为许多产品的消费需求都是以家庭为单位的,住房和家庭生活用品的需求量迅速增加。另外,国外一些发达国家兴起"非家庭住户",如单身、同居、集体居住等发展很快,这种类型的住户对产品的要求档次低,小型轻便是营销的诉求点。除此之外,女性的就业机会大大增加,这不仅增加了家庭的经济收入,使购买力增强,同时使家务劳动社会化趋势更加明显,因而导致有关产品或服务市场发生重大变化。

(4) 从人口分布及其流动来看。许多国家人口流动性大,形成人口城市化、城镇化的浪潮。人口流动促使人口的密度和分布发生变化,这对消费结构、消费规模、消费水平、商业网点和服务方式均会产生重大的影响。

2. 消费状况

分析和评估国际市场的经济环境时,要特别重视目标市场国的购买力。而购买力主要受该国消费收入水平、消费支出结构、储蓄信贷水平和城市化程度等因素的影响。

(1) 消费结构状况。发达国家目前的消费结构特点是恩格尔系数很低,衣着消费比重下降,住宅消费比重增加,服务消费支出比重上升,消费开支占国民生产总值和国民收入的比重逐年上升。而一些贫困国家的恩格尔系数仍在 60%以上,吃穿依然是最大需求。

(2) 消费者储蓄。消费者储蓄的目的及消费偏好的差异,往往影响国际市场消费者的消费模式、消费内容和消费发展方向。消费者的储蓄动机一般有以下几种:后备、储币待购、获利增收、崇尚节俭、安全保险、便于理财、社会习惯等。具体来说，有的消费者储蓄是为了集中购买小轿车、住房或高档消费品，有的是供子女接受教育，有的是为了限制消费支出，有的是一种社会节约风尚。目前一些发展中国家，主要是亚洲国家，虽然收入水平不高，但储蓄观念很强，收入中有相当一部分用于储蓄，因而具有较大的潜在购买力。

(3) 消费者信贷。在国际市场上，尤其是发达国家的居民，不仅以个人收入购买需要的产品和进行日常开支，而且通过消费信贷提前支付未来的收入，这是国际营销企业在分析目标市场国消费者时不能忽视的重要方面。所谓消费信贷是指消费者凭自己的信用先取得产品使用权，然后按期归还贷款，即消费者预先支出未来的收入，提前消费。可见，消费信贷可以创造更多的购买力，扩大更多的商机。分期付款是国际上消费者信贷的主要形式，主要包括住宅分期付款、汽车分期付款、高档消费品分期付款、奢侈品分期付款和信用卡信贷。

3. 城市化程度

城市化程度是指一国总人口中城市人口所占的比例。据统计，低收入国家城市人口占总人口的 30%左右，中等收入国家城市化比率平均达到 57%，而高收入国家则在 80%以上。由于供应商和消费者在城市集中，运输成本大大降低，加快了产品流通，提高了生产效率。城市也提供了巨大的服务市场，加快了技术革新的步伐。因此，城市化导致规模经济的出现，是反映市场吸引力的一个重要指标。此外，城市居民和乡村居民在文化、经济方面有很大差异，城市居民一般是通过支付现金获取所需的各类物品，而乡村居民对产品的需求量不如城市居民，他们在很大程度上是自给自足；城市的传播媒介比较发达，消费者获得很多产品信息；城市居民受教育程度比较高，因而比较开放，容易接受新事物、新技术、新产品，而乡村居民比较保守，传统观念色彩很浓，接受现代社会的科技知识和文化的能力较差，这些都影响购买和消费方式。

(三) 国际金融与外汇环境

企业在国际市场开展营销活动，资金流动不可避免地面临国际金融市场的影响，汇率变化、通货膨胀、货币转化等都会带来风险。因此，企业必须了解国际金融市场的运行规律，分析国际市场上的金融与外汇风险。

(1) 国际金融市场。金融是指资金的信贷交易或资金的融通。由于经常发生多边的资金借贷而形成资金供求市场，这就是国际金融市场。国际金融市场是生产国际化和资本国际化的必然结果。随着经济全球化的演进，国际金融活动进一步扩大，国际金融市场也在不断演变，并出现了不同类型的金融市场。金融市场可以分为资金市场、外汇市场和黄金市场，其中，资金市场又分为长期资金市场和短期资金市场。各类金融市场能给国际营销企业，提供长期和短期的资金融通。

(2) 国际金融制度。国际金融制度是国际货币关系的集中反映，它构成国际金融活动总的框架，各国之间的货币金融交往都要受到国际金融制度的约束。国际金融制度的主要目的是协调各个独立国家的经济活动，促进国际营销和国际收支支付活动的顺利进行。国际金融制度包括国际收支及其调节机制、汇率及汇率制度、国际货币资产或储备资产的确定、国际货币活动的协调与管理等四项主要内容。

(3) 国际金融风险。企业从事国际营销活动会遇到多种风险，如信用风险、商业风险、政治风险、法律风险等。比如当买方以种种理由拒绝承兑和支付已发出货物的款项，或无力偿还时，应收款变为坏账；当货物出口后，被进口国海关或商检部门定位不符合该国规章、法律，而征收额外的税收或被扣押、没收；由于子公司所在国政治、军事动乱而遭受严重损害；等，这些风险都会影响企业的财务指标和经济效益。企业在国际市场上还会遇到一种更直接、经常发生且无法避免的风险，即由外汇汇率波动带来的风险。外汇风险有交易风险、折算风险和经济风险。对我国大部分从事国际营销的企业来讲，出口产品是主要的形式，因此，最常见、最主要的汇率风险是交易风险。

(四) 国际区域经济环境

国际区域经济环境是指由一定地理范围而结成某一特定经济联盟的国家或地区的经济环境，它是国际营销企业面临的重要经济环境。区域经济对企业国际营销产生直接影响。一国的经济绩效受到与其他国家经济关系的影响。各国经济安排不同，从而管理经济的模式也不同。这些不同的经济安排导致自由贸易区、关税同盟、共同市场、经济联盟、政治联盟的形成。

(1) 自由贸易区(Free Trade Area)。各成员国之间产品或服务贸易的所有关税壁垒与数量限制都被取消，使区域内各成员国的产品可以完全自由流动，但每个成员国仍保持对非成员国的贸易壁垒，如北美自由贸易区。

(2) 关税同盟(Customs Union)。指两个或两个以上的国家完全取消关税或其他壁垒，而对非同盟国家采取统一的关税率，如安第斯共同体。关税同盟在一体化程度上比自由贸易区进了一步。结盟的目的在于使参加国的产品在统一的市场上处于有利的地位，排除非同盟国产品的竞争，开始带有超国家的性质。

(3) 共同市场(Common Market)。指成员国之间完全废除关税与数量限制，建立对非成员国的共同关税。同时，劳动力与资本等生产要素可以在成员国之间自由流动，如南美的南方共同市场。

(4) 经济联盟(Economic Union)。指成员国之间不但产品、劳动力与资本等生产要素可以完全自由流动，建立共同的关税，而且成员国之间制定和执行某些共同的经济政策和社会政策，逐步废除政策差异，如欧盟。

(五) 经济基础结构

经济基础结构是指能够为营销活动提供服务的外部设施。这种设施可分为两类：一是交通运输、能源供应、通讯设备；二是与营销有关的商业基础设施。一个国家的基础设施是否完备，不仅影响社会经济的发展和人民的生活，而且直接影响国际营销能否顺利开展。

1. 交通运输

企业国际营销的后勤供给依赖于一国的运输基础设施。运输基础设施主要包括公路、铁路、水路、航空、管道等运输方式和汽车、火车、轮船、飞机等运输工具。运输基础设施是随一国经济发展水平而变化的。经济发达国家的运输基础设施很好且效率很高，而贫穷国家的运输系统较差且效率不高。便利的交通运输为国际营销活动提供更多的机会，也易于降低营销成本。

2. 通讯设备

通讯设备主要包括邮政、电话、无线电、电视和互联网。由于各国经济发展不一，通讯设备水平差异很大。经济发达国家的邮政覆盖面广、速度快和邮递可靠；互联网的广泛应用，使信息传递快捷，并真正实现了信息传递的国际化。经济落后国家的邮政覆盖面窄，广大农村地区邮件常常传递不到，速度慢和邮递不可靠；报纸、电话、电视和互联网的普及率较低，信息传递速度慢、面窄。国际通讯设备的装备水平、互联网的普及程度，影响着信息传递的速度和范围，以及企业对市场信息掌握的程度和速度；影响着商务交易的便捷程度和交易成本，从而影响着企业国际营销的竞争力。

3. 商业基础设施

商业基础设施主要包括仓库、批发商、零售商业网点设置、市场调研机构、金融保险机构、管理咨询机构、营销策划机构、广告代理机构、经纪组织等。商业基础设施的发展是随着各国经济的发展而变化的。各国商业基础设施的发展水平差异很大，经济发达国家的仓库、零售商业网点设置、广告代理机构、金融保险机构等比较完备、效率较高。经济落后的国家，零售商业网点较少，尤其是广大农村地区更是奇缺；广告代理机构、金融保险机构数量少而不完备。商业基础设施完备与否直接影响国际营销企业分销渠道的选择、物流配送方式的选择、融资渠道的选择和广告决策的确定，因此国际营销企业要善于识别基础设施的条件，正确选择目标市场国。

三、社会文化环境

(一) 社会文化环境的构成要素

在国际营销活动中，社会文化环境是极其重要而又容易被忽视的因素。社会文化环境的差异往往会成为企业国际营销的无形壁垒。社会文化是一个社会全体成员长期共同形成的行为特征的总和。在长期的发展过程中，各个国家都形成了各自不同的文化特点，文化只有不同，没有好坏对错之分。社会文化的构成要素很多，其中对国际营销影响最大的主要是宗教信仰、语言文字、价值观念、风俗与习惯、民族优越感等。

1. 宗教信仰

宗教信仰是一种人类最古老的文化现象之一。全世界 60％的人信奉宗教，其中影响最大是基督教、伊斯兰教、佛教三大宗教，还有印度教、道教、犹太教等其他宗教。全世界有 20 亿人信奉基督教，占据了全球人口的 35％左右，分布在欧洲、美洲、大洋洲的 242 个国家，基督教徒在消费上没有太多的禁忌，但在圣诞节不吃肉食、不用刀叉、减少娱乐。有 12 亿人信奉伊斯兰教，分布在亚洲的西部、东南部、阿拉伯国家、非洲的北部，伊斯兰教的禁忌最多。佛教徒有 3.6 亿人，集中在东南亚。印度教崇拜牛，忌食牛肉；伊斯兰教忌讳妇女抛头露面，不允许女性出现在商业图像中；基督教认为“13”为不吉利之数。

从国际营销的角度来看，宗教不仅仅是一种信仰，更重要的是反映了相关消费者(教徒)

的生活理想、消费愿望和追求目标。在宗教色彩浓厚的国家或地区，不了解当地宗教情况，对有关宗教的要求、规定或禁忌不清楚，就根本无法开展营销活动。欧洲一家冻鸡出口商向阿拉伯国家出口冻鸡，出口商把大批优质鸡用机器屠宰好，收拾得干净利落，包装时鸡的个别部位稍带点血，然后装船运出。当他正盘算下一笔交易时，不料这批货被退了回来。出口商迷惑不解，便亲自去进口国查找原因，才知退货原因不是质量有问题，只是他的加工方法犯了阿拉伯国家的禁忌，不符合进口国的风俗。阿拉伯国家人民信仰伊斯兰教，规定杀鸡只能用人工，不许用机器；只许男人杀鸡，不许妇女伸手；杀鸡要把鸡血全部洗干净，不许留一点血渍，否则便被认为不吉祥。这样欧洲商人的冻鸡虽好也仍然难逃退货的厄运。因此研究目标市场国的宗教信仰是企业进行国际营销的重要环节。

2. 语言文字

语言是人类最重要的交际工具，被称为社会文化的载体。世界语言十分复杂，现存的语言大约有 6 809 种。但大部分没有相应的文字记载，从目前经济全球化的大背景下，英语传播和普遍的使用是强势的，并在不断地向全世界扩展。现在互联网上的信息 85%是英语传播的。在联合国各种场合中使用的语言 95%是英语。而国际营销活动中几乎 100%使用英语。语言里包含了丰富的历史、知识、情感和态度。如果出现语言方面的错误，必然会使企业的国际营销活动受到挫折，甚至造成非常严重的损失。在国际营销中，如何正确地进行语言转换，是企业必须关注的重要问题。国际市场上语言文字的使用习惯、语言歧义会使买卖双方产生沟通的障碍。2008 年北京奥运会开始前，决定将吉祥物“福娃”的英文名字 Friend Lies 更名为 FUWA。更名的主要原因是：在发音上，Friend Lies 与 Friendless（没有朋友）发音雷同容易造成误解；在单词读音上，Friend Lies = Friend（朋友）+Lies（说谎）会产生歧义。因此，一定要意识到语言的重要作用，在产品品牌、包装及广告宣传等方面要选择目标市场国消费者乐于接受的语言文字，且符合目标市场国有关文字使用的规定。这样，可以很好地避免由于语言差异带来的一些风险，有利于营销信息的传递与沟通。

3. 价值观念

价值观念通常是规定性的，告诫人们什么是好的，什么是坏的，什么是正确和错误，什么是真和伪。不同的文化对时间、变革、风险、物质财富等都有不同的价值观念和态度，从而影响人们的消费行为和消费方式。不同国家和民族的人，价值观上往往有明显的差异。在国际营销活动中，明智的做法是预先了解当地消费者的态度和价值观，并据此设计产品和进行推销。价值观不同，人们的消费倾向也有区别。西方国家许多人追求个人生活的最大自由，注重现实生活的感官享受，及时享乐，花钱痛快。而东方人则讲究节俭、朴素，为未来的考虑往往超过对现实生活的考虑，在收入相等情况下，储蓄高于西方发达国家。价值观念不同，对新事物的态度也就不一样。对一件新产品，各文化群体的消费接受态度也不同。东方人将群体、团结放在首位，所以广告宣传往往突出人们对产品的共性认识；而西方人则注重个体和个人的创造精神，所以产品包装装潢也显示出醒目或标新立异的特点。

4. 风俗与习惯

价值观影响人们的风俗与习惯，反过来讲，风俗与习惯就是价值观的具体反映和具体实践。在现实生活中，哪些是可以接受的行为，哪些是必须反对的行为，这些问题在风俗与习惯中均得以很好的解决。风俗习惯对人们的行为乃至购买行为起着决定性作用。但是,国家民族不同,风俗习惯的实际内容及其表现形式就有所不同。比如说,习俗告诉我们哪些食物是可以吃的,哪些是不可以食用的,仅就此而言各国就大不相同。美国禁忌食用狗肉,印度教不许吃牛肉,伊斯兰教禁忌猪肉。许多国家或民族在正餐的食用时间上也有规定。规矩可以告诉我们如何食用某种食品,甚至规定了餐具的类型和参加宴会时必穿的服装服饰。除了在合适的产品与合适的营销方式上下苦工夫外,营销人员还要注意目标市场国人们所表现出的不同特点,入乡随俗,避免得罪当地的合作伙伴。然而,当一家企业打入国际市场的时候,也会出现文化冲突的问题,因此在实际境况与营销人员的期望之间会出现较大的差距。比如讲到肢体语言,拉美国家的人以人与人之间尽可能地靠近,如果在谈话时你与谈话对象保持着一定的距离,就会认为你在侮辱他,这与美国人的习惯大相径庭。因此,为了能够在异国他乡获得生意上的成功,在国际市场上站稳脚跟,就必须十分注意诸如此类的风俗习惯。

5. 民族优越感

要想使自己的产品在异国他乡大获全胜,就必须使当地消费者对自己的产品兴趣倍增。有时要想做到这点是要花费时间的,原因就是当地人们对自己国家的产品总会保留一定的感情,这种情结就叫做民族优越感。例如,法国人以他们自己的烹饪大法为荣,而对于其他国家的烹调方法则过于挑剔。所以当英国零售商马狮集团在法国推行英国的田芹鸡蛋全麦三明治及提卡马萨拉鸡肉饭时,殊不知这些英国家喻户晓的美味佳肴到了法国,被白领们仅仅当作方便食品嗤之以鼻,他们认为还不如法国传统的夹火腿、夹黄油再夹法式堪波尔奶酪的面包好吃。一些具有较强烈的民族自豪感的消费者甚至认为购买别国的产品有损国格,他们觉得买本国产品就是支持民族产业,所以很光荣。可见,买国货对于相当一部分消费者的吸引力极大,同时对营销人员的压力也不小。

(二) 国际营销中的文化风险

文化风险指企业在国际营销中,由于文化环境因素的复杂性、不确定性,使用的营销手段不能适应当地文化,使企业实际收益与预期收益目标相背离,甚至导致企业营销活动失败的可能性。在国际营销过程中,企业不可避免地要面临不同文化,甚至文化冲突。利用和控制文化差异、防止差异演化为冲突、消除已有的文化冲突,对企业国际营销十分必要。文化风险的表现形式有以下四种:

(1) 区域文化风险。区域文化与当地的历史传统与传统习惯密切相关,受到自然环境和社会环境的制约和影响,这些区域文化特征必然对产品的取材、设计加工、款式造型、包装装潢和名称产生重大影响,形成带有浓厚区域文化色彩特征的商品。比如中东地区气候炎热,容易出汗,人们喜欢用气味浓烈的香水;该地区少有凉风,气温高达四十五摄氏度,当地人们又常用防晒乳涂身以润肤防暑,并喜欢用清爽易挥发的化妆品,而在许多高寒地区和国家大为流行的含油脂多的化妆品在此便无人问津。

(2) 审美风险。审美是一定社会群体的审美标准和审美能力,它潜移默化地来源于艺术造型、表演、文学作品等艺术形式,对国际营销影响显著。美国人在选择服饰时注意突出个性,追求新异;中国人则追求典雅、含蓄。中国人喜爱荷花,因为它出污泥而不染,象征高洁；日本人常把荷花与死亡联系在一起，认为其象征不幸。

（3）民族优越风险。当外来民族与当地民族文化观念相冲突时，民族心理会产生一种先天的、自发的反感与排斥，由此产生民族优越风险。所谓民族优越风险，即由于不同文化所表现的价值取向不同，来自一种文化的人具有较强的民族优越感，相信自己的行为方式优于他人，有偏见地对待异族文化而产生的风险。对于国际营销者来说，优越感有多种表现形式。如一些国际企业由于相信自己在国内的经营方式优于海外竞争者，因而在海外采取与国内相同的方式进行经营，甚至不改造产品使其适应特定市场的特殊需求。不同地区的消费者具有不同的价值观，对事物的感知方式也不相同。不同民族对同一营销方案的反应会不一样，好的营销战略应具有民族适应性，即根据不同民族的文化特点来制定不同的营销策略。一项具有良好文化适应性的营销策略能够唤起反应者情感、认知和相应的行为，一项不具有文化适应性的策略则会导致相反的结果。

（4）宗教信仰风险。在人类社会的发展过程中，宗教信仰对一国国民性的塑造发挥重要作用。基督教倡导节俭和勤奋工作，追求效率，易于产生实用主义人生哲学。佛教强调精神修养，贬低物欲，易于产生对和谐的人际关系的追求。这些价值观渗透到人们日常生活中，会对消费需求的结构及其消费模式产生持久强烈的影响。

（三）国际营销中的文化策略

1. 跨文化培训策略

对于国际营销人员进行跨文化培训是防止和解决文化冲突的有效途径，目的是为了加强人们对不同文化环境的反应和适应能力，促进不同文化背景下人们之间的沟通和理解。跨文化培训主要包括对文化的认识、文化的敏感性训练、冲突管理、地区环境模拟、语言训练、敏感性训练、文化学习、现场体验等。此外，语言是进行信息沟通的主要方式，是重要的文化因素之一，毫不夸张地说，语言是文化的镜子，各民族文化的很大部分都折射在语言中。文化差异首先表现在语言方面，从事国际营销活动的企业必须先跨越语言上的障碍，才能实现与国外消费者之间的沟通。实施跨文化营销需要大量掌握多种语言有较高跨文化沟通能力和技巧的人才，在进入国际市场之前，就应该对员工进行目标市场国语言训练，要求能够较熟练地用当地的语言与消费者和其他相关人员进行沟通。否则，由于不同国家的语言不同、文化背景不同，对同一信息的理解会产生差异，甚至会得出截然不同的结论。

跨文化培训可以使国际营销人员理解文化的差异性，把握不同文化的特质，从而减轻可能的文化冲突；跨文化培训也可以使员工学会融合不同文化的方法，在营销过程中不断克服和适应新文化对自己原有文化的冲击，以更好地适应新环境和新文化的要求。跨文化培训可以由企业内部的培训机构进行，也可以利用外部培训机构如大学、科研机构、咨询公司等进行。

2. 文化本地化策略

在开拓国际市场时，可雇佣相当一部分的当地员工。因为当地员工熟悉当地的风俗习惯、市场动态以及政府方面的各项法规，而且和当地的消费者容易达成共识，雇佣当地员工无疑方便了企业在当地拓展市场、站稳脚跟。在国外做广告，除了自身研究当地文化以外，还可以依靠当地的广告代理商，设计制作与当地人口味和偏好一致的有特色的广告，这样的广告更有利于产品的销售。

3. 文化规避策略

在国际营销中，因为对目标市场文化缺乏足够的认知，触犯文化禁忌而导致失败的案例时有发生，可见研究文化禁忌对国际营销的影响具有重要的现实意义。当母国的文化与目标市场国的文化之间存在着巨大的不同，母国的文化虽然在整个子公司的运作中占了主体，可又无法忽视或冷落目标市场国文化存在的时候，就必须特别注意在双方文化的重大不同之处进行规避，不要在这些“敏感区域”造成彼此文化的冲突。特别在宗教势力强大的国家更要特别注意尊重当地的信仰，这是文化差异中最为敏感的因素。总之，文化与企业实体资本相比，文化相对抽象和不容易被人所感知，但恰恰因为对文化影响考虑不周构成了企业顺利进行国际营销中的最大障碍。因此，企业如果有意开拓外国市场，必须了解文化在企业营销活动中扮演的角色，加强对国际营销中文化策略的研究。

四、科学技术环境

(一) 新技术革命与国际营销

新技术革命的发展，使国际营销的运作发生了巨大的变化，特别是计算机技术的产生和运用，开辟了国际营销的新纪元。

1. 对国际营销观念的影响

新技术革命的发展，推动世界经济飞速发展，产品大量增加，人民生活水平普遍提高，消费需求呈现多样化趋势。新技术革命在思想上进行了一场国际营销革命，使传统的以生产为中心的观念，转变为以消费者为中心的观念。

2. 对国际营销产品生产管理和品牌建设的影响

新技术革命使以物质价值为基础的传统产品价值，转变为以知识经济为核心要素的新型物质价值。新技术革命，极大地缩短了产品的设计、开发和使用的寿命周期，使产品的更新换代在更短的时间内完成，迫使企业关注产品研发、生产管理、品牌建设和维护。

3. 对国际营销合作及交易方式的影响

新技术革命特别是信息技术和网络技术革命，为国际营销企业的国际合作提供了极大的便利，使国际间的合作在时间上和空间上成为可能。此外，国际营销业务运作和交易方式也发生了重大的变化，使不同地区市场之间的交换不受地理位置和时间的限制，极大地降低了国际营销的成本，也使交易变得更简单易行。

4. 对国际营销竞争格局的影响

新技术革命使国际营销竞争的格局发生变化，竞争不再停留在产品、市场、技术的层面，新技术革命使竞争更多地表现在全球范围内寻找资源、消费者、品牌的层面。新技术革命加剧了国际市场竞争，企业竞争已不再是个体企业之间的竞争或品牌的竞争，而是基于相互依赖的合作伙伴的产业链或供应链的竞争。单纯的产品竞争已被知识和技术的竞争而取代，出现了既竞争又合作的新格局。

5. 对国际消费方式的影响

新技术革命通过生产方式影响消费方式变革,为各国人民提供了衣食住行的新来源、新方式。新技术革命不仅为各国人民带来更多的新的物质享受,而且也使人民在精神生活上得到更多的满足。新技术革命改变了各国人民的消费观念、消费态度、消费心理、消费方式,使国际消费趋同,差异性缩小,促进了国际间的产品流动和国际营销的发展。

(二) 国际营销中的新技术要素

1. 生产新技术要素

主要表现在研发新技术、生产运作新技术等两个方面。

(1) 研发新技术。研发新技术水平的高低,对企业产品拓展国际市场起到关键的作用,特别是对那些已占有一定国际市场份额的企业来说意义更是重大。企业要注意国际营销研发新技术产品的适用性,使新技术产品不仅可以适用国内市场需要,也可以适用国际市场的需要,这对企业的可持续发展十分有利。

(2) 生产运作新技术。生产运作新技术水平的高低和效率的快慢直接影响着国际营销中产品价值实现的快慢。生产运作新技术水平高,能保证产品质量的稳定性和持续性,使每个批次的产品都符合国际市场的标准,有利于降低国际市场的风险。

2. 物流新技术要素

主要表现在储存新技术、配送新技术和运输新技术等三个方面。

(1) 储存新技术。储存新技术决定产品从生产到销售过程中的物流质量变化,对产品面对国际市场的消费者产生不同的影响,对产品的价格和服务也产生影响。

(2) 配送新技术。配送新技术是生产企业的产品通过一定的方式和方法分配到相关的销售部门或消费者手中的新技术。配送新技术带来的方法和路线对国际营销的效率和成本有较大的影响作用,许多企业将采用配送新技术实现物流管理的目的。

(3) 运输新技术。运输新技术的线路设计和水平高低直接影响到国际营销的成本水平和价格的高低,也直接影响产品的竞争能力。高水平的运输新技术能产生较大的利润空间,是第三利润的来源。

总之,物流新技术对企业国际市场营销的成本、价格和利润有重要的影响,也是现代国际营销中的重要技术之一。

3. 管理新技术要素

主要表现在管理人的新技术、管理财的新技术、管理物的新技术和管理资源的新技术等四个方面。

(1) 管理人的新技术。在国际营销中,企业需要各种各样的人员,管理和与相关的人员打交道是一门艺术。从供应链角度来看,企业不仅要管理好内部的员工,还要管理和控制好相关的国际营销人员,特别是要和不同国家的营销人员做好沟通工作,使不同国家的营销人员能理解产品的基本知识和产品的特殊性及优势,做到有针对性的营销。管理人的新技术对国际营销的成败、绩效的好坏有着直接的影响。

(2) 管理财的新技术。国际营销中财的管理技术比单一国家内的财务管理更加复杂。

它涉及许多不同国家和部门，由于各国的政策、管理体制和法律的不同，财的管理新技术显得非常重要。特别是国际营销中财的管理技术涉及各国的汇率、进出口税和各种贸易壁垒，对企业的抗风险能力是一个巨大的考验。

(3) 管理物的新技术。国际营销中物的管理技术是从产品的原材料来源的管理开始的，涉及原材料供应、采购、仓储、生产、批发和零售等环节，在各个环节上做到高效能十分不容易。物的管理新技术，是跨国供应链管理中的一个重要组成部分，对物的流程设计和实施途径有重大影响。

(4) 管理资源的新技术。资源的新管理技术是企业在国际市场中寻找原材料资源、人力资源和财力资源的新技术，是实现企业的低成本资源采购、产品生产和销售的新技术。资源的管理新技术能帮助企业实现在国际市场中占有重要地位的战略目标，是国际营销企业必需的管理技术。

(三) 新技术在国际营销中的运用

随着生物技术、纳米技术和信息技术呈现群体性的技术突破，能源技术、环境技术、空间技术、海洋技术领域得到重视，新技术革命正对国际营销产生深远的影响。

1. 微型计算机和信息技术的运用

微型计算机和信息技术的运用和发展，在时间和空间上使世界成为一个地球村。无线通信、数字化、网络化和多功能化等技术使国际营销的业务和合作得到空前的发展，使大量跨国企业和全球企业在世界范围内寻找要素资源和市场机会成为可能，促进了国际营销的发展。国际营销中的原材料供应、采购、订货、生产、销售、存储、运输、配送等各供应链环节不再孤立，而是相互关联，达到商流、物流、信息流、资金流的联动。随着信息技术集成度的不断提高，以及与其他各学科技术相互融合速度的日益加快，信息技术在各国应用的范围和深度加强，为提高国际营销水平提供了技术支撑。

2. 新生物技术的运用

生物技术的飞速发展，促进了与人类健康密切相关的各类食品、药品、保健品的迅速发展；基因测序技术、生物芯片、微流体芯片、微珠芯片等新技术的突破和快速发展，使国际产品的研发成本大幅下降，新的国际生物产品不断出现；现代生物技术的发展促进了国际各类医疗新产品的诞生和营销发展；仿生功能的移植和修复技术的发展，对各国人类治疗疾病产生重要的影响。创新的生物技术产品目前已在世界范围内流动和销售，各国人民均能消费和享受生物新技术带来的方便生活。

3. 新材料技术的运用

纳米材料与纳米技术是世界发展最快的高新技术之一。它的群体性突破，对基础科学和几乎所有工业品领域产生革命性影响。新材料技术改变了传统的生产材料和工艺，使产品的科技含量大大增加。纳米的能源材料、环境材料、特种功能材料、复合材料的开发与应用，使原材料的种类增加，生产出来的各种新材料产品不仅满足了各国人民基本生活和享受的需要，也使各国人民在生产、生活的空间得到拓展，生命和生活质量得到更多的保证和提高，为国际市场提供了基础条件。

4. 空间技术的运用

空间技术的发展对人类利用国际太空进行军用、民用和商用的活动起着重要的作用。卫星技术在结合微型计算机技术后，技术进一步成熟并得到广泛应用，对各国的国际营销活动产生了深刻的影响。而太空技术和材料技术的结合，使得新的纳米级的机械装置、超轻型材料、太空能源不断得到运用，为国际新产品的诞生创造了新的条件。

5. 新能源技术的运用

国际石油开采供应量越来越少，新能源技术的开发已成为各国摆脱石油依赖的战略任务。核能技术、风能技术、太阳能技术等可再生能源得到重视并加速开发，节能的超导材料、贮能材料得到广泛的应用。新能源技术的发展对各国绿色和环保产品的开发有重要作用，对各国的自然和人工环境及对休闲、娱乐、美学和个体利益也产生重要的影响，使人们更重视绿色国际营销活动。

6. 新海洋技术的运用

新海洋技术在与微型计算机、信息技术、新材料技术和空间技术的融合和集成下，得到重大的突破和发展。海洋的监测技术、生物技术、矿物资源勘查开发技术等不断得到创新和发展，对开发国际海洋产品提供了技术可能。新海洋监测技术、观测技术和航天遥感等也使国际货运技术水平得到提升，为国际运输业的发展创造了技术条件，使国际营销的时间极大缩短，国际物流更加顺畅，对促进国际营销的发展起了重要的作用。

总之，新技术革命推动了国际营销的革命，使国际营销在技术和水平、时间和空间、速度和效率等方面有很大的提高。而国际营销的飞速发展也加速了新技术革命的速度和运用的范围。新技术革命和国际营销是世界持续发展的两股重要力量，两者的融合发展必将促进国际经济的进步和发展。

第二节　国际营销中的产业环境分析

一、产业竞争的五力模型

1980 年，迈克尔 · 波特（Michael E. Porter）在进行产业竞争分析时，提出了五力模型。迈克尔 · 波特认为产业内部的竞争状态主要取决于产业内现有企业之间的竞争、潜在进入者的威胁、替代品的威胁、购买者的议价能力和供应者的议价能力这五种力量之间的相互作用，如图 2 - 1所示。

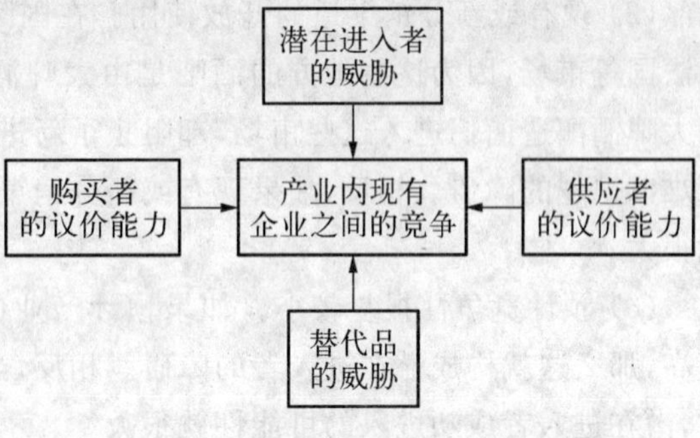

图 2 - 1　迈克尔 · 波特五力模型

（一）产业内现有企业之间的竞争

在任何产业中，竞争都主要来自现有企业。当存在以下几个条件时，竞争可能尤为激烈。

(1) 产业中的竞争者在市场规模和市场占有率方面势均力敌。在英国巧克力市场上，吉百利、雀巢和玛氏三个竞争对手占有大致相同的市场占有率，三者之间为了获得更大的市场占有率而展开了异常激烈的竞争，导致大量的广告支出、激烈的价格战和新产品的不断推出。

(2) 产品处于产品寿命周期的成熟期和衰退期时。在这样的市场条件下，某个企业的快速增长只能以牺牲竞争对手的利益为代价，因而进一步加剧了竞争。20 世纪初期，当移动电话产业增长速度开始放慢、产能过剩时，产业内现有企业，如爱立信、诺基亚等，为了保证本企业的销售额，它们之间展开了殊死的较量，不惜打响价格战。

(3) 产业退出壁垒大。入市时大量的投资形成的沉没成本，政府的政策，高度的纵向一体化，对消费者、债权人和员工的法律、道义上的义务等是企业退出产业的主要壁垒。当企业发现自己难以退出已经进入的产业时，就很可能会加倍努力地竞争以追求成功并打败竞争对手。

(4) 产品差异化程度低。在消费者看来产品没有多大差异，产品的内在质量和消费者的感知价值相似的产业中，为增加本企业的销售额而进行的竞争会更加激烈。主要原因是消费者的转换成本较低，购买哪一个企业的产品都一样。

(5) 固定成本较高。当固定成本与可变成本相比较时，就需要较大的销售量来分摊。在销售量足以弥补固定成本之前，竞争将异常激烈。以电力供应产业为例，发电厂的固定成本比供应电力的可变成本要高得多，因此发电厂之间的竞争非常激烈。

(二) 潜在进入者的威胁

企业除了要考虑现有竞争对手之外，还要考虑潜在进入者的威胁。当存在下列条件时，进入壁垒较低，潜在竞争者进入产业的可能性较大。

(1) 进入成本低。进入成本越低，潜在竞争者进入产业的可能性也就越大。因为有了互联网，那些资源短缺的竞争者现在也能比较容易地进入那些原本需要大量资金投入的产业了，如亚马逊网站用不多的资金进入了图书在线零售业，它无需向传统图书零售商那样把大量的资金投入门店建设，因此对传统图书零售商构成威胁。

(2) 现有或新分销渠道的开放使用。在国际啤酒市场上，新进入者无法进入德国、英国和法国等市场，因为这些地方的酒吧是由大啤酒酿造商资助的。这种密切的分销体系保证了大啤酒酿造商们进入这些市场，却阻止了新进入者和小规模酿造商的进入，成为潜在进入者难以逾越的障碍。相反，如果现有或新分销渠道是开放使用的，那么潜在进入者的可能性就很大。

(3) 预计竞争性报复较小。如果预计产业中现有竞争者会进行报复，而且报复程度会很高，那么这就构成潜在进入者的障碍。相反，当现有企业力量较弱根本无力实施报复行动时，潜在进入者成功进入的可能性就很大。

(4) 产品差异较小。当产业中现存企业提供的产品差异化较小时，就为那些产品具有独特价值的潜在进入者留出充裕的竞争空间。

(5) 市场存在空隙。在现有企业不能充分满足消费需求和欲望的市场上，有更多的机会让潜在进入者进入，为那些尚未得到满足的或被忽视的子市场提供产品或服务。尤其在那些高度细分的市场中，如果现有企业在识别消费需求多样性时缓慢而迟钝，就为潜在进入者提供了诱人的机会。

（三）替代品的威胁

替代品往往可以提升一个产业的竞争力，其理由如下：

(1) 淘汰原有的技术。新技术革命，使企业之间为争夺领先地位而进行的研发竞争越激烈，新技术淘汰旧技术的可能性就越大。比如，计算器的产生使计算尺产业消失，数字电视的产生使一般电视的市场萎缩，太阳能、核能对石油能源构成威胁。

(2) 产品不断改进。技术革新快的产业，替代品出现的几率就越大，产品的市场寿命周期就越短。即使在技术渐进式发展的产业中，市场上原有的产品也会很快过时。例如，电子邮件的出现，虽然作为一种沟通的方式，还没有完全取代信件，但已经对邮递服务产生了深刻的影响。

（四）供应者的议价能力

产业内现有企业与供应者之间实力均衡与否对每一个参与者所遭遇的竞争程度都有深刻的影响。当供应者的实力大于产业内现有企业时，产业内争夺稀缺供应者的竞争会愈加激烈。在以下条件下供应者拥有更强的议价能力。

(1) 供应者比较集中。当只有少数企业能够并愿意提供产品时，供应者的议价能力较强，就能够在价格、质量及交货期上施加影响。

(2) 产品的重要性。如果供应者提供的是企业所需的关键零部件、原材料，并且在别的地方不易买到或购买的成本更大，供方者的议价能力较强。如果供应者提供的只是到处都可以买得到的普通产品，供方者的议价能力较弱。

(3) 供应者提供高度差异化的产品。当供应者提供独特的、有差异的产品时，无论是通过产品标准、属性或设计等有形的差异，还是通过品牌和声誉等无形的差异，供应者都可能获得更强的议价能力。如英特尔公司，作为计算机芯片的供应商，正是在最终消费者心目中的品牌声誉提升了其议价能力。这种拉动效应也提升了英特尔公司在向计算机制造商和组装生产商们提供产品时的议价能力。

（五）购买者的议价能力

购买产品的买方或消费者也会对产业内的竞争施加压力和影响。当以下情况出现时，购买者则拥有更强的议价能力。

(1) 购买者比供应者更集中。当购买者的数量少于供应者，尤其是当个别购买者占有很大比重的购买量或各个供应者的产量相对较小时，购买者就拥有较强的议价能力。例如，在杂货零售业，一小部分主要连锁商占有很大比重的销售量，故而他们在与供应者谈判时占据主动地位。

(2) 购买者很容易从其他渠道得到类似的产品。一般而言，普通产品或服务，购买者比较容易在别处买到所需的产品，购买者就拥有较强的议价能力。

(3) 购买者的转换成本较低。当能够方便且低成本地转换供应者时，购买者就有更强的议价能力，他们可以货比三家，以便得到更好的交易条件。

（六）驱动竞争的力量

综合考虑影响产业竞争的五种力量，可以得到一个用于全面评价各种竞争驱动因素的有效框架。这些驱动力量还揭示出产业内各种企业——现有企业、供应者和购买者——试图改变力量格局和改善竞争地位的方法。

可以断言，当产业呈现以下特点时，竞争尤其激烈。提供给市场的产品差异不大；产业内增长率较低；固定成本较高；供应者的转换成本较高；购买者的转换成本较低；市场进入壁垒较低；市场退出壁垒较高。

应对激烈竞争环境的最有效的方法是使产品在消费者重视的属性上与竞争对手区别开来，为消费者提供更高的价值。这样，即使不考虑产业增长率和供应成本，企业也可以提高购买者的转换成本，抬升市场的进入壁垒，有效捍卫自己的市场地位。

二、产业分析依据：战略集团

（一）识别战略集团

战略集团由产业内实施相同战略的企业组成，统一战略集团所采用的战略是针对相同的消费者和消费者群的。如可口可乐和百事可乐公司在碳酸饮料市场上组成了一个战略集团。识别战略集团是产业分析的基础和主要内容，因为不管宏观环境如何，产业总有上升或衰退的时期，只要战略集团的成员拥有与众不同的技能，就能够经受产业内的一般波动。

的确，了解现有战略集团的发展变化有助于理解它们在遭遇到竞争性进攻时表现出来的承受力。可口可乐和百事可乐两家公司竞相投入大量广告费用在产品形象和包装定位方面展开较量，除价格之外对彼此开展任何形式的广告和促销活动都会很快作出反应。可口可乐和百事可乐这两家公司已经历过价格战，现在已经不喜欢价格战了，因为价格战会使两大品牌遭受廉价替代品的伤害。

（二）战略集团的划分

如何划分产业中的战略集团，取决于产业内的转移壁垒。例如，在英国的造船业中，所有的公司都为争取附加值高的国防用品合同而彼此竞争，但是由于廉价劳动力和资源的缺乏，它们不可能与韩国、日本的供应商或运输公司处于同一个战略集团内。

同一战略集团中的企业承受着同样的竞争压力。在美国国防产业中，各个企业都有与五角大楼讨价还价的实力和通过政治游说体系施加影响的能力。这有助于保护它们免遭来自美国以外的供应商的竞争，但是无法在世界市场延续它们在国内市场上的优势。来自替代品和潜在进入者的威胁是战略集团面临的一个共同问题。在计算机产业内，像康柏这样的低成本产品的供应商正面临着来自廉价制品的激烈竞争，包括台式电脑、手提电脑，甚至手掌机。生产高附加值的大型计算机的企业受低成本大型计算机制造商的威胁要小一些，但它们正受到日益尖端化和网络化的个人电脑的挤压。

最后，同一战略集团中的企业常常面对共同竞争对手，因为它们用同样的技术去满足同样的消费需求。另外，在全球范围内地理和政治上的边界也会形成竞争堡垒。同样，技术、可靠性和安全标准的差异也会形成竞争堡垒。

（三）美国汽车产业的战略集团分析

美国汽车产业的战略集团示意图，显示了它们的发展变化，如图 2－2 所示。

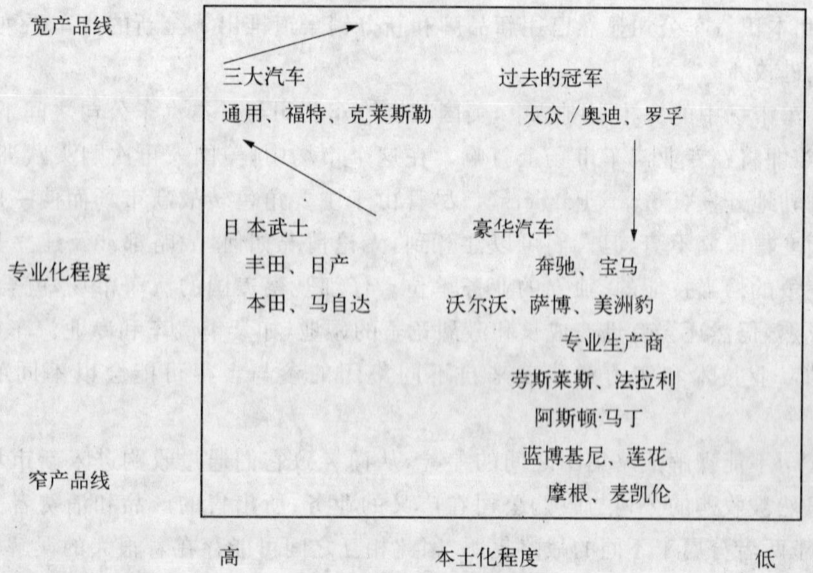

图 2－2　美国汽车产业的战略集团示意图

为了便于讨论，我们只展示这个产业的专业化和本土化程度两个方面，而在现实中需要从多个方面进行分析。这个案例中的战略集团在地理位置和历史渊源上有明显差异。美国三大汽车公司战略集团，即通用、福特和克莱斯勒在利用本土制造的零部件生产和供应各种小汽车方面仍然占统治地位。因而它们在供应常规和豪华轿车方面仍拥有式样设计和生产制造的专门技术，但在国际营销中三大汽车公司集团经常遇到相同的进口限制问题。

另一个是由过去的冠军，即大众、奥迪和罗孚构成的欧洲战略集团，该集团曾经大举进入美国市场，供应过多种类型的汽车，在美国市场上一度拥有过辉煌的业绩，现在却都退缩到豪华汽车生产领域，但在这个领域似乎已经没有多少竞争优势可言。在罗孚被德国豪华汽车制造商宝马收购之后，重新确立了自己低端的市场定位——作为宝马系列汽车的补充，而不是与其直接竞争。欧洲战略集团在美国的衰落并不是由三大汽车公司战略集团造成的，而是由于日本汽车公司战略集团进入美国市场的缘故。起初，优质和低成本使日本汽车公司战略集团比欧洲各品牌汽车的供应商更具有优势，现在日本汽车制造商通过在当地生产成功地克服了原产地壁垒，获得了更多的优势。

欧洲较高的劳动力成本意味着战略集团成员的营销活动只能是销售高附加值的豪华汽车或专业汽车，豪华汽车由规模较大并生产多种系列产品的供应商供应，专业汽车制造商专门生产少量非常昂贵的产品，如英国的摩根汽车。

尽管日本汽车公司从未向美国三大汽车公司的核心发起过进攻，但一直在吞噬那些虚弱的进口产品，起初用廉价、可靠的家庭用车挤掉了那些过去的冠军，尔后随着雷克萨斯和其他豪华汽车的出现，又开始排挤豪华汽车制造商。虽然三大汽车公司规模很大，但发现很难通过开发豪华小汽车来捍卫自己的市场地位，所以一直在寻找通过购买欧洲汽车制造商，如美洲豹、沃尔沃、萨博、蓝博基尼、阿斯顿·马丁和莲花等,与日本汽车公司竞争保护自己的侧翼。美国三大汽车制造商与日本汽车制造商多年来一直回避直接竞争,现在终于在豪华汽车市场正面交锋了。尽管日本汽车公司还未发觉有必要克服进入壁垒而购买欧洲公司,但丰田和本田汽车公司显然已用新品牌和新分销渠道推出了全新的汽车系列,向豪华汽车市场发起进攻。

豪华汽车市场中的决斗刚刚结束,美国三大汽车公司与日本汽车公司之间下一场“真刀实枪”的战斗即将在专业汽车市场上打响。在这个市场中,美国人再次购买欧洲品牌,而日本则雄心勃勃地开发“Ferrari Bashers”。尽管由于主要角色转战新市场而使一度十分清晰的战略集团变得模糊不清,但人们可以注意到,无论情况如何,战略都涉及建立具有使战略集团赢得竞争的恰当技能的、独立的业务单位。仔细观察美国的汽车市场,就会发现,即使市场已经成熟,仍然还会有迅速成长和激烈竞争的领地,如豪华汽车和专业汽车市场。战略集团不同的专业技术和实力意味着来自不同集团的参与者很可能会以不同的方式开展竞争。

一些公司不能理解战略集团之间的差异,从而导致它们通过收购进入新市场的努力屡屡失败。虽然被收购的公司与收购公司在广义的业务、所出售的产品和消费者等方面大致相同,但由于两者分属于不同的战略集团,因此相互之间可能存在着很大的误解。许多公司虽然在国内市场上有非常独到的专业技能,但由于在新市场中遭遇激烈竞争和不能很好地理解自己所进入的战略集团,因此它们仍然觉得很难在国际市场上拓展疆土。

三、产业发展分析

产业内有待解决的关键问题取决于产业所处的阶段。迈克尔·波特指出,产业的发展一般经过初级阶段、走向成熟阶段和衰退阶段等三个主要阶段,如表 2-1 所示。

表 2-1　产业发展不同的阶段问题与战略

阶段	问题	战略
初级	技术不确定 财务不确定 消费者不确定 销售渠道不确定	针对创新者和早期接受者 建立标准 减少转换成本 鼓励试用者
成熟	增长缓慢、利润下跌 产能过剩、竞争加剧 消费者的力量更强 延伸产品线	改变营销组合 留住老客户,寻找新客户 有效聚焦 合作
衰退	被更加新颖的技术所替代、人口结构变化	聚焦或撤资

(一)初级阶段

不确定性是产业发展初级阶段的一个主要特征。在广播产业的发展中,这个特征最明显。通过有线电视或卫星直接播放电视节目所用的基本技术并不存在技术方面的不确定性,但在综合使用技术和如何支付费用方面却存在着大量的不确定性。20 世纪 80 年代初,当人们开始讨论给正在衰退的城市安装有线电视会给产业带来再次发展机会的时候，在美国出现了很多有线电视频道，但没有具体的产业标准，因此很多频道很快就销声匿迹了。仅仅几年之后，有线电视庞大的基础设施被同样是资本密集型但更先进的卫星电视所替代。然而，即使这样，究竟是使用高功率、低功率还是中等功率卫星，以及如何从消费者手中获取收益等问题仍然存在不确定性。在英国，由于事情涉及英国的规制、欧盟的法规以及一度由寡头垄断供应商操纵广播频道的活动，不确定性更高。在这种情况下，也就难怪消费者不愿接受向他们开放的新的收看机会了。

录像机产业中技术竞争的先驱者所蒙受的损失，也表明了企业在产业初级阶段可能遭遇重大损失。20 世纪 80 年代中期，在相互竞争的硬碟和录像磁带技术中，只有一项即 HVS 幸存下来。在第一轮争战中失败的飞利浦公司、索尼公司在 80 年代至 90 年代末更加小心地管理刚诞生的光盘刻录技术。这两家公司的领导者共同协作，制定光盘的标准，广泛地采取许可转让相关技术以便加快技术的传播和消除消费者的不确定性。随着技术的成熟，制作光盘不大会遭遇软件短缺问题，这使录像带失去了对消费者的吸引力。如果消费者要把已有的唱片集换成光盘，他们仍然面临着很高的转移成本，但是公司通过聚焦那些非常讲究高保真音响质量和经常购买光盘的子市场，大大减少了这方面的不利影响。光盘还可以融入原有的音响系统，因而很快在唱片架上占据了一席之地。

（二）成熟阶段

当产业发展向成熟期转变时，不确定性逐渐减少，但竞争却日益加剧。产业在初级阶段末期往往出现快速增长，此时，较高的利润增长幅度，较少的竞争和明显的产业规模会吸引越来越多的竞争者加入进来。那些在产业发展早期为规避不确定性而观望的企业觉得现在是进入市场的时候了。当企业作出这个决定时，往往正赶上产业发展走向成熟，这时候的市场由于越来越多的生产者蜂拥而至，导致竞争加剧，利润下降，增长放慢和产能过剩。此时，占主导地位的产品设计也已诞生，竞争者们因此只能在价格或延伸产品上开展竞争。国际营销企业应该从创业营销转向营销组合管理，也就是转向效率管理，即仔细地识别不同的子市场，并制定相应的营销组合来满足需求。

（三）衰退阶段

产业的衰退往往是由替代品的出现或人口特征的改变引发的。在产业发展的最后一个阶段，对于如何实施基本战略，公司面临的选择似乎比在产业发展的任何阶段都更加清晰。此时，通常有两大策略比较适用：一是撤资，企业应该作出决定减少或放弃处于衰退产业中的投资；二是聚焦，认真地培育一个有潜力的子市场并有效地满足需求，或凭创业者的热情很好地利用正在变化着的市场需求。

产业的发展显示，当产业从一个阶段进入另一个阶段时，产业内部也会发生翻天覆地的变化。不仅是主要问题变了，而且管理的任务和适用的风格也变了。产业的发展还显示，如果企业不能根据变化的市场状况调整自己的方法和风格，即使是已经取得的成功也可能导致失败。企业会发现，在产业诞生阶段非常成功的创业方式却很难用于产业有发展转向成熟阶段的营销管理。同样，那些在稳定和成熟阶段学习和积累的经验很难用于管理处于产业衰退阶段中的业务，在此阶段合适的营销方式是高度聚焦和紧缩成本。要想避免在国际营销新环境中运用不恰当的风格开展管理活动，企业就有必要事先了解产业所处的发展阶段。

四、产业战略地位和行动评价分析

产业战略地位和行动评价(Strategic Position and Action Evaluation，SPACE)分析理论在对产业环境分析时，不仅考虑了动荡因素，而且主要考察了产业实力，是把产业实力与公司的竞争优势和财务实力联系在一起进行的。在战略地位和行动评价分析中，环境的不稳定性可以用财务实力抵销，一家具备很多流动资金或可能动用其他储备资金的企业是经受得住环境动荡影响的。

该理论要考虑的第二个环境因素是产业实力。这主要看产业的吸引力，如增长潜力、盈利性和有效利用资源的能力。一个企业在产业中如没有竞争优势，其实力就不怎么样。因此，SPACE 分析理论把实力与竞争优势相对照，以此来评判一个企业在行业中所处的地位，如图 2－3 所示。

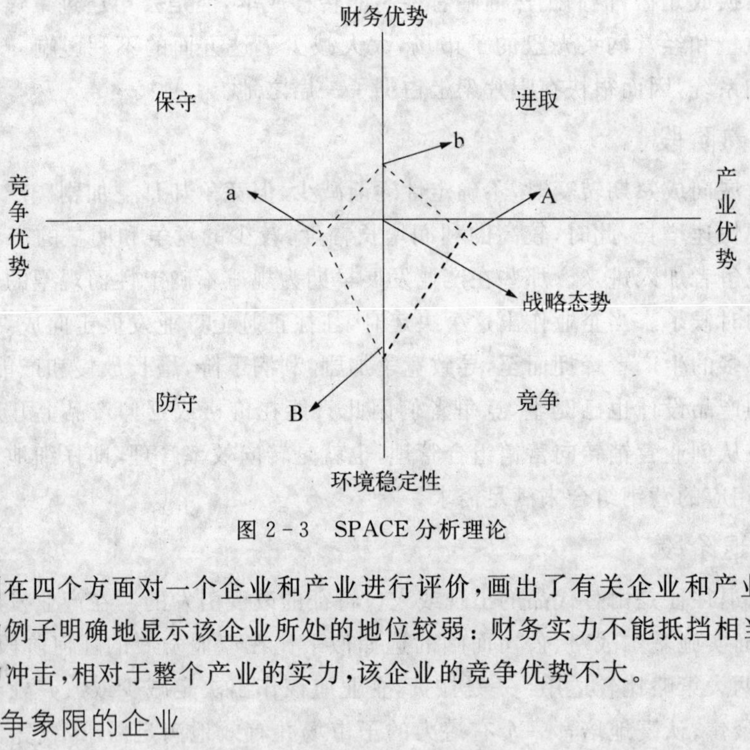

图 2－3　SPACE 分析理论

图中分别在四个方面对一个企业和产业进行评价，画出了有关企业和产业的基本竞争轮廓。图中的例子明确地显示该企业所处的地位较弱：财务实力不能抵挡相当高的环境不稳定性带来的冲击，相对于整个产业的实力，该企业的竞争优势不大。

(一) 竞争象限的企业

从图中可以看出，根据 SPACE 分析理论，A＋a 和 B＋b 的整体实力显然偏向右四分之一区域。这说明此时的竞争态势反映了一个有吸引力的产业中具有竞争优势的企业的典型特点。然而，图中的企业没有足够的财务实力来抵挡它所面对的高度的环境不稳定性。显然，这样的企业需要更多的财务资源来维持竞争地位。从长期看，可以通过提高工作效率和生产率来达到，但需要筹集资金或与资金充足的企业合并。

(二) 进取象限的企业

图中处于进取象限的企业具有很大的竞争优势，但可能会遭遇来自潜在竞争者的威胁。

最大的威胁是自满自足，不再开发具有绝对优势的产品去占领更多的市场份额。这些企业拥有极其雄厚的财务实力，因而收购本产业和相关产业的企业对他们很有吸引力。

（三）保守象限的企业

保守态势是处于成熟市场企业的典型特点，在这个市场中企业没有必要投资，这就使财务资源过剩。而投资不足意味着这些企业在市场中处于不利的竞争地位，且缺乏机会。从长期来看，这会使该类企业变得十分脆弱。因此，必须在捍卫原有产品以确保现金流的同时，寻找新的市场机会。

（四）防守象限的企业

采取防守态势的企业显然是脆弱的，因为没有多少实力来抵抗竞争，所以需要通过有效的营销活动来积累资源。为了集中力量捍卫有可能成功的市场，使该类企业还得准备退出那些竞争激烈的市场。因此，对这类企业来说，早晚会被市场竞争和环境变化所击垮。

第三节　国际营销中的竞争者分析

面对现代市场的复杂性和不确定性，营销管理者比以往更加迫切地需要识别和了解竞争者。如果不能对竞争者的优势及其可能采取的行动有所了解，就不可能形成营销战略的核心要素——发现企业在哪些消费者中具有竞争优势。同样，既然竞争优势是一个相对概念，一个不能了解竞争者的企业也不可能真正地了解自己。

一、竞争者分析的基准

与竞争者进行基准比较是将企业在战略和营销方面的表现与产业或组织内领先者进行比较，其目的在于找到可以直接或修正后可以用于改善自己企业业绩的最佳做法。基准比较有四个主要步骤。

（一）确定作为基准的企业

基准比较的中心是寻找在重要的指标上最成功的企业或组织即领先者，并将作为是最好的比较基准。对企业来说，利润水平最高或市场占有率最高的企业是领先者；对医院来说，领先者应该是那些手术死亡率最低或治愈病人最多的医院；对大学来说，领先者应该是有最好的研究声誉或课程最吸引学生的学校。比较分析的重点在于识别出领先者在市场中成功的关键因素。领先者到底做了什么不同于其他企业的事情？是什么让领先者的营销与众不同？领先者为什么会成功？

不过，作为基准的也可能是整个市场中那些次要的参与者。新进入者或那些规模小但有所侧重的企业或组织，可能有某些特别的优势值得其他企业学习。这些优势可能来自营销中的某一方面。例如，某个企业可能是消费者服务的领先者，而另一个企业可能在成本控制方面是领先者。一所大学在基础研究领域成绩斐然，另一所大学可能在远程教育方面做得最好。

最后，企业可以把其他产业或组织的领先者作为分析基准，以借鉴在某些特殊活动中的经验。在施乐公司提高订单处理程序和仓储管理水平时，就是以一个邮政企业为基准进行分析论证的。施乐公司认为该邮政企业在订单处理程序和仓储管理领域比自己的主要竞争对手更有效率。

(二) 确定将哪些业务作为比较基准

企业整个价值链条上的每一项活动都可以作为比较基准。资源的稀缺性和时间的有限性,决定了一般只能选择关键之处。开始会集中于某产业的关键成功因素,那些占用资本很大、对消费者满意度影响显著的,以及有最大改进空间的环节往往是关注的焦点。后来,比较基准的范围扩展至在新的营销领域能够创造新的竞争优势的环节。

(三) 收集用于基准比较的相关数据

自己的营销数据是很容易收集的,但由于保守商业秘密的原因,作为基准的竞争者的数据却很难获取。斯温(Swain)教授认为可以从公开来源、数据共享和直接访问等三个来源渠道,获取竞争者的信息。

(1) 公开来源。包括从企业报告、技术报告、购销报告、产业研究,以及政府或行业协会委托进行的调查报告等公开发表的信息中,获取相关数据。

(2) 数据共享。可能发生在产业论坛、专业会议上,通过直接的、正式的或不太正式的接触获取数据。在大部分产业中,竞争对手的员工和总经理有时会见面并相互有意或无意地交换各种信息。

(3) 直接访问。可以通过消费者、中间商、监管者、政府官员、行业分析专家、竞争者以前的员工等收集竞争者的营销数据,用于基准比较。通常,竞争者的消费者可以提供有关竞争者的大量信息,如询问消费者获得服务的次数、服务质量,或竞争者处理投诉的方式,可以帮助企业发现竞争者提供售后服务的方式、方法和水平高低的信息。

(四) 与基准企业进行比较

基准比较的最后一步是对照选定的基准企业,与自身的某一方面进行比较,找出需要改进之处,并且考核和监控改进情况。

基准比较一旦结束,并确定了需要改进的环节后,就应该马上实施相应的可行方案进行改进。当企业发现自己的营销接近最好的状况,并愿意或能够继续保持时,只需要改进提高个别之处。当企业发现自己的方法不适当或不是最佳时,就必须彻底全面检查。可以模仿基准企业的最佳方法,也可以采取从其他产业学来的最佳操作过程,使企业绕开竞争者,从过程创新中获得竞争优势。

无论是提出新的流程,还是改进现有的流程,都必须设定可测量的目标以便评估自己改进过程中的努力。

竞争者分析除了基准比较以外,清晰认识竞争者的战略、优势和劣势也有助于企业形成更有效的竞争战略。

二、竞争者分析的维度

(一) 战略集团内部的直接竞争者

竞争者分析的焦点是与企业处于同一产业战略集团的企业。然而,从长期来看,如果仅对同一产业战略集团的竞争者进行分析是有风险的。欧洲的豪华轿车制造商把注意力仅仅集中在欧洲的竞争对手身上，而忽略了大规模的日本制造商。长期以来，日本人凭借质量和技术在市场上赢得了好名声，现在正利用好名声和雄厚的资源与欧洲人在美国市场上进行竞争。

（二）试图进入战略集团的间接竞争者

在一个产业内，存在着不同特征和规模的产业战略集团，以及没有进入任何产业战略集团的孤独者，这些同业者构成间接竞争者，或者产业竞争者。如果企业目前所在的产业战略集团拥有比其他战略集团或孤独者高的利润或增长潜力，即使进入壁垒很高，新进入者也会蜂拥而至。有些企业可能有资源或通过克服进入壁垒进入目前的某个产业战略集团，有些企业凭借差异化和显著的成本优势这两个有力武器进入目前的某个产业战略集团，从已有营销者手中抢走许多业务。因此，在进行竞争者分析时，应当审视整个产业并提防这样的间接竞争者或产业竞争者，避免患上"竞争者近视症"。

（三）潜在竞争者和替代者

有些企业在竞争中失败，在很大程度上应该归咎于忽视了被产业中巨大利润吸引而来的新进入者，或称为潜在竞争者。企业没有针对不可避免的冲突建立防御措施，或者结成联盟，而是选择了继续开发市场，仿佛就它一家供应商似的。或许最大的失败还是由于产品质量落后，无力为产品建立支撑体系，而给潜在竞争者留下了空隙。

从长期看，替代者是整个产业的主要威胁。这些替代者不仅带来了可以完全摧毁现有企业的流程和产品，而且吸引了一批乐于挑战传统产业惯例的新的竞争者。IBM进入私人电脑市场后曾一度成功地击败了目标竞争者苹果和惠普公司，但是面对标准化的私人电脑吸引来的新的竞争者，康柏和戴尔却败下阵来。

因此，竞争者分析包括三个层次：最内层是战略集团内的直接竞争者，然后是产业内力图超越壁垒进入战略集团的产业竞争者，最外层的潜在竞争者和替代者，如图2-4所示。

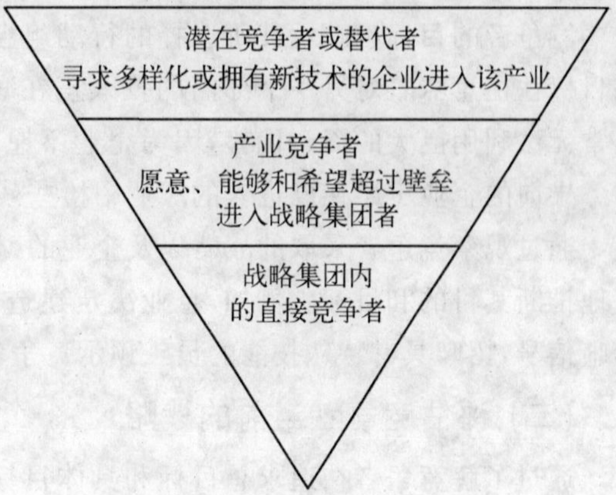

图2-4　竞争者分析的维度图

三、竞争者分析的阶段

从事国际营销并在激烈竞争的国际市场上立于不败之地，不仅要了解产业竞争环境，还要求充分了解自己的竞争对手。竞争者分析有四个主要阶段，如图2-5所示。

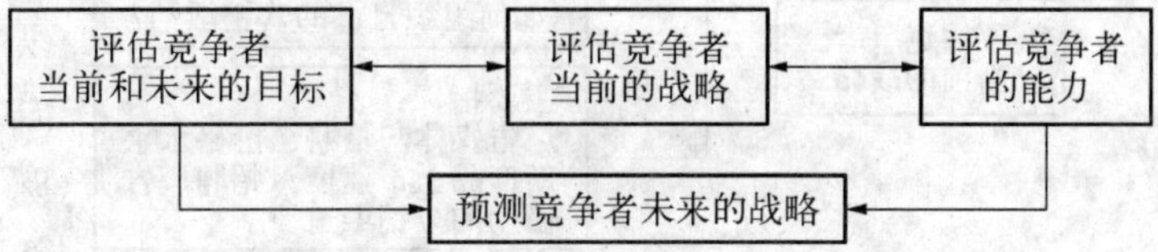

图2-5　竞争者分析阶段示意图

（一）评估竞争者当前和未来的目标

在搞清楚企业的竞争对手后，接着就要了解竞争者当前正致力于追求什么目标、竞争者选择的方向以及为实现目标准备采取的行动。了解竞争者的目标在三个层面对企业战略开发具有指导意义，如图 2-6 所示。目标能显示出竞争者在哪里发展，以及将在国内或国际哪些市场主动出击。竞争者意欲扩张的领域表明那些市场将竞争异常激烈，同时意味着企业应该尽量避开竞争者的市场来实现自己的目标。

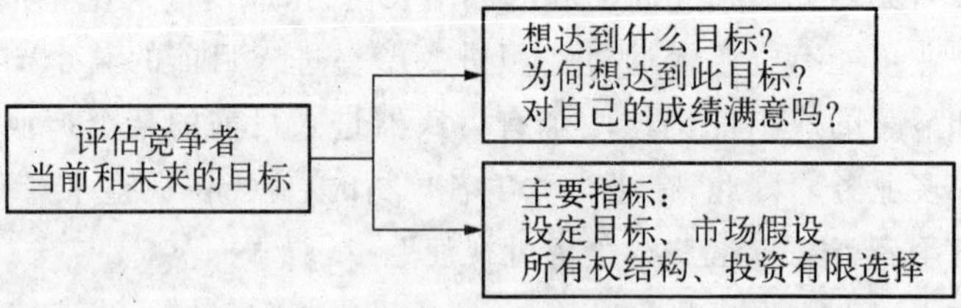

图 2-6　竞争者目标示意图

竞争者的未来目标客观地存在于营销活动的方方面面，重点体现在企业的利润水平、市场占有率水平、服务质量水平、员工的薪酬水平、技术创新状况、所有权结构、企业的社会关注水平等，例如，根据完成销售任务的比例奖励推销人员，意味着销售量是关键目标；属于多元化营销的竞争者可能更关注短期的现金目标而不是长期的市场地位；能不断推出新产品的竞争者往往以技术创新为发展目标。

竞争者的目标也暗示其所选择的行动组合。在一个多元化营销的企业中，某个部门雄伟目标往往意味着对另一个部门的投入正在减少。同样，大规模且多元化营销的企业可能通常无法利用巨大的资金优势，因为企业不愿意对拥有的资源作战略性变动。也有可能是财务导向的企业宁愿在已进入的产业中捡些残羹剩饭，也不愿意冒险涉及新的产业领域。

通过观察竞争者采取的战略以及企业的财务报告、印刷出版物上发布的公告等，可以很好地推断其目的和目标。例如，企业决定建造额外的生产设施和购买生产设备增长目标的清晰信号，招聘具有特殊技能的员工预示竞争者要尝试新的目标。

（二）评估竞争者当前的战略

通过了解竞争者在追求总目标和具体目标时采取的战略，企业可以识别竞争者的行为可能带来的机会和威胁。评估当前的战略要回答一个基本问题：此刻竞争者对手究竟在干什么？如图 2-7 所示。这要求企业尽可能充分地分析了解每个竞争者试图干什么和正在怎样努力地实现它。

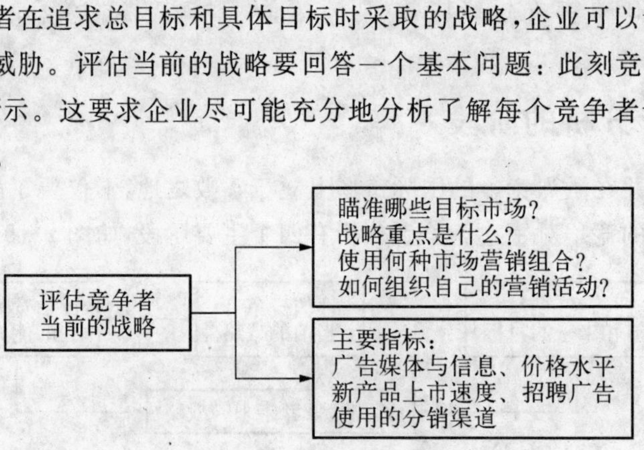

图 2-7　竞争者战略示意图

了解竞争者的战略，有四组问题需要解决。第一，识别竞争者选择进入的市场，即目标市场；第二，识别竞争者在目标市场上的运作方法，即竞争者实现竞争优势所采用的战略重点；第三，为实现既定的市场目标，竞争者采取的市场营销组合策略；第四，竞争者为促进战略的执行所采用的组织结构。

(三) 评估竞争者的资源与能力

以上两个问题讨论了竞争者努力实现什么和正在干什么。当然，同样关键的是竞争者拥有的自由度——将来可以干什么。

对竞争者资源的评价包括对优势和劣势的考察。鉴于竞争者的目标和当前战略影响应对措施的可能性、时间、特点和强度，竞争者的资源、资产将决定根据竞争环境变化而行动的能力，如图 2－8 所示。

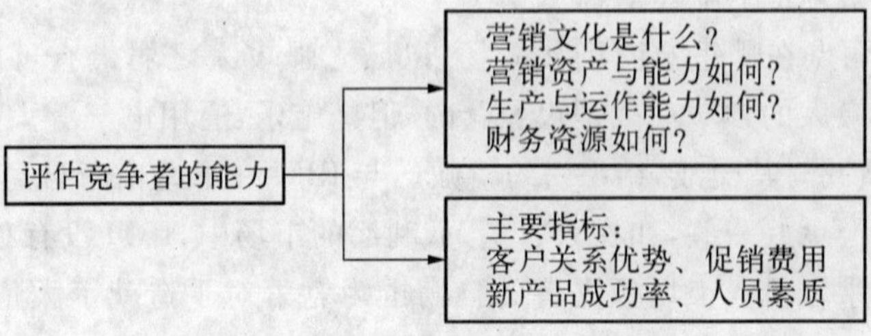

图 2－8　竞争者资源与能力示意图

根据营销实践，对竞争者能力的分析可集中在五种关键能力的基础上。

(1) 构思和设计能力。对竞争者创新能力的评价有助于预测新产品面市的可能性，或使用新技术避开现有产品的可能性。这种能力的标志是以持有专利和版权为代表的技术资源，以员工的技术和创新素质为代表的人力资源，以高于平均产业利润水平为代表的资金资源。

(2) 生产能力。在制造业中，生产能力包括产能及其利用情况；在服务业中，特指提供服务的能力。能力充裕的企业更有机会应对增长的需求。与此相类似，能够通过吸引娴熟、主动性较强的业余员工管理自身资源的服务企业，比雇佣具有特定技能的固定员工的企业享有更多的灵活性。厂房、设备等物质资源和员工的技能、灵活性等人力资源都可以反映生产能力。

(3) 营销能力。一个拥有很强创新能力和生产能力的竞争者，可能在向消费者推销产品或服务方面相对较弱。考察竞争者营销组合是评价营销能力的最佳方法。分析的重点是评价销售、推销、广告和分销等领域中的人员技能，可用资金和投入营销活动中的资金，竞争者对市场的了解程度等。

(4) 融资能力。任何企业的财务资源都是有限的。当企业可用于投资的资金非常有限时，可以向银行申请短期贷款；可以向主管部门申请支持；可以与希望进入本土市场的外资企业成立合资企业等方式来解决。在现实中，可以通过考察企业公开的财务报告，了解竞争者在流动性和现金方面的特点。在考察这些硬数据的同时，还必须考虑竞争者在金融方面的人力资源的质量和能力。

(5) 管理能力。重要管理者的品质可以传递有关企业战略意图的信息，包括强势管理者以前的职业生涯和活动、正在使用的薪酬制度、管理者个人拥有的自主权限，以及企业的招聘和晋升政策。

(四) 预测竞争者未来的战略

竞争者分析的最终目标是明确竞争者的反应模式，即推测面对各种环境和竞争变化，竞争者可能会如何反应。

(1) 竞争者是否满足于当前的地位？一个满足于当前市场地位的竞争者可能不会由于担心而阻止间接竞争者开拓新市场。换言之，一个试图提升现有市场地位的竞争者可能会迅速捕捉市场变化或忙于改善自身的短期利润表现。

(2) 竞争者会采取何种行动或战略调整？历史可以对企业行为给出重要提示，总目标、假设和能力也会提示企业怎样有效地应对市场变化。在观察之后，企业能够判断自己采用何种战略可以最有效地应对竞争者。

(3) 竞争者的弱点在哪里？商场如战场，以己之强攻人之弱最有可能获得成功。与一个市场领先者在其最大的领域交战是很愚蠢的，但是施乐、通用电气等大企业却一个接一个地在IBM的优势领域与其交战，结果纷纷惨败。与IBM在那些由于自身规模而不能有效保护的市场进行竞争会更好一些，如在大容量、低利润的市场中，IBM没有独特的分销系统，便给竞争者留下了可乘之机。市场领先者的自满也为竞争对手造就了大量机会，竞争者自我感觉良好的地方可能恰恰是导致衰败的弱点。

(4) 什么将会引起竞争者最激烈和最有效的报复？由于意识到低利润、反托拉斯法或已有规模的原因，市场领先者可能会接受一些不重要的入侵行为，但是有些行为很可能引起激烈的报复。在一系列看似不起眼的定价和促销行动之后，竞争对手发觉大企业正在被自己的重大行动所激怒。如果有不那么敏感的成功之路可以选择，即使最有实力的企业也不想激怒强大的竞争对手。企业应该在一个开阔的战略框架下思考自己的行动，而不是对以前的战略小修小补。

分析竞争者的反应还可以发现在既定的各种刺激之下竞争者可能采取的应对措施，如图2-9所示。迈克尔·波特建议考察竞争者应对企业战略行动和环境变化的方式，包括竞争者在该时间中的劣势所在，该事件将引起竞争者报复的程度，以及竞争者报复行动的效果。

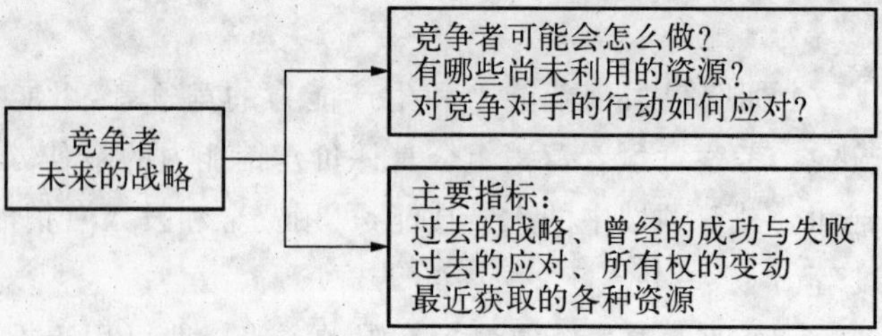

图2-9 竞争者未来战略示意图

四、好的竞争者的选择

当企业选择进入某个产业时，也就选择了它的竞争者。因此，在选择新机会时，应该认识到并非所有的竞争者都一样使人感兴趣。就像市场可能是吸引人的一样，竞争者也可能有吸引力,但也可能没有吸引力。迈克尔·波特列举了理想竞争者具有的主要特征,并反映竞争者的某一特征是如何使其更吸引人的,如表2-2所示。

表2-2　　好的竞争者

指　标	均　衡	优　势	劣　势
竞争的成熟度	理解规则 现实的假设 支撑产业结构	信用及可行性 了解产业成本	明显的劣势 有限的战略理念
可调整的目标	适当的战略比例 接受当前利润率 渴望产生现金流	可比的ROI目标	短期导向风险厌恶

(一)理解市场规则,支撑产业结构

善于竞争的企业了解所在的产业,增强而不是动摇产业战略集团的环境。好的竞争者了解支配市场的规则,对产业和自身地位持有现实的假设,因而有助于提高产业的稳定性。好的竞争者不会采用那些无利可图、导致零和竞争的战略。

一个好的竞争者通过投资开发自己的产品、增进质量差异化和市场开拓,而不是采取对抗性的降价或促销战略来支持产业原有的结构。于是,由于相对分割了市场,产业进入壁垒提高,单个企业或新进入者的影响变小,大量中等规模的企业在市场中存活下来。

精于竞争的成熟企业更突出的优点是,能够不断地给竞争者施加提高营销效率的压力,保证市场不会变得让现有企业太过舒服。否则,就像很多国有垄断产业表现出来的一样,一旦取消垄断和允许竞争,国有垄断产业将发现自己太弱小、太臃肿或太僵化。当主要竞争者彻底了解产业成本,并依次设立高效率标准时,压力就会增加。

最后,在战略集团中实力强大而能在竞争中生存下来的大型企业的存在成为其他进入者的威慑。因此,一个好的竞争者,既能使它的竞争者不会太臃肿,也为产业的稳定发展提供了保护。

(二)灵活性的战略,可调整的目标

一个好的竞争者能够清晰地了解自己,从而为产业中其他企业留出机会。好的竞争者更该了解自己的优势和劣势,避免那些既削弱盈利能力又损害了产业的冒险行为。在这个意义上,拥有具体战略概念或对业务有清醒认识和见解的企业,较之那些目标宽泛或模糊的企业,是更好的竞争者。

好的竞争者有可以调整的目标,这使其不用采取大规模战略转移就能更顺利地在市场中营销,并容忍温和的竞争对手进入。在战略投资适度的地方,好的竞争者可能并不把产业的主宰或者维持自身的产业地位作为首要目标。如果压力很大,好的竞争者能够愿意退出,或者在面临更大的机会时,选择新的增长点。

(三)接受当前利润率,渴望产生现金流

按照适度的收益率获得利润,也是好的竞争者的重要特征。如果企业纷纷为增加收益而斗争，那么产业的能力可能会被对新产品的大量投资、促销活动或降价所打乱。接受目前收益率的企业将追求稳定性而不是寻找新市场。

竞争者对保持现金流的渴望对促进产业稳定产生更深远的影响。大部分涉及产业破坏的投机行为都源于投资研发、营销，或建设能够降低成本的新工厂。对现金流有严格要求的企业因此很少投资这些耗资巨大的投机活动。

好的竞争者设定的可以调整的目标会对产业内其他企业产生持久和有益的压力。如果一个竞争者拥有与其利益相关者相似的投资回报目标，它将会面对与产业中其余企业相似的竞争压力；相反，没有这种盈利要求的国有企业，或者一个在众多市场中融资、而每个市场都有各种不同预期竞争者是不健康的。全球范围内，许多西方国家的企业发现很难与日本企业竞争，因为日本企业从本国股票市场中获得低成本的资金，而日本股票的流动和对短期变化的反应比西方股市小得多。

使许多西方企业成为日本企业好的竞争者的特征之一是短期导向。这意味着，一旦市场不景气，西方企业通常削减投资以保证短期收益率，或者采取快速途径实现企业成功而不是通过投资实现内部增长。风险规避也可能使竞争者更有吸引力。哪里有犯错误的企业，哪里就有可能在产业中出现跟随者，这给那些更灵活的企业提供了在技术或市场变化时获得好处的机会。

竞争的多样性使得人们很难描述究竟怎样的企业才是好的竞争者。显然，想找一个各方面都好的竞争者是不大可能的，就像不可能找到一个极具吸引力且与企业自身优势完美一致的市场一样。但是通过考察竞争者和寻找一个表现较好的竞争者也是可能的。

最难对付的竞争者往往是那些打破产业原有竞争模式的新进入者。这些新进入者向产业投入一大笔资金并坚信一定可以获得成功。由于不了解或根本不打算了解和遵守原有的竞争规则，这些新进入者可能破坏竞争，甚至不惜长时间放弃利润。此处的论题并不是从道德角度上所说的好坏，新进入者只是竞争对手而言是坏的竞争者。新进入者引进的产业标准和为消费者提供新服务的举措对相关企业和消费者都大有好处。新进入者擅长竞争，只是不容易与新进入者展开竞争。

第四节　国际营销中的消费者分析

一、消费者的界定

（一）相关组织、法规界定的消费者

1974 年英国的《消费者信用法》规定，消费者是指非因自已经营业务而接受由供货商在日常营业中向他或要求为他提供产品或服务的个人。国际标准化组织消费者政策委员会在 1978 年 5 月 10 日在瑞士日内瓦召开的第一届年会上，将消费者定义为个人目的购买或使用产品或服务的个体社会成员。《牛津法律大辞典》指出，消费者是指那些购买、取得和使用各类产品或服务的个人。美国的《布莱克法律词典》也指出，消费者是区别于制造商、批发商和零售商而言的，它包括购买、使用产品或服务的个人。我国国家标准局 1985 年 6 月 29 日颁

布的国家标准《消费品使用说明总则》规定，消费者是为满足个人或家庭的生活需要而购买、使用产品或服务的个体社会成员。

以上对消费者的界定，没有实质性歧义，认识是基本一致的。因此，我们吸收以上界定的基本含义构成要素，可以将消费者定义为，为满足自身生活消费需要、维持生存发展，而购买、使用产品或服务的个体社会成员。

将消费者界定为购买、使用产品或服务的个体社会成员，强调消费者的单个个体性质，是有充分理由和重要意义的。这里将消费者限定为个体社会成员，是相对于产品或服务终端消费的具体活动而言的。

(二) 消费者行为描述的消费者

消费者行为一词描述了两类不同的消费实体：个体消费者和组织消费者。个体消费者购买产品或服务是为了自己的消费，为了家庭的消费，或者是作为礼物送给朋友。在本书中，产品的购买都是为了最终消费，因此个体消费者可以称为最终消费者。组织消费者包括营利的商业单位、非营利的政府机构和学校、医院等公益组织，这些单位和组织也必须购买产品、设备和服务来维持正常运转。尽管这两类消费者都很重要，但本书中研究的是个体消费者，其购买的目的是为了自己或家庭的消费。

(三) 消费过程中描述的消费者

消费是一个连续的过程，而不仅仅是消费者掏出现金或信用卡买到产品或服务那一刻所发生的事情。消费的全过程，包括购买前、购买中和购买后影响消费者的所有问题。图2－10说明了消费过程各阶段的一些问题。

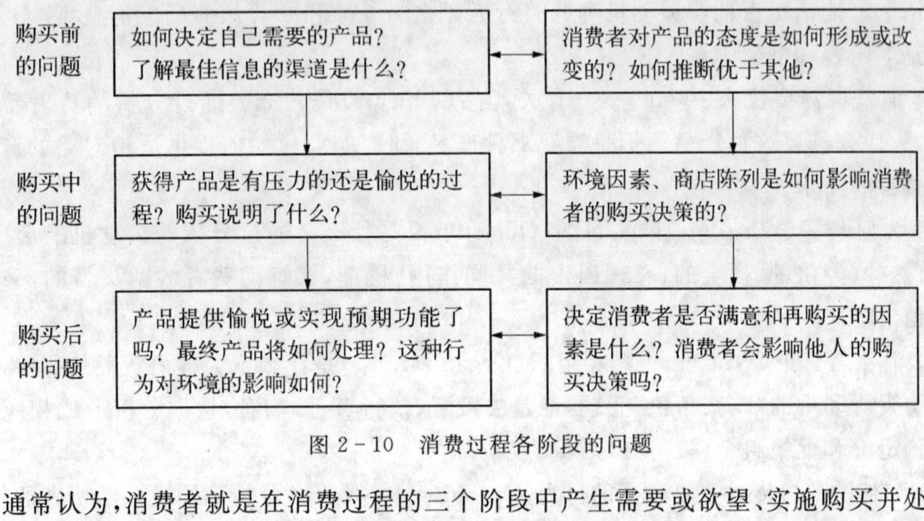

图 2－10　消费过程各阶段的问题

通常认为，消费者就是在消费过程的三个阶段中产生需要或欲望、实施购买并处置产品的人。具体地说，消费者是各种消费品的需求者、购买者和使用者。因为消费作为一个过程是动态运行的，购买者不一定是需求者或使用者，而使用者也不一定是购买者。比如，我们常常为别人买东西，别人也常常为我们买东西。所以，仅仅把消费者理解为购买者是片面的。另外，因为本书所论及的消费主要是生活消费，相应地，这里的消费者主要指的是自然人，他们是为了满足自己或家庭的生活需要而进行消费，而这种消费的来源是他们的各种收入。当然，组织消费或集团消费也是社会消费的构成部分，并由此产生组织消费者或集团消费者，只是本书没有给予太多的关注。

综上所述，消费者是一个个体，是一个相对的概念，它不包含全体人群。比如对于营销者而言，与自己产品或服务没有任何联系而且今后也不可能有关系的人，就不能称其为消费者。但是，有时也需要将消费者作为一个整体来对待。例如，在分析消费者对营销活动的作用时，就必须将消费者作为由单个个体社会成员而组成的整体来看待。因为消费者对营销活动的作用是指消费者在整个社会层面所具有的宏观作用，从这个角度来分析需要将消费者作为社会上所有个体消费者组成的整体来看待。如消费者的消费活动使营销过程到达终点，就是指消费者整体的消费活动使产品到达营销过程的终点。在分析这类宏观问题时，仅仅分析作为个体社会成员的消费者的作用就远远不够了，因为此时起作用的是消费者整体。需要说明的是，即使在分析消费者的整体作用时，也并没有否定在具体的生活消费中的消费者是以个体为单位分散进行的个体活动的性质。我们应当清楚，消费者整体与消费者中包括社会组织和团体，是两个不同的论题或两种不同的概念。

二、消费者购买行为

菲利普·科特勒认为，消费者购买行为是指消费者为满足需要和欲望而寻找、选择、购买、使用、评价及处置产品、服务时介入的过程活动，包括消费者的主观心理活动和客观物质活动两个方面。

(一) 购买行为分析的内容、重点及难点

1. 消费者购买行为分析的内容

营销学家把消费者的购买动机和购买行为概括为6W和6O，从而形成消费者购买行为分析的基本内容和框架。

(1) 消费者需要什么(What)——有关产品(Objects)是什么。通过分析消费者希望购买什么，为什么需要这种产品而不是需要那种产品，研究企业应如何提供适销对路的产品去满足消费者的需求。

(2) 为何购买(Why)——购买目的(Objectives)是什么。通过分析购买动机的形成(生理的、自然的、经济的、社会的、心理因素的共同作用)机理，了解消费者的购买目的，采取相应的营销策略。

(3) 消费者是谁(Who)——购买组织(Organizations)是什么。了解消费者是哪些人，又要弄清购买行动中的“购买角色”问题，谁是决策者、执行者、影响者，根据分析形成相应的产品、渠道、定价和促销组合。

(4) 如何购买(How)——购买的行为(Operations)是什么。分析不同类型消费者的特点，如经济型消费者追求性能和廉价，冲动型消费者喜好情趣和外观，手头拮据的消费者要求分期付款，工作繁忙的消费者重视购买方便和送货上门等，有针对性地提供不同的营销服务。

(5) 何时购买(When)——购买时机(Occasions)是什么。分析消费者对特定产品的购买时间的要求，把握时机，适时推出产品，如分析自然季节和传统节假日对消费的影响程度等。

(6) 何处购买(Where)——购买场合(Outlets)是什么。分析消费者对不同产品购买地

点的要求，对于便利品消费者一般要求就近购买，而选购品则要求在商业中心购买，特殊品往往会要求直接到企业或专业商店购买等，提供匹配的分销渠道和终端市场。

2. 消费者购买行为分析的难点——“黑箱”分析

所谓黑箱，是指人们不能或暂时无法分解、剖开以直接观察其内部结构，或分解、剖开后其结构和功能即遭到破坏的系统。消费者黑箱是指消费者在受到外部刺激后所进入的心理活动过程。由于这种心理活动对企业来说是一种看不见、摸不着、不透明的东西，故称为消费者黑箱。

许多学者、营销实践者都设想在这个黑箱内建立一套机械性的理论模式，以解决企业最想知道的消费者“为什么购买”的问题，于是各种不同的解释黑箱这个消费者心理活动的模式被设计出来了。把消费者的消费心理视作一个充满问题的黑箱，在此基础上来研究种种已知的市场营销影响因素和消费者反应之间的关系，这是消费者购买行为分析的难点。

从营销角度来看，消费者黑箱将揭示什么人，在什么时间，在什么场合，抱着什么目的去消费什么产品。许多企业在产品销售过程中，虽然知道自己产品的质量、价格以及消费者购买的结果，但是消费者是怎么想的，而且消费者的决策过程是什么样的，企业却不知道。而对于企业来讲，对消费者购买行为的分析和研究最重要的恰恰是对消费者黑箱中发生的情况的分析和研究，这样便于安排适当的市场营销刺激，使消费者产生有利于企业市场营销的反应。

3. 消费者购买行为分析的重点——“刺激—反应”分析

随着对消费者行为分析的深入，企业认识到可以利用行为心理学提出的刺激—反应理论，从各种各样的市场营销刺激对消费者行为所产生的反应中，推断出黑箱中消费者购买行为产生的动机，考察消费者对本企业营销策略、促销手段的反应，这对营销活动的成败至关重要。

消费者受外界的刺激主要有两个方面：一是企业市场营销刺激，即4P组合的刺激，对消费者的黑箱产生直接而具体的影响；二是其他刺激，即社会的政治法律、经济文化、科学技术等因素的刺激，是影响消费者黑箱的宏观环境，制约着整个消费需求。所有这些刺激，进入了消费者的黑箱后，经过了一系列的心理活动，产生了人们看得到的消费者反应：购买还是拒绝接受，或是表现出需要更多的信息。如一旦决定购买，消费者反应便表现在购买选择上，其间消费者应回答购买什么、为何购买、由谁购买、何时购买、何地购买、如何购买等问题，尔后作出购买决策。这一关系，可用图2-11表示。

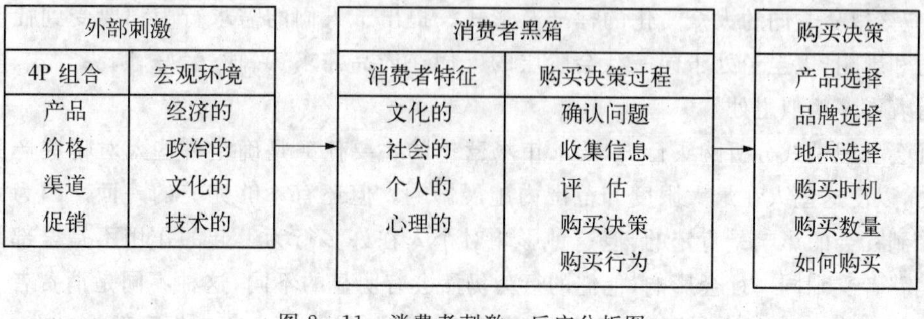

图2-11　消费者刺激—反应分析图

尽管消费者的心理是复杂的、难以捉摸的，但可以被反映出来而使人们认识，营销人员可以从影响消费者行为的诸多因素中找出普遍性的方面，进一步探究消费者行为的形成过程，并在能够预料消费者反应的情形下，自如地运用市场营销刺激。

(二) 购买行为分析的模式

消费者购买行为分析有三种模式，各种分析模式在营销中的作用有所不同。从事营销活动应该了解这些分析模式，把握各种分析模式的优点与不足。对各种模式了解得越全面，理解得越透彻，对消费者购买行为分析就越科学，营销效果也就越显著。

1. 经济学模式

最早建立购买行为理论的是以马歇尔为代表的经济学家，这种理论认为消费者是经济人。经济人的行为是合理的、完全理智的，追求的是最大边际效用，经济人会根据自己获得的市场信息，根据个人的愿望和有限的收入，购买那些能使自己得到最大效用或满足的产品。

经济学模式分析购买行为，要求注重产品的价格和性能因素，强调的是消费者购买的经济动机对购买行为的影响，这无疑是重要的。但单纯的经济因素不能解释清楚消费者行为的发生及其变化，如消费者对产品商标和牌号的偏好。为什么一位消费者在面对几种价格相仿，质量、性能相近的同类产品时，只选择其中的某一种，经济学模式是难以回答的。

2. 传统心理学模式

需求驱动力模式是传统的心理学模式，其理论基础是以巴甫洛夫为代表的心理学家提出的人类教育是基于“条件反射”而来的。该模式认为，需求促使人们产生购买行动，而需求是由驱动力引起的——原始驱动力与学习驱动力。原始驱动力是指生理的需求，是非理性因素的行为；学习驱动力是心理的需求，是理性因素的行为。心理学强调学习驱动力来自人们运用自己的器官，与外界事物的经常接触，得到认识和积累经验，从经验中学得理性知识。为此，学习是一种联想过程，人们的许多行为被联想所制约，即在一定条件下，作出反应的行动。

传统心理学模式分析购买行为，要求通过各种强化力量加强诱因——反应的关系，借助强大的驱动力来确立消费者的购买行为。此模式应用于企业营销活动，如促销、广告能够收到较好的效果。但这种理论对人们对产品及促销活动的感受以及人与人之间的影响在购买行为中的作用等还不能作出令人满意的回答。

3. 社会心理模式

社会心理模式的提出是社会学家和心理学家共同努力的结果。这一模式认为人是社会的人、应该遵从共同的大众文化的标准及形式。提出了人们的需求行为都要受到社会群体的压力和影响，以至于处于同一社会阶层的人们在产品需求、兴趣、爱好、购买方式、购买习惯上有着许多相似之处。

社会心理模式分析购买行为，要求市场营销的主要任务是确定哪些人对哪些产品最具影响力，以使这些人在最大限度和范围内施展影响。但还有不够完美的一面。因为个人行为要受到社会的影响是肯定的，但这种影响对个人在许多行为上起的作用不是全部。即使两个消费者受到同一社会影响，他们的行为仍然会有明显的不同，这种不同是消费者个性差异造成的。消费者的个性类型与产品品牌偏好之间的关系，至今仍在探索努力之中。

（三）不同消费者购买行为分析

消费者在购买产品时因先前经验、兴趣、风险的自觉、情景和自信心的不同，参与程度也有所差异，因此消费者的购买行为也是不同的。根据购买产品的不同和消费者在购买产品时的参与程度的不同，消费者购买行为分为四种类型，如表 2－3 所示。

表 2－3　　消费者购买行为类型

参与程度 品牌差异	参与程度高	参与程度低
品牌差异大	复杂性的购买行为	多样性的购买行为
品牌差异小	协调性的购买行为	习惯性的购买行为

1. 复杂性的购买行为

复杂性购买行为是指消费者对价格昂贵、品牌差异大、功能复杂的产品，由于缺乏必要的产品知识，需要慎重选择，仔细对比，以求降低风险的购买行为。消费者在购买该类产品的过程中，经历了收集信息、产品评价、慎重决策、用后评价等阶段，购买过程就是一个学习过程，在广泛了解产品功能、特点的基础上，才能作出购买决策。如购买计算机、汽车、住房等。

针对复杂性的购买行为企业应采取的营销策略有：第一，制作产品说明书，帮助消费者及时全面了解产品知识、产品优势及同类产品的状况，增强消费者购买产品的信心；第二，实行灵活的定价策略，针对不同的消费者采用不同的优惠、折扣策略；第三，加大广告宣传力度，创名牌产品，促进消费者购买；第四，聘请训练有素，专业知识丰富的推销员推销产品，简化购买过程；第五，实行售后跟踪服务策略，加大企业与消费者之间的亲和力。

2. 协调性购买行为

协调性购买行为是指消费者对品牌差异小，不经常购买的单价高、购买风险大的产品，需要花费大量时间和精力去选购，购后又容易出现不满意等失衡心理状态，需要商家及时化解的购买行为。如购买家用电器、旅游度假等。消费者购买该类产品往往是“货比三家”，谨防上当受骗。

针对协调性的购买行为企业应采取的营销策略有：第一，价格公道、真诚服务、创名牌，树立企业良好形象；第二，选择最佳的销售地点，即与竞争对手同处一地，便于消费者选购；第三，采用人员推销策略，及时向消费者介绍产品的优势，化解消费者心中的疑虑，消除消费者的失落感。

3. 多样性的购买行为

多样性的购买行为是指消费者对产品品牌差异大、功效近似的产品，不愿多花时间进行选择，而是随意购买的一种购买行为。这种购买行为的消费者，不花太多的时间选择品牌，而且也不专注于某一产品，而是经常变换品牌。寻求多样性的购买行为在购买产品时有很大的随意性，并不深入收集信息和评估比较就决定购买某一品牌，在消费时才加以评估，但是在下次购买时又转换其他品牌。

多样性的购买行为认为，不同品牌产品间差异较大，但价格便宜，经济风险小，如食品、化妆品等商品。消费者愿意经常尝试一下未曾用过的产品,购买行为表现出一种寻求多样化的特点。这里消费者对产品品牌选择的变化常起因于产品的多样性,而不是起因于对产品不满意。

针对多样性的购买行为企业应采取的营销策略有:第一,采取多品牌策略,突出各种品牌的优势;第二,实行灵活价格策略,价格上拉开档次;第三,在终端市场上,占据有利的货架位置,扩大产品的货架面积,保证供应;第四,加大广告投入,树立品牌形象,使消费者形成习惯性的购买行为。

4. 习惯性的购买行为

如果消费者参与程度低并认为各品牌之间没有显著差异,就会产生习惯性购买行为。习惯性购买行为是指消费者并未深入收集信息和评估品牌,只是习惯于购买自己熟悉的品牌,在购买后可能评价也可能不评价产品。一般来说,这类消费者对价格低廉、经常购买、品牌差异小的产品花最少的时间,采取就近购买,是最简单的购买行为,如购买食盐、鸡精、牙膏之类的便利品。

对习惯性的购买行为企业应采取的营销策略有:第一,利用价格与营业推广吸引消费者试用。由于产品本身与同类品牌相比难以找出独特优点以吸引消费者的兴趣,就只能依靠合理价格、优惠、展销、示范、赠送、有奖销售的手段吸引消费者试用。一旦消费者了解和熟悉了产品,就能经常购买以致形成习惯。第二,开展大量重复性广告加深消费者印象。在参与程度低和品牌差异小的情况下,消费者并不主动收集品牌信息,也不评估品牌,只是被动地接受包括广告在内的各种途径传播的信息,根据这些信息所导致的对不同品牌的熟悉程度来决定选择。企业可借助广告攻势,使消费者经过被动地接受广告而产生对品牌的熟悉。为提高效果,广告信息应简短有力且不断重复,只强调几个重要论点,突出视觉符号与视觉形象。第三,增加购买参与程度和品牌差异。在习惯性的购买行为中,消费者只购买自己熟悉的品牌而较少考虑品牌转换,如果竞争者通过技术进步和产品更新,将参与程度低的产品转换为参与程度高的产品,并在价格和档次上与同类竞争性产品拉开差距,将促使消费者改变原有习惯性的购买行为。

三、消费者购买决策

(一) 消费者购买决策的内涵

消费者购买决策是指消费者谨慎地评价某一产品、品牌或服务的属性并进行选择、购买能满足某一特定需要的产品的过程。

广义的消费者购买决策是指消费者为了满足某种需求,在一定购买动机的支配下,在可供选择的两个或者两个以上的购买方案中,经过分析、评价、选择并且实施最佳的购买方案,以及购后评价的活动过程。它是一个系统的决策活动过程,包括需求的确定、购买动机的形成、购买方案的抉择和实施及购后评价等环节。广义的消费者购买决策如图 2 - 12 所示。

(二) 消费者购买决策的特点

(1) 消费者购买决策的目的性。消费者进行决策,就是要促进一个或若干个消费目标的实现,这本身就带有目的性。在决策过程中,要围绕目标进行筹划、选择、安排,就是实现活动的目的性。

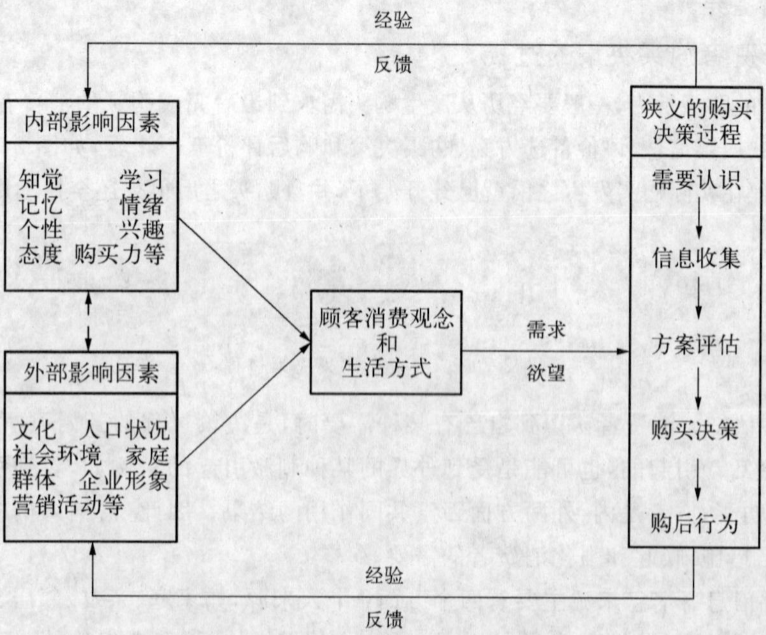

图 2-12　广义的消费者购买决策图

(2) 消费者购买决策的过程性。消费者购买决策是指消费者在受到内、外部因素刺激，产生需求，形成购买动机，抉择和实施购买方案，购后经验又会反馈回去影响下一次的消费者购买决策，从而形成一个完整的循环过程。

(3) 消费者购买决策主体的需求个性。由于购买产品行为是消费者主观需求、意愿的外在体现，受许多客观因素的影响。除集体消费之外，个体消费者的购买决策一般都是由消费者个人单独进行的。随着消费者支付水平的提高，购买行为中独立决策特点将越来越明显。

(4) 消费者购买决策的复杂性。决策是人大脑复杂思维活动的产物。消费者在做决策时不仅要开展感觉、知觉、注意、记忆等一系列心理活动，还必须进行分析、推理、判断等一系列思维活动，并且要计算费用支出与可能带来的各种利益。因此，消费者的购买决策过程一般是比较复杂的。

(5) 消费者决策内容的多重性。消费者通过分析，确定在何时、何地、以何种方式、何种价格购买何种品牌产品等一系列多重的购买决策内容。

(6) 消费者购买决策影响因素的多样性。消费者的购买决策受到多方面因素的影响和制约，具体包括消费者个人的性格、气质、兴趣、生活习惯与收入水平等主体相关因素；消费者所处的空间环境、社会文化环境和经济环境等各种刺激因素，如产品本身的属性、价格、企业的信誉和服务水平，以及各种促销形式等。这些因素之间存在着复杂的交互作用，会对消费者的决策内容、方式及结果有不确定的影响。

(7) 消费者购买决策的情景性。由于影响决策的各种因素不是一成不变的，而是随着时间、地点、环境的变化不断发生变化。因此，对于同一个消费者的消费决策具有明显的情景性，具体决策方式因所处情景不同而不同。由于不同消费者的收入水平、购买传统、消费心理、家庭环境等影响因素存在着差异性，因此，不同的消费者对于同一种产品的购买决策也可能存在着差异。

(三) 消费者购买决策的过程

一个复杂的购买行为，一般要经历从产生购买需求到最后完成购买的消费者决策全过程，包括问题认知、搜寻信息、评价备选方案、购买决策和购后评价五个步骤，如图 2-13 所示。很显然，购买过程在实际购买发生之前就已经开始了，并且购买之后很久还会持续影响。

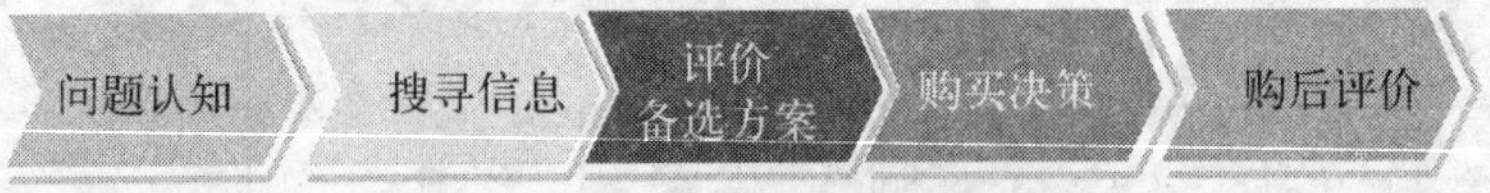

图 2-13　消费者购买决策过程

(1) 问题认知。消费者认识到自己有某种需要时，是决策过程的开始，这种需要可能是由内在的生理活动引起的，也可能是受到外界的某种刺激引起的。例如，看到别人穿新潮服装，自己也想购买；或者是内、外两方面因素共同作用的结果。因此，营销人员应注意不失时机地采取适当措施，唤起和强化消费者的需要。

(2) 搜寻信息。信息来源主要有四个方面：个人来源，如家庭、亲友、邻居、同事等；商业来源，如广告、推销员、分销商等；公共来源，如大众传播媒体、消费者组织等；经验来源，如操作、实验和使用产品的经验等。

(3) 评价备选方案。消费者得到的各种有关信息可能是重复的，甚至是互相矛盾的，因此还要进行分析、评估和选择，这是决策过程中的决定性环节。在消费者的评估选择过程中，有以下几点值得营销人员注意：第一，产品性能是消费者所考虑的首要问题；第二，不同消费者对产品的各种性能给予的重视程度不同，或评估标准不同；第三，多数消费者的评选过程是将实际产品同自己理想中的产品相比较。

(4) 购买决策。消费者对产品信息进行比较和评选后，已形成购买意愿，然而从购买意图到决定购买之间，还要受到两个因素的影响：第一，他人的态度，反对态度越强烈，或持反对态度者与消费者关系越密切，修改购买意图的可能性就越大；第二，意外的情况，如果发生了意外的情况，如失业、意外急需、涨价等，则很可能改变购买意图。

(5) 购后评价。包括购后的满意程度和购后的活动两个方面。消费者购后的满意程度取决于消费者对产品的预期性与产品使用中的实际性能之间的对比。购买后的满意程度决定了消费者的购后活动，决定了消费者是否重复购买该产品，决定了消费者对该品牌的态度，并且还会影响到其他消费者，形成连锁效应。

(四) 消费者购买决策的模式

1. 尼科西亚模式

尼科西亚于 1966 年在《消费者决策程序》一书中提出这一决策模式。该模式由四大部分组成：第一部分，从信息源到消费者态度，包括企业和消费者两方面的态度；第二部分，消费者对产品进行调查和评价，并且形成购买动机的输出；第三部分，消费者采取有效的决策行为；第四部分，消费者购买行动的结果被大脑记忆、贮存起来，供给消费者以后的购买参考或反馈给企业，如图 2-14 所示。

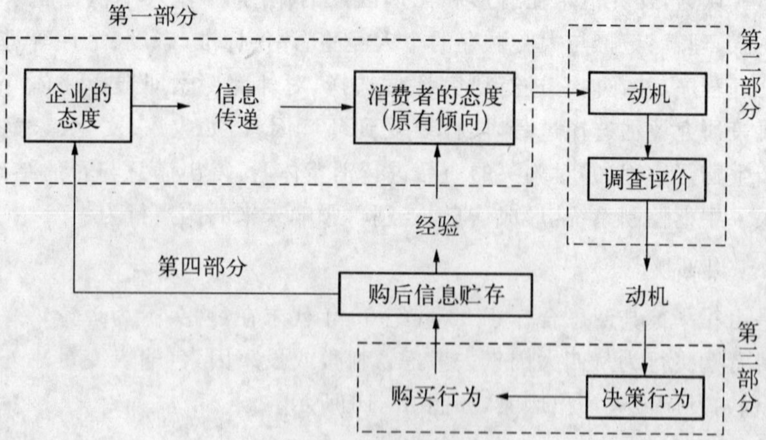

图 2-14 尼科西亚模式

2. 恩格尔模式

该模式是恩格尔在 1968 年提出的，其重点是从购买决策过程开始分析。整个模式分为四部分：中枢控制系统，即消费者的心理活动过程；信息加工；决策过程；环境，如图 2-15 所示。

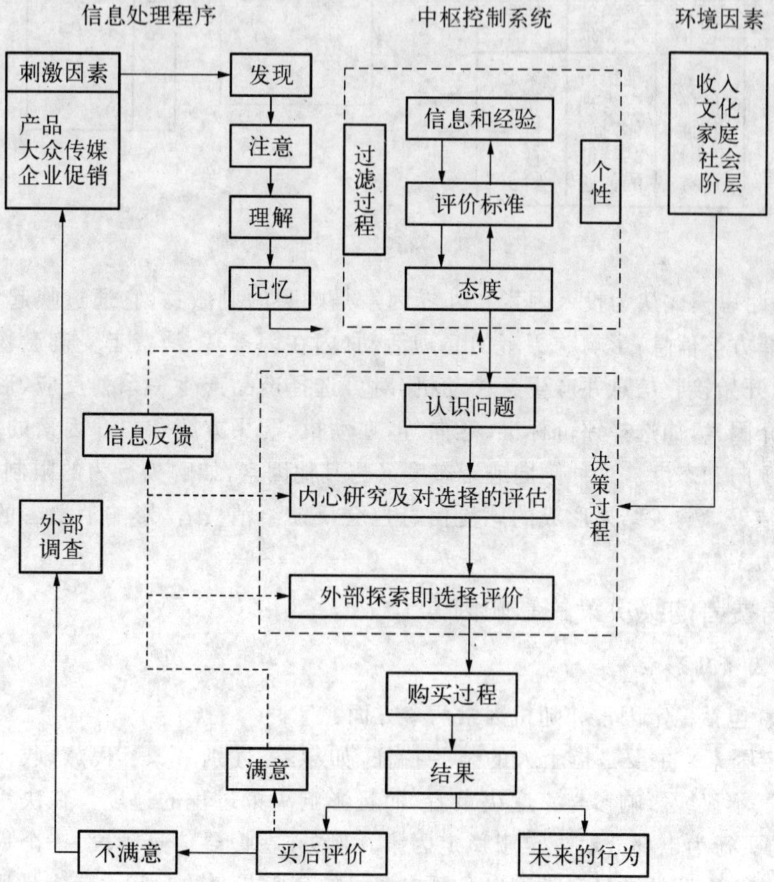

图 2-15 恩格尔模式

恩格尔模式认为，外界信息在有形和无形因素的作用下，输入中枢控制系统，即对大脑引起、发现、注意、理解、记忆与大脑贮存的个人经验、评价标准、态度、个性等进行过滤加工，构成了信息处理程序，并在内心进行研究评估选择，对外部探索即选择评估，产生了决策方案。在整个决策研究评估选择过程，同样要受到环境因素，如收入、文化、家庭、社会阶层等影响。最后产生购买过程，并对购买的商品进行消费体验，得出满意与否的结论。此结论通过反馈又进入了中枢控制系统，形成信息与经验，影响未来的购买行为。

3. 霍华德-谢思模式

该模式是由霍华德与谢思合作于20世纪60年代末在《购买行为理论》一书中提出。其重点是把消费者购买行为从四大因素去考虑：刺激或投入因素（输入变量）；外在因素；内在因素（内在过程）；反应或者产出因素，如图2-16所示。

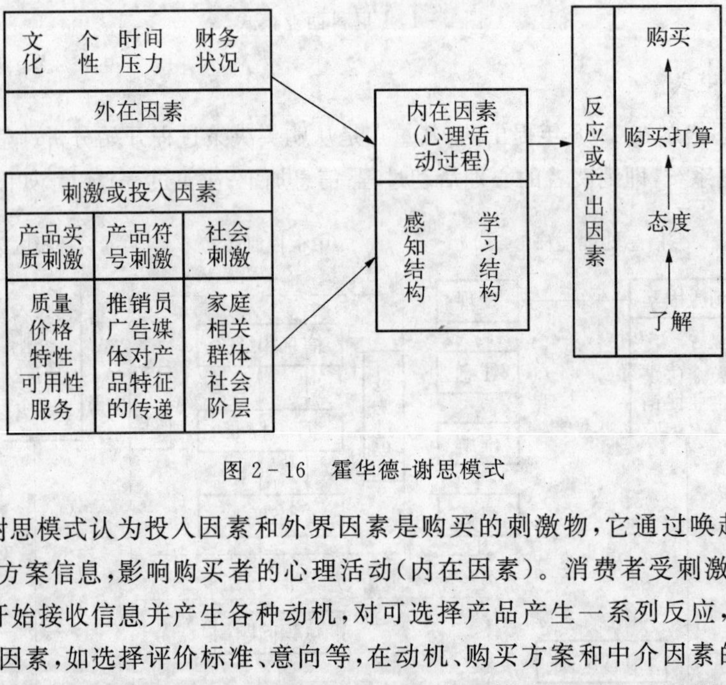

图2-16　霍华德-谢思模式

霍华德-谢思模式认为投入因素和外界因素是购买的刺激物，它通过唤起和形成动机，提供各种选择方案信息，影响购买者的心理活动（内在因素）。消费者受刺激物和以往购买经验的影响，开始接收信息并产生各种动机，对可选择产品产生一系列反应，形成一系列购买决策的中介因素，如选择评价标准、意向等，在动机、购买方案和中介因素的相互作用下，便产生某种倾向和态度。这种倾向或者态度又与其他因素，如购买行为的限制因素结合后，便产生购买结果。购买结果形成的感受信息也会反馈给消费者，影响消费者的心理和下一次的购买行为。

（五）消费者购买决策的影响因素

1. 个人因素的影响

个人因素包括稳定因素和随机因素两个方面：

（1）稳定因素。主要是指个人的某些特征，如年龄、性别、宗教、民族、收入、家庭、职业等。稳定因素不仅能影响参与家庭决策者，而且影响决策过程的速度。在决策过程的某一特殊阶段，购买行为也部分地决定于稳定因素。例如，在搜寻信息阶段，一个人的年龄和收入就会影响信息来源的数量和类型以及用来搜寻信息所花费的时间。稳定性因素也能够影响消费者对某产品的使用范围。假定一位大学教授每年的收入和一个政府官员一样多，然而这些收入的使用却有很大的差别，这是因为两种职业的不同而引起的，教授与官员在工作中所需的和使用的生活用品都会有明显区别。

(2) 随机因素。随机因素是指消费者进行购买决策时所处的特定场合和具备的一系列条件。有时，消费者购买决策是在未预料的情况下作出的，例如，某人也许要购买一张机票去与马上出国的朋友话别；或者某种情况的出现将延迟或缩短人们的决策过程，例如，一个正在考虑购买计算机的消费者可能会在评价与选择上耽搁，这种耽搁肯定会减慢决策过程或者会导致放弃这种购买。但是，假如此人在另一种不同的环境下，譬如工资上涨20%，购买决策过程可能会比工资不上涨时完成得快得多。而且，随机因素对消费者行为的影响，往往还是多方面的。

2. 心理因素的影响

心理因素包括感觉、动机、经验、态度、个性五个方面：

(1) 感觉。不同的人用不同的方法去看同一事物的结论是不一样的。同样，同一个人在不同的时间用不同的方式看同一事物，结论自然也不同。感觉是为了获得结果对输入的信息进行识别，分析和选择的过程。人们通过看、听、闻、尝和摸等感官能够接受到许多信息。输入信息就是人们通过各种感官获得的。人们听到一则广告，看到一个朋友，闻到清新的空气，喝到甘甜的水，摸到一种产品的时候就获得了信息。虽然人们立即获得了大量的零碎的信息，但只有一部分成为知觉。人们选择一些信息的同时放弃其他大量的信息，这是因为无法在同一时间里去注意所有的信息。这种现象有时候称为选择保留。因为选择输入的信息是那些保留于思路之外的。假如你正将注意力集中于某一篇文章，可能注意不到外面的人或汽车噪声。即使你接收了那些信息，也将等到提起这些信息时才能意识到。这就是为什么有的信息能上升为知觉，有的却不行。假如信息与期望的事联系在一起，则已被人所知觉。肯德基使用一系列的广告牌，已被人所知觉。即使一些司机可能不停下来，这儿也有一个机会至少让他们注意到这些商店。假如这些信息能满足眼前的需要，人们也可能让这些信息上升为意识。例如，你饿的时候，可能去注意食品。相反，假如刚吃过了，这种广告不被意识到的可能性更大。最后，假的信息输入的强度急剧变化，意识的可能性越大。一个商店降价的幅度较小时，也许未加以注意。这是因为变化太小，但是如果商店降价一半，人们注意到这种削价的可能性就大得多。

(2) 动机。动机是激励一个人的行动朝一定目标迈进的一种内部驱动力。在任何时候一个消费者受多种动机影响而不是仅受一个动机影响，而某一时点一些动机比另一些动机强，但这种强烈的动机在不同的时点是不同的。动机能降低或增大压力。当动机驱使人们朝向一些目标迈进时，人们减弱压力。但是，假如一些动机迫使人们向一个目标，另一些又把人们拖向另一目标时，压力可能会增加，这是因为人们一个目标也达不到。许多不同动机能立即影响购买行为。例如一个想买沙发的人可能被这种沙发的特性所吸引，如耐久性、经济性、式样等。假如一个营销人员通过强调仅有的一个有吸引力的特性去吸引消费者，也许这种努力不能得到一个满意的销售。

影响人们在习惯地点购买产品的动机被称为惠顾动机。某个消费者可能因为此动机在某一特殊商店购买产品。惠顾动机可能来自产品价格、花色品种、服务态度、商店环境、商店形象、地理位置，甚至售货员的友善等方面。利用消费者的惠顾动机，市场营销应该设法了解为什么习惯性消费者惠顾一个哪商店并在营销组合中突出这些特点。

动机研究能帮助营销人员分析那些去买或不买产品的消费者的主要动机。动机常常处于潜意识状态，是很难加以衡量的，营销人员通常不知道怎样激发动机。所以营销人员不能简单地去询问人们的动机是什么，许多动机研究依靠交谈和推测技术。

(3) 经验。经验是由于信息和经历所引起的个人行为的变化。一些生理条件如饥饿、劳累、身体成长变化、衰老、退休而引起的行为变化，不列入经验考虑范围。个人行为的结果强烈地影响着经验积累过程。如果个人的活动带来了满意的结果，那么在以后相同的情况下，会重复以前的做法。如果行为没有带来满意的结果，那么将来可能采取完全不同的做法。例如，一个消费者购买了某种品牌的饮料而且很喜欢，那么以后还一直购买同样品牌的饮料，直到这个品牌不再使他满意为止。

一个企业要成功地推销产品，它就要帮助消费者了解产品。消费者可以通过直接经验了解产品，许多营销人员都设法在消费者购买产品前向他们提供直接经验。通过广告作用，营销人员在消费者购买前就要向其提供信息以影响消费者经验，从而使消费者对产品的态度有利于销售产品。

(4) 态度。态度由知识和对目标的积极和消极的情感构成。有时说一个人有“积极的态度”，但这种表述不完整。只有知道了与这种态度相联系的目标时，这种表述才有意义。人们所持态度针对的目标可能是有形的或无形的，有生命的或无生命的。例如，我们有针对性别、信仰、政治等事物的态度；也有对鲜花和啤酒的态度。然而，个人的态度基本上是保持稳定的，不会时刻变化。同样，任何时候，个人的态度产生的影响都是不同的，有的强、有的弱。消费者对企业和产品的态度，对企业营销战略的成功或失败至关重要。当消费者对企业营销实践的一个或几个方面持否定态度时，不仅会停止使用企业的产品，还会要求亲戚和朋友也这样。营销人员应该估计消费者对价格、包装设计、品牌名称、广告、维修服务、商店布局、现存和未来产品的特点等各方面所持的态度，营销人员有几种办法来估量消费者的态度，最简单的一种方法就是直接向人们提问题，动机调查中的推测技术也可以用来估计态度。

(5) 个性。个性是和人们的经验与行为联系在一起的内在本质特征。源于不同的遗传和经历，每个人的内心世界、知识结构、成长过程都不同。个性比较典型地表现为以下一种或几种特征，如冲动、奔放、灵活、死板、独裁、内向、外向、积极进取和富有竞争心。营销人员要试图发现这些特点和购买行为之间的关系，相信人的个性对所购产品的品牌和类别会有影响。例如，人们所购买的服装、首饰、汽车等产品也反映了一种或几种个性特征。通常，营销人员把广告宣传瞄准在某些一般人都有的个性特点上，通过运用那些积极的有价值的个性特征来进行促销。能够通过这种方法促销的产品主要包括啤酒、软饮料、香烟及一些服装。

3. 社会因素的影响

社会因素包括角色和家庭、相关群体、社会阶层、文化四个方面：

(1) 角色和家庭。每个人都在一定的单位、组织和团体中占有一定位置，与每个位置相联系的就是角色。由于人们占据多种位子，因此也同时扮演多种角色。例如，一个成年男人不仅扮演父亲和丈夫的角色，而且还可能是企业主管、部门经理、大学教授、政府官员，这样对一个人的行为就有多种期望。个人角色不仅影响一般行为，而且还影响购买行为。个人的多种角色需求可能不一致，假定某男性公民打算买一辆车，妻子希望买一辆广州本田，儿子要买上海别克，同事却建议买进口奥迪，因为奥迪的知名度更高，因而个人的购买行为部分地受到其他人意见的影响。在家庭扮演的角色直接和购买决策联系在一起。家庭中的丈夫可能是烟酒、家用电器等产品的决策者、购买者，妻子是保健品、日常生活必需品、食品和副食品的决策者、购买者。住房、汽车等价值大的产品一般是丈夫、妻子与子女共同参与完成购买决策的。当两个或两个以上的家庭成员参与购买时，他们就要进行分工，每个人都要完成一定的任务。

(2) 相关群体。相关群体是指个人对群体的认可，并采纳和接受群体成员的价值观念，态度和行为。有的群体对个人来说可能是消极的相关群体，有些人在一定的时候是某个群体的，但后来却拒绝这个群体的价值观念而不成为其中的一员。同样，一个人可以采取特殊的行动避开某一个特殊群体。这里讨论的是那种对个人有积极影响的相关群体。相关群体对个人来说可以起到参照物和信息源的作用，消费者的行为可以变得和群体成员的行为和信念一致。例如，一个人由于受相关群体成员的影响停止使用某一种品牌的饮料而使用另一品牌。相关群体对购买决策的影响程度依赖于个人对相关群体影响的敏感性和个人与相关群体结合的强度。营销人员有时要努力使用相关群体在广告中的影响，宣传每个群体中的人购买某种产品并获得高度的满足。通过这种呼吁的方式，广告商希望有大量的人会把推荐的那个群体作为相关群体，从而购买这种产品。这种广告宣传的成功取决于广告在传递信息方面的效果，产品的类型和个人对相关群体影响的敏感性。

(3) 社会阶层。社会阶层是具有相似社会地位的人的一个开放的群体。开放指的是个人可以自由地进入和离开。主要因素包括职业、教育、收入、健康、地区、种族、信仰和财富。把某一个人归入某一阶层不需要考虑所有的社会标准。所选择标准的数量及其重要性取决于所划人阶层的特点以及个人在阶层内的价值大小。在一定程度上，某个阶层内的成员采取的行为模式差不多，具有相似的态度、价值观念、语言方式和财富。社会阶层对生活的许多方面都有影响。例如，可以影响人们的职业、信仰、小孩培养和教育娱乐。由于社会阶层对人的生活的许多方面都有影响，同样可以影响购买决策。

(4) 文化。文化是指人类所创造的物质财富与精神财富的总和，是人类劳动的结晶，既包括有形的东西，如食物、家具、建筑、服装和工具；也包括无形的概念，如教育、福利和法律。文化同样也包括整个社会所能接受的价值和各种行为。构成文化的观念、价值和行为，是一代接一代地学习和传授的。

文化对购买行为有广泛的影响，因为它渗透在日常生活中。文化决定人们的吃、穿、住和行。文化对如何购买和使用产品有影响，而且还影响从中得到的满足。由于文化在某种程度上决定了购买和使用产品的方式，从而影响到产品的开发、促销、分销和定价。例如，食品营销者，在营销过程中要作出多种变化。20多年前，许多家庭几乎天天在一起吃饭，母亲一天要花很多时间来为此做准备，而现在60%以上的25～40岁年龄段就职于企业的人员基本上在外就餐。

当国际营销企业在目标市场国推销产品时，常看到文化对产品的购买和使用的强烈冲击。国际营销人员发现世界不同地区的人具有不同的态度、价值观念和需求，从而要求运用不同的营销方法、不同的营销组合。有些国际营销企业之所以失败是因为没有或者不能根据文化的不同而对营销组合进行调整。

四、跨文化消费者分析

为了决定是否要进入某一国外市场并且怎样进入，营销人员需要进行跨文化消费者分析(Cross-Cultural Consumer Analysis)。跨文化消费者分析是决定两国或两国以上消费者相似或不同程度的努力。从广义上说，跨文化消费者分析也可以包括单个国家的文化群体的对比，但是在此仅限于对不同国家跨文化消费者分析的研究。

(一) 跨文化消费者分析的目的

跨文化消费者分析的主要目的是通过对国外目标消费者的心理、社会文化特征的理解，决定两个或两个以上国家的消费者有怎样的相似和怎样的不同。这种对于国家之间相似和不同的理解对于国际营销企业是很重要的，国际营销企业必须为特定目标市场国的消费者设计出有效的营销战略和策略。国家之间的相似性越大，在各个国家使用比较相似的营销战略和策略的可能性就越大。

同时，如果文化信仰、价值观及特定目标市场国的习俗有很大的区别，那么每个国家将采取高度独特化的营销战略和策略。一个企业在各个国家营销产品或服务的成功受文化信仰、价值观和习俗的相似程度的影响，这些支配着不同国家产品的使用。一些重要的国际航空企业的全球性商业电视广告倾向于向国际旅行者描述商务舱和头等舱的豪华和享受，这种普遍的跨文化诉求的原因是这些商业广告的对象是世界范围内相同类型的个体——顶级的国际商业旅行者——拥有很多相似之处。相反，典型的美国广告在中国并不起作用，为了制作符合中国文化要求的商业广告，耐克公司雇佣了了解中国文化的艺术导演和广告撰写人，作出的广告以中国人的国家自豪感为诉求。

(二) 跨文化消费者的特点

跨文化消费者的一个重要特点是重视来源国效应。在做购买决策时，消费者要考虑产品的来源国，并利用产品产地的信息给备选产品估价。来源国效应的发生是由于消费者常常意识到一个特殊企业或品牌的名称必然与特殊国家相联系。

一般而言，许多国家的消费者将法国与酒、时装和香水以及其他美好的产品相联系，意大利与意大利面食、服装设计师、家具、运动汽车相联系，日本与照相机、家用电器相联系，德国与汽车、工具和机械相联系。而且，当一种特定的产品在一个特定的国家制造时，消费者趋向于将此形成一种态度甚至偏好。这种态度取决于消费者的感觉或经历，可能是肯定的、否定的或中立的。某国消费者可能断然地对生产于别国的特定产品估价，如富裕的美国消费者可能感觉意大利的Prada手提包或瑞士的Rolex手表是值得投资的，相反，当另一个消费者得知所考虑购买的DVD的制造国并不能使他联想到如意大利那样好的制造国的话，消费者可能马上给出一个最低的估价。这样来源国效应将影响消费者怎样评估质量和最终选择何种品牌产品的决策。

(三) 跨文化的文化适应和能力训练

很多营销人员在预期国际扩张时相信如果产品受到本土消费者的欢迎，那么就会受到所有人的欢迎，这种思维方式经常导致战略上的错误，增加了国际营销失败的可能性。这种情况反映出对于区别明显的文化的独特心理、社会、文化和环境特性缺乏重视。为了克服这种狭隘的文化近视观念，营销者必须经历一种文化适应过程，必须学习所有的相关事宜，包括自己产品的现有用途及潜在用途和目标市场国的产品种类及喜好。

在某种意义上，跨文化的文化适应对营销人员而言是一个双向过程。其一，营销人员必须使自己完全适应目标市场国的价值观、信仰和习俗，对传统或流行的态度及观点敏感并适应，同时以恰当的定位和方法推销产品；其二，为了在目标市场获得新产品文化上的许可，营销人员必须开发一种营销战略，这种战略鼓励目标市场国的消费者修改甚至打破原有的传统，改变消费者的心态以改变购买行为。

跨文化能力训练的有效途径是采用研讨班的方式，包括案例研究、角色扮演以及其他能够让参加者感同身受的联系设计。受训者应该思考如果换成自己在该种情况下，会怎样想怎样做，进而从结果中得到启发。国际营销人员不仅必须再度检查关于他人的信念以及与他人的交往，还应检查自身的信念，评判自己的动机和工作方法。在克服对某一种人的成见后，必须学会应付别人对国际营销人员的这种因国籍、人种、信仰或宗教不同而产生的成见。角色扮演往往能够显现出一些通常漏查甚至未察觉的想法和感觉。所有这些技巧和方式的共同点在于设计的目的都是传授一种文化的成员与另一种文化的成员打交道的方法。

(四) 跨文化消费者研究

对一个国际营销企业来说，在国外开展跨文化消费者研究(Cross-Cultural Consumer Research)是一件困难的事情。在中东的伊斯兰国家进行西方风格的市场研究就非常困难。在沙特阿拉伯的街上阻拦行人是违法的，公开聚集群体是不实际的，因为聚集 4 人或以上是被禁止的。所以国际营销人员只好尝试用其他方法得到所需的信息。比如，Grey 广告给我国儿童发放照相机，让儿童拍下自己喜欢或不喜欢的东西，而不是要儿童向陌生人进行解释。

虽然用研究本国消费者的基本技术应用于目标市场国同样有效，但是由于国与国之间语言和文字的差异，所以在跨文化消费者研究中附件任务是存在的。国际市场研究的另一个问题是测量尺度，在有些国家以 5 点或 7 点为尺度就足够了，但在另一些国家可能需要 10 点甚至 20 点为尺度。更有甚者，像电话、网络这些研究工具在一些特殊的国家是没有的。

为了避免这些研究中的问题，针对作为潜在目标市场的国家，消费者研究者必须对该国研究服务的可选择性非常熟悉，并且必须了解怎样设计能够产生有用数据的调查问卷。国际营销人员还必须牢记，文化差异可能使标准研究方法论变得不适用。表 2－4 显示了进行跨文化消费者研究时，国际营销人员必须考虑的基本问题。

表 2－4　　跨文化消费者研究的基本项目

因　素	范　例
语言和含义的区别	在两个不同的国家，词语或概念可能有不同的含义
市场细分机遇的区别	在两个不同的国家，目标消费者的收入、社会阶层、年龄、性别可能有区别
消费类型的区别	在两个不同的国家，在消费水平，产品或服务的使用上可能区别明显

（续表）

因　　素	范　　例
产品或服务在理解用途上的区别	产品或服务在理解用途上的区别
评估产品或服务标准的区别	从一种服务中得到的好处，国与国之间可能不同
在经济、社会环境及家庭结构上的区别	国与国的家庭决策类型是不一样的
市场研究以及环境上的区别	国与国之间的零售渠道以及直接邮购目录的类型和质量可能相差很大
市场研究可能性的区别	国与国之间专业消费者研究员的有效性是相当不同的

本章小结

1. 国际营销中政治法律环境主要包括政府、政党体制、政府政策、民族主义，以及反托拉斯法、反倾销法、反对贿赂法、绿色营销法，等等。经济、人口环境研究了经济发展水平、市场发展水平、国际金融与外汇环境、国际区域经济环境、经济基础结构等内容。社会文化的构成要素很多，其中对国际营销影响最大的主要是宗教信仰，语言文字，价值观念等。新技术革命使国际营销的运作发生了巨大的变化，特别是计算机技术的产生和运用，开辟了国际营销革命的新纪元。

2. 迈克尔·波特认为产业内部的竞争是产业内现有企业之间的竞争、潜在进入者的威胁、替代品的威胁、购买者的议价能力和供应者的议价能力这五种力量之间的相互作用的结果，同时指出产业发展一般经过初级阶段、走向成熟阶段和衰退阶段等三个主要阶段。识别战略集团是产业分析的基础和主要内容，只要战略集团的成员拥有与众不同的技能，就能经受产业内的一般波动。在战略地位和行动评价分析中，环境的不稳定性可以用财务实力抵消，一家具备很多流动资金或可能动用其他储备资金的企业是经受得住环境动荡的。

3. 了解竞争者的优势及其可能采取的行动，可以发现企业在哪些消费者中具有竞争优势，竞争者分析中研究了竞争者的基准、竞争者的维度、竞争者的阶段和如何选择好的竞争者等内容。

4. 消费者是国际营销的最终市场，把握目标市场国的消费者是非常重要的。在实践中，可以从消费者的界定、消费者购买分析、消费者购买决策以及跨文化消费者分析与研究等方面开展消费者分析。

思考与练习

一、名词解释题

1. 营销环境　　2. 宏观环境
3. 微观环境　　4. 消费者行为
5. 社会阶层　　6. 相关群体

7. 文化风险

二、多项选择题

1. 目标市场国的政治环境主要包括(　　)。

A. 政府类型　　B. 政党体制　　C. 历史传统

D. 民族主义　　E. 文化差异

2. 国际区域经济环境的主要内容包括(　　)。

A. 自由贸易区　　B. 关税同盟　　C. 共同市场

D. 经济同盟　　E. 开放市场

3. 对国际营销影响最大的社会文化环境有(　　)。

A. 宗教信仰　　B. 语言文字　　C. 价值观念

D. 风俗与习惯　　E. 民族优越感

4. 与国际营销有关的国内法律包括(　　)。

A. 出口控制　　B. 外汇管理　　C. 反托拉斯法

D. 环境法　　E. 反不正当竞争法

5. 直接影响国际营销的经济基础有(　　)。

A. 市场准入　　B. 国民待遇　　C. 交通运输

D. 通讯设备　　E. 商业基础设施

6. 国际营销中的文化风险有(　　)。

A. 区域文化风险　　B. 审美风险　　C. 民族优越风险

D. 品牌价值风险　　E. 宗教信仰风险

三、简答题

1. 简述在国际营销中,衡量各国市场规模的指标。

2. 简述在国际营销中,竞争者分析的阶段。

3. 简述消费者行为分析的内容。

4. 简述消费者购买决策的过程。

四、论述题

1. 试述PEST分析框架。

2. 试述影响国际营销的经济人口环境。

3. 试述新技术在国际营销中的运用。

4. 试述产业竞争的五力模型。

五、案例分析题

戴尔公司的国际营销

20世纪80年代PC刚刚兴起的时候,所有的PC都是由生产厂家制造完后,交由若干代理、分销网络推介给广大用户的。其中的经销层次如果过多,难免会使用户对产品的意见不能很快地反馈给制造厂家,从而导致PC厂家对市场变化不敏感,不能更快地生产出用户所需要的产品。到1984年,这种情况开始变化了。这一年,曾在美国奥斯汀的得克萨斯大学就读的迈克尔·戴尔以1 000美元和一个在PC业中前所未有的理念建立了戴尔公司。迈克尔·戴尔的理念是按照客户要求制造计算机,并向用户直接发货,使戴尔公司能够更有效和明确地了解客户需求，继而迅速地作出反应。迈克尔·戴尔希望避开给产品增值较少的中间商，直接向最终用户提供量身定制的个人计算机，从而首开了PC直销的先河。

通过直线订购、按需配置经营模式和与之配套的服务意识，特别是Internet兴起引发的“网上直销方式”的诞生，戴尔已成为全球顶尖的PC供应商之一。这种革命性的举措已经使戴尔公司成为全球领先的计算机系统直销商，跻身业内主要制造商之列。到1999年10月底，戴尔公司的年销售额在15年内已从600万美元猛增至236亿美元，成为世界第二大PC制造商，并是增长最快的计算机公司，全球有33 200名员工。在美国，戴尔是商业用户、政府部门、教育机构和消费者市场名列第一的主要个人计算机供应商，公司产品主要有笔记本电脑、台式机、网络服务器及工作站等。戴尔公司1992年跻身《财富》500强，目前名列全球第210位，公司股票自1988年6月在NASDAQ上市以来，股值在过去10年内增长了690倍。

戴尔公司设计、开发、生产、营销、维修和支持一系列从笔记本电脑到工作站的个人计算机系统。每一个系统都是根据客户的个别要求量身定做的。戴尔公司透过首创的革命性“直线订购模式”，与大型跨国企业、政府部门、教育机构、中小型企业以及个人消费者建立直接联系。戴尔公司是首个向客户提供免费直拨电话技术支持，以及第二个工作日到场服务的计算机供应商，这种服务形式现在已成为全行业的标准。

戴尔公司与技术开发和缔造者建立的一对一直接关系，为客户带来更多好处。直线订购模式使戴尔公司能够提供最佳价值的技术方案：系统配置强大而丰富，性能表现绝对是物超所值。同时，也是戴尔公司能以更富竞争力的价格推出最新的相关技术。从每天约与200 000个客户的直接洽询中，戴尔公司掌握了客户需要的第一手资料。戴尔公司提供广泛的增值服务，包括安装支持和系统管理，并在技术转换方面为客户提供指导服务。通过DellWare项目，戴尔公司设计并定制产品及服务，销售包括外围硬件和计算机软件等在内的广泛产品系列。

戴尔公司利用互联网进一步推广其直线订购模式，再次处于业内领先地位。以戴尔PowerEdge服务器运作的www.dell.com网址包括80个国家的站点，目前每季度有超过3 200万人浏览。客户可以评估多种配置，即时获取报价，得到技术支持，订购一个或多个系统。

自1987年在英国开设第一家海外分支机构以来，戴尔公司已在34个国家开设了销售机构，在全球170多个国家和地区拥有3.32万名雇员从事用户服务工作，公司总部位于美国得克萨斯州奥斯汀附近Round Rock。戴尔公司还在以下地方设立地区总部：中国香港，负责亚太区；日本Kawasaki，负责日本市场业务；英国Bracknell，负责欧洲、中东和非洲的业务。戴尔公司在以下六处地点设有生产全线计算机系统的设施：得克萨斯州的奥斯汀、田纳西州的Nashville、巴西的Eldordo do Sul、爱尔兰的Limerick(欧洲、中东和非洲)、马来西亚槟城(亚太地区及日本)和中国厦门(中国市场)。1998年8月，戴尔宣布正式在中国开展直销业务，并在福建厦门设立了中国客户服务中心。同时，为了满足中国市场的需要，戴尔还于同年11月在厦门正式设立了占地13.5万平方英尺的生产厂。该生产厂于1999年6月通过ISO 9002认证。1999年9月《财富》论坛期间，戴尔还在上海建立了中国应用解决方案中心，公司董事长兼CEO迈克尔·戴尔亲临揭幕。

(资料来源：甘碧群.国际市场营销学[M].北京：高等教育出版社，2006：123－125.)

案例问题：

1. 戴尔公司利用技术创新开展国际营销的活动表现在哪些方面？
2. 戴尔公司的核心竞争力是什么？
3. 请收集最近几年戴尔的营销资料，并进行评价。

第三章 国际营销调研

学习目标

通过本章的学习,了解国际营销信息系统建设的三项原则和构成国际营销信息系统的四个子系统。熟悉探测性调查、描述性调查、因果性调查和预测性调查等国际营销调查的四种类型,掌握案头调查、实地调查、网上调查等国际营销调查三种方式,熟练地运用询问法、观察法、实验法、抽查法等进行国际营销调查。领会国际营销调查与国际营销研究的异同,掌握比较研究法、定性研究法、定量研究法和可行性研究法,并能独立进行国际营销专项研究。

第一节 国际营销信息系统

在国际营销调研中,重视国际市场信息收集,建立国际营销信息系统,加强市场信息管理是关系国际营销成功与失败的关键问题。本节主要介绍国际营销信息系统的含义、构成,建立国际营销信息系统的步骤和应遵循的原则。

一、国际营销信息系统的含义

市场营销信息系统(Marketing Information System)是一种由人员、设备、程序构成的,通过相互作用提供市场营销所需信息的综合系统。它通过对信息的收集、分类、分析、评价和分配,为市场营销决策提供依据。

国际营销信息系统是专门从事国际市场信息收集、整理分析等业务的一个连续作业的信息系统。国际营销信息系统与一般市场营销信息系统相比,资料数据的来源更加广泛,既要收集国际市场及目标市场国的有关信息,又要收集企业自身营销的各种信息。20 世纪 70 年代以来,随着信息技术的发展,出现了专门进行国际营销信息收集、整理、贮存、分析的信息系统和信息网络,许多从事国际营销的企业建立了自己的国际营销信息系统。

二、国际营销信息系统的建立

(一) 建立国际营销信息系统的原则

国际营销信息系统分为传统的人工信息系统和以计算机为中心的现代信息系统两种。传统的人工信息系统是通过人工运用计算器、打印机、复印机、电话等工具来收集、处理、传递信息，往往借助资料、报表、报告、账目等物质载体传递信息，形成企业人员之间组成的营销信息系统。以计算机为中心的营销信息系统是由人使用计算机对输入的信息进行分析、处理，以输出有用信息，是通过计算机之间相互连接形成的营销信息系统。建立以计算机为中心的国际营销信息系统必须遵循以下原则：

(1) 整体性、统一性原则。国际营销信息系统必须将企业的营销活动作为一个整体看待，疏通企业内部的纵横关系，兼顾企业的现实运转和未来发展。同时，企业信息要做到五个统一，即内部与外部统一，国际与国内统一，微观与宏观统一，当前需要与长远需要统一，信息交流方式与语言文字统一。

(2) 针对性、简明性原则。国际营销企业收集信息要针对营销组合、营销战略、营销策略和竞争对手，筛选优化应以适当为标准。企业所加工和传递的信息应尽量简单明了，信息的处理过程应尽可能避免繁琐的手续，这样才能加快信息的流动，缩短信息流通时间，提高有效性。

(3) 及时性、时效性原则。国际营销信息的价值与收集整理、使用的时间成正比。因此，要求在国际营销过程中，企业要及时收集各种数据资料，并及时加工、处理、传递各种信息，以确保国际营销信息的时效性，发挥信息的最大价值。

(二) 建立国际营销信息系统的步骤

建立国际营销信息系统，一般分三个步骤：

(1) 分析。根据系统目标，进行调查、分析，提出系统的模型。

(2) 设计。根据上述分析，确定系统结构，确定子系统和贮存方式，制定系统流程图等。

(3) 实施。包括程序设计、程序系统的调试、技术文件的编写、系统转换及系统评价等内容。

(三) 国际营销信息系统的运行要素

国际营销信息系统由输入、处理、输出、反馈四个运行要素组成一个有机整体。

(1) 输入。信息的输入是指将企业内部和外部有关国际营销的各种信息收集起来，如有关国际经济形势、国际市场行情、国际价格变化、竞争者动态、消费者需求动态等。

(2) 处理。信息的处理是指对原始信息的加工、鉴别、筛选、分类、编码、贮存等一系列活动。

(3) 输出。信息的输出是指将处理过的有用信息提供给国际营销的决策者和管理部门，作为制定国际营销战略和策略的依据。

(4) 反馈。信息的反馈也是一个输入过程，是将信息输出后而产生的反应再输入到信息系统，促使国际市场调研水平不断提高。

三、国际营销信息系统的构成

20 世纪 50 年代以后，随着经济的增长、科学技术的迅猛发展，西方一些国家开始运用现代化管理技术和电子计算机进行营销信息的处理和应用。20 世纪 70 年代以后，在美国、西欧、日本等国的许多企业中普遍建立了以电子计算机数据处理为基础的市场营销信息系统。

国际营销信息系统由内部报告系统、国际营销情报系统、国际营销分析系统和国际营销决策系统等四个子系统构成,如图 3-1 所示。通过四个系统的运作,完成信息收集、处理、加工、反馈的全过程。

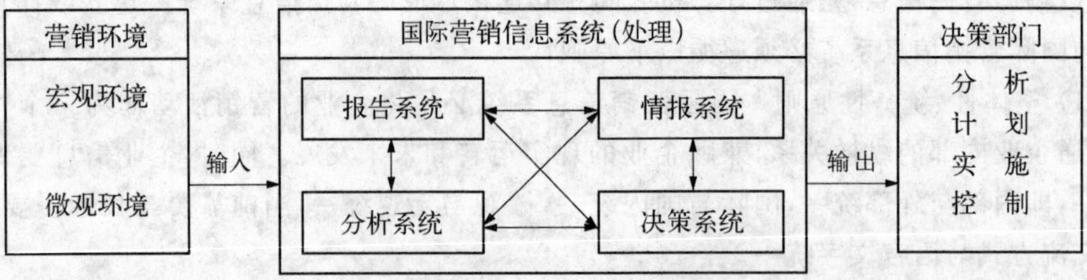

图 3-1　国际营销信息系统的构成

(一) 内部报告系统

内部报告系统是反映企业内部目前营销活动状况的信息源,是最基本的信息子系统,是国际营销信息系统的基础。该系统主要报告有关企业各类产品的开发及其销售额、存货量、现金流动、应收应付账款等方面的动态信息,为企业进行科学的销售管理、存货管理和客户管理,提高销售服务水平,降低销售成本,缩短销售周期等提供依据。

目前,很多企业都已建立计算机管理系统,国际营销决策者可以随时通过该系统查阅企业国际营销的有关信息。

(二) 国际营销情报系统

国际营销情报系统是国际营销信息系统的核心,是目标市场国消费者和企业外部宏观营销环境发展变化新动态的提供者。该系统可以通过互联网及各种出版物、广告、资料,以及通过消费者、供应商、中间商、竞争者等方面的反应获取国际经济环境、政治环境、科技环境,消费者评价、消费者行为,竞争格局、竞争趋势等有关信息。

(三) 国际营销分析系统

国际营销分析系统是针对企业某一时期出现的问题,或为满足制定决策、计划的需要而对某些特定问题进行分析研究的系统。该系统的主要任务是研究各种数据之间的关系,评估合作的可能性和新产品开发的可行性,分析市场需求变化和消费者的偏好,测量促销投入与产出的效益等。该系统的上述任务可由企业的专职人员完成,也可以委托社会化的专业公司完成。

(四) 国际营销决策系统

国际营销决策系统,是通过对以上三个子系统所提供的信息资料的科学分析,为决策者提供量化分析结论,并进而提出多种决策建议,供决策者参考、选择的系统。该系统借助统计数据库和模型资料库中一系列统计分析模型和营销决策模型进行运作,是营销信息系统中的高级处理系统。

第二节　国际营销调查

企业要想顺利从事国际营销活动,就必须首先进行国际营销调查。本节主要对国际营销调查的重要性、内容、类型、基本程序和调查的方式与方法等问题进行分析，在此基础上分析国际市场的特点，把握国际市场及目标市场国的经济发展规律，为顺利开展国际营销服务。

一、国际营销调查的基本问题

（一）国际营销调查的重要性

国际营销调查(International Marketing Investigation)是以国际市场为对象，用科学的方法，对国际营销信息和资料进行系统、客观的收集、整理和分析的一系列活动。

国际营销调查是认识国际市场的最基本的方法。国际市场是一个不断变化的环境，只有经常进行营销调查，才能探索国际市场供求矛盾运动的规律性，才能把握国际市场动向，及时抓住市场提供的转瞬即逝的营销机会。

国际营销调查是一种获取国际市场信息的重要手段。国际市场信息是反映国际市场动态的各种情报资料。企业的国际营销决策离不开国际市场信息，缺乏足够的市场信息，既无法确定企业的营销目标，也无法确定企业的营销战略和策略。因此，世界上许多发达国家的企业都非常重视市场调查工作，并建立了成套科学的市场信息收集、加工体系。例如，日本的三菱公司在世界各国有100多个海外办事处，拥有几千名专职人员从事收集市场情报的工作。三井物产公司把信息机构叫做三井全球通讯网，通讯专线长40万公里，信息网几乎超过了美国中央情报局，这些网络对三井的国际营销起了很大的作用。

国际营销调查是企业制定竞争性策略的条件。市场是一个竞争环境，要想在竞争中取得优势，就必须做到知己知彼，采取正确的竞争策略。因此，必须通过国际市场调查确切地掌握企业产品的竞争能力和地位，竞争对手的现状和动向，只有做到心中有数，才能掌握竞争的主动权。如果反应迟钝，就会处处被动，在竞争中处于不利的地位。

（二）国际营销调查的内容

1. 国际宏观环境调查

企业开展国际营销要首先了解国际宏观环境，做到知己知彼，百战不殆。企业对国际宏观环境调查的主要内容为：

(1) 国际经济环境。包括国际、区域和目标市场国的经济发展阶段、市场发展状况和经济形势等，尤其是目标市场国的经济结构，经济发展水平，经济发展前景、就业、收入分配和消费情况等。

(2) 国际政治法律环境。包括国家、地方的有关方针政策、制度调整、体制变化，国家、地方颁布的法规、法令等，尤其是政府对贸易实行的鼓励、限制措施、特别有关外贸方面的法律、法规，如关税、配额、国内税收、外汇限制、卫生检疫、安全条例等。

(3) 国际社会文化环境。包括社会生活方式、风俗习惯、宗教信仰、价值观念教育水平、职业状况、使用的语言等。

(4) 科技和自然环境。科研新发展、新发明、新创造、新技术、新工艺、新材料的研发、应用、发展趋势，新产品开发、上市情况等，地理位置、自然资源、气候、交通、人口分布、数量、结构等。

2. 国际市场行情调查

企业要把产品打入国际市场开展国际营销，除需了解国际宏观环境外，还需了解国际市场行情，主要有：

(1) 国际市场产品供给情况。包括产品供应的渠道、来源，国外生产厂家、生产能力、数量及库存情况等。

(2) 国际市场产品需求情况。包括国际市场对产品需求的品种、规格、式样、数量、质量要求等。

(3) 国际市场商品价格情况。包括国际市场商品价格总水平、价格与供求变动的关系、各国同类产品的价格策略等。

3. 国际竞争者调查

在竞争中要保持企业的优势，就必须随时掌握竞争对手的各种动向，开展国际竞争对手调查，其主要内容有：

(1) 竞争对手属性调查。竞争对手数量、竞争对手变动趋势，竞争对手的生产规模、综合实力，竞争对象、竞争范围、竞争手段、竞争程度等。

(2) 市场营销策略调查。主要是关于竞争对手已经和即将采用的产品策略、价格策略、广告策略、公关策略、分销渠道策略情况，广告、宣传的方法、频率、投入金额、渗透情况，人员推销的方法、推销活动的特性，营业推广的方法。

(3) 营销业绩调查。竞争对手各类产品的销售额、市场占有率、盈利水平、产品特性和产品竞争力以及本企业产品的优劣情况，按地域类别的销售网点数，交易条件及其变化。

(4) 售后服务水平调查。包括国际营销人员的数量、素质，售后服务的方法及措施，质量保证体系。

4. 国际消费者调查

消费者调查主要包括五个方面的内容：

(1) 消费者结构。消费者的需求特点、数量、种类，消费者的购买习惯，消费者的购买能力和购买行为。

(2) 消费者性质。消费者分布、消费者特征、消费者变化、市场比较、潜在消费者、潜在购买量的预测。

(3) 消费者动机。购买动机、影响动机的因素，发现产品及店铺选择的背后动机，分析购物及产品比较的动机。

(4) 消费者态度。发现消费者对店铺、产品的态度，弄清消费者的不满，分析态度的相对强度，消费者对店铺、对产品形象的决定，对店铺方便性的态度。

(5) 消费者偏好。对店铺的偏好，对店铺忠诚度；对产品的偏好，对产品的忠诚度；购买频率，买卖范围的评价。

5. 国际营销情况调查

国际营销情况调查是对国际营销组合的调查，一般包括五项内容：

(1) 产品调查。产品使用者的特征和需求；潜在购买者的态度和偏好；各产品行情好坏及原因；产品的消费者层次；产品的占有率、知名度、认知度；对各产品的购买动机；消费者对产品的不满、抱怨和牢骚；不同产品的购买习惯及变化；新产品的前途、开发、试销；产品包装和标签；消费者对现有产品的态度和希望对现有产品的改进。

(2) 价格调查。定价方法和依据，折扣折让策略，心理定价策略，新产品定价策略，地区价格策略，区别定价策略的运用情况如何。

(3) 分销调查。店铺选址，渠道选择，批发商选择，零售商选择，销售网络设立，中间商的水平，终端批零商的能力，盈利水平，售后服务质量等。

(4) 物流调查。流通中心的规划选址；产品处理包装；库存管理；最佳运输手段选择；配送中心建设与能力。

(5) 促销调查。推销人员分配；推销策略；任务设定；激励政策；活动分工；广告媒体选择；广告信息决定；广告效果测定；广告策略变更；广告费用预算；公共关系策略；人员推销的效果；营业推广策略及具体实施等。

(三) 国际营销调查的类型

根据调查的目的、对象和要求的不同，国际营销调查一般分为探测性调查、描述性调查、因果性调查和预测性调查等四种类型。

(1) 探测性调查。探测性调查(Exploratory Investigation)是指企业对发生的问题缺少认识和了解，为弄清问题的性质、范围、原因而进行的初始调查。这种调查往往是通过查阅和依据现有的历史资料和类似案例，或是通过向熟悉调查对象的有关业务人员、专家进行请教，或是召开有关消费者代表座谈会的形式进行。例如，某企业的某项产品，近一段时间销售量一直在下降。但为何下降，是产品质量出现问题，还是市场上出现更新的产品，还是竞争对手抢占了市场？通过探测性调查可查找产生问题的原因。

探测性调查的主要目的是发现问题，寻找一些最可能的原因，进而发现问题存在的根源，为国际营销工作的开展指明方向。至于下一步问题应如何解决，则有赖于进一步的市场研究。

(2) 描述性调查。描述性调查(Descriptive Investigation)是在营销调查中用来如实反应、收集和记录有关市场资料的一种正式调查方式，一般用于国际市场需求潜量、国际市场占有率、消费者购买行为、新产品开发、国际分销渠道、国际广告投资，等等。描述性调查是国际营销调查的重要部分，目的是为了了解和掌握国际营销的各种因素关系，从中找出关联因素，即找出各因素之间的关系。比如说，企业要了解目标市场国的消费者是哪些人，年龄老的还是年轻的，收入高的还是收入低的，各喜欢什么样的产品等，这些都是描述性调查。描述性调查的主要任务是说明市场状况是什么，而不要求说明为什么，为什么属于因果性调查的任务。

与探测性调查相比，描述性调查需要事先拟定计划，规定收集资料的步骤。由于描述性调查的目的是对某一专题问题提出解决方案，因此调查的计划比较周密，更强调资料的可靠性。

(3) 因果性调查。因果性调查(Causal Investigation)是为了搞清楚有关国际营销变量之间的因果关系而进行的专题调查。描述性调查是找出国际营销活动各种因素的关联现象，而因果性调查要找出在这些关联中，什么是因，什么是果，哪一个因是主要的，哪一个因是次要的，各个因的影响程度是多少等。因此，因果性调查是在描述性调查的基础上进行的。

因果性调查的内容是非常广泛的。在国际营销调查工作中，我们常常会遇到一些为什么的问题。如为什么在同类产品中目标市场国的消费者喜爱 A 国的产品而不喜欢 B 国的产品？2008 年后为什么中国产品销售量在美国会减少？广告投入与销售额之间的关系如何？等等。

因果性调查有定性调查和定量调查之分。定性调查是主观判断式的，是寻找被调查问题的性质。定量调查借助数学模型，寻找被调查因果之间的作用程度和数量关系，即因对果到底在多大程度上起作用。

进行因果性调查，必须明确有关变量之间的关系，也就是找出因变量和自变量。通常市场销售量、市场占有率、成本、利润等属于因变量，而企业可控制的价格、产品质量、广告支出、管理费用和企业不可控制的政府政策、消费者收入、消费者偏好、竞争者价格等属于自变量。因果性调查就是围绕这些可控制和不可控制的自变量对因变量产生的影响来进行的。在国际营销调查的许多方法中，实验法是因果性调查的重要工具。

(4) 预测性调查。国际营销调查是国际营销预测与决策的基础和前提，是为国际营销预测与决策服务的。因此，预测性调查(Predictive Investigation)就是专门为了预测未来国际市场行情变动趋势而进行的调查。对未来国际市场需求的估计对每一个从事国际营销活动的企业来说，都是具有重大意义的。对未来企业产品的需求如果不了解或无从估计的话，日后所冒的风险将会很大。例如，可能会生产过剩，出现供过于求的态势；也可能出现生产不足，出现供不应求的态势，这两种结果都会给企业带来实际损失和机会损失。

预测性调查反映的是国际市场长期的总体趋势，对国际营销企业具有重要参考价值，因此预测性调查意义特别重大。

二、国际营销调查的程序

国际营销调查是一项有序的活动，一般包括调查准备、调查实施和调查总结等三个阶段，每个阶段又可分为若干具体步骤，如图 3-2 所示。

(一) 调查准备阶段

调查准备阶段主要解决调查目的、要求、范围和规模，以及调查力量的组织等问题，并在此基础上制定可行的调查计划。这一阶段包括四个步骤：

(1) 确定调查目标，拟定调查项目。调查目标是指为什么要进行调查？调查要了解什么问题？了解这些问题后有什么用途？等等。调查项目是指调查什么样的对象？应该收集哪些方面的信息资料？等等。

(2) 确定收集资料的范围，选择收集资料方

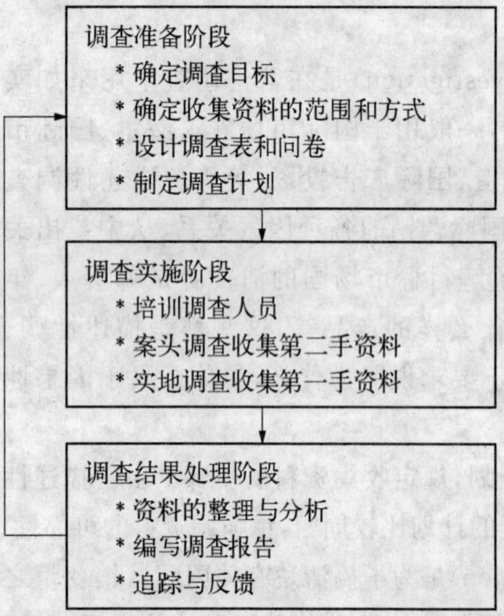

图 3-2　国际营销调查的程序

式。确定收集资料的范围是针对空间范围和资料数量而言的，就是确定应收集什么资料？向谁收集资料？在什么时间、什么地点收集资料？收集资料的方式是指是通过实地调查取得第一手资料，还是通过文案调查收集第二手资料？是一次性调查，还是多次性调查？是全面调查，还是抽样调查？等等。

(3) 设计调查表和问卷。调查表或问卷设计要符合简明、突出主题和便于统计分析的要求。抽样设计需要解决好抽样方式和样本量大小的选择问题。

(4) 制定调查计划。调查计划是国际营销调查的行动纲领，应包括采用什么调查方法，分几个步骤，调查人员的安排以及如何组织分工，整个调查工作的时间和进度，调查费用预算等内容。

(二) 调查实施阶段

调查实施阶段的主要任务是根据调查计划的要求，组织调查人员系统地收集各种资料和数据，或听取被调查者的意见，收集各种信息和情报。这一阶段包括三个步骤：

(1) 对调查人员进行培训。对调查人员进行培训，是保证调查质量的一项重要措施。企业往往缺乏有经验的调查人员，要开展国际营销调查首先必须对调查人员进行培训。培训的目的是让调查人员明确调查计划，掌握调查技术，以及了解与调查目标有关的经济知识、法律知识和业务知识等。

(2) 借助案头调查法收集第二手资料。第二手资料也称为次级资料。其来源通常为政府职能部门、金融机构、行业协会、市场调查与信息咨询单位等发表的统计数据，也有些发表于科研机构的研究报告或著作、论文上。对这些资料的收集方法比较容易，而且花费也较少，我们一般将利用第二手资料来进行的调查称为案头调查。

(3) 借助实地调查收集第一手资料。第一手资料，即原始资料。收集第一手资料应根据调查计划中已确定的方法与方式，对确定好的调查单位先一一确定每一被调查者，再利用设计好的调查方法与方式来取得所需的资料。在营销实践中，将取得第一手资料并利用第一手资料开展的调查工作称为实地调查。实地调查活动与案头调查活动相比，花费虽然较大，但实地调查是整个国际营销调查所需资料的主要提供者。

(三) 调查结果处理阶段

调查结果的处理是对调查资料的分析和总结，是国际营销调查能否充分发挥作用的关键一环。如果对这一阶段的工作草率从事，就会导致整个调查工作功亏一篑，甚至前功尽弃。国际营销调查人员一定要切记调查的宗旨，通过调查真正把握市场机会。这一阶段具体包括三个步骤：

(1) 资料的整理和分析。资料的整理和分析主要是对调查所得的原始资料分类、审校、统计、分析。分类是为了便于资料的进一步利用，要详细、科学；审校是去伪存真，消除资料中的错误和不准确的因素，不仅要审校资料的正确与否，还要审校资料的全面性和可比性；统计与分析是运用数量统计等分析方法，并用统计图表的形式把各种具有相关关系或因果关系的营销因素更为清晰地显示出来，便于做深入的分析研究。通过去粗取精，去伪存真，由此及彼，由表及里的整理和分析过程，得出某一被调查对象合乎客观事物发展规律的结论。

(2) 编写调查报告。调查报告是调查活动结论性意见的书面报告。调查报告编写原则是客观、公正、全面地反映事实,以求最大限度地减少营销管理者在决策前的不确定性。调查报告的基本内容一般包括:调查对象的基本情况,所调查问题的事实材料、分析说明等。国际营销调查报告虽然没有统一格式,但一般由引言、正文、结论和附件四部分组成。

(3) 追踪与反馈。整理和分析后的各种信息、完成后的国际营销调查报告在下达到各个营销部门以后,要对实际的运用效果和使用状况进行追踪,并将使用中发现的问题、存在的问题反馈到调查机构,为今后的调查工作打下良好的基础。

三、国际营销调查的方式与方法

国际营销调查涉及的范围广泛,而企业的调查经费和时间有限,因此选择恰当的调查方法对国际营销调查的成功至关重要。根据信息来源的不同,国际营销调查分为案头调查、实地调查和网上调查等三种方式,而案头调查、实地调查和网上调查三种方式又细分为不同的调查方法。

(一) 案头调查

1. 案头调查的概念与作用

案头调查(Desk Research)是指从各种文书中检索出有用的信息资料,再加以分析判断进而为确定国际营销策略服务的一种以收集第二手资料为主的调查方式,因此也称为第二手资料调查(Secondary Data Research)。第二手资料是经他人收集、整理的,是已经发表过的资料。

案头调查方式已被从事国际营销的企业在本国运用,因此与实地调查相比,案头调查具有大量节约调查费用和缩短调查时间的优点。案头调查的弊端是由于它依赖于国际市场上的第二手资料,而第二手资料常常表现出三个缺点:一是许多市场缺乏详细的资料;二是现有资料的可靠度不稳定;三是现有资料的可比性和通用性不易把握。这些缺点使得案头调查方式,在支持国际营销战略和策略的力度上受到影响。

在国际营销中,案头调查的作用主要表现在以下三个方面:

(1) 通过案头调查,国际营销者可以把注意力集中到那些应该着重满足的某些特定市场上,排除不理想的市场而认准并选择最有前途的市场。

(2) 案头调查取得的第二手资料是重要的信息资源,为某些营销决策的制定奠定了基础。

(3) 案头调查为实地调查提供了必要的背景资料,并为进一步的实地调查打下良好的基础,使实地调查的目标更加明确,从而节省实地调查时间和成本。

2. 案头调查中二手资料的来源

国际营销竞争是信息的竞争,谁掌握了信息,谁就赢得了市场。要研究信息,就必须掌握信息来源,而从众多的信息源中,借助案头调查方式收集第二手资料是一个重要的途径。第二手资料的来源从总体上可以分为内部资料来源、外部资料来源等两大类,具体分为以下几个渠道。

1) 企业内部资料

企业内部资料来源指的是出自被调查企业或企业内部的资料。内部来源可以为四个部分：

(1) 会计账目。每个企业都保存有关于自己财务状况和销售信息的会计账目。会计系统可以向营销决策者提供分析和估算市场机会是否适应本企业资金状况、与竞争者相比的差别利益等信息。

(2) 内部记录。从企业销售记录、推销员报告、代理商和经销商的信函、消费者名单、消费者的意见以及信访中找到有用信息。在营销实践中，大量订单及票据在企业和工厂内、外部之间传递，如产品出入库、包装、运输等过程中就需要进行大量票据的处理，还需要发票进行结算。为了解、评估现有营销决策执行情况，订单、价格、销售额、营销费用、月度决算书、应收应付账、存货量及其变动、原材料和劳动力成本、土地成本等会计信息实际上都构成营销情报。

(3) 数据库数据。本企业的营销信息系统和计算机数据库贮存的大量有关市场营销的数据资料，这也是营销调查人员重要的第二手资料来源。

(4) 其他各类报告。其他各种类的报告包括以前的营销调查报告、企业自己做的专门审计报告和为以前的管理问题所购买的调查报告等信息资料，以及销售差距、市场占有率和销售费用等情况的定期分析，可以帮助营销人员了解市场上的相关动态，使营销工作更有针对性。随着国际营销业务的多样化，每一次的调查都有可能与企业其他的调查问题相关联。因此，以前的调查项目对于相近、相似目标市场国的调查来说是很有用的信息来源。

大多数内部报告数据都是按照年、季、月、日进行排序的，在营销过程中，应该能够按照特定时序进行数据抽取，使得有关信息资源能够按营销分析的要求予以重新聚类，发挥其应有的作用。

2) 政府部门的信息

本国政府设在目标市场国的官方办事处等机构，国内国际贸易促进委员会及各地分会发布的国外销售、投资等方面的市场信息，以及各种预警、预防信息。外国政府部门提供的统计资料，销售机会，进口要求和程序，当地营销技巧、商业习俗与国际惯例等各种信息。

3) 公共部门及科研院所的信息

一些公共图书馆、科研机构、大学、政府研究机构提供的有关国外市场的调查资料、考察报告。电视、广播、报纸、广告、网络等大众传播媒体的宣传报道，不仅含有技术情报，也含有丰富的经济信息，对预测市场、开发新产品、进行海外投资具有重要的参考价值。

4) 非政府组织的信息

外国使团组织和商会、消费者组织提供的贸易统计数据、税制、海关规定，经营某一产品系列的进口商、批发商、零售商、代理商等中间商和厂商的名单，编制的各种统计资料等。许多国家都有行业协会，这些行业协会都定期收集、整理甚至出版一些有关本行业的产销信息，经常发表和保存详细的有关行业销售情况、市场特点、增长模式及其类似的信息资料。商会通常能为市场营销调查人员提供的信息有：成员的名单、当地商业状况和贸易条例的信息、有关成员的资信以及贸易习惯等内容。大的商会通常还拥有对会员开放的商业图书馆，非会员也可前去阅览。

5) 国际组织的信息

许多国际组织，如世界贸易组织、经济合作与发展组织、国际货币基金组织、世界银行等定期或不定期地刊印发行的可供调查参考的资料。世界银行及其所属的国际开发协会和国际金融公司每年都公布、预测许多重要的经济信息和金融信息。另外一些区域性的银行,如亚洲银行、欧洲银行等也能为市场营销调查人员提供丰富的贸易、经济信息。许多国家都有以保护消费者利益为宗旨的消费者组织,这些组织的众多任务之一就是监督和评估各企业的产品以及与产品有关的其他营销情况,并向公众报告评估结果。这些信息对调查者来说具有很大的参考价值。

6)专门调查机构的信息

这里的调查机构主要指各国的咨询公司、市场调查公司。这些专门从事调查和咨询的机构经验丰富,收集的资料很有价值,但一般收费较高。另外,联合服务公司也是一种信息来源,联合服务公司是由许多公司联合协作,定期收发对营销活动有用的资料,并采用订购的方式向客户出售信息。在联合的基础上定期提供经批发商流通的产品信息,经零售商流通的产品信息,消费大众对营销组合各因素反馈的信息和有关消费者态度与生活方式的信息等四种基本的信息资料。

7)数据库检索

联机检索情报系统所提供的数据库终端检索功能,例如,从中国发展与改革委员会、国家信息中心提供的联机检索系统和世界四大著名检索系统 BBS、DLALOG、ORBIT、ESA—IRS 在我国大城市设立的检索终端等都能够顺利地检索到各种经济情报和国际营销的信息。

3. 案头调查的基本方法

案头调查的方法包括查找、索讨、购买、交换、接收等五种。

(1) 查找。查找是取得第二手资料的基本方法。从操作的次序看,首先要注意在企业内部查找。一般来说,从自身的信息资料库中查找第二手资料最为快速方便。从企业内部查找可以获得大量反映企业本身状况的时间序列信息,还可以获得有关消费者、市场等方面的资料。在内部查找的基础上,还需到企业外部查找。为提高查找的效率,应注意熟悉检索系统和资料目录,在可能的情况下,要尽量争取相关机构工作人员的帮助。

(2) 索讨。索讨是向占有信息资料的单位或个人索要,这种方法的效果在很大程度上取决于对方的态度。因此,向那些已有某种联系的单位和个人索讨,或由熟人介绍向那些尚未有联系的单位和个人索讨,常能收到较好的效果。有些企业,出于宣传自己的需要,乐意向社会提供有关的信息资料,向它们索讨也有好的效果。而采用复印的手段,常是索讨成功的有效办法。

(3) 购买。购买是通过一定的代价,从有关单位获取资料。随着信息的市场化,许多专业信息公司贮存的信息实行有价转让,大多数信息出版物也是有价的,购买将成为收集资料的重要办法。当然,企业订阅有关的信息杂志、报纸等从本质上说也属于购买一类,只不过这种方式是一种经常性的工作。但需要注意企业订阅的报纸、杂志要尽量避免雷同。

(4) 交换。交换是指与一些信息机构或单位进行对等的信息交流。当然,这种交换不同于买卖之间的以物易物,而是一种信息共享的协作关系,交换的双方都有向对方无代价提供资料的义务和获得对方无代价提供资料的权利。

(5) 接收。接收是指接纳外界主动免费提供的信息资料。随着市场经济的发展和现代营销观念的确立,越来越多的企业或单位,为宣传自身及其产品或服务,扩大知名度,树立社会形象,主动向社会广为传递各种信息,包括广告、产品说明书、宣传材料等。作为信息资料的接收者,要注意接收和积累这些信息。尽管其中有的一时显不出其价值,且又有经常性的特点,但坚持长期收集,往往会成为有价值的资料。

4. 案头调查的步骤

实施一项调查活动,面对众多的材料如何将其充分利用,达到解决问题和调查的目的是成功开展调查的重要标志,这就涉及进行案头调查的程序、步骤。

1) 评价现成资料

现成资料是指从其他人或其他单位所取得的已经积累起来的第二手资料。在信息爆炸的时代,案头的资料越来越多,但不一定都与调查有关,关键是调查人员应根据特定的需要来对眼前的资料进行评价,选择与主旨相关的部分。资料评价可从以下几个方面进行:

(1) 内容。现有的资料是否全面、精确地满足调查主题的要求。

(2) 水平。资料的专业程度和水平能否满足调查的需要。

(3) 时间。资料所涉及的时期是否适当、时效性如何。

(4) 准确。资料的精确性如何,是否可信、可靠。

(5) 便捷。资料的取得需要的成本大小和取得的难易如何。

从以上这些方面进行综合评价是这一阶段的评价标准,当然实际情况千变万化,可灵活应用。

2) 收集第一手资料

具体调查项目确定后,经过前一阶段对现成资料的评价,随着调查的深入,仍需要从相关处收集取得更加详细的资料。从一般线索到特殊线索搜集情报,这是每个调查人员收集情报的必由之路。调查人员从寻找提供市场总体概况的第一类资料到收集提供相关信息,详细精确程度较高的第二类资料和情报,这是调查过程中的必经之路。例如,调查人员需要分析某公司电视广告播出的反应情况,从一般资料来源开始,调查该地区电视拥有率,收视状况,再从中随机抽取消费者,写信向他们询问广告的播出效果。

3) 筛选资料

资料收集后,调查人员应根据调查主题的需要和要求,剔除与主题无关的资料和不完整的情报。这就要求调查人员有一定的技术水平,对资料的取舍得当。例如,调查人员在分析进入哪些市场的报告中,可以从产品的可接受性、分销渠道、价格、竞争情况、市场消费能力和潜力等因素着手进行分析。

4) 撰写案头调查报告

报告是所有调查工作过程和调查成果赖以表达的工具,是对一次调查工作的总结。撰写调查报告应注意的问题有:

(1) 针对性强,简单明了。抓住调查主题的特点,用统计图表来反映问题,方便读者了解分析。

(2) 有说服力。报告的分析要有理有据,数据确凿,图表精确。

(3) 结论明确。结论是调查报告意义和价值的体现，非常重要。

(4) 时效性强。报告应及时，起到调查工作画龙点睛的作用，是进行决策的重要依据。

通过这些步骤，案头调查过程基本结束，但实际工作中经常需要进行调查活动，是提高管理水平的一个有效工具，但在某些情况下，调查人员发现不离开办公桌，只能收集到一些模糊的资料，其他详细资料无从知晓，这时案头调查就不能完成任务，则有必要进行实地调查。

5. 案头调查应注意的问题

尽管案头调查具有省时间、省费用的优点。然而，案头调查是以收集二手资料为目标的，因此也存在一定的缺陷。所以，案头调查应特别注意以下几个方面的问题。

(1) 可获性。由于第二手资料的主要优点是省时、省钱。因此，人们在选用第二手资料时应该考虑这些问题：所需的资料是否能被调查人员迅速、方便、便宜地使用？一般只有在迫切需要信息时才会使用昂贵的资料来源。但是，调查经费如果很少，那么花钱少的信息源应该加以优先考虑，快速和方便则是次要的了。某些国家统计资料非常完备，企业可以很容易地得到所需要的资料，可是在有些国家特别是发展中国家，统计手段落后，调查人员很难得到需要的资料。

(2) 时效性。在某些国家某些信息来源中得到的数据资料往往已过时数年，不能作为国际营销决策的主要依据。因此，贪图简便，用过时资料来推断当前和未来市场状况，将使调查缺乏时效性与准确性，因此无法被决策者所采用。

(3) 可比性。从不同国家得到的数据有时无法进行相互比较，这是由于各个国家的条件不同、数据收集程序和统计方法不一样等原因所致。有时，同一类资料在不同的国家可能会使用不同的基期，同一指标在含义上也可能不大相同。例如，电视机的消费量在德国被归入消遣性支出，而在美国则被归入家具类支出。各国数据在各国之间的不可比性，必然会影响到数据的有用性，从而影响到国际营销决策。

(4) 相关性。营销调查人员必须研究他所找到的资料是否最能切中问题的要害，任何牵强附会只能使调查结果得出错误的结论。例如，已公布的银行报告强调的是某一国的经济状况，而市场营销调查人员所感兴趣的是一个指定的工业部门。尽管一个国家的经济状况和这个指定的工业发展方向是一致的，但后者应有自己特殊的发展模型和速度。如果简单地使用经济发展数字来取代指定工业的发展状况，那么企业据此所作的营销决策将对指定工业的发展毫无用处。因此，在这种情况下，某些精通于指定工业的营销杂志将可提供更适合于该项调查目标的有关信息。

(5) 精确性。只在很少的情况下，一些由别人公布的第二手资料会全面、精确地论述营销调查人员所要调查的主题，但多数情况并不如此。特别是得不到直接切题的第二手资料时，营销调查人员可能只得利用代用资料，因此要适当地对这些代用资料作一些修改或补充。比如，有些国家提供的数据只是估计数，准确性不高。要提高资料的精确度，营销调查人员还应当深入研究制作这类第二手资料时所用的方法，推敲一下它们是否能经得起科学的考验。

(二) 实地调查

实地调查(Field Investigation)是指营销调查信息资料直接来源于国际市场，由调查人员亲自收集第一手资料的方式。实地调查与案头调查最大的本质区别在于一个是直接资料,一个是间接资料。实地调查取得直接资料中直接的含义分两种情况:一是调查人员真正到达现场进行调查;二是调查人员虽没有直接亲自到达现场,但是信息源直接来源于现场。实地调查包括询问法、观察法、实验法和抽样法等四种方法。

1. 询问法

询问法(Questioning Investigation Method)是以询问形式向具有代表性的被调查者了解情况,从而取得原始信息资料的一种调查方法。询问法是国际营销调查中最常见、最常用的方法,特点是以信息交流的形式,有问有答,调查人员直接向被调查人员询问,获取的资料较可靠,质量有一定的保证,但需要耗费较多的人力和时间。

根据调查双方接触方式的不同,询问法可分为面谈调查、电话调查、邮寄调查和留置问卷调查四种。

(1) 面谈调查。面谈调查是指调查人员直接同被调查者进行面谈,面对面地向被调查者提出各种问题,并做现场记录。根据访问作业地点的不同,面谈调查可以分为入户访问和拦截访问。

面谈调查的主要优点是面对面的沟通交流,可以直接观察被调查人员回答问题时的态度,能较准确地判断所获资料的可信程度,获取的资料真实性较大。人员访问具有较大的灵活性,可以深入获得较多资料,并根据被调查者的态度,还可能进行较为深入的调查。内容比较具体、全面、准确,所提问题得到的回答率较高,询问表的回收率较高。在询问中,调查人员可以使用图片、答案卡片等辅助工具,展示资料,提高访问效率。

面谈调查的主要缺点是费用较高,时间较长,调查结果易受调查人员水平的影响。调查人员的态度、语气和技术原因有时可能会使被调查者产生误解和偏见,从而影响调查结果。

面谈调查是一项专门业务,因此需要成立专门小组对调查人员进行挑选和培训。当调查的问题比较复杂并且设计的范围很宽,而调查对象又具有不同的特点时,企业制订提问要求时必须将有关因素全面考虑,以使调查人员有所遵循。

(2) 电话调查。电话调查是指以电话用户名单或电话簿为基础进行抽样,根据抽样结果用电话向被调查者询问的一种方法。

电话调查的优点是费用低、方便、迅速、及时,可按预先拟好的统一询问表询问,便于统一处理。有些不便当面交谈的问题,通过电话调查也可得到比较理想的结果。

电话调查的缺点是受时间的限制,调查人员不能详细说明提问意图,难以询问比较复杂的问题,不能进行详细的分析与讨论,提问的问题多采用二项选择法,即是否法。无法向被调查者展示样品、图片和各种说明,此外,电话调查能否进行和效果如何,与电话的普及程度密切相关。电话普及率低时,首先按照电话的是收入较高的家庭,这样导致调查总体不完善,样本代表性不强。

(3) 邮寄调查。邮寄调查是有调查人员将设计好的问卷邮寄到被调查者家中,附上填写说明,要求被调查者填好答案后在规定的时间内寄回的一种方法。有时,还可以利用定期杂志、报纸的部分版面发放调查问卷,让读者填好寄回。

邮寄调查的优点是调查范围较为广泛,不受空间距离的限制,适合居所分散的调查对象；被调查者有充分的时间来回答各种问题；可以避免调查人员个人偏见的影响。

邮寄调查的缺点是调查表的回收时间较长，回收率较低；填表人有可能不是计划中的被调查对象；被调查者的答案往往比较肤浅，缺乏代表性；调查问卷内提出的问题不明确，容易产生误解。

为了鼓励被调查者积极参加调查活动，提高调查问卷的回收率，调查人员往往会根据被调查者回答问题的情况向他们发放纪念品或其他形式的谢酬。

(4) 留置问卷调查。留置问卷调查是调查人员把调查问卷面交给被调查者，并说明调查的要求，然后由被调查者在指定的时间内填写并寄回的一种方法。留置问卷调查的优点、缺点与邮寄调查大体一致。留置问卷调查与邮寄调查区别之处是，前者是将调查问卷面交给被调查者，并直接说明要求；后者是将调查问卷邮寄给被调查者，附上填写说明。

在利用邮寄调查和留置问卷调查时，问卷的设计是关键。因为问卷设计是否妥当直接关系着调查的效果和取得资料的真实性。

在具体设计问卷时应注意以下几点：

(1) 避免多义性问题。问卷的用词必须简单明了，含义清楚，不能模棱两可，不能有多种的理解。

(2) 避免一般性问题。提问的本来目的是要取得某种特定的资料，但是由于问题过于一般化，就会使得被调查者所提供的答案没有多大的实际意义。

(3) 避免引导性问题。问卷提问中所采用的措辞或语气不能带有某种倾向，或者暗示调查人员自己的观点或希望获得的答案。

(4) 避免困窘性问题。凡牵涉到个人隐私，或有碍声誉的问题，以及不为社会道德规范和风俗所接受的问题，都应予以避免。

(5) 避免假设性问题。先假设一种情况，然后要求被调查者回答在假设情况下将采取何种行动，这种提问方式是得不到真实答案的。

问卷上所采用的问题，根据调查项目的性质及调查要求，可以分为开放式问题和封闭式问题两大类。

(1) 开放式问题。在采用开放式问题时，问卷中没有事先拟定的答案，被调查者可以自由回答，不受限制。例如，您认为 A 国什么品牌的小轿车最受消费者的喜欢？其原因是什么？

开放式问题让被调查者有机会尽量发表自己的意见，可以形成有利于调查的氛围。但开放式问题的答案与被调查者的素质有关，这样得到的资料在整理时比较困难，高素质人的意见所占的比重大就会形成调查偏差。开放式问题常能提供更多的信息，在探测调查阶段十分有用。同时，开放式问题比封闭式问题可获得更丰富的信息。

(2) 封闭式问题。封闭式问题是调查人员事先备好所有可能的答案，只需要被调查者从中选择回答的问题类型。对于这种类型的问题，被调查者回答起来既方便，又节约时间。同时，调查人员在资料的统计、分析上也比较方便。因此，封闭式问题是问卷中经常采用的一类提问方式。封闭式问题的缺点是被调查者自主性表达，可能他们的意见并不在已拟定的答案中。

封闭式问题可分为双项选择问题和多项选择问题。

双项选择问题是问题答案只有肯定和否定两种，被调查者从中选择其一。例如：

您是否有已经购买了小轿车？□是 □否

多项选择问题是调查人员已为问题拟定了多项答案，要求被调查者从中选择一项或几项答案。例如：

您准备购买哪一个品牌的进口小轿车？

沃尔沃（ ） 马自达（ ） 通用（ ） 福特（ ）

在利用问卷调查时，如果了解和测量消费者的态度和偏好，可以把被调查项目分成几个评价等级尺度，让被调查者品评认定。例如：

您喜欢中国产的"中华牌"牙膏吗？

1	2	3	4	5
很不喜欢	不喜欢	一般	比较喜欢	很喜欢

还可以要求被调查者对所要调查的问题在态度上的强弱程度用排序的方式表达。例如：

以下五种品牌的电视机，请您按照喜欢的程度分别给予相应的顺序，顺序依次为1,2,3,4,5。

品牌	喜欢的程度（顺序）
A牌	3
B牌	2
C牌	1
D牌	5
E牌	4

2. 观察法

观察法（Observational Investigation Method）是调查人员直接到调查现场进行观察或用照相机、摄像机、录音机等仪器进行记录获取资料的一种调查方法。用来观察的仪器设备种类很多，除了常用的照相机、摄像机、录音机外，还有交通记录器，可记录来往车辆的数目，为商店店址的选择提供依据；测瞳仪，可根据消费者瞳孔的大小，测量对产品、包装、广告的兴趣，等等。

观察法的特点是不直接向被调查者提出问题，而是从侧面观察或用仪器记录现场发生的事实，使被调查者没有感到自己是在被调查，或者被调查者并不介意自己的行为受到调查人员的观察，因而能够获得客观的第一手资料。

观察法一般分为以下四种：

(1) 直接观察法。直接观察法就是营销调查人员直接到现场观察，取得第一手资料。一般而言，观察的对象可以是人的行动，如消费者的购买状况和观看广告的态度；可以是语言行为，如推销员与消费者之间的对话内容；可以是表达行为，如消费者看到某一产品时的面部表情反应等。

(2) 亲身经历法。调查人员以普通消费者的身份，身临某一事件现场体验和观察，以了解真实情况，收集第一手资料。

(3) 痕迹测量法。痕迹观察法是观察记录调查对象在一定时间内的痕迹，再从这些痕迹中找出所需市场信息的方法。例如，消费者意见簿、消费者要求联系簿、销售台账等，又如，汽车修理厂通过观察被维修车辆的收音机指针，获得确定在哪家电台做广告的信息。

(4) 行为记录法。在现场观察时并不直接向被观察对象提出问题，通常可以将仪器装在现场，以如实记录被观察者的行为。如在零售商店安装摄像头，记录消费者日常购买某一产品时挑选的重点，对款式、对价格、对色彩的选择，然后获取相应的信息资料。

观察法的主要优点是：观察了实际行为，避免了由于调查人员个人问题及问卷设计问题而产生的误差；通过观察可以更快、更准确地收集数据。观察法缺点是：只能观察明显的行为，而不能了解被观察者行为的动机、态度和情感；只能观察到公开的行为，无法了解私下的行为；只能观察当前的行为，不能观察未来的行为。因此，观察法适用于探索某一问题，提出初步答案或趋势性的建议。

3. 实验法

实验法(Experiment Investigation Method)是调查人员通过改变某些变量(称为解释变量或自变量)的值而保持其他变量不变，用于衡量这些(变量)对其关注的一些变量(因变量)的变化的影响。

实验法对于研究变量之间的因果关系非常有效，可以通过排除其他可能因素，证明两个变量之间存在相关关系，并按照一定的顺序发生，从而证明变量之间存在因果关系。例如，了解价格、广告、产品特色对销售量的影响，就可以采用实验法进行调查。

实验法分为实验室实验与现场实验两种方式。实验室实验是指将被调查者邀至实验室，使被调查者对种种实验作出反应或回答。实验室实验的缺点是不能模拟市场的所有情况；优点是在隔绝的环境中可以控制在现实情况下不能控制的自变量，对制定营销策略能够起到一定作用。现实实验是在现场进行的实验，优点是在现实环境中实验结果比较自然而带有真实性；缺点是影响实验结果的众多因素不易测量。

4. 抽样法

一般来说，普遍调查能够为企业提供全面的资料，使企业了解国际市场的全貌。但是普遍调查耗资费时，对于一个较大市场或国际市场不适宜。大规模的国际营销调查应以抽样调查为主要方法。

抽样调查法(Sample Investigation Method)是从需要的调查对象的总体中，抽取若干个体即样本进行调查，并根据调查的情况推断总体特征的一种调查方法。

抽样调查的方法很多，可以分为两大类：一类随机抽样，即调查对象总体中的每个个体都有同等机会被抽取出来作为样本，主要包括简单抽样、分层抽样、分群抽样、等距抽样等。另一类是非随机抽样，即总体中的每个个体被抽取为样本的机会是不相等的，主要包括任意抽样、判断抽样、配额抽样等。

由于抽样调查法是遵循随机原则选取样本，克服了其他调查方法易受无关因素干扰的缺点，而且抽样误差可以计算，费用较少。因此具有较强的代表性和时效性，是比较科学和客观的一种调查方法，在国际营销调查中应广泛应用。

以上介绍的是四种较为基本的、常见的营销调查方法，事实上还有其他调查方法和思路。有时，甚至可以不直接对人进行调查，而是对其他一些事物、现象进行调查，以获得有用的资料。探索好的调查方法，分析市场，争取消费者，应是营销调查人员努力追求的目标。

（三）网上调查

1. 网上调查含义

网上调查（Internet Survey）是指利用互联网的媒体功能，从互联网收集二手资料的一种调查调查方式。网上调查主要利用互联网收集与企业营销相关的市场、竞争者、消费者以及宏观环境等信息。现代企业用得最多的是网上调查方式，因为互联网信息广泛能够满足企业营销决策需要。网上调查渠道，主要有 WWW、User net News、BBS、E-mail，其中 WWW 是最主要的信息来源，根据统计目前全球有 10 亿个 Web 网页，每个 Web 网页的信息包罗万象，无所不有。

随着互联网的广泛使用和迅速发展，互联网日益成为许多企业进行国际营销调查的重要工具，有关信息显示对产业影响最大的因素是互联网和全球化。国际营销企业日益重视通过互联网来收集有关国家的市场信息、消费者需求信息、竞争信息等。还通过互联网对产品概念、广告文字、公关策略进行测试并获得迅速发展。总之，通过互联网能够很容易地获得大量的第二手材料及最新材料，从而使国际营销调查比以前容易得多。

2. 网上调查的用途

网上调查在国际营销调查中至少有六种用途：

（1）网上调查与消费者小组访问。这种调查包括对参与者的鼓励，而且比高费用的邮寄或电话调查更直接、更具体。

（2）跟踪网络访问者。服务器可通过网址自动跟踪访问者漫游，并记录漫游的时间和领域。

（3）广告效果评估。服务器跟踪与其他网址的联系，从而对某一网址的广告效果作出评价。

（4）建立消费者识别系统。许多企业正在安装登记程序，使企业能够时刻跟踪访问的消费者及观察消费者的购买行为，从而建立一个虚拟的有代表性的消费者对象组。

（5）电子邮件营销名单。企业通过互联网让将来愿意为营销直接作出努力的消费者在电子邮件营销名单上签名。

（6）嵌入研究。互联网提供的新技术使消费者的传统经济角色自动化。如通过寻求产品或服务信息，产品或服务优选，与服务提供者互相作用，维护消费者与品牌关系。有些企业甚至提供消费者在线产品设计的机会，把营销调查应用于新产品开发功能发挥到极致。

3. 网上调查的方法

网上调查主要有四种具体的方法：

（1）利用搜索引擎收集资料。国内中文引擎分别可以按分类、网站和网页来搜索关键字。国内搜索引擎一般都是采用分类层次目录结构，使用时可以从大类再找小类，直到找到相关网站。为提高查找效率和准确度，可以通过搜索引擎提供的搜索功能直接输入关键字进行查找相应内容。注意的是按分类只能粗略查找,按网页可以比较精确查找,但查找结果比较多,因此搜索最多的还是按网站搜索。根据统计目前搜索引擎搜集网站仅有实际网站的三分之一,因此同时搜索多个网站是非常必要的,而 AltaVista 搜索引擎恰好提供该功能,目前国内的搜索引擎用的技术大多都是 AltaVista 的搜索技术。在使用搜索时,可以用一些高级命令,同时搜索多个关键字,以提高检索的命中率和效率。

(2) 利用公告栏收集资料。公告栏(BBS)就是在网上提供公开场地,任何人都可以在上面进行留言回答问题或发表意见和问题,也可以查看其他人的留言。公告栏的用途多种多样,一般可以作为留言板,也可以作为聊天、沙龙、讨论的场所。公告栏的软件系统有两大类:一类是基于 Telnet 方式的文本方式,查看阅览不是很方便;另一类是现在居多的基于 WWW 方式,使用方法如同浏览 WWW 网页。利用 BBS 收集资料主要是到主题相关 BBS 网站进行了解情况。

(3) 利用新闻组收集资料。新闻组就是一个基于网络的计算机组合,这些计算机可以交换以一个或多个可识别标签标识的文章(或称之为消息),一般称作 Usenet 或 Newsgroup。

(4) 用 E-mail 收集资料。E-mail 是 Internet 使用最广的通信方式,不但费用低廉,而且使用方便快捷,深受用户欢迎。目前许多 ICP 和传统媒体,以及一些企业都利用 E-mail 发布信息。

显然,互联网的不断发展,更多种类的调查将变得可行。但是也要注意到互联网调查的局限性,因为互联网上调查对象仅局限于上网的网民,尤其是年轻人,从而影响了调查样本的代表性。当然,随着各国进入互联网的不同大众的逐渐增多,互联网作为调查工具将变得更准确和更有效。

第三节 国际营销研究

国际营销调研是一个过程,由国际营销信息系统、国际营销调查和国际营销研究三部分共同构成。国际营销信息系统的目的是构建人机系统,为收集信息的国际营销调查阶段打下基础,而国际营销研究部分则是对收集到的信息进行不同角度、多方式的进行研究,最终为制定适当的国际营销战略和策略服务。本节重点介绍国际营销研究的含义、国际营销研究的主要方法和专项研究问题。

一、国际营销研究的含义

关于国际营销研究的定义,学者的说法不一。国内许多企业界人士常将国际营销调查和国际营销研究混为一谈,其实两者并不相同。一般而言,调查(Investigation,Survey)是指通过各种途径,运用各种方式与方法,通过收集各种信息,有计划、有目的地了解某一事物的真实情况。研究(Research,Study)则是指对收集到的调查材料进行去粗取精、去伪存真、由此及彼,由表及里的思维加工,以获得对客观事物本质和规律的认识。两者既有明显区别又有紧密的联系,调查是研究的前提和基础,研究是调查的发展和深化。

如前所述,国际营销调查(International Marketing Investigation)是以国际市场为对象,

用科学的方式与方法，对国际营销的信息和资料系统、客观地收集、整理和分析一系列活动。

国际营销研究(International Marketing Research)是指在国际营销调查的基础上，研究国际营销企业与消费者、利益相关者三者关系之间规律的过程，是国际营销领域中的一个重要元素。国际营销研究的目的通过对联系消费者、利益相关者和国际营销企业三者之间关系的各种信息的分析和研究，识别目标市场国、把握国际市场机会和规避国际市场风险，为优化国际营销组合和制定国际营销战略与策略提供前提条件与基础。国际营销研究本身不是目的，而是一种管理工具，任务就是为国际营销管理层进行正确营销决策与管理提供依据。

因此，国际营销研究不仅仅是收集消费者购买或使用产品的事实、意见、动机等信息，以及分析消费者的购买心理与行为，而是对国际营销活动的所有阶段进行研究，即对产品或服务从生产者到消费者这一过程中的全部营销活动的信息进行分析和研究。国际营销研究的范围比国际营销调查广泛得多，涉及所有的产品或服务，涵盖全部现实市场和潜在市场。

二、国际营销研究的方法

(一) 比较研究法

1. 比较研究法的概念

"不识庐山真面目，只缘身在此山中"，不借助他人，有时我们很难认清自己。古罗马著名学者塔西陀曾说："要想认识自己，就要把自己同别人进行比较。"比较是认识事物的基础，是人类认识、区别和确定事物异同关系的最常用的思维方法。"不怕不识货，只怕货比货"，我们认识一个事物常借助于与其他事物比较来实现。因为只有比较，才有鉴别；只有鉴别，才有认识。在实际生活与工作中，比较是认识事物本质的最基本也是最重要的方法之一，比较研究已被广泛运用于科学研究的各个领域。

《牛津高级英汉双解辞典》解释说：比较研究法(Comparative Research Method)就是对物与物之间和人与人之间的相似性，或相异程度的研究与判断的方法。比较研究法可以理解为是根据一定的标准，对两个或两个以上有联系的事物进行考察，寻找其异同，探求普遍规律与特殊规律的方法。

2. 比较研究法的运用条件与规则

目前，比较研究法已经广泛地运用于教育、科研实践，同样可以用于国际营销实践。但并不是任何时候都能运用，只有在符合同一性、双(多)边性、可比性三个条件时才能运用比较研究法。

(1) 同一性。所谓同一性，是指进行比较研究的对象必须是同一范畴、同一标准、同一类事物，否则就不可以比较。正如马克思所说：正是因为倍尔西阿尼是一位歌唱家而且人们把她同其他歌唱家相比较，人们根据他们的耳朵的正常组织和音乐修养作了评比，所以他们能够认识倍尔西阿尼的无比性。倍尔西阿尼的歌唱不能与青蛙的鸣叫相比，虽然这里也可能有比较，但只是人与一般青蛙之间的比较，而不是倍尔西阿尼与某只唯一的青蛙之间的比较。只有在第一种情况下才谈得上个人与个人之间的比较，在第二种情况下，只是他们的种族特性或类特性的比较。

(2) 双(多)边性。比较只有在两个事物或两个事物以上才可能发生。换言之,比较的对象必须要在两个以上。当然,比较研究还要求从不同的角度对两个被比较的对象进行分析比较。

(3) 可比性。可比性是指被比较的对象之间具有一定的内在联系,具有某些本质上而不是表面上的共性。为了保证可比性,必须注意概念的统一。例如,英国的 Public School 与美国的 Public School 就是不同的概念。前者是贵族学校,而后者则是贫民学校,不具备可比性。

在比较研究法的具体运用中,应注意以下规则:

(1) 资料的可靠性与解释的客观性。可供比较研究的资料必须具有权威性、真实性,最好是第一手资料,而且要具有代表性,能反映普通的情况。最后要求资料具有典型性,能反映事物的本质。这就要求抽样科学化,资料归类合并程序化,资料收集人员要有扎实的营销理论素养和丰富的营销实践经验。在解释资料时根据当时当地的客观实际,运用科学的理论加以全面的分析,并保证解释的客观性而不带有个人的偏见。

(2) 全方位多角度进行比较。任何事物都不是孤立存在的,而是与其他事物密切联系的,所以应坚持全方位多角度地进行比较。在比较时,任意选择个别条件,片面地进行比较,或者割裂事物之间的联系,孤立地进行比较,都是不正确的。

(3) 比较事物的本质。事物不仅有现象的异同,更有本质的异同。比较研究不能仅仅抓住表象而忽视本质,否则就难以准确地认识事物。“假如一个人能看出当即显而易见之异,譬如,能识别一支笔和一头骆驼,我们不会说这个人有了不起的聪明,同样,另一方面,一个人能比较两个近似的东西,如橡树和槐树,或寺院与教室,而知其相似,我们也不能说他有很高的比较能力。我们所要求的,是要能看出异中之同和同中之异”。就是说我们要透过现象抓住事物的本质。要进行本质的比较就要通过大量的、典型的材料分析其内在关系,从历史、社会、经济、社会风俗等角度进行探讨。

3. 比较研究法的种类

根据不同的标志,可以把比较研究法分成如下几类:

(1) 按属性的数量,可分为单向比较和综合比较。单项比较是按事物的一种属性所作的比较,综合比较是按事物的所有(或多种)属性进行的比较。单项比较是综合比较的基础,但只有综合比较才能达到真正把握事物本质的目的。因为在科学研究中,需要对事物的多种属性加以考察,只有通过这样的比较,尤其是将外部属性与内部属性一起比较才能把握事物的本质和规律。

(2) 按时空的区别,可分为横向比较和纵向比较。横向比较也叫社会比较,是对同时存在的客观事物进行比较,是按空间结构展开的研究,强调从事物的相对静止状态中研究事物的异同,并分析原因。如中国企业的国际竞争力与美国企业的国际竞争力比较、同一时间各国产品研发能力比较等都属于横向比较。纵向比较也叫历史比较,就是比较同一事物在不同时期内的发展变化,强调的是事物的发展过程,按时间序列的展开的研究,以动态观点来研究现状,从而揭示其历史演化性,以弄清其发展的来龙去脉。如 2011 年与改革开放时相比,中国企业的研发能力提高了 50%,就是纵向比较。在国际营销研究中,对一些比较复杂的，往往既要进行纵向比较，也要进行横向比较，这样才能比较全面地把握营销问题的本质及发展规律。

(3) 按目标的指向，可分为求同比较和求异比较。求同比较是比较两种或两种以上性质相反的事物或一个事物的正反面，而发现异中之同，找出其共同规律的方法。如对宠物狗与宠物猫的对比研究就属于求同比较。求异比较是比较两种或两种以上同类事物的不同属性，从而说明两个事物的不同，以发现事物发生发展的特殊性。如研究中西式早餐品种的营养结构，家养狗与宠物狗的对比研究则属于求异比较。通过对事物的求同、求异分析比较，可以更好地认识事物发展的多样性与统一性。

(4) 按比较的性质，可分为定性比较与定量比较。任何事物都是质与量的统一，所以在国际营销研究过程中既要把握事物的质，也要把握事物的量。定性比较则是指通过事物间本质属性的比较来确定事物性质的比较方法，定量比较是对事物属性进行量的分析以判断事物发展变化的比较方法。即量的有无属于定性比较，而量的多少则属于定量比较。定性比较与定量比较各有长处，两者结合，能使比较的内容更加清晰，比较的结论更加正确，比较的效果更加的显著。

(5) 按比较的范围，可分为宏观比较和微观比较。认识一个事物，既可以从宏观上认识，也可以从微观上认识。从宏观上把握事物的本质，对事物的异同点或基本规律进行比较，则是宏观比较。从微观上把握事物的本质，对事物的异同点或基本规律进步比较，则是微观比较。

4. 比较研究法的步骤

比较研究法的运用没有一个固定的模式，但仍然有一个基本的操作步骤。美国比较教育学家贝雷迪 1964 年在《教育中的比较方法》一书中把比较研究法的实施分为描述、解释、并列、比较、结论等五个阶段，在此我们基本采用。

(1) 描述。比较研究从详细描述比较的对象开始，就是说对研究对象的现状尽可能周密、完整、客观地描述出来。为此，必须收集相关的资料文献，明确比较目的，选定比较主题。研究者采用比较研究法，首先必须明确的问题是想比较什么，通过比较想达到一个怎样的目的，这是比较研究的前提和基础。

为了达到这一点，研究者明确比较的内容和范围，也就是说，想在哪一个维度上对哪些材料进行比较，这既是一个比较标准的选定问题，同时也是一个比较目标的具体化问题。这一步骤是比较研究的依据和基础，选定比较的维度是比较研究能否科学进行的前提。

描述这一环节包括以下细节：选定比较的主题；确定比较的内容，也就是确定比较的项目；确定比较的范围；制定比较的标准。为了从文献中得到更加确切的知识，有必要对研究的对象进行实地考察，做到感性和理性的结合。

通过各种途径尽可能多地收集相关的各种资料，并对资料进行鉴别，保证资料的权威性和客观性。

(2) 解释。在完成对所要比较研究的各国营销情况加以详尽而客观的描述之后，就要对所了解的营销情况进行解释，即说明这些营销现状所具有的意义，以便不仅了解营销是怎样的(How),而且了解营销为什么那样(Why)。也就是说,以社会学、管理学、经济学、心理学、竞争理论等学科知识为基础,把所描述的营销现状与国际竞争的一般现象联系起来进行思考,并说明这些营销现状所具有的多方面的意义,这就是解释的目的。

(3) 并列。从严格意义上讲,比较研究从并列阶段才开始。在这个阶段,首先把前一阶段里已描述并解释过的营销问题进行分类整理,并按照可以比较的形式排列起来;然后确定比较的格局,并且设立比较的标准;最后进一步分析资料,提出比较分析的假设。

(4) 比较。在比较阶段里,要对并列阶段提出的假设按照"同时比较"来证明正确与否。这是比较研究的最重要的一步,在这个阶段要对收集到的材料逐项按一定的标准进行比较,并分析之所以产生差异的原因,而且要尽可能地进行评价。比较时应以客观事实为基础,对所有的材料进行全面的、客观的分析。

国际营销问题不仅有现象的异同,更有本质的异同。比较研究不能仅仅抓住表象而忽视本质,否则就难以准确地认识国际营销。

一般所要求是能看出异中之同和同中之异,也就是说要透过国际营销现象抓住营销问题的本质。要进行本质的比较就要通过大量的、典型的材料分析内在关系,从历史的、社会的、经济的、消费的,或宏观的、微观的等角度进行探讨。

(5) 结论。通过比较研究,对所得的结论进行理论和实践的论证,验证提出的假设,作出结论。

以上比较研究的一般步骤,是相互联系、环环相扣的。其中,确定比较的问题是运用比较研究法的前提;制定比较的标准是运用比较研究法的依据;对材料的分类与解释是运用比较研究法的基础;比较分析是运用比较研究法的重心;得出结论是运用比较研究法的目的。

(二) 定量研究法

1. 定量研究法概述

定量研究法(Quantitative Research Method)是指研究者事先建立假设并确定具有因果关系的各种变量,然后使用某些经过检测的工具对这些变量进行测量和分析,从而验证研究者假设的一种研究方法。西方自启蒙运动以来产生的科学技术,使人类在征服自然、改造自然方面取得了辉煌的成就。在辉煌成就面前,人们对科学的态度由喜爱而走上了崇拜,进而形成了科学主义。在科学主义的指导下,无论是自然还是人都成了科学方法作用的对象,科学成了世界的主宰。"科学既是知识合理性的评判标准,又是知识合法性的衡量尺度,唯有进入科学之域,知识才有合理性并获得合法性"。科学主义在国际营销领域的盛行,导致了定量研究统辖国际营销研究成为必然。

国际营销研究是一个包括认识收集信息的必要性,明确调查目的和信息需求,决定资料来源和获取资料的方法,设计调查问卷和资料收集形式,确定样本及收集资料,统计与分析,报告研究结果等在内的复杂过程。在这个过程中,既有定量研究,又有定性研究。

研究技术的日益进步,为研究活动的开展创造了有利条件。在这些研究技术中,有许多不是由营销研究人员发表的,如经济学、统计学、心理学等学科中研究技术,但是营销人员只要善于引进这些研究技术,并略加修改即可使用。表 3-1 列举了被广泛用于营销研究的各种技术,由此了解营销技术的演变。

表 3-1　　营销研究技术的演变

时　　间	1910 年以前	1910—1920 年	1920—1930 年	1930—1940 年
市场营销研究技术	实地观察 初步调查	销售分析 成本分析	问卷设计 调查技术	配额抽样 相关分析
时间	1940—1950 年	1950—1960 年	1960—1970 年	1970 年—
市场营销研究技术	概率抽样 回归方法 统计推理 消费测试	动机研究 经营研究 多元回归 实验设计 态度测量	数学模型 统计分析 测量尺度 数据处理 营销模拟 信息存储	计量经济模型 营销计划模型 营销实验室 数据库营销

从表 3-1 可以看出，1910 年以前营销研究局限于定性研究的范围，自 1920 年以来开始将已有的定量研究方法与技术大量的运用应用于营销研究，并每 10 年为一个发展期，其中又出现了许多新方法、新技术被运用的事例。2000 年以后，随着信息技术的大发展和互联网的普及，数据库及数据库营销等研究工具被引入，促使营销研究上了新的台阶。

2. 定量研究的测定尺度与特征

在定量研究中，信息都是用某种数字来表示的。在对这些数字进行处理、分析时，首先要明确这些信息资料是依据何种尺度进行测定、加工的。美国学者史蒂文斯（S. S. Stevens）将尺度分为名义尺度、顺序尺度、间距尺度和比例尺度等四种类型。

(1) 名义尺度。名义尺度所使用的数值，用于表现它是否属于同一个人或物。

(2) 顺序尺度。顺序尺度所使用的数值的大小，是与研究对象的特定顺序相对应的。例如，给某国社会阶层中的上上层、上下层、中层、下上层、下下层等分别标为“5、4、3、2、1”或者“3、2.5、2、1.5、1”就属于这一类。只是其中表示上上层的 5 与表示上下层的 4 的差距，和表示上下层的 4 与表示中层的 3 的差距，并不一定是相等的。5、4、3 等是任意加上去的符号，如果记为 100、50、10 也无妨。

(3) 间距尺度。间距尺度所使用的数值，不仅表示测定对象所具有的量的多少，还表示它们的大小程度即间隔的大小。不过，这种尺度中的原点可以是任意设定的，但并不意味着该事物的量为“无”。例如，0℃为绝对温度 273°K，华氏 32℉。名义尺度和顺序尺度的数值不能进行加减乘除，但间距尺度的数值是可以进行加减运算的。然而，由于原点是任意设定的，所以不能进行乘除运算。例如，5℃和 10℃之间的差，可以说与 15℃和 20℃之间的差是相同的，都是 5℃。但不能说 20℃就是比 5℃高 4 倍的温度。

(4) 比例尺度。比例尺度的意义是绝对的，即它有着含义为“无”量的原点 0。长度、重量、时间等都是比例尺度测定的范围。比例尺度测定值的差和比都是可以比较的。例如，5 分钟与 10 分钟的差和 10 分钟与 15 分钟之间的差都是 5 分钟，10 分钟为 2 分钟的 5 倍。比例尺度可以进行加减乘除运算。

在营销研究中，很多内容或研究项目都不具备比例尺度或间距尺度的条件，应注意在处理这些问题时，不要出现失误。名义尺度、顺序尺度、间距尺度和比例尺度等四种测定尺度的特征，如表 3－2 所示。

表 3－2　　四种测定尺度的特征汇总

尺度	允许的变量转换	允许的四则运算	允许的统计计算	在营销中的应用举例
名义	$y=f(x)$ $f(x)$为对应	—	百分比 排列顺序 卡方测定	给属于特定群体的事物编号（男女、职业、商店、品牌、销售区域等）。
顺序	$y=f(x)$ $f(x)$只增加	—	中位数 百分位 顺序相关符号测定 集合测定	对产品、企业的意见、态度（非常好、好、不好说、坏、非常坏），比较几种品牌的喜好程度，消费者的社会阶层等。
间距	$y=a+bx$ $b>0$	加减	范围、算术平均 均差、标准差 t-检验 F-检验	利用五等级法、七等级法测定对产品或企业的意见、态度等。
比例	$y=ax$ $a>0$	加减乘除	几何平均 调和平均 变动系数	消费者的年龄、收入，消费者数量，销售数量，销售金额等。

3. 定量研究法与定性研究法的区别

定量研究法与定性研究法的根本性区别有三点：

(1) 两种研究方法所依赖的哲学体系有所不同。定量研究法的对象是客观的、独立于研究者之外的某种客观存在的事物；而定性研究法研究对象与研究者之间的关系十分密切，研究对象被研究者赋予主观色彩，成为研究过程的有机组成部分。定量研究者认为，研究对象可以像解剖麻雀一样被分成几个部分，通过对这些组成部分的观察获得对整体的认识。定性研究者认为，研究对象是不可分的有机整体，因而定性研究检测的是全部和整个过程。

(2) 两种研究方法在对人本身的认识上有差异。定量研究者认为，所有人基本上都是相似的；而定性研究者则强调人的个性和人与人之间的差异，进而认为很难将人类简单地划归为几个类别。

(3) 两种研究方法的研究目的不同。定量研究的目的在于发现人类行为的一般规律，并对各种环境中的事物作出带有普遍性的解释；与此相反，定性研究则试图对特定情况或事物作特别的解释。换言之，定量研究致力于拓展广度，而定性研究则试图发掘深度。

由于方法论上的不同取向，导致了在实际应用中定量研究法与定性研究法有明显的差别，主要体现在以下几个方面：

(1) 研究者的角色定位。定量研究者力求客观，脱离资料进行分析；定性研究者则是资料分析的一部分。对于定性研究而言，没有研究者的积极参与，资料就不存在。

(2) 研究设计。定量研究中的设计在研究开始前就已确定；定性研究中的计划则随着研究的进行而不断发展，并可加以调整和修改。

(3) 研究环境。定量研究运用实验方法，尽可能地控制变数；定性研究则在实地和自然环境中进行，力求了解事物在常态下的发展变化，并不控制外在变数。

(4) 测量工具。在定量研究中，测量工具相对独立于研究者之外，事实上研究者不一定亲自从事资料收集工作；而在定性研究中，研究者本身就是测量工具，任何人都代替不了他。

(5) 理论建构。定量研究的目的在于检验理论的正确性，最终结果是支持或者反对假设；定性研究的理论则是研究过程的一部分，是资料分析的结果。

(6) 研究方法。定量研究主要用观察、实验、调查、统计等方法研究事物现象，对研究的严密性、客观性、价值中立都提出了严格的要求，以求得到客观事实。定量研究通常采用数据的形式，对事物现象进行说明，通过演绎的方法来预见理论，然后通过收集资料和证据来评估或验证在研究之前预想的模型、假设或理论。定量研究是基于一种称为"先在理论"的基础研究，这种理论以研究者的先验想法为开端，这是一个自上而下的过程。

定性研究大多是采用参与观察和深度访谈而获得第一手资料，具体的方法主要有参与观察、行为研究、历史研究法、人种志方法。其中参与观察是定性研究中经常用到的一种方法。参与观察的优势在于，不仅能观察到被观察者采取行动的原因、态度、努力程序、行动决策依据。通过参与，研究者能获得一个特定社会情景中一员的感受，因而能更全面地理解行动。然后通过对观察和访谈法等所获得的资料，采用归纳法，使其逐步由具体向抽象转化，以致形成理论。与定量研究相反，定性研究是基于"有根据的理论"为基础的。这种方式形成的理论，是从收集到的许多不同的证据之间相互联系中产生的，这是一个自下而上的过程。

(三) 定性研究法

1. 定性研究法概要

关于定性研究法(Qualitative Research Method)的定义，目前还没有一个统一的观点。国外学术界一般认为定性研究是指在自然环境中，使用实地体验、开放型访谈、参与性和非参与性观察、文献分析、个案调查等方法对社会现象进行深入细致和长期的研究；分析方式以归纳为主，在当时当地收集第一手资料，从研究者的视角理解自身行为的意义和对事物的看法，然后在这一基础上建立假设和理论，通过证伪法和相关检验等方法对研究结果进行检验；研究者本人是主要的研究工具，个人背景以及和被研究者之间的关系对研究过程和结果的影响必须加以考虑；研究过程是研究结果中一个必不可少的部分，必须详细记载。近年来盛行的所谓质的研究方法，实际上也属于定性研究的范畴。

根据以上分析，我们认为定性研究方法是根据社会现象或事物所具有的属性和在运动中的矛盾变化，从事物的内在规定性来研究事物的一种方法。它以普遍承认的公理、一套演绎逻辑和大量历史事实为分析基础，从事物的矛盾性出发，描述、阐释所研究的事物。进行定性研究，要依据一定的理论与经验，直接抓住事物特征的主要方面，将同质性在数量上的差异暂时略去。

定性研究法发端于19世纪，在20世纪二三十年代因社会调查运动而开始得到发展。早期的定性研究是从调查社会中的实际问题开始的。在社会调查运动中，定性研究仍是一种附带性工作，没有人意识到它的价值。但这一种局面由于人类学的兴起而改变，人类学的兴起标志着定性研究开始作为一种独立的社会实践而存在。人类学研究因强调现场调查、人种志研究而使定性研究逐渐得到认可。

定性研究具有探索性、诊断性和预测性等特点，它并不追求精确的结论，而只是了解问题之所在，摸清情况，得出感性认识。定性研究的主要方法包括：与几个人面谈的小组访问，要求详细回答的深度访问，以及各种投影技术等。

定性研究法有两个不同的层次：一是没有或缺乏数量分析的纯定性研究，结论往往具有概括性和较浓的思辨色彩；二是建立在定量研究的基础上的、更高层次的定性研究。

2. 定性研究法与定量研究法的比较

定量研究是指可以提供数量性信息的研究。例如，有多少消费者使用甲产品，有多少消费者使用乙产品；A品牌的市场占有率有多大，B品牌的市场占有率有多大，它的主要功能是在于解答有多少、是什么、发生了什么的问题。而定性研究是指发掘消费者动机、态度和决策过程的研究，它的功能不是提供有关消费者的客观数字，而是解答为什么的问题。例如，为什么某些消费者购买甲产品而不购买乙产品、为什么某些消费者喜欢A品牌而不喜欢B品牌等。定性研究和定量研究的比较，如表3-3所示。

表3-3　定性研究和定量研究比较

不同点	定性研究	定量研究
着眼点	事物质的方面	事物量的方面
依据	大量历史事实和生活经验材料	调查得到的现实资料数据
样本	无代表性的个案组成的小样本	有代表性的个案组成的大样本
数据收集	无结构的收集	有结构的收集
数据分析	非统计的方法	统计的方法
手段	逻辑推理、历史比较	统计分析、建立模型
目的	对潜在的理由和动机求得一个定性的理解	将数据定量表示，并将结果从样本推广到所研究的总体
学科基础	逻辑学、历史学	概率论、统计学等
结论表述形式	多以文字描述为主	数据、模式、图形等
结果	获取一个初步的理解	建议最后的行动路线

3. 定性研究与定量研究的辩证关系与整合

定性研究与定量研究无所谓孰好孰坏，只是两种不同研究方法。定性研究与定量研究是贯穿整个社会事物研究的两条主线：一是模仿自然科学，强调适合于用数学工具进行经验的分析、可定量化的研究，研究的目的在于确定因果关系，并作出解释。另一种范式是从人文科学推演而来的，所注重的是整体和定性的信息，通讯说明的方法。

定性研究是在对定量研究的反思与批判中成长起来的。运用定性研究方法，一方面有利于从整体上把握社会的活动；另一方面有利于对社会现象作比较全面和正确的认识。但定性研究的局限性也是显而易见的。首先，定性研究对研究者的要求过高，这不是一般的研究者所能达到的；其次，定性研究的主观性也的确存在，研究者的参与会导致角色和情感冲突也是一个应该考虑的因素；最后，定性研究必须经历一个相当长的时间，而且需要大量的资金投入。

人们清醒地认识到，定性研究与定量研究的区别是显而易见的，但在任何研究领域中定量研究和定性研究单独使用，都无法解释或回答所有的问题。不同的研究方法之间不应该对立，而应是互为补充的、互相支持的。定量研究与定性研究只是从不同的侧面，用不同的方法对同一事物进行的研究。定性研究为定量研究提供框架，而定量研究又为进一步的定性研究创造条件。定性研究是定量研究的基础，是它的指南，但只有同时运用定量研究，才能在精确定量的根据下准确定性，这是两者的辩证关系。

定性研究特别适合营销这类实践性比较强的学科。因为它强调对营销的深入了解，尊重研究者对自己行为的解释，有利于问题的解决和促进营销实践的发展。当然，强调加强定性研究时，并非否定定量研究。把定量研究与定性研究结合起来，使营销研究方法从对立走向统一与多元，这应该成为我们进行营销研究必须遵循的基本原则，这也是营销研究方法发展的方向。在营销研究中，正确看待定量研究与定性研究，以多元的方法论去指导营销研究，使营销研究尽快进入世界科学研究的前列。但由于过分偏重于定量研究，缺乏对定量研究局限性的了解和忽视对定性研究的关注，以致对研究方法的研究有过偏之嫌。

在实际研究中，定性研究与定量研究常配合使用。在进行定量研究之前，研究者须借助定性研究确定所要研究的现象的性质；在进行定量研究过程中，研究者又须借助定性研究确定现象发生质变的数量界限和引起质变的原因。

(四) 可行性研究法

1. 可行性研究的产生与发展

可行性研究法(Feasibility Research Method)是以预测为前提，以投资效果为目的，从技术上、经济上、管理上进行全面综合分析研究的一种方法。可行性研究的基本任务，是对新建或改建项目的主要问题，从技术经济角度进行全面的分析研究，并对投产后的经济效果进行预测，在既定的范围内进行方案论证的选择，以便于最合理地利用资源，达到预定的社会效益和经济效益。

美国是最早开始采用可行性研究方法的国家。20 世纪 30 年代，美国开始开发田纳西流域，田纳西流域开发能否成功，对当时美国经济的发展关系重大。为保证田纳西流域的合理开发和综合利用，开创了可行性研究的方法，并获得成功。第二次世界大战以后，西方发达国家将可行性研究广泛地应用到科学技术和经济建设的各个领域，并逐步形成一整套行之有效的科学研究方法。

我国进行可行性研究起步比较晚。改革开放以后，可行性研究的概念和方法逐渐引进，国家有关部门和高等院校多次举办讲习班，培训了一批研究骨干。同时国家有关部门对宝钢、核电站建设、煤炭开发等一些重大建设项目组织专家进行可行性分析和论证。我国自 1981 年开始正式将可行研究列入基本建设程序，国务院文件明确规定所有新建、扩建的大中型项目，都要在经过反复周密的论证后，提出项目可行性研究报告。原国家计委颁发的文件规定，可行性研究一般采取主管部门下达计划或有关部门、建设单位同设计或咨询单位进行委托的方式。目前，可行性研究在我国已经普遍受到重视，并取得一定成效。

2. 可行性研究的范围与程序

可行性研究方法本身就是各种相关方法的集成，主要包括战略分析、市场调查、市场预测、系统分析、模型方法和智囊技术等方面。

(1) 可行性研究的范围。可行性研究的范围很广泛,一般包括市场开拓研究、新产品开发研究、投资项目研究、采用工艺技术研究、生产管理和施工研究、资金和成本研究、经济效益研究等科学技术与经济社会的方方面面。

(2) 可行性研究的过程。可行性研究是一个逐步深入的过程,一般要经过机会研究、初步可行性研究和可行性研究三个步骤。机会研究的任务,主要是为项目投资提出建议,寻找最有利的投资机会。有许多投资项目在机会研究之后,还不能决定取舍,需要进行比较详细的可行性研究,然而这是一项既费时又费钱的工作。所以在决定要不要开展正式可行性研究之前,往往需要进行初步可行性研究。初步可行性研究可能出现四种结果,即肯定,项目可以上马;转入正式可行性研究,进行更深入更详细的分析研究;展开专题研究,如市场考察,实验室试验,工厂试验等;否定,项目应该下马。

(3) 可行性研究中存在的问题。一是研究所需要的基础资料、所遵循的规程规范等一般不需委托方的正式认可,当研究报告上报委托方审查时方能发现问题,从而造成研究工作的重复;二是一旦研究开始,就不可能随时终止,即使发现致命的问题,也要做完可行性研究,从而造成了人力和财力的浪费;三是在研究过程中,推荐的方案不能及时得到委托方的认可,研究结束后,委托方如有意见,将造成大量而无效的重复工作。

3. 可行性研究分段的实施

根据实践经验,可将可行性研究的整个过程细化为三个阶段分别进行。

1) 初期工作阶段

具体包括四项工作:

(1) 收集资料。收集包括委托方的要求,委托方已经完成的研究成果,市场、厂址、原料、能源、运输、维修、共用设施、环境、劳动力来源、资金来源、税务、设备材料价格、物价上涨率等有关资料。

(2) 现场考察。考察所有可利用的厂址、废料堆场和水源状况,与委托方技术人员初步商讨设计资料、设计原则和工艺技术方案。

(3) 数据评估。认真检查所有数据及其来源,分析项目潜在的致命缺陷和设计难点,审查并确认可以提高效率、降低成本的工艺技术方案。

(4) 初步报告。扼要总结初期工作,整理所收集的基础资料,分析项目潜在的致命缺陷,确定参与方案比较的各项工艺方案。初步报告提交委托方,在得到委托方的确认后方可进行第二阶段的研究工作。如委托方认为项目确实存在不可逆转的致命缺陷,则可及时终止研究工作。

2) 可选方案评价阶段

具体包括四项工作:

(1) 制定设计原则。以现有资料为基础来确定研究原则,该原则必须满足技术方案和产量的要求,当进一步获得资料后,可对原则进行补充和修订。

(2) 技术方案比较。对选择的各项专业工艺技术方案从技术上、经济上进行比较,提出最后的入选方案。

(3) 初步估算投资和生产成本。为确定初步的项目现金流量，将对投资和生产成本进行初步估算，通过比较判定规模经济及分段生产效果。

(4) 中期报告。确定项目的组成，对可选方案进行技术上、经济上的比较，提出推荐方案。中期报告提交委托方，在得到委托方的确认后方可进行第三阶段的研究工作。如委托方对推荐方案有疑义，则可对方案比较进行补充和修改；如委托方认为项目规模经济确实较差，则可及时终止研究工作。

3) 推荐方案研究阶段

具体包括四项工作：

(1) 具体问题研究。对推荐方案的工艺流程、物料平衡、生产进度计划、设备选型等具体问题，作进一步的分析研究。

(2) 基本建设投资及生产成本估算。估算项目所需的总投资，确定投资逐年分配计划，合理确定筹资方案；确定成本估算的原则和计算条件，进行成本计算和分析。

(3) 技术经济评价。分析确定产品售价，进行财务评价，包括技术上、经济上等指标计算、清偿能力分析和不确定性分析，进而进行经济效益、社会效益和环保效益的分析评价。

(4) 最终报告。根据本阶段研究结论，按照可行性研究内容和进度的规定编制可行性研究最终报告。一份完整的可行性研究报告，应包括总论；需求预测和拟建规模；资源、原材料、燃料及公用设施；建厂条件和厂址方案；设计方案；环境保护；企业组织、劳动定员和人员培训；实施进度建议；投资估算和资金筹措；社会及经济效果评价等十项内容。对时间较长的项目，通常应提交一个中期报告，或阶段报告，以便与委托单位及时交换意见。在正式的最终报告提交之前，应先提出草稿，听取委托单位和有关方面意见，并进行必要的补充和修改，然后提出最终可行性研究报告，经验收合格后，可行性研究即告完成。

三、国际营销中的专项研究

(一) 营销计划各阶段的研究

图 3-3 列出了在企业营销计划各阶段中所需进行的市场研究项目。

(1) 识别和发现市场机会阶段。在识别和发现市场机会阶段，企业需要运用第二手资料对所在产业竞争情况进行研究，对消费者进行探索性的研究，并通过对消费者使用习惯和态度的研究发现消费者尚未被满足的需要。

(2) 产品概念设计阶段。在产品概念设计阶段，运用头脑风暴法、创意座谈会的方式征询产品概念，并对产品概念进行定量、定性的测试，以修改和充实产品概念。

(3) 产品开发阶段。在产品开发阶段，运用联合分析方法确定最优的产品特性组合，并运用产品测试衡量新产品被接受程度以及必须改良的地方。此外，通过包装研究、品牌测试、价格研究，最后确定产品的包装、名称和价格。

(4) 广告制作阶段。在广告制作阶段，运用广告概念测试、广告事前测试等方式，了解目标市场消费者对广告诉求的理解以及广告片在创造广告品牌形象方面的能力。此外，通过媒体研究确定广告的投放计划。

(5) 产品上市前。在产品上市前，采用模拟市场测试、市场试销等方法，对新产品的销

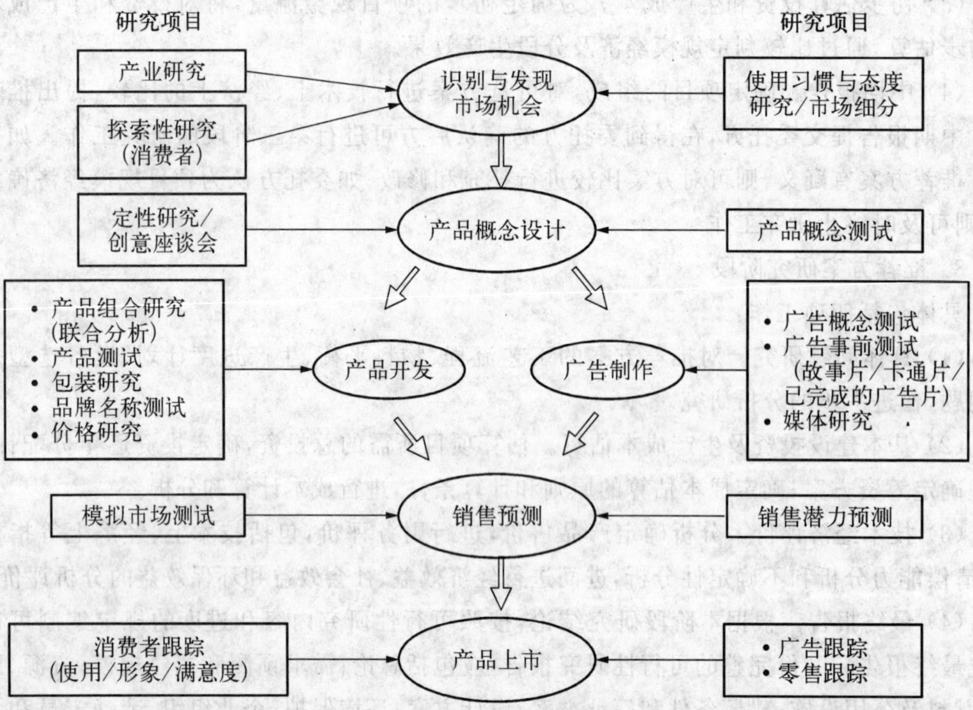

图 3-3 营销计划各阶段的研究项目

售量进行估算,寻找盈亏平衡点。

(6) 产品上市后。产品上市后,运用广告跟踪法,测试广告是否达到了预期的目标;运用零售跟踪法、消费者跟踪法,评价营销计划的执行情况并判断所制定的营销计划是否需要调整。

(二) 战略要素与营销绩效关系研究

通过分析发现,投资、劳动生产率、相对市场占有率、市场增长率、产品或服务质量等战略要素对企业的营销绩效有较大的影响。如何运用这些重要的战略要素,在很大程度上决定了一个企业或业务的成功与失败。

1. 投资强度与营销绩效的关系

投资强度以投资额与销售额的比值来度量,或更准确地说,以投资额与附加价值的比率来表示。总体来说,较高的投资强度会带来较低的投资收益率(ROI)。机械化、自动化和库存成本强度较高的企业或业务通常显示出较低的投资收益率。资本密集型的企业或业务可以通过集中特定细分市场,扩大产品线宽度,提高设备利用率,开发灵活性设备,尽可能租赁而不是购买设备等措施来降低投资强度对利润的影响。

2. 劳动生产率、相对市场占有率、市场增长率与营销绩效的关系

劳动生产率和相对市场占有率对企业营销绩效有正面的影响,劳动生产率和相对市场占有率较高的企业或业务,比劳动生产率和相对市场占有率较低的企业或业务具有良好的营销绩效。同时,高相对市场占有率与低投资强度的结合能产生较多的现金流;反之,低相对市场占有率和高投资强度的结合会导致现金的枯竭。一般来说,较高的市场增长率会带

来较多的利润总额，但对投资收益率没有什么影响，而对现金流量有不利的影响。也就是说，处于高市场增长率的企业或业务需要资金来维持或发展在产业中的竞争地位，因而需要耗费资金。相对市场占有率高和市场增长率低的企业或业务，会带来较高的投资回报。

3. 产品或服务质量与营销绩效的关系

产品或服务的质量与企业营销绩效密切相关，生产或销售高质量产品或服务的企业比生产或销售低质量产品或服务的企业具有较好的营销绩效。同时研究发现，产品质量与市场占有率具有强正相关关系，起互相加强的作用。当一个企业或业务具有较高的市场占有率并生产或销售较高质量的产品时，企业营销绩效也最好。企业具有较高的市场占有率时，通过增加研发费用，开发新产品，加强营销努力等措施能够提高营销绩效；反之，当企业的市场占有率较低时，采用以上措施会对利润有不利的影响。

（三）员工满意度、服务质量、顾客满意度与营销绩效之间的关系

大量研究表明，员工满意度、服务质量、顾客满意度与营销绩效之间存在着明显的正相关关系。

1. 内部服务质量驱动员工满意

内部服务质量取决于员工对工作本身满意与否以及员工之间的关系两个方面。工作本身满意取决于其完成预定目标的能力以及在这一过程中所拥有的权力。当员工具备了上述两个条件时，自然会因为达到了预期目标而对工作满意，对企业满意，并最终对企业忠诚。而员工之间的关系，在很大程度上决定了企业内在服务质量的高低。一方面是员工之间的人际关系，如果同事之间能维持一种和谐、平等、互相尊敬的关系，那么在这样的工作环境中，员工满意度和工作效率就会提高；另一方面是员工之间的相互合作和服务方式，而在相互服务的过程中，尤其应提倡团队精神与合作意识，这样才能提高员工的满意度。

2. 员工满意度促进员工忠诚度

员工的满意度是由岗位设计、工作环境、员工选拔培养、激励机制以及服务工具和技术支持等多方面决定的，员工对自身服务能力的评价会影响其自身的满意度。满意表明员工对企业未来发展有信心，为能成为企业中的一员而感到自豪，并促使员工自觉担当起一定的工作责任，为企业努力地工作。员工满意能有效提高员工工作效率，降低员工流失率。员工的忠诚取决于员工的满意，因此，培养和提高员工的满意度以提高员工忠诚度及工作效率对企业的发展具有深远意义。

3. 员工忠诚度是工作效率和服务价值的保证

高服务价值来源于企业员工高保留率和高工作效率，也就是来源于员工对企业的忠诚度。企业员工的工作是服务价值产生的必然途径，而员工的工作效率无疑决定了他们所创造的价值高低，只有高忠诚度的员工才能产生高的服务价值。对企业而言，要培养员工的忠诚度，最重要的是要让员工有团队归属感、事业成就感，可通过给予员工提供发展的机会，建立员工自我管理团队，让员工享有一定的股权，提供挑战性的工作，对员工无微不至的关怀等措施来实现。要让一名员工真正热爱自己的工作，应对每个员工进行准确的定位，让个人

脾气秉性和职位认知与其所从事职业相吻合。让每位员工的优势得以发挥,就能使员工在工作中获得成就感,增强自信心,从而把工作做得更好。企业应加强与员工的公开交流和沟通,促进员工和组织之间互相认同,使员工有信心在为企业贡献的同时达到自己的预期目标,最终让职业忠诚同企业忠诚达到完美结合。

4. 高服务价值导致高顾客满意度

顾客满意度取决于员工的服务质量和提供的服务价值的高低,因此顾客所得的价值越大,其满意度越高。企业提高顾客满意度可以从两个方面入手:一方面可以通过改进服务,提升企业形象来提高服务的总价值;另一方面可以通过减少顾客购买服务的时间、精力与体力消耗,降低顾客的货币与非货币成本。

为顾客创造的服务价值还与顾客的期望有关,由于服务价值随个人期望的不同而不同,为了提高服务价值,就要求企业在服务第一线要可能贴近顾客,并给予第一线服务人员自主权,以按各个顾客的需要提供专门的服务,极大提高顾客满意度。

5. 顾客满意导致顾客忠诚

顾客忠诚是由顾客满意度决定的,顾客满意是一种心理活动,是顾客的需求被满足后的愉悦感。对于任何企业而言,顾客满意是至关重要的,只有满意的顾客才会持续产生购买行为,最终成为忠诚顾客,企业才能实现可持续发展。企业的一切活动必须以满足顾客的需求为出发点,通过比竞争对手做得更好而使顾客满意,培养顾客对企业的忠诚,造就稳定的顾客,由此扩大销售,增加利润,获到更大和持久的发展。顾客忠诚代表顾客对企业及产品服务的偏好,如果顾客对于企业所提供的产品或服务满意,顾客的忠诚度就会随之提高,购买率与对企业的满意度成正比。

6. 顾客忠诚导致获利性与成长

企业的利润来源于顾客忠诚,顾客忠诚度的提高能大大促进企业的获利能力的增强。忠诚的顾客所提供的销售收入和利润占据了企业销售收入和利润总额的很高比例。顾客忠诚度的小幅度提高就能导致利润的大幅度上升,忠诚顾客每增加5%,所产生的利润增幅可达到25%~85%。因此,可以说,忠诚顾客的多少在很大程度上决定了市场份额的质量,它比以实际顾客多少来衡量的市场份额规模更有意义。

(四)营销策略中的价格研究

1. 价格与需求关系的研究

需求对价格的反应定律是,在其他因素不变的情况下,价格上升,需求减少;反之,价格降低,需求上升。不同产品在不同情况下,需求与价格的相对变动情况不同,测量两者相对变动比率的指标,称为需求的价格弹性。价格弹性与销售收入之间存在一种简单而又有用的关系:产品价格弹性大,适当降低价格后销售收入会大幅度增加,因此生产或经营该类产品可采用降价策略;产品价格弹性小,销售收入不会因价格的下降而增加,生产或经营该类产品不宜采取降价策略。

一般来说,生活必需品的价格弹性小,奢侈品的价格弹性大;可替代的产品越多,价格弹性越大;购买支出在消费者收入中所占比重越大,价格弹性越小。

2. 价格与竞争关系的研究

根据产业内企业的数量、企业规模和产品是否同质三个条件，国际市场竞争结构可以划分为完全竞争、垄断竞争、寡头竞争和纯粹垄断四种类型。不同的市场结构，对企业定价有着不同的影响。

在完全竞争的市场，价格是由市场决定的，买主和卖主都是价格的接受者，而不是决定者。在完全竞争的格局下，卖主不需要花费很多的时间和精力从事营销工作。

在垄断竞争的市场，卖主已不是消极的价格接受者，而是强有力的价格决定者。在垄断竞争的条件下，产品差异是卖主控制产品价格的一个主要战略。

在寡头竞争的市场，产业中的少数几家大企业或大卖主是价格的影响者和控制者。在寡头竞争的背景下，整个产业的价格趋于稳定，寡占者在广告宣传、促销等方面竞争激烈。

在纯粹垄断的市场，产业中只要一个卖主，没有其他的竞争者。这时，这个卖主完全控制了市场价格，可以在法律或政策允许的范围内随意定价。

3. 价格与消费者满意关系的研究

在关于价格与消费者满意关系的研究方面，营销学者已经得出了以下结论：

价格是感知质量和消费者满意的直接影响因素。价格等支付因素是消费者满意的影响因素之一；价格对感知质量会产生积极影响，而对感知价值和购买意向会产生消极影响。

价格通过其他中介变量间接影响消费者满意。当价格与服务表现存在一致时，期望会积极影响后续的感知的服务表现和满意度；同时，购后感知的服务表现、购后的感知价格会积极影响消费者满意，而且购前的感知价格会积极影响购后感知价格和满意度。

价格通过作用于支付水平，并且直接影响到消费者满意，同时又会间接影响到后续的服务使用。也就是说，价格对消费者满意和服务使用的影响是多方面的，既有直接影响，也有间接影响。

（五）营销策略中的渠道研究

1. 消费者选择商店的依据

传统渠道理论认为消费者在选择商店时主要以价格的适中、地点的便利、产品的种类、提供的服务、售货员的素质和商店的信誉等经济特性为依据进行消费决策的观点已经过时，在现代社会营销研究者已经认识到商店的形象与购物环境对消费者的购物行为直接影响，消费者与商店之间关系以及中间商品牌建设等问题具有明显影响。

2. 销售终端扮演的角色

随着消费者需求层次的提高，个体消费者的消费与休闲行为逐渐走出了家庭，销售终端在消费者心目中已不再仅仅体现为一种单一的可以在其中便宜地购买产品的地方。在实际营销过程中商店、销售场所扮演了购买地点、消费与休闲场所以及社交中心等多重角色，商店的形象、商店内部氛围的独特性在刺激消费者的欲望、提供精神消费和促进社会交际等方面的重要性日益明显而突出。

3. 消费者对渠道的偏好

部分消费者通过在有声誉的商店里购物来满足自己的自尊心，而且不同的商店吸引不同层次的消费者，许多消费者喜欢去售货员、其他消费者与自己特征相似的商店购物。

4. 购物环境影响购买欲望

商店的购物环境也能使消费者对零售商的看法产生重要的影响，商品的摆放、货架的色彩，以及灯光的使用，甚至商店里的温度、声音和气味等都影响氛围和形象。商店内部的视觉、听觉、嗅觉、触觉等刺激因素的合理搭配，能吸引更多的消费者并刺激消费欲望。

本章小结

1. 建立国际营销信息系统有分析、设计和实施三个步骤，国际营销信息系统是由输入、处理、输出和反馈四个运行要素组成一个有机整体。建立以计算机为中心的营销信息系统必须遵循整体性、统一性，针对性、简明性和及时性、时效性原则三项原则。

2. 国际营销信息系统由内部报告系统、国际营销情报系统、国际营销分析系统和国际营销决策系统等四个子系统构成，通过四个系统的运作，完成信息的处理与沟通。

3. 国际营销调查的内容包括国际宏观环境调查、国际市场行情调查、国际竞争者调查、国际消费者调查和国际营销情况调查，国际营销调查分为探测性调查、描述性调查、因果性调查和预测性调查等四种类型。国际营销调查包括调查准备阶段、调查实施阶段和调查总结阶段三个阶段，每个阶段又可分为若干具体步骤。

4. 国际营销调查分为案头调查、实地调查和网上调查等三种方式，案头调查包括查找、索讨、购买、交换、接收等五种基本方法，实地调查分为询问法、观察法、实验法、抽查法等四种基本方法，网上调查有利用搜索引擎收集资料、利用公告栏收集资料、利用新闻组收集资料和用 E-mail 收集资料等四种具体方法。

5. 国际营销研究是对收集到的信息进行不同角度的、多方式的进行研究，国际营销研究本身不是目的，而是一种管理工具，任务是最终为制定适当的国际营销战略和策略服务。国际营销调查与国际营销研究是不同的，国际营销研究的范围比国际营销调查广泛得多，涉及所有的产品或服务，涵盖全部现实市场和潜在市场。比较研究法、定性研究法、定量研究法和可行性研究法开展国际营销研究的较好方法。

思考与练习

一、名词解释题

1. 市场营销信息系统　　2. 国际营销调查
3. 探测性调查　　4. 描述性调查
5. 案头调查　　6. 实地调查
7. 国际营销研究　　8. 比较研究法
9. 定性研究法　　10. 定量研究法
11. 可行性研究法

二、多项选择题

1. 建立计算机为中心的国际营销信息系统必须遵循的原则是(   )。

A. 整体性、统一性　　B. 针对性、简明性　　C. 广泛性、多样性
D. 及时性、时效性　　E. 差异性、现代性

2. 建立国际营销信息系统的步骤是(   )。

A. 分析　　B. 计算　　C. 设计
D. 实施　　E. 反馈

3. 国际营销信息系统的运行要素有(   )。

A. 输入　　B. 处理　　C. 输出
D. 反馈　　E. 筛选

4. 实地调查的方法包括(   )。

A. 询问法　　B. 观察法　　C. 实验法
D. 抽样法　　E. 案例法

5. 根据调查双方接触方式的不同,询问法分为(   )。

A. 面谈调查　　B. 电话电话　　C. 街头调查
D. 邮寄调查　　E. 问卷调查

6. 在市场调查中,观察法可以分为(   )。

A. 直接观察法　　B. 间接观察法　　C. 亲身经历法
D. 痕迹测量法　　E. 行为记录法

7. 在国际营销研究中,比较研究法的步骤是(   )。

A. 描述　　B. 解释　　C. 并列
D. 比较　　E. 结论

三、简答题

1. 简述国际营销信息系统的构成。
2. 简述网上调查的用途。
3. 简述网上调查的具体方法。
4. 简述运用比较研究法应遵循的规则。
5. 简述定性研究法与定量研究法的异同。
6. 简述可行性研究的范围与程序。

四、论述题

1. 试述国际营销调查的内容。
2. 试述国际营销调查的类型。
3. 试述可行性研究法。
4. 试述员工满意、服务质量、顾客满意度与营销绩效之间的关系。

五、案例分析题

高露洁公司的国际调研

高露洁公司在墨西哥销售五个不同的产品类型:洗衣产品、洗碗产品、家庭清洁产品、牙齿护理和头发护理产品。开展市场调研的目的是为制作广告信息和针对当地市场不同社

会阶层开发新产品时提供洞察观点。公司希望能更好地了解与五种产品相关的不同消费者人群的情感和社会因素。

1. 具体目标

在不同细分市场上，了解五种不同类型产品的市场特点；熟悉消费者细分市场上家庭生活中的每种家庭劳动；更好地理解每个社会阶层的生活方式；获得每个阶层对产品品牌忠诚的偏好；更好理解每个部分的产品替代品。

由于知道不同的社会经济阶层存在不同之处，所以调研者在更广阔维度下，针对每种人群使用每种产品类型来获得洞察观点。

为达到调研目的，调研者制定了独特的方式。他们识别不同社会经济部分，确定每个部分的人群，并在每组人群上花几天时间对他们使用五种产品中每一种产品的情况进行录像。在返回高露洁公司总部后，调研者研究录像以完成调研结果的描述性报告。调研者得出总结五个录像内容(每个录像针对不同产品类型)的调研报告系列。总的来说，调研者相信自己已经能洞察和理解当地不同人群的活动，态度和行为。

2. 样本发现

洗衣产品报告代表了从该调研中获得的丰富定性信息。该调研瞄准了每个不同目标并提供不同社会经济阶层女性不同生活方式的全面诠释。以下为不同社会经济阶层洗衣产品的录像版本的真实片段。

3. 对洗衣过程的评论

城市家庭主妇、上层收入家庭。通常由女佣来洗衣服，至少在大多数情况下。如果女佣没有来上班，则我不得不自己做，虽然我不习惯洗衣服。我开始给她指导，如何使用洗衣机、放洗衣粉，将衣服分类。如果没有洗衣机，浪费 3 个小时来手洗衣服是没有意义的。

城市家庭主妇、低收入家庭。在每天洗衣服之外，我还有其他家务劳动。洗衣服很花时间，因为你必须使劲刷衣服。很难在洗衣服的同时还做其他家务。

农村家庭主妇、贫困线家庭。一些妇女为他人洗衣服，一般在下午 3 点或 4 点前往。有时她们在那里过夜。

4. 对洗衣用水便利的评论

城市家庭主妇、上/中层收入家庭。我们洗衣服用水没有问题。在某些邻近区域有问题，但我们不缺水。

城市家庭主妇、低收入家庭。我们在早晨才有水，在傍晚时就用完了。在有水时，我用手来洗衣服。否则，我必须等待第二天。有时会停水两天或三天。通常每天我们只有约两个小时供水。我们会在水桶中装满水以供其他时间使用。

农村家庭主妇、贫困线家庭。在河里洗衣服很方便，因为我家没有供水。反正我必须前来工作。我一辈子都在这里洗衣服。

5. 对衣服污垢处理的评论

城市家庭主妇、上层收入家庭。如果我的衣服沾染油污，我会在在该处涂上滑石粉。之后，我将衣服放进洗衣机，该污点就消失了。如果该污点不能去掉，则我会扔掉该衣服。

城市家庭主妇、中/低收入家庭。为去掉油污，我用去污剂或棕榄品牌的肥皂。该品牌去除油污，血渍，辣椒和红葡萄酒渍的效果非常好。

农村家庭主妇、低收入家庭。我用条块肥皂去掉污渍。我直接用刷子来刷该污渍，并在阳光中漂白，通常会淡化该污渍。

6. 对衣服护理的评论

城市家庭主妇、上层收入家庭。如果需要熨烫衣物，我让女佣来做或专业妇女来做，衣服晾干后，我会折叠好，特别是衬衣，将衣物放入衣柜。每种衣服有专门的衣橱——衬衣，裙子，牛仔分别放置。我们中的大多数女性都会做这项工作，虽然也许有例外。不幸的是，这是没有尽头的家务。而且因为没有人会注意到，该工作也没有回报。

城市家庭主妇、中/低收入家庭。我喜欢做这种家务，因为我喜欢。这可以让我感觉非常好。

农村家庭主妇、低收入家庭。至少我这些天有活干。我在年老时做什么呢？有人会照顾我吗？我真害怕。

影响不同人群行为的两个因素为水和电的可获得性。这两个因素极大影响了洗衣护理，录像的脚注和文本都表明此点。

（资料来源：帕拉苏拉曼．市场调研[M]．北京：中国市场出版社，2009.）

案例问题：

1. 高露洁（墨西哥）公司采用的调研方式为何种类型？

2. 如果你是高露洁公司的营销经理，你得到的结论是什么？根据你的结论，你认为应该采取什么步骤？

3. 为证实这些发现，还应该采用怎样的额外调研？

第四章 国际营销战略

学习目标

通过本章的学习，了解市场细分的内涵、客观基础、作用，掌握市场细分的方法和依据。熟悉如何选择国际目标市场，掌握无差异化、差异化和集中化三大目标市场战略和五种目标市场覆盖模式。领会市场定位的含义，掌握第一定位法、依附定位法、功能定位法、利益定位法、价格定位法、质量定位法、服务定位法和重新定位法等多种定位方法，掌握同类产品竞争定位、拾遗补缺定位、突出特色定位等三种市场定位战略。

第一节 国际市场细分

STP战略（Segmentation Target Position Strategy）的基本思路是通过市场细分(Market Segmentation)将整体市场分割为多个子市场，根据消费者需求和竞争状况选择目标市场(Target Market)，然后进行市场定位(Market Position)，尽可能将良好的市场机会与企业的自身优势有机结合，以赢得竞争优势。本节主要介绍STP战略中市场细分的内涵、客观基础、作用、方法和细分依据等内容，为以后的研究打下良好的基础。

一、市场细分的基本问题

(一) 市场细分的含义

市场细分是在市场调研的基础上，根据消费者的不同需求，把消费者划分为不同消费者群。可以从以下几个方面理解市场细分的内涵：

(1) 市场细分的基础。市场细分的基础是消费需求的异质性。消费者的生理特征、社会地位、经济收入、心理因素不同，是消费需求产生异质的原因。由此市场又分为同质市场和异质市场，在异质市场上，才存在细分的必要。

(2) 市场细分的对象。市场细分的对象是对某一特定产品有需求的现实的和潜在的消费者，而不是产品。市场细分后的每一个消费者群是一个细分市场或子市场，每一个细分市场是由具有类似需求倾向的消费者构成的。

(3) 市场细分的特点。市场细分的特点是不同细分市场之间消费需求的差异大；同一细分市场内部，消费需求的差异小。因此，市场细分是以求大同，存小异的形式进行的。

(4) 市场细分的目的。市场细分的目的是帮助企业发现和评价市场机会,正确选择和确定目标市场,更好地满足消费者需要,增强市场竞争力,提高企业经济效益。

市场细分的概念最早是由美国营销学家温德尔·斯密(Wendell R. Smith)于20世纪50年代中期提出来的。市场细分概念是市场态势在总体上由卖方市场转化为买方市场的条件下,企业营销战略由大量营销最终转向目标市场营销的必然产物。

从现代营销的发展历史考察,在19世纪末20世纪初大多数企业开展的是大量营销(Mass Marketing)。当时,以美国为代表的西方国家由于产品短缺,企业普遍以生产观念为指导思想,纷纷实施大量营销战略,即大量生产某一产品,并通过广泛的销售渠道进行分销,试图吸引市场上的所有消费者。到了20世纪30年代,随着部分产品供过于求市场态势的出现,企业开始以推销观念为指导思想,采取促销技术影响对某种产品或服务的需求,开始了差异化营销(Differentiated Marketing)战略的实践。20世纪50年代以后,由于科技进步和管理理论的逐渐成熟,产品供应迅速增加,买方市场逐渐形成,企业开始以营销观念为指导思想,开始实施目标营销(Target Marketing)战略,即企业识别各个不同的消费者群,选择其中一个或几个作为目标市场,运用适当的营销组合为目标市场服务,满足目标市场的需要。可以看出,差异化营销、目标营销都是建立在市场细分基础之上的,可以说市场细分是选择目标市场的基础,是为目标市场服务的。

(二) 市场细分的层次

目前,在市场营销领域已出现完全细分化,即整体市场被细分为越来越小的消费者群体的趋势。菲利普·科特勒在总结了市场细分的经验后,提出了"市场细分层次"的崭新命题,指出市场细分呈现细分市场、次级细分市场、局部市场和个别市场四个层次。

(1) 细分市场。按少数主要细分变量细分整个市场,即可得到细分市场。如按年龄、性别、收入可以将服装市场细分为若干个细分市场。在细分市场营销中,企业只考虑消费需求的一致性,为同一细分中的不同消费者提供相同的产品,而不考虑消费者的差异化。

(2) 次级细分市场。若将上述细分市场进一步细分,又可得到各种次级细分市场。如上述按年龄、性别、收入对服装市场细分得到的每个细分市场,再按民族或其他变量可以细分为若干个次级细分市场。企业在实施次级细分市场营销过程中,应不断创新,抓住那些看似小却又众多的营销机会。

(3) 局部的地区市场。因种种原因,可能导致某局部地区消费者群体的需求会出现差异而形成局部的地区市场,例如由于历史的原因我国大中城市不同程度地存在回民聚集区,在经济发展过程中又出现了高校教师聚集区、银行职工家属院、别墅区、移民区等。在开展局部地区市场营销时,应充分考虑各局部地区市场的需求差异,采取针对性地营销组合分别满足。

(4) 个别市场。若将整体市场彻底细分化,则每位消费者即为一个细分市场,称为个别市场。企业的营销策略是按每位消费者的特殊需求分别制作产品或提供服务,也就是个别市场营销。在实践中,利用互联网为消费者开展定制营销是最好的个别市场营销的方式。

(三) 市场细分的依据

市场细分的理论依据是消费者的需求偏好。由于消费者的需求千差万别和不断变化,即消费者的需求、欲望和购买行为呈现出异质性，使得消费者需求的满足也呈现出异质性特点。如果向消费者询问对某一产品的两种属性的——皮鞋的品质和款式——需求程度如何时，那么根据消费者的偏好程度，就产生了三种偏好模式，图 4－1 所示。

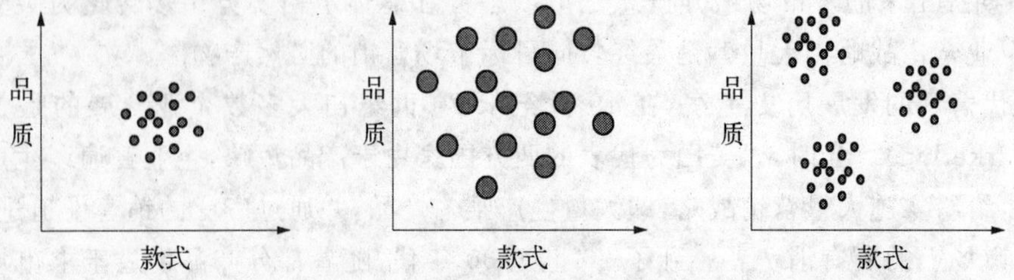

(a) 同质型偏好　(b) 分散型偏好　(c) 群组型偏好

图 4－1　三种不同的偏好模式

(1) 同质型偏好。所有消费者对皮鞋品质和款式两种属性的需求比较集中或一致，不存在明显的偏好，趋向于同质市场，因此称为同质型偏好，如图 4－1(a)所示。同质型偏好的市场是不用进行市场细分的，企业生产经营品质中等，款式适当的皮鞋基本上就可以满足所有消费者的需求。

(2) 分散型偏好。消费者的偏好不同，且极为分散。有的看重款式，有的看重品质，且程度不一，如图 4－1(b)所示。在这种情况下，企业只注重一种属性或兼顾两种属性都不能满足所有消费者的需求。因此，必须对分散型偏好的市场进行市场细分，然后根据自身优势、竞争状况和消费需求从中选择一个细分的市场去满足，即生产某一特定属性的产品，满足目标市场的需求。

(3) 群组型偏好。市场上有许许多多不同偏好的消费者，且自然而然地成群组分布，如图 4－1(c)所示。群组型偏好的市场不是不需要进行市场细分，而是市场细分的工作量很小，因为每一个群组就构成了一个细分市场。同样企业只注重一种属性或兼顾两种属性都不能满足所有消费者的需求，最好的方法是选择特定的细分市场，以某一特定偏好的产品满足消费者的需求。

(四) 市场细分的原则

企业进行市场细分的目的将消费者区分为不同的消费者群体，选择目标市场，运用适当的营销组合满足目标市场的需要，在此基础上取得满意的经济效益。众所周知，产品差异化必然导致生产成本和营销费用的相应增长，所以，企业必须在市场细分所得收益与市场细分所增成本之间作一权衡。由此，有效地细分市场必须遵循以下原则：

(1) 可衡量性。可衡量性是指用来进行细分市场的标准和变数及细分后的市场是可以识别和衡量的，即有明显的区别，有合理的范围。如果某些细分变数或消费者的需求和特点很难衡量，细分市场后无法界定，难以描述，那么市场细分就失去了意义。比如对婴幼儿奶粉市场进行细分，利用年龄(生长周期)变量进行细分就具有可衡量性，因为婴幼儿生长发育的不同阶段需要的营养和微量元素是不同的，现实市场中适应 0～6 岁的，以及含钙、含铁、含锌的奶粉就是证明。如果利用地区变量对婴幼儿奶粉市场进行细分，很显然就不具有可衡量性，因为农村与城市婴幼儿对奶粉的需求是没有区别的。

(2) 可盈利性。可盈利性是指细分市场的规模要大到能够使企业足够获利的程度,使企业值得为它设计一套营销组合方案,以便顺利地实现营销目标,并能获得理想的经济效益和社会效益。如上述,利用年龄(生长周期)变量将婴幼儿奶粉市场细分为0～3岁、3～6岁、6岁以上等细分市场是符合可盈利性原则的,如果以月度为单位将每个年度市场细分为12个细分市场很显然是不合理的。一是每个月度大小的婴幼儿的需求没有明显的差异,二是12个细分市场的规模以及总规模是不好确定的。20世纪80年代,西方营销学界提出了反市场细分策略。反市场细分策略不是从根本上反对市场细分,而是反对过细的市场细分。也就是说,市场细分不是越细越好,要以确保企业盈利为前提。

(3) 可进入性。可进入性是指企业有能力克服各种壁垒和障碍,利用自身优势能够顺利进入所选定目标市场,并利用相应的营销组合满足消费者需求。可进入性原则实际上就是提醒企业,要考虑市场细分和营销活动的可行性。一是企业有能力开发研制出符合特定消费者群体需求的产品或服务,二是有能力通过一定的销售渠道、传媒手段将产品以及产品信息传达到目标市场。

(4) 相对稳定性。相对稳定性是指在按照一定标准对市场进行细分,形成后的细分市场要保持一定的稳定期。因为市场细分是选择目标市场的基础,是为目标市场服务的。如果细分市场不能在一定时间内保持相对稳定,而是经常变动,那么将直接影响目标市场的选择,进而影响企业营销的稳定性。特别是大中型企业以及投资大、回收期长、转产慢的企业,更容易造成营销困难,严重影响企业的经济效益和持续发展。

二、国际市场细分的标准

国际市场细分是在市场细分的基础上发展起来的,是市场细分原理在国际营销中的运用。国际市场细分是指国际营销企业按照一定的细分标准,把整个国际市场细分为若干个不同的子市场,其中任何子市场中的消费者都具有相同或相似的需求特征。

根据市场细分原理,国际市场细分可遵循以下思路:一是将全球视为一个整体市场;二是将需求相同或相似的几个国家视为子市场;三是将每一个国家视为子市场;四是将每一个国家不同需求的消费者分别视为子市场。

在国际营销中,一般可以根据消费者不同的需求特征将国际市场按地理、人口、心理、行为等标准进行细分。

(一) 地理变量与国际市场细分

地理是有关地形、地貌、气候、陆地、海洋、国家、民族、产业和资源的统称,是每一个国际营销企业都必须面对的一种不可控的环境变量。按地理变量细分(Geographical Segmentation)就是按消费者所在的地理位置、地理环境等变量来细分市场。比如,根据国家或地区、城市规模、气候条件、地形地貌等方面的差异将国际市场细分为不同的子市场。地理变量之所以作为国际市场细分的依据,是因为处在不同地理环境下的消费者有着不同的生活习惯、生活方式、宗教信仰、风俗习惯等偏好,因此对同一类产品往往有不同的需求,对企业采取的营销策略与措施会有不同的反应。例如,就自行车而言,在发达国家是娱乐、健身工具,在发展中国家是载重、交通工具;城市居民喜欢式样新颖的轻便车,而农村居民注重坚固耐用的加重车等。比如欧洲和亚洲的消费者由于肤质、生活条件的不同，对护肤品、化妆品的需求有很大差别，因此，当靳羽西在中国打出“特别为东方女性研制的化妆品”口号时，得到了中国女性的青睐。

1. 地理位置

许多国际营销企业，习惯于将国际市场细分为北美、拉美、远东、中东、非洲、西欧等几个大市场。按地理位置对国际市场进行细分有以下优势。首先，邻近的地理位置使国际营销企业容易对连接在一起的国别市场进行管理。例如，所有东亚国家或地区的营销活动都可以通过设在北京的区域总部来统一管理，以区域为基础，对物流和通讯的管理会更加容易。如果在细分市场时忽略了地理位置这一个变量，假定将阿根廷、西班牙和新西兰划归一个细分市场，将巴西、爱尔兰和印度划归一个细分市场，那么要把这些远隔重洋的国家当作一个市场来管理将面临很大的挑战。其次，在同一地理区域的国家有着相同的自然条件和文化特征，尤其是第二次世界大战以后国际区域经济一体化的迅速发展，使得区域经济贸易组织内部的营销环境渐趋一致。从国际营销企业的角度看，国家之间存在共同经济安排，意味着进入一个国家就自动敲开了进入同一群体其他国家的大门；一种营销手段可以用于一个国家，也可以用于该区域的其他国家。

2. 气候特征

按气候条件可分为热带、亚热带、温带、寒带等，按纬度可分为高纬度地区和低纬度地区。气候特征直接影响人们的生产、生活方式，因而对消费者的消费内容和结构也有不同的要求。气候不同的地区，种植农作物的种类和品种不一样，居民的饮食结构也就不一样。在气候寒冷的温带、寒带地区，人们对保暖御寒类产品有较大的需求，在气候炎热的热带、亚热带地区，人们对防暑降温类产品有较大的需求。纬度、湿度和温差等气候特征会对产品和设备的用途及功能产生影响。某些在温带地区能够正常使用的产品到了热带地区则很快就用坏了，若要正常使用往往需要经专门冷却或添加润滑剂。例如，一些制造商发现美国使用的建筑设备需要进行多方面的改进后，才能适应撒哈拉沙漠的热浪和沙尘。欧洲大陆的气候差异迫使西门子公司对生产的洗衣机进行了调整，在德国和斯堪的纳维亚地区因为天气晴朗的日子少，消费者无法将衣物挂到室外去晾晒，所以用洗衣机甩干的衣物必须比别处更干一些，因此在这些地区销售的洗衣机的转速不得低于 1 000 转/分，最高可达 1 600 转/分。而在阳光充足的意大利和西班牙，洗衣机的转速只有 500 转/分。

3. 城镇规模

城市是伴随人类文明与进步发展起来的，按照人口规模标准，城市可分为小城市、中等城市、大城市、国际化大都市、世界城市等，按城市综合经济实力和世界城市发展的历史来看，城市分为集市型、功能型、综合性、城市群等。目前，西方发达国家都完成了城市化，这不仅是富足的标志，而且是文明的象征。发展中国家正处在城市化的进程之中，城市化率的高低是一个国家或地区经济社会发展进步的主要反映和重要标志。城市的规模不同，城市的功能不同，人口数量不同，消费者的消费水平、消费规模和消费结构等方面存在较大差异，这也给国际营销企业的营销带来了很大的挑战。

(二) 人口变量与国际市场细分

按人口变量细分(Demographic Segmentation)就是按照年龄、性别、职业、收入、民族、宗教、国籍、教育程度等变量，将国际消费者划分为不同的消费者群体。由于人口变量比其他变量容易测量，有关数据相对容易获取，且适用范围比较广，因而人口变量一直是细分国际消费者的重要依据。消费者需求、偏好与人口变量有着很密切的关系，比如，只有收入水平很高的消费者才可能成为高档服装、名贵化妆品、高级珠宝等的经常买主。

1. 性别

按性别可将市场划分为男性消费品市场和女性消费品市场。不少产品在用途上有明显的性别特征。如男装和女装、男表与女表。由于生理上的差别，男性与女性的购买行为、购买动机等方面有很大差异，因此在产品需求与偏好上均有差别。美容美发、珠宝首饰、化妆品、服装等许多产业，长期以来都是按性别来进行市场细分的。美国的一些汽车制造商，过去一直是迎合男性要求设计汽车，随着越来越多的女性参加工作和拥有自己的汽车，现在这些汽车制造商正在设计具有吸引女性消费者特点的汽车。

2. 年龄

处于不同年龄阶段的消费者，由于生理、性格、爱好、经济状况的不同，对消费品的需求往往存在很大的差异。如青年人需要鲜艳、时髦的服装，老年人需要端庄、素雅的服饰。因此，可按年龄将市场划分为儿童市场、青年市场、中年市场、老年市场等许多各具特色的消费者群。从事服装、食品、书刊、药品、保健品、健身器材等产品营销的企业，经常采用年龄变量来细分市场。例如，Taylor Nelson AGB 把酒精饮料市场按照年龄分为四个消费者群体：喜欢 Alco pop 酒和灌装特级生啤的低端市场/年轻市场，偏爱特级瓶装生啤和苹果酒的高端市场/年轻市场，喜欢黑啤酒和烈性酒的低端市场/年长市场，格外偏爱超特级生啤酒和杜松子酒的高端市场/年长市场。

3. 收入

对于大多数消费品而言，国民收入是市场潜力唯一重要的细分变量和指示器。国际市场的人均收入相差很大，收入的多少直接影响消费者的需求欲望和支出模式。按人口变量进行国际市场细分，传统的方法是将国家按收入高低细分为高收入、中收入、低收入三类。一般而言，高收入国家的消费者重视产品的品牌、企业形象，需要良好的售后服务，低收入国家的消费者重视产品的功能和价格，对各种服务的要求较少。如果以单一的收入变量来进行国际市场细分，可以细分出一个三极市场：即美国、加拿大，日本和欧盟。三极市场占世界人口的大约 14%，却拥有世界产值的 70%多。世界的数据机床几乎 100%是在三极市场分销的，三极市场占有了电器产品世界需求的 90%。正因为如此，三极市场吸引了大部分的资本和消费品，是世界上最先进的消费社会。不但大多数产品创新发生在三极市场，而且三极市场还充当着消费观念的领导者，塑造着其余 86%的世界人口的购买和消费行为。这些数据告诉国际营销企业，谁忽略了三极市场的潜力，就会给自己带来危险。

4. 职业与教育

不同职业的消费者，由于知识水平、工作条件和生活方式等不同，消费需求存在很大的差异，如教师比较注重书籍、报刊方面的需求，文艺界人士比较注重美容、服装等方面的需求。受教育程度不同的消费者，在志趣、生活方式、文化素养、价值观念等方面都会有所不同，因而会影响他们的购买种类、购买行为、购买习惯。

除了上述方面，经常用于国际市场细分的人口变量还有家庭规模、国籍、民族、宗教等。实际上，大多数国际营销企业通常是采用两个或两个以上人口变量来细分国际市场的。

（三）心理变量与国际市场细分

心理状态直接影响着消费者的购买趋向，特别在比较富裕的社会中，消费者购买产品已不限于满足基本生活需要，心理因素影响购买行为的力量更为突出。按照心理变量细分(Psychographic Segmentation)，就是按价值观念、社会阶层、生活方式、个性特征、购买动机、购买态度等变量将消费者细分成不同的群体。

1. 价值观念和生活方式

心理细分的概念有些已经国际化了，其中最著名的心理细分系统就是由美国斯坦福研究所建立的价值观和生活方式系统(Values & Life Style System，VALS)。这个系统的理论前提是，个人的生活方式受自我导向和个人资源两方面因素的制约。自我导向是指人们自我社会形象形成的活动和态度，包括根据原则办事、在有价值的社会背景下寻找一个安全的地位、用确定的方法去影响环境等三种形式。个人资源包括心理方面的、体力方面的、人口统计方面的物质观和个人能力。

VALS对全美国2 500名消费者运用30条有关价值观念和生活方式的问题进行问卷调查，然后根据被访者的回答将成年消费者划分为八个细分类型，如图4－2所示。

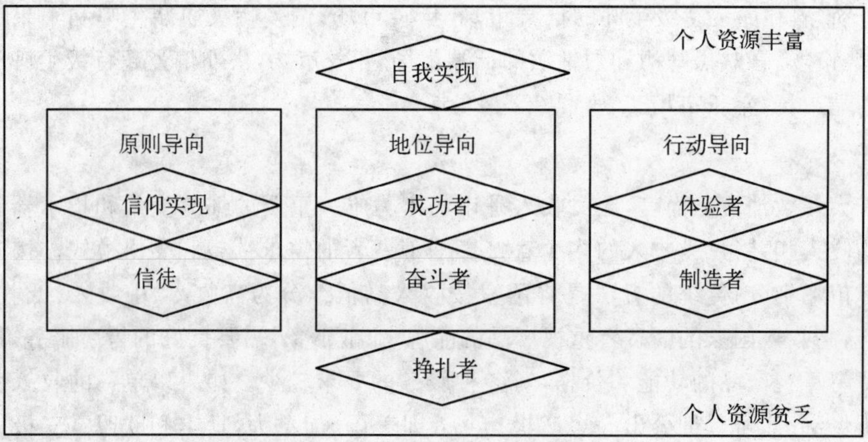

图4－2　VALS对消费者的细分

图4－2垂直方向表示个人资源，越高表示个人资源越丰富。VALS中八类消费者的特征如下：

(1) 自我实现者(Self-Actualizes)。自我实现者有很高的个人收入，受社会尊重，个人资源极为丰富，位于图4－2的最上方。这类消费者可以沉浸在任何享受中，生活独立、有个性，所购买或消费的产品都是市场上最好的。

(2) 信仰实现者(Belief Fulfillers)。信仰实现者是原则导向中的个人资源丰富者，是成熟的、有责任心的、受过良好教育的消费专家。这类消费者愿意接受新观点和社会的新变化，业余生活的主要场所是家，但对世界上发生的事情了解甚多。同时有很高的收入，能够随心所欲地购买或消费。

(3) 信徒(Believers)。信徒是原则导向中的个人资源贫乏者。这类消费者生活的中心是家庭、社区和国内，收入有限，喜欢本国货和老牌货。

(4) 成功者(Achievers)。成功者是地位导向中的个人资源丰富者，是经过艰苦努力取得成功的工薪阶层。这类消费者在政治方面保守，尊重权威，安于现状，喜欢从工作的成功中显示自己，在家庭消费中得到满足。

(5) 奋斗者(Strivers)。奋斗者是地位导向中的个人资源贫乏者，价值观念和成功者相同，但经济、社会和心理资源很少。这类消费者很注意时尚与流行，是追赶潮流的人。

(6) 体验者(Experiences)。体验者是行动导向中的个人资源丰富者，是所有细分小组中年龄最小的，平均 25 岁左右。这类消费者精力充沛，既喜欢参加体育锻炼和社会活动，又是贪婪的消费者，在服装、快餐、音乐和青年用品上舍得花钱，并喜欢尝试新产品和新服务。

(7) 制造者(Makers)。制造者是行动导向中的个人资源贫乏者，生活得很实际，并容易自足。这些消费者注重家庭、工作和运动，喜欢实用的产品。

(8) 挣扎者(Strugglers)。挣扎者的收入最少，个人资源极其贫乏，位于图 4-2 的最下方。这些消费者购买产品相对稳定，是全部细分类型中年龄最大的一类，平均为 61 岁。

2. 购买态度和价值观念

贝克斯白环球公司在被称为“全球扫描行动”细分市场研究中，将各国消费者的态度与价值观的数据组合起来，归纳出奋斗者、有成就者、受压力者、守旧者和适应者等五个全球性心理因素细分市场，这些细分市场代表了被调查的 18 个国家 95%的人口，如表 4-1 所示。

表 4-1　　全球扫描中的消费者细分

细分/国别	日　本	美　国	英　国
适应者	22%	19%	21%
守旧者	18%	17%	20%
受压力者	19%	15%	12%
有成就者	18%	23%	18%
奋斗者	23%	26%	29%

(1) 奋斗者(Strivers)。这一细分市场的组成成员多为生活非常充实、紧张的，时间和金钱都不充裕的 30 岁左右的年轻人。在成功欲望的驱使下，他们是事业成功的渴望者和物质享受的追求者。

(2) 有成就者(Achievers)。这一细分市场的组成成员的年龄要比奋斗者大，生活富裕、充满自信，正处于上升阶段并且已经取得了很大的成就。这是一群有地位意识的消费者，对于他们来说，产品质量与形象是最重要的。

(3) 受压力者(Pressed)。受压力者细分市场主要由各种年龄段的妇女组成，她们承担着持续的经济和家庭压力，生活问题困扰着这个市场中的人们。

(4) 适应者(Adapters)。这一细分市场主要由年龄较大的消费者组成，一般很满意自己的生活现状，并且能够保持他们的价值观，即使在面对变幻时也能保持乐观豁达的心情。

(5) 守旧者(Traditional)。这一细分市场由依恋过去，墨守传统文化价值观念的消费者构成，偏爱国货，喜欢老品牌。

全球扫描是识别不同国家消费者的相似之处的一个有用的工具，不仅如此，对于强调不同国家中细分市场之间的差别，它也同样有所帮助。例如，在美国，750 万第二次世界大战后生育高峰期出生的人使奋斗者和有成就者的数量增长了将近二分之一。而在德国，以奋斗者为例，该部分细分市场的成员年龄较大并且只占人口的小部分。全球扫描还指出了美国和加拿大人之间的重要区别，他们向来被认为只是同一地理细分市场——北美市场的两个不同部分。

同样，全球扫描也揭示了不同国家的奋斗者所处环境的显著区别。美国的奋斗者长期以来既缺乏时间，又缺乏资金，而在日本奋斗者却有着充足的财源。这些不同之处直接转化成了不同的偏好，美国的奋斗者购买汽车是出于娱乐、时髦以及值不值等考虑，而日本的奋斗者将汽车视作是其居室的延伸，又能借机添置窗帘和高级立体声系统等许多奢侈品。因此，即使同样是以奋斗者为目标市场，在这两个国家中也需要分别使用不同的产品定位和广告宣传。

3. 生活方式和社会阶层

达西马休奔宝公司在对欧洲消费者研究过程中，撰写了一个涉及 15 国的研究报告，取名为“欧洲消费者：营销神话还是文化必然?”在研究报告中，提出了成功的理想主义者、富裕的实利主义者、舒适的随大流者和愤愤不平的谋生者等四种不同生活方式的消费者群体。其中，前两个消费者群体代表了精华部分，而后两个消费者群体则是欧洲消费者的主流。

(1) 成功的理想主义者。这个细分市场包括 5%～20%的人口，成功的理想主义者在事业上和物质上均取得了成功，但仍然保持着对社会责任理想的承诺。

(2) 富有的实利主义者。这是一群有地位意识的“上层或准上层人物”，其中很多都是商界的专业人士。富有的实利主义者以自己独有的消费方式向其他人表达自己的成功。

(3) 舒适的随大流者。这一细分市场大约占一个国家人口的 25%～50%，像前面全球扫描中的适应者和守旧者一样，他们比较保守，对熟悉的消费环境感到最为习惯。随大流者十分满足于家庭、朋友和社区团体中的舒适气氛。

(4) 愤愤不平的谋生者。这一细分市场的消费者缺少权力和财富，绝不奢望升入上层社会，而是倾向于愤恨或者顺从。谋生者主要集中于市区周围高犯罪率的地区，尽管社会地位很低，生活态度能对社会的其他部分产生影响。

4. 购买动机和生活方式

杨鲁公司的跨文化消费者特征描述了 20 个国家的心理因素市场细分研究过程，其主要关注的焦点是目标、动机和价值，了解这些因素有助于判断消费者的选择。该研究的出发点是一项假设，即“人类行为中隐含着一些基本心理过程，它们与文化无关而且是如此的根本，人们能在全球的任何地方发现他们"。所划分出的三个大类七个小类如下：受制者(顺从的穷人和斗争的穷人)，中间的大多数(主流者、怀有抱负者和成功者)和革新者(转型者和改革者)。这些消费者群体的目标、动机和价值观分别可以存活、放弃和维生以及社会地位的改进、社会地位的自知和社会地位的利他主义(改革者)来形容。表4-2显示了这七组消费者群体的态度、工作、生活类型和购买动机特征。

表4-2 跨文化的消费者细分与特征

细分	态度	工作	生活方式(爱好)	购买动机(主要考虑)
顺从的穷人	不快乐	体力劳动	封闭	基本产品
	缺乏信任感	非技能性劳动	电视	价格
斗争的穷人	不快乐	体力劳动	运动	价格
	缺乏安全感	手工艺者	电视	折扣商店
主流人群	快乐	手工艺者	家庭	习惯
	随大流	教育或传授	花园	忠实品牌
怀有抱负者	不快乐	销售	流行的运动	标新立异
	有野心	白领阶层	时尚杂志	信誉
成功者	快乐	管理	旅行	奢侈
	勤勉	专业人士	饭馆就餐	质量
转型者	反叛	学生	艺术/手工艺	冲动
	慷慨	健康领域	专业期刊	独特
改革者	内心不断成长	专业人士	阅读	生态环境
	改变世界	企业家	文化事件	成熟的产品

5. 购买决策和国家财富

由美国Roper Starch公司完成的对40个国家的40 000名消费者的整体研究显示，国际市场上有以下四类消费者，他们的购买决策在很大程度上受国家财富的影响。

(1) 交易者。这是一个受过良好教育的消费者群体，年龄中间值为32岁，有稳定的工作和中等的收入水平，购买时把精力集中在购买过程上。交易者占样本总数的29%。

(2) 价格寻求者。这一消费者群体大部分是退休人员和受教育程度最低的人，收入一般，而且女性多于男性，购买时最看重的是产品本身具有的价值。价格寻求者占样本总数的27%。

(3) 品牌忠诚者。这一消费者群体大多数为男性，年龄中间值为36岁左右，接受过中等教育，工作一般，是最不富裕的群体。但是购买时强调品牌，是品牌忠诚者。品牌忠诚者占样本总数的23%。

(4) 奢侈品率先接受者。这一消费者群体文化水平和收入最高的群体，大部分为男性专业人士和高级管理人员，年龄中间值为32岁。奢侈品率先接受者是最富有的购买者和消费者，在购买时寻求新的、有名望的品牌，占样本总数的21%。

在美国，37%的人是交易者，36%为价格寻求者，17%为奢侈品率先接受者，11%为品牌忠诚者；交易者是亚洲、拉丁美洲和中东市场的主流；价格寻求者则是欧洲和日本的主流。

价格寻求者主要存在于竞争激烈的发达国家市场，像欧洲和日本，那里的消费者一般不能议价或讨价还价。交易者更多地出现在发展中国家市场，在那里，品牌竞争较少，传统的集贸市场和露天市场还很盛行，购买过程是乐趣的一部分。美国介于这两种风格之间，因为它内部多种文化并存，而且消费者可以在许多零售网点，甚至大型品牌店讨价还价。

(四) 行为变量与国际市场细分

行为变量能直接地反映消费者的需求差异，因而成为市场细分的最佳起点。按行为变量细分(Behavioral Segmentation)，就是按照购买或使用某种产品的时机、追求的利益、使用数量、使用状态、对品牌的忠诚度等变量对消费者进行细分。

1. 购买时间

根据消费者提出需要、购买和使用产品的不同时机，将他们划分成不同的群体。许多产品的消费具有时间性，烟花爆竹的消费主要在春节期间，月饼的消费主要在中秋节以前，旅游点在旅游旺季生意最兴隆。因此，企业可以根据消费者产生需要、购买或使用产品的时间进行市场细分，如航空公司、旅行社在寒暑假期间大做广告，实行优惠票价，以吸引师生乘坐飞机外出旅游；商家在酷热的夏季大做空调广告，以有效增加销量；双休日商店的营业额大增，而在元旦、春节期间，销售额则更大等。因此，企业可根据购买时间进行细分，在适当的时候加大促销力度，采取优惠价格，以促进产品的销售。

2. 追求的利益

根据消费者追求的利益进行市场细分。消费者购买某种产品总是为了解决某类问题，满足某种需要。然而，产品提供的利益往往并不是单一的，而是多方面的，消费者对这些利益的追求有侧重。Haley曾做过一项牙膏市场研究，发现牙膏消费者所追求的利益有低价格、防蛀牙、洁白牙齿、味佳等四项。他还进一步分析了追求不同利益的消费者群体的特征，发现看重低价格的人具有独立性；看重防蛀牙的人是忧虑者，大多属于大家庭；看重洁白牙齿的人重视社会交际，大多属抽烟者或单身汉；讲求味佳的人重视享受。从这些发现中，牙膏制造商就可以生产出具有能够满足消费者不同利益的产品，或者生产不同牌子的牙膏，各自突出某项利益，并借助广告将信息传播给寻求此利益的消费者群体。

3. 使用数量

根据消费者使用某一产品数量的大小进行市场细分。根据产品的使用量可将消费者细分为少量使用者、中度使用者及大量使用者。大量使用者可能占市场总人数的小部分，但消费量在全部消费量中占很大的比重。美国一家公司发现，80%的啤酒是被50%的消费者消费掉的。因此，啤酒公司宁愿吸引大量饮用啤酒者，而放弃小量饮用啤酒者，并把大量饮用啤酒者作为目标市场。公司还进一步了解到大量饮用啤酒的人多是工人，年龄在25～50岁之间，喜欢观看体育节目，每天看电视的时间3～5小时。很显然，根据这些信息，企业可以大大改进定价、广告传播等方面的策略。

4. 使用状态

一个市场可根据消费者的使用状态分为从未使用者、曾经使用者、潜在使用者、初次使用者及固定使用者等细分市场。市场占有率高的公司对潜在使用者的开发特别有兴趣；相反地，小公司仅能尽力吸引固定使用的消费者购买自己的产品。潜在使用者和固定使用者所需要的沟通方式与营销方式是不同。对潜在使用者来说，可能有多种原因阻挠其使用产品。例如，香烟的潜在使用者，是目前不抽烟的成年人；汽车的潜在使用者，是有经济能力而目前未购买者。再者，人们也可以因为对产品的不了解或心理上抵抗等原因，而处于潜在使用者的状态。一个有意转变潜在使用者成为真正使用者的企业，必须小心区别潜在购买者的可能原因。若是对产品不了解，则必须加强广告宣传，扩大产品知名度；面对心理抵抗的现象，则必须设计美妙韵律的广告，以克服抵抗力。

5. 对品牌的忠诚度

根据消费者对产品的忠诚程度，可将消费者划分为坚定品牌忠诚者、多品牌忠诚者、转移的忠诚者、无品牌忠诚者等。通过了解消费者品牌忠诚情况和品牌忠诚者与品牌转换者的各种行为与心理特征，不仅可为企业细分市场提供一个基础，同时也有助于企业了解为什么有些消费者忠诚本企业产品，而另外一些消费者则忠诚于竞争企业的产品，从而为企业选择目标市场提供启示。另外，企业必须辨别忠诚的消费者，更好地满足忠诚者的需求，必要时给忠诚者以某种形式的回报或鼓励。

三、国际市场细分的方法

市场细分的方法主要有组合细分法、单一变量法、主导因素排列法、综合因素细分法、系列因素细分法等。

（一）组合细分法

1980 年，里兹克拉（Elias G. Rizkallah）提出了一种新的、以战略计划为基础的划分国际市场的方法，称为组合细分法。组合细分法从国家潜力、竞争优势和风险三个方面分析世界各国，从而把各国分成十八类，如图 4-3 所示。

		竞争优势				
		强	中	弱		
风险	大				大	国家潜力
					中	
					小	
	小				大	
					中	
					小	

图 4-3 国际市场组合细分法

(1) 国家潜力（Country Potential）。在组合细分法中，国家潜力是指在一个特定的国家中，企业的产品或服务的市场潜力，即产品销售潜量。国家潜力是建立在人口规模、经济增长率、实际国民生产总值、人均国民收入、人口分布、工业生产和消费模式等因素基础上的。根据以上因素，可以将国家潜力分为大、中、小三个等级。

(2) 竞争优势(Competitive Advantage)。竞争优势是企业在国际市场竞争中的力量或优势。企业竞争优势既受内部因素的影响，也受外部因素的影响。在一个特定的国家中，内部因素包括企业在该国的市场份额、企业资源条件，包括企业对该国市场的了解程度，以及企业适应该国特点的能力和优势。外部因素包括同一产业中竞争对手的优势，来自替代产品的竞争以及国内外的产业结构。根据以上两个因素，可以将竞争优势分为强、中、弱三个等级。

(3) 风险(Risks)。风险是指企业在一个特定的国家中面临的政治风险、财务风险和业务风险(如消费者偏好的转移)，以及各种能够影响利润、资金流动和其他营销绩效发生变化的因素。影响风险大小的因素主要有企业对目标市场国政策的敏感性，企业所在国与目标市场国的政治关系，目标市场国的消费者对企业产品的依赖程度，目标市场国的民族情绪、通货膨胀情况、货币政策、基础设施、自然条件等。根据以上因素，可以将企业风险分为大、小两个等级。

组合细分法考虑了与营销密切相关的国家潜力、竞争优势和风险三个维度，全面地反映了多国环境；把风险单独作为一个维度，更符合实际情况，因为许多国家虽有较大的潜力和吸引力，但同时也有不同程度的风险；每个维度都由若干因素构成，是多元因素的综合计量。例如，无论是国民生产总值还是收入水平，单凭一个因素都不足以表示整个国家的市场潜力；该方法使用了18个小单元的矩阵，国家潜力和竞争优势都有三个层次，风险为两个层次。这是很重要的，因为世界上不仅有大和小，强和弱，而且有中间位置。

组合细分法对分析市场机会、进行国际市场细分很适用。然而，在实施过程中，需要大量的信息，并不是所有企业都有能力进行的。

(二) 两阶段细分法

1. 两阶段细分法概述

两阶段细分法是Cardozo、Wind等人在1973年提出的。1980年，Comfrey、Gary扩展了这种方法，在细分时考虑了采购过程的结构以及这一过程涉及的组织、人员的参与程度。这种方法奠定了市场细分的理论基础，展示了市场细分的复杂性。

国际市场细分分为宏观细分和微观细分两个阶段。宏观细分是整个国际市场细分过程中的第一步，是微观细分的基础，因为企业首先确定进入哪些国家，然后才能进一步在某国进行一国之内的细分。两阶段可分离，而是否需要微观细分，取决于宏观细分的结果是否满足了企业目标和营销策略的有效对应。最终细分的程度控制取决于企业对细分的成本和预期利益的态度。

2. 宏观细分

世界上有200多个国家的市场，企业要进入所有国家市场是不现实的。因此企业倾向于进入某些贸易区，如欧盟、东盟、北美自由贸易区，或是单纯的地理区域，如大洋洲、东南亚、中东、非洲，把这些市场当作相对独立的单元。企业究竟进入哪些市场最有利，这就需要根据经济、文化、地理等标准把整个国际市场分为若干子市场，每一个子市场具有基本相同的营销环境。企业可以选择某一组或某几个国家作为目标市场。因此，可以根据经济和文化特点的相似性划分国家，从市场机会的角度来看具有相似性的国家可以归到一起。这种基于某些变量划分国家的方法称为宏观细分。

宏观细分由基于相似特点的一组国家组成，这些特点从市场目的的角度来说比较重要。宏观细分可以在诸如人均国民生产总值，地理位置等单一变量的基础上细分国际市场，同样宗教、政治制度、文化因素也可充当宏观细分的标准。另外，也可在几个变量合成的基础上进行细分。

国际市场宏观细分有以下几个步骤：确定划分国际市场的方法，即确定细分标准；根据这些标准，将所有具有共同特点的国家划为一组，即构成子市场；了解满足每一个子市场的需求，对企业资源条件的要求；根据本企业的特点，分析本企业满足哪些子市场最适当，最有优势；满足该子市场的需求，应采取的措施。

3. 微观细分

当企业决定进入某一国外市场后，会发现当地市场消费需求仍有差异，企业不可能满足该国所有消费者的需求，而只能将其细分为若干个子市场，满足一个或几个子市场的需求，这种含义上的国际市场细分叫做微观细分。微观细分类似于国内市场细分，因此国内市场的细分标准也是国际市场的细分标准。

对于竞争激烈的国际市场，以为只要进行国际市场的细分就能在营销上获得成功的认识是片面的。因为尽管国际市场细分是识别机会、发现机会的有效手段，但并不是所有的国际市场细分都是有效的。过度细分可能会影响企业的销售业绩；细分不当也可能招致营销上的失败。

（三）单一变量法

1. 单一变量法概述

单一变量法（Simple Variable Method）是指根据营销调研的结果，把选择影响消费者需求最主要的因素作为细分变量，从而达到市场细分的目的。这种细分法以企业的营销实践、产业经验和对消费者的了解为基础，在宏观变量或微观变量之间，找到一种能有效区分消费者并使企业的营销组合产生有效对应的变量而进行的细分。

这种细分方法的形成过程以描述为主。虽然与科学的严密性相距甚远，但它的有效性和实用性已越来越受到实际工作者的瞩目。哪一种细分变量应该作为细分标准？1980 年，Parasuraman 指出，在对供应者进行市场细分时，应将供应者的表现变量，如交付速度和质量作为细分变量。把市场细分原理运用到对供应者的市场细分上，表现了该市场的互动性。1987 年，Min 和 Galle 从企业竞争发展的角度，提出消费者的环境意识和品德应作为细分的变量。1991 年，Laughlin 和 Taylor 提出将可控制的营销变量考虑进去，把那些对营销变量反应相似的消费者归为一个细分市场。1998 年，Michael 和 Thomas 以实证研究的方法，指出市场细分的首选变量是人际行为变量。

2. 单一变量法的特点

单一变量法是最简单的市场细分方法，其最初形式是从人口因素或社会经济特征因素中寻找并确定哪些因素可以用于划分市场，并从中识别出重要且有价值的细分市场。由于影响消费者需求的因素是多种多样的，一些因素又相互交叉在一起，共同对某种需求产生影响。例如，性别与年龄、职业与教育、收入与个性等交织在一起，影响消费者需求的增减变化。所以单一变量法来细分市场，只能是一种概括性的细分，也就是所谓“求大同，存小异”。

3. 单一变量法应用

单一变量法是一种很有用的工具，优点是可以以二手资料为基础进行细分。经验表明，玩具市场需求量的主要影响因素是年龄，可以针对不同年龄段的儿童设计适合不同需要的玩具。例如，乐高(Lego)玩具公司通过年龄进行市场细分，为适应年龄在 0～5 岁之间儿童的成长需要，开发了多种组合玩具。其中的 Duplo 是针对学龄前儿童开发的产品，主要是会出声的手动玩具，这些玩具并不直接引导孩子进行拼装，但确实有一套明确的思路来引导孩子成为拼装玩具的专家(大块而颜色鲜明的方块和其他形状的部件，可以随意组合成各种各样的玩具)。性别也常作为市场细分变量而被企业所使用，妇女用品商店、女人街等的出现正反映出性别标准为大家所重视。性格特征在某些市场上作用明显的话，如吸烟(这反映对药物的依赖)及使用体臭剂(这反映的是消费者的焦虑)，那么性格特征在这些市场上就是最有力的细分工具。

(四) 多种变量法

1. 多种变量法的概述

多种变量细分法(Multiple Variable Method)是指以两种或两种以上影响消费需求较大的因素为细分变数，以达到更为准确地细分市场的目的。多种变量法与单一变量法相比，最大的差别在于，多种变量法同时考虑多种变量，并以对多种变量的衡量为基础进行市场细分。由此产生了居民小区分类、社区分类系统，以及价值和生活方式分类等多种不同的消费者细分方案。这些方案都是使用聚类分析的技巧，对大量数据进行分析后得到的。这种方法一旦形成，任何竞争者都可以采用，因而竞争优势不容易保持。

2. 多种变量法的运用

最早的多种变量细分法是在 20 世纪 60～70 年代对各种性格特征因素的大量应用。当时，研究人员试图对性格进行分类，使之像社会经济因素一样，与消费者的购买决策和消费模式相关联。国际营销研究者尝试将各种人口特征结合在一起，提出了消费者生命周期的模型。在消费者生命周期模型中，综合年龄、婚姻状况和家庭成员等因素，共同确定生命周期阶段。这种细分方法已经在旅游、保险、住房、婴儿产品和耐用消费品市场上得到了广泛应用。

英国一家从事营销调研的公司结合消费者生命周期、职业和收入，设计了一个市场细分方案，将生命周期的四个阶段(依靠父母阶段、婚前阶段、组建家庭阶段、中老年阶段)，两种收入水平(较好、较差)，以及两种职业(蓝领、白领)结合在一起，并以这三个变量为基础，将市场分成了 12 个不同的群体，每一个群体都有不同的需求和行为模式。

福特公司为自己的汽车产品确定了四个基本的生活方式细分市场：传统主义者(追求木制、真皮)、自由主义者(对环境和安全特性很敏感)、生活幸存者(追求最小的财务风险，因此会选择最便宜的)和冒险者(实实在在地喜欢汽车,并想要符合自我形象的特定车型)。

目前,根据生活方式细分市场主要涉及三个方面的问题:活动(休闲、运动、娱乐、旅游、购物行为、慈善工作),有他人的相互影响(自我认知、个性,作为母亲、妻子、丈夫、儿女的角色认知,社会交往,与他人的交流,意见领袖),以及见解(政治、社会和道德问题,经济与商业问题)。

3. 多种变量法的分类

根据对多种变量重视和应用的状况,多种变量法可以细分为主导变量排列法、多项变量组合法、多项变量矩阵法和系列变量组合法。

(1) 主导变量排列法。主导变量排列法是指一个细分市场的选择存在多变量时,可以从消费者的特征中寻找和确定主导变量,然后与其他变量有机结合,确定的细分的市场。这种方法简便易行,但难以反映复杂多变的消费者的需求。如按性别细分化妆品市场,按年龄细分服装市场等。在女青年服装市场上,年龄与收入是影响服装选择的主导因素,职业、婚姻、气候等变量则居于从属地位。无论是主导变量还是从属变量中任何一项变量的变动,都可以形成新的细分市场。

(2) 多项变量组合法。在有些市场中,影响细分的变量的地位与作用是并列的,很难区分出主导因素,这时可采用多项变量组合法进行市场细分。例如,生产洗发用品的企业,其消费者既有女性,又有男性,而且是处于幼年、青年、中年、老年不同生活阶段的消费者;头发性质不同的消费者,对洗发用品有不同的需求;消费者的洗发目的也有美容与药用的区别。在这种情况下,采用多项变量组合法对洗发用品进行的市场细分如图 4-4 所示。

用途	性质＼性别／阶段	男性				女性			
		幼年	青年	中年	老年	幼年	青年	中年	老年
美容	干性								
	中性								
	油性								
药用	干性								
	中性								
	油性								

图 4-4　洗发用品市场细分图

在图 4-4 中,一共形成了 48 个(2×4×2×3)细分市场,企业可以选择一个或几个作为自己的目标市场。

(3) 多项变量矩阵法。当市场受到两个以上变量制约时,可以选择几项主要变量排列成矩阵关系,综合各种变量的影响进行市场细分。多项变量矩阵法适用于消费者对某一产品需求的差异化是由多个变量综合影响所致的情况。

在实际营销中,经常用年龄、性别、收入细分服装市场。图 4-5 是根据年龄、性别和收入三个变量所组成的矩阵图,图中共有 18 个(3×3×2)不同的细分市场。真正的市场细分

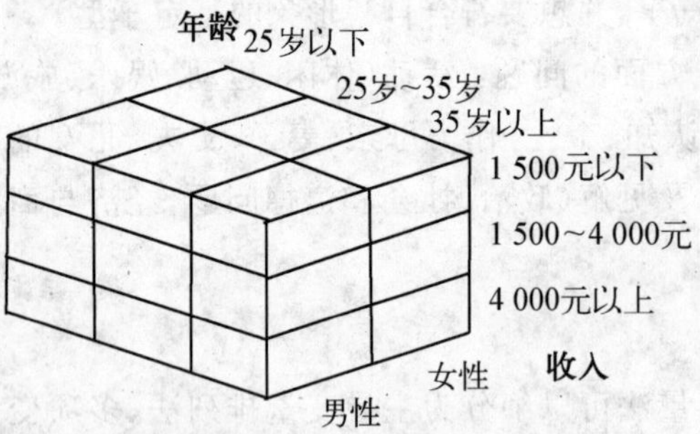

图 4－5　多项变量矩阵法

不以分割市场为目的，而是以发现未满足的市场为目的。如果不理解市场细分的这一实质，那么很容易陷入为细分而细分的陷阱，使营销因细分而变细小。

(4) 系列变量组合法。系列变量组合法适用于影响市场需求的因素较多，企业需要综合考虑各变量的影响程度，在系列变量中选择两个作为细分变量进行细分的方法。这种方法可使细分市场更加明确而具体，有利于企业更好地选择目标市场和制定相应的市场营销策略。

以中国某食品进出口公司对日本冻鸡市场细分过程为例：以消费者习惯和购买类型两个因素为细分变量。以消费者习惯为变量可将日本冻鸡市场分为净膛全鸡、分割鸡、鸡肉串等三类需求子市场。按购买类型不同可将日本冻鸡市场分为饮食业用户、团体(企业集团)用户、家庭用户等三个需求子市场。两个变量交错进行细分，日本冻鸡市场就分为九个细分市场，如图 4－6 所示。

购物类型 / 消费者习惯	家　庭	饮食业	团　体
净膛全鸡	A	D	G
分割鸡	B	E	H
鸡肉串	C	F	I

图 4－6　日本冻鸡市场细分方案

该公司可根据竞争对手和自己的资源情况，从九个细分市场部分中选择一个或若干个作为自己的目标市场。

(五) 多层次变量法

从主观上讲，为了更准确地细分某个整体市场，应考虑多选几个细分变量，并且将每个变量产生的不同特征尽量考虑周全。但是，这样会导致该整体市场一下被细分为许多子市场。可见细分变量的多少及各变量所产生的具体特征数与子市场数间为一等比级数增长关系。市场确实被细分化了，但最终使确定企业的目标市场发生极大困难。多层次变量法就是为克服这一缺陷而设计的细分方法。

多层次变量法(Multistage Variable Method)是当整体市场所涉及的变量有多项，并且各变量是按一定的顺序依次排列时，企业依据影响需求倾向的多种变量素对市场进行由大到小、由粗到细、由浅入深，逐步进行细分的方法。多层次变量法将市场会变得越来越具体，选择目标市场越来越具有针对性。

以某一铝制品公司的市场细分过程为例，公司选择三个变量，用三个层次对铝制品需求市场进行多层次细分，图 4－7 所示。

第一层的细分变量为最终消费者，将市场分为汽车制造业、住宅建筑业、饮料容器制造

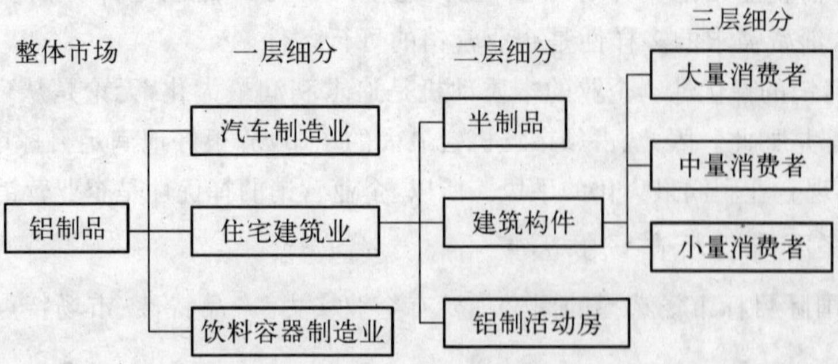

图 4-7　铝制品市场多层次变量细分图

业等三个子市场。假定经过分析对比以住宅建筑业为样本市场。

经过分析发现该样本市场内消费需求仍存在差异，就选择产品用途变数进行第二层细分，得到半制成品、建筑构件和铝制活动房等三个市场。

假定该层中又确定建筑构件市场为样本市场，分析后再按消费者规模作为第三层细分的变量，得出大、中、小三个子市场。

最后公司选择大量消费者为样本市场，公司对整体市场的宏观细分结束。在对大量消费者的进行分析研究后，再以消费者的要求为变量对其作微观细分。最终选定重视产品质量的大量使用者为目标市场。

第二节　国际目标市场

国际营销企业在对国际市场细分后，要从若干细分市场中选择一个或多个细分市场作为自己要进入的目标市场国。如何选择目标市场国、采用目标市场战略和目标市场覆盖等问题是本节研究的主要内容。

一、国际目标市场选择

(一) 选择国际目标市场的原因

所谓目标市场(Target Market)，就是企业要进入的一个或几个子市场，即企业投其所好为之服务的那部分消费者。国际目标市场是在国际市场细分的基础上，国际营销企业决定要进入的那些具有相似特点的一个国家、一组国家或几组国家的市场。

任何企业在市场细分的基础上，都要从众多细分的市场中选择一些有营销价值的、符合企业营销目标的子市场作为自己的目标市场，然后根据目标市场的需求与企业的资源，实施企业的营销战略与策略。

企业选择目标市场的原因具体表现为以下三个方面。

(1) 企业资源的有限性。物质资源是无限的，但可供企业使用的资源却是有限的。因此，任何企业无论规模有多大，都不能生产所有的产品满足消费者的所有需要。可以说，企业资源的有限性是企业营销的限制条件。

(2) 消费需求的多样性。市场上有许许多多的消费者，而这些消费者又有多种多样的需求。因此，任何企业无论实力有多强，也只能生产部分产品满足部分消费者的多样性需求。也就是说，消费需求的多样性是企业营销的可行条件。

(3) 企业营销的择优性。企业的本质动机是追求利润最大化，无论是从事国内营销或是进行国际营销都是如此。因此，占领市场机会最大的子市场，很好地满足目标市场或目标市场国的需要，是实现企业利润最大化的手段。所以，企业营销的择优性是企业营销的追求目标。

(二) 选择国际目标市场的因素

影响企业国际目标市场选择的因素主要有企业实力、产品特性、市场特点和竞争者的策略四类。

(1) 企业实力。企业实力是指企业资金、技术、设备、品牌、形象、竞争力、管理水平、员工素质等状况。如果企业实力雄厚，如拥有大规模的生产能力、广泛的分销渠道、好的内在质量和品牌信誉等，可以考虑实行无差异化营销战略；如果企业拥有雄厚的设计能力和优秀的管理素质，也可以考虑实行差异化营销战略；而实力较弱的中小企业，适宜采用集中性营销战略。企业刚进入市场时，选择集中性营销战略或小范围的差异化营销战略取得成功的可能性比较大。

(2) 产品特性。产品的同质性表明了产品在性能、特点等方面差异化的大小，是企业选择目标市场时必须考虑的因素之一。一般而言，对于同质性高的产品如食盐等，宜实行无差异化营销战略；对于同质性低或异质性产品，差异化营销或集中性营销是恰当选择；对刚进入介绍期的产品，适宜采用无差异化或集中性营销战略；当产品进入成长期和成熟期后，随着竞争的加剧，需求向深层次的发展，企业应采用差异化营销战略，开辟新的市场，延长产品生命周期；当产品进入衰退期后，企业适宜采用集中性营销战略，以有限的产品满足特定目标市场的需求。

(3) 市场特点。供与求是市场的两大基本力量，供求的变化趋势是决定市场发展方向的根本原因。在供不应求背景下，企业重在扩大供给，宜采用无差异化营销战略；在供过于求背景下，企业重在扩大需求，宜采用差异化或集中性营销战略。从消费需求的角度来看，当消费者对产品的需求偏好相似时，可采用无差异化营销战略；反之，采用差异化和集中性营销战略。

(4) 竞争者的策略。一般来说，当竞争者实行无差异化营销战略时，企业应采用相反的战略；当竞争者实行差异化营销战略时，企业应当在进一步细分的基础上，研发新产品，采用差异化或集中性营销战略。

(三) 选择国际目标市场的过程

企业选择国际目标市场的过程包括对所有国家进行筛选、确认目标市场国和目标市场国的评价三个阶段。

1. 对所有潜在目标市场国进行筛选

进行初步筛选的目的是缩小国际目标市场国的选择范围，降低进一步评估的成本。筛选过程可分为三个具体步骤：

(1) 剖析潜在目标市场国消费者的特征。通过对现有或潜在消费者的消费行为和特征进行分析，有利于企业选择最能发挥自身竞争优势的细分市场作为目标市场国，迅速有效地占领国际市场。对目标市场国消费者的消费行为和特征进行分析时，一般要综合考虑消费者的年龄、性别、教育程度、收入水平、社会阶层、生活方式等因素。

(2) 直接估算潜在目标市场国的市场潜力。一是从企业能够获得的统计资料入手，找出影响目标市场国市场潜力的各项因素；二是通过回归分析方法找出各项因素对目标市场国市场潜力的影响程度；三是推算出未来一定时期内目标市场国的市场潜力。

(3) 间接估算潜在目标市场国的市场潜力。主要是通过一定时期内潜在目标市场国的宏观经济指标，如国内生产总值、国民收入、物价指数、进出口贸易量的分析，从中间接推算目标市场国的市场潜力。

2. 目标市场国的取舍

在对上述资料有了全面掌握和系统分析后，企业运用市场选择指数法初步作出接受或放弃的决策。首先确定影响企业在某一细分市场上销售前景的影响因素，其次赋予相应的权数并对各影响因素的现状进行评价，最后以各个细分市场的加权得分作为市场选择指数，从而选择得分高者作为企业要进入的国际目标市场国。

假设有 n 个细分市场，有 m 个市场因素，则市场选择指数法的计算公式为：

$$V_k = \sum a_i X_{ik} \quad k = 1,2,\cdots,n$$

其中，V_k 为第 k 个细分市场的市场选择指数；a_i 为第 i 国影响因素的权数，且 $\sum a_i = 1$；X_{ik} 为 k 个细分市场在第 i 个影响因素的评分，且有 $0 \leqslant X_{ik} \leqslant 100$。

例如，某电视机制造商欲进入国际市场从事国际营销，现有美国、英国和德国三个细分市场备选。影响电视机在每个细分市场销售前景的因素为五个，通过国际营销调研得知各影响因素及相应的评分如表 4-3 所示。

表 4-3　　市场选择指数计算表

影响因素	权数	市场细分评分			细分市场加权得分		
		美国	英国	德国	美国	英国	德国
市场现实需求量	0.20	40	50	30	8	10	6
市场潜在需求量	0.30	60	80	40	18	24	12
人均国民收入	0.10	90	80	90	9	8	9
竞争状况	0.30	60	90	80	18	27	24
经济周期状况	0.10	90	70	80	9	7	8
合　计	1.00	—	—	—	62	76	59

从表 4-3 数据可得：

$$V_1 = \sum a_i X_{i1} = 0.2 \times 40 + 0.3 \times 60 + 0.1 \times 90 + 0.3 \times 60 + 0.1 \times 90 = 62$$

同理可得：$V_2 = \sum a_i X_{i2} = 76$，$V_3 = \sum a_i X_{i3} = 59$

可以看出，英国的市场选择指数最高，因而可以优先考虑将英国作为国际目标市场国。

3. 目标市场评价

在进行了目标市场国取舍，即确定进入某一个目标市场国以后，接着就应该进行目标市场评价，进一步确定占领什么样的市场，为消费者提供什么样的产品或服务。目标市场评价是借助企业在细分市场的吸引力和企业服务于细分市场拥有的现有和潜在的竞争优势这两个维度进行的。根据这两个维度，可以给企业带来吸引力和竞争优势各异的九个目标市场，或最优、次优、避免、尽量避免四类目标市场，如图 4-8 所示。

		细分市场的吸引力		
		小	中	大
竞争优势	弱	坚决避免	避免	可能
	中	避免	可能	次优目标
	强	可能	次优目标	最优目标

图 4-8 目标市场评价图

细分市场的吸引力大和企业服务于细分市场拥有的现有和潜在的竞争优势强的细分市场是最优目标市场，但这种细分市场几乎不存在。

细分市场的吸引力大和企业服务于细分市场拥有的现有和潜在的竞争优势中的细分市场，以及细分市场的吸引力中和企业服务于细分市场时现有和潜在的竞争优势强的细分市场是次优目标市场，是企业的首选或现实的选择。

细分市场的吸引力小和企业服务于细分市场拥有的现有和潜在的竞争优势弱的细分市场，是投资大于收益的细分市场，在营销中企业应坚决避免。

运用目标市场评价方法，企业能够识别与特定市场相关的各个因素，并根据重要性赋予权数。分析中用到的主观选择和各因素的权数保证了该方法是针对特定企业需求而建立的。选择因素和为各因素赋予权数的过程，就是国际营销企业熟悉所面对的市场实际情况的过程，这是一段有价值的经历。国际营销企业借助营销调研或经济分析，可以更加客观地评估适合的因素。

一旦因素被确定和权数被赋予，每个细分市场按"优秀＝5"到"差＝1"标度评估，通过加权计算，就可以得出企业在细分市场的吸引力和企业服务于细分市场时现有和潜在的竞争优势这两个维度的得分。然后，可以进行敏感度分析，测量出单个因素不同的权数带来的影响，以及目标市场在每个因素上的评估结果。图 4-8 中细分市场的吸引力，由市场、经济、竞争、商业环境等四个因素构成，如图 4-9 所示。

市场因素	经济因素
子市场的规模，子市场的增长率 产业演进阶段，价格单性 消费者的讨价还价能力	进入和退出壁垒，利润水平 最低规模经济要求 供应商的讨价还价能力
竞争因素	**商业环境**
市场结构，竞争质量 替代品的威胁，差异程度	经济波动，政治与法律情况 管制程度，社会接受程度

图 4-9 影响细分市场吸引力的因素

图 4－8 中企业现实或潜在竞争优势，由当前地位、经济与技术地位和能力组合等三个因素构成，如图 4－10 所示。

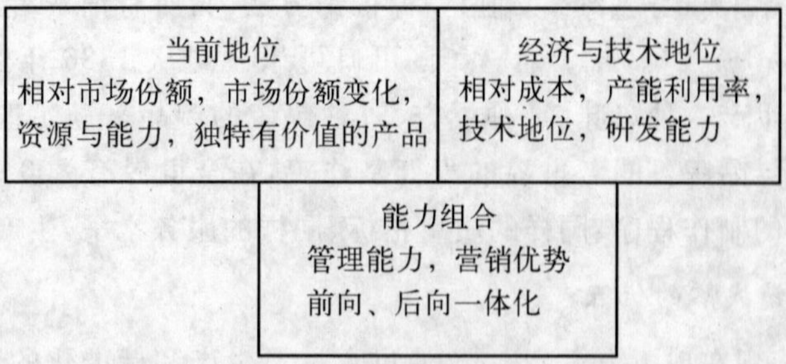

图 4－10　影响企业竞争优势的因素

以图 4－11 中假想的公司为例，计算所得到的模型可用于客观地评估和讨论不同的备选市场。

		细分市场的吸引力		
		小	中	大
竞争优势	弱		⑦	③
	中		⑥ ⑤	②
	强	④	①	

图 4－11　假想公司的目标市场评估

在理想的情况下，公司会寻找图 4－11 右下角的目标市场。如上所述，细分市场的吸引力大和竞争优势强的细分市场是不存在，因此权衡选择应在两者之间进行：进入公司现在已经或可能变得强大，但吸引力中等的子市场，如目标机会 1；或者选择抓住更具有吸引力，但公司竞争力中等的子市场，如目标机会 2。为了建立可防御的市场地位，目标机会 1 坚守具有现有或潜在优势的领域常常更有意义。实际上，很多人都建议，大多数公司最好去巩固尽管吸引力明显稍弱，但可利用自身优势的市场；而不是进入看起来很有吸引力，但自己仅有一般或较弱实力的细分市场。

当竞争优势很弱时，企业应该避免在吸引力中等的市场进行投资，如目标机会 7；除非在非常有吸引力的市场，如目标机会 3，企业能够建立或者通过并购引进某些优势。与此类似，除非特殊的公司优势能够利用市场机会盈利，否则应该尽量避免在不具有吸引力的市场进行投资，如目标机会 4。在吸引力中等，公司的优势中等市场中，应该有选择地投资，如目标机会 5、目标机会 6。

二、国际目标市场战略

（一）无差异化营销战略

无差异化营销战略（Undifferentiated Marketing Strategy）就是企业把整个市场作为自

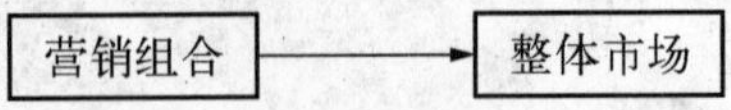

图 4－12　无差异化营销战略示意图

己的目标市场，只考虑市场需求的共性，而不考虑其差异，向整体市场提供标准化的产品，运用一种价格、一种渠道、一种推销方法，为所有消费者服务，如图 4－12 所示。美国可口可乐公司从 1886 年问世以来，一直采用无差异化营销战略，生产一种口味、一种配方、一种包装的产品来满足世界 156 个国家和地区的需要，创造了世界品牌。闻名世界的肯德基炸鸡，在全世界有 800 多个分公司，都是同样的烹饪方法、同样的制作程序、同样的质量指标、同样的服务水平，生产同样很红火。

1. 无差异化营销战略的优点

该战略的优点表现在以下方面：第一，通过大批量生产和标准化的营销活动，实现规模经济，取得规模经济效应，降低生产成本；第二，依赖广泛性的分销渠道和大众化广告，在消费者心中树立统一的产品和品牌形象；第三，单一产品线使贮存、运输、配送等资源配置都集中在一种产品上，可减少各种物流成本；第四，无差异的广告计划能使企业经由大量使用而获得媒体的价格折扣；第五，用单一产品满足所有消费者的需要；不必进行市场细分所需的营销研究与规划，可降低营销研究的成本与管理费用；第六，单一的产品生产，使产品质量有保证，也会使管理工作变得简单而有效率。

2. 无差异化营销战略的缺点

该战略缺点表现在以下方面：第一，忽略了不同目标市场国消费者的不同需求，在一定程度上丧失了许多国际市场机会；第二，消费者的需求是不断变化的，一种产品长期为所有消费者所接受是非常罕见的，因此在一定程度上存在着营销风险；第三，容易招致竞争者进入，引起激烈竞争，在一定程度上扭曲消费者的真实需求，使消费者需求得不到真正的满足。

3. 无差异化营销战略的依据

第一，差异化小。市场细分虽然是寻找整体市场差异化的过程，但企业有可能在整体市场进行细分后，发现各细分市场之间的相似性超过了差异化，各细分市场的差异较小，此时在不同的市场采用不同的措施没有多大的实际意义，反而会造成资源浪费。第二，同质产品。客观上具有纯粹的市场同质性，消费者对产品的需求一致，没有任何差异或者是非常接近，得到多数消费者的认可，从而保持相对的稳定性。第三，产品特性。必须是符合标准化要求的产品，并且产品在内在质量和外在形体上必须有独特风格，企业也具有足够的实力。

（二）差异化营销战略

差异化营销战略(Differentiated Marketing Strategy)就是把整个市场细分为若干子市场，从中选择两个以上或全部子市场作为目标市场，然后针对不同的子市场采取不同的营销组合，即对不同目标市场，推出不同的产品，运用不同价格，采用不同的分销渠道和促销手段，满足不同的消费者的需求，如图 4－13 所示。不同的消费者具有不同的爱好、不同的个性、

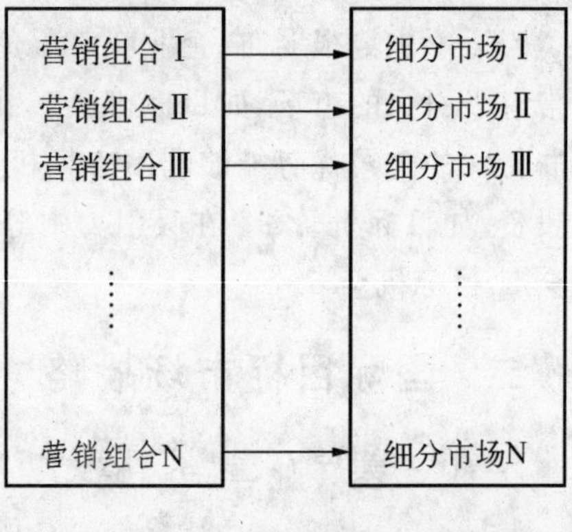

图 4－13　差异化营销战略示意图

不同的价值取向、不同的收入水平和不同的消费理念，从而决定了消费者对产品有不同的需求侧重，即差异化营销的依据是消费需求的多样化。差异化营销的关键是积极寻找市场空白点，选择目标市场，挖掘消费者尚未满足的个性化需求，开发产品的新功能，赋予品牌新的价值。

1. 差异化营销战略的优点

可以使不同目标市场国消费者的不同需求得到更好的满足，使每个子市场的销售潜力得到最大限度地挖掘，从而有利于扩大企业的市场占有率。同时，也大大降低了经营风险和子市场的失败，不会导致整个企业陷入困境。差异化营销战略提高了企业的竞争能力，企业树立的几个品牌，可以大大提高消费者对企业产品的信赖感和购买率。多样化的广告，多渠道的分销，多种市场调研费用、管理费用等，都是限制企业进入的壁垒。所以，对于雄厚财力、强大技术、拥有高质量的产品的企业，差异化营销是好的选择。

2. 差异化营销战略的缺点

最大的缺点就是小批量生产，营销成本过高，使单位产品的成本相对上升，不具有经济性。产品差异化、促销差异化，增加了管理难度，提高了生产和销售费用。另外，营销调研、销售分析、促销策略、渠道建立、广告宣传、物流配送等许多方面的成本都会大幅度地增加，这也是很多企业实施差异化营销，销量增加了，市场占有率扩大了，利润却降低了的原因所在。

3. 差异化营销战略的形式

对于一般产品来讲，差异总是存在的，只是大小强弱不同而已。而差异化营销所追求的差异是产品的不完全替代性，即企业凭借自身的技术优势和管理优势，生产出在性能上、质量上优于市场上现有水平的产品；或是在销售方面，通过有特色的宣传活动、灵活的推销手段、周到的售后服务，在消费者心目中树立起不同一般的形象。

(1) 产品差异化。产品差异化是指产品的特征、工作性能、一致性、耐用性、可靠性、易修理性、式样和设计等方面的差异。也就是说，某一企业生产的产品，在质量、性能上明显优于同类产品的生产厂家，从而形成独自的市场。对于同一产业的竞争对手来说，产品的核心价值是基本相同的，所不同的是在性能和质量上，在满足消费者基本需要的情况下，为消费者提供独特的产品是差异化战略追求的目标。在国际营销企业中，宝洁公司是实行差异化营销的典型，洗发水中有去头屑的海飞丝、柔顺的飘柔、营养的潘婷、护发的沙宣、黑发的润妍等产品。海尔冰箱的款式有以严谨、方门、白色表现的欧洲风格，以淡雅为主，用圆弧门、圆角门、彩色花纹、钢板来体现的亚洲风格，突出华贵、以宽体流线造型表现的美洲风格等三种。

(2) 服务差异化。服务差异化是指企业向目标市场提供与竞争者不同的优异的服务。产品的价格和技术差别正在逐步缩小，影响消费者购买的因素除产品的质量和公司的形象外，最关键的还是服务的品质。服务能够主导产品的销售趋势，服务的最终目的是提高消费者的回头率，扩大市场占有率。而只有差异化的服务才能使企业和产品在消费者心中永远占有一席之地。区别服务水平的主要因素有送货、安装、培训、咨询、维修、技术指导等。售前售后服务差异是竞争对手之间的竞争利器。IBM 在 20 世纪 80 年代就提出了“IBM 意味着服务”的营销理念，海尔集团以“为顾客提供尽善尽美的服务”作为企业的成功信条，真正地把顾客摆在了上帝的位置。

(3) 形象差异化。形象差异化是指通过塑造与竞争者不同的企业、产品和品牌形象来取得竞争优势。形象就是公众对企业和产品的看法和感受。塑造形象的工具有名称、颜色、标识、标语、环境、活动等。从我国酒类产品的形象差别来讲，茅台的国宴美酒形象、剑南春的大唐盛世酒形象、泸州老窖的历史沧桑形象、金六福的福酒形象，以及劲酒的保健形象等都各具特色。消费者在购买某种酒的时候，首先想到的就是该酒的形象；在品酒的时候，品出来的却是由酒的形象差异带来的不同的心灵愉悦。

(三) 集中化营销战略

集中化营销战略(Concentration Marketing Strategy)是指企业不是面向整体市场，也不是把力量分散使用于若干个细分市场，而只选择一个或少数几个细分市场作为目标市场，实行专业化生产和销售，在个别市场上发挥优势，提高市场占有率，如图 4-14 所示。采用这种战略的企业对目标市场有较深的了解，大部分资源有限的中小企业多采用这一战略。

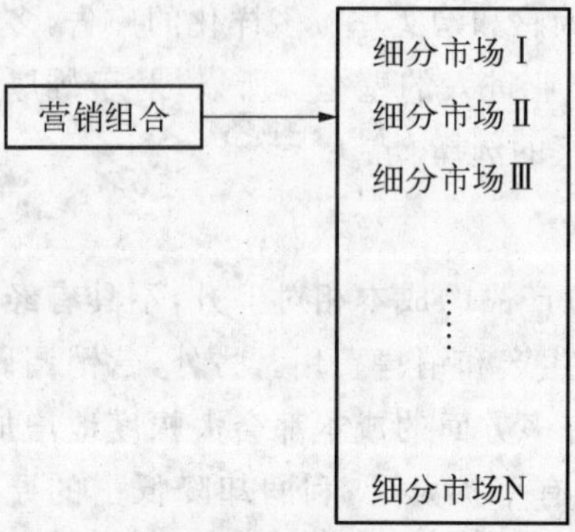

图 4-14　集中化营销战略示意图

1. 集中化营销战略的特点

欲进入和占领某一特定细分市场应具备如下特点：第一，该市场的需求与企业的特长及目标相吻合，企业在未来的竞争角逐中能处于有利地位；第二，该市场应具有一定的规模和发展潜力，企业进入后有一定的上升空间；第三，该市场的现有结构具备长期的内在吸引力，企业盈利具备充分的前提条件；第四，该市场能进一步促进企业新老产品更替，企业扩大销售量和提高市场占有率的目的能够顺利实现。

2. 集中化营销战略的优点

该战略的优点是适应了企业资源有限这一特点，可以集中力量迅速进入和占领某一特定细分市场，生产和销售的集中性使企业营销效果明显提高。采用集中化营销战略，能够集中优势力量，提高企业和产品的知名度，在短期内塑造品牌形象，创造名牌产品。

3. 集中化营销战略的缺点

该战略的缺点是放弃了其他市场机会，以后再想进入时会非常困难。此外，有较大的风险。因为该战略的目标市场范围小，品种单一，如果目标市场突然变化，如价格猛跌，或强有力的竞争者进入，或目标市场的消费者需求和爱好发生变化，企业可能因为应变不及时而陷入困境。

三、国际目标市场覆盖模式

无差异化营销战略试图将整体市场当作自己的目标市场，即用一个营销组合满足所有消费者的需求，对于现代的大多数企业而言是不现实的。差异化营销战略在市场细分的基础上，试图用不同的营销组合满足不同消费者多样性的需要，也即是把所有细分市场看作是自己的目标市场，从企业资源有限性的角度看也是不能实现的。而集中化营销战略只选择一个细分市场作为目标市场，具有一定的潜在风险。目标市场过于狭窄，市场需求的适应能力弱，营销风险大；目标市场范围太宽，又会增加营销的复杂性，不易提高营销效率。通过五种目标市场覆盖模式，可以选择到宽窄比较适宜的目标市场，如图 4－15 所示。

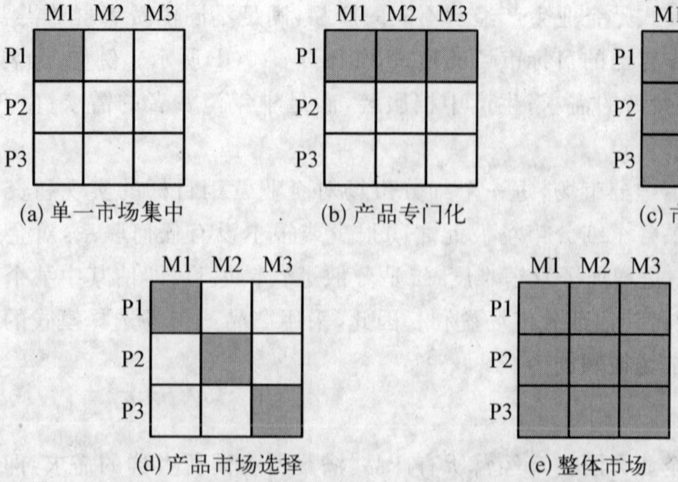

图 4－15　目标市场覆盖模式示意图

(一) 产品—市场集中模式

产品—市场集中模式是一种最简单的目标市场覆盖模式，企业生产经营特定产品，满足特定消费者群的需要，即企业只选择一个细分市场当作自己的目标市场，如图 4－15(a)所示。例如，服装制造商生产高档服装，专门满足青年女性消费者的需求。

选择产品—市场集中型模式一般基于以下考虑：企业具备在该细分市场上从事专业化营销或获胜的优势条件；企业资金有限，只能满足一个细分市场的需要；该细分市场可能没有竞争对手；立足细分市场，获得成功后，再向更多的细分市场扩展。但是，这一模式的目标市场范围过于狭窄，企业很难获得大规模的发展。所以，这是一种容易进入市场的模式，但不是一种长期发展的模式，只能是企业长期发展战略的一部分，或者是企业整体发展的一部分。

(二) 产品专门化模式

产品专门化模式是企业生产经营一种产品，满足不同消费者需求的一种模式，如图 4－15(b)所示。例如，服装制造商专门生产高档服装，满足青年、中年和老年消费者的需求，即企业为不同的消费者提供不同种类的高档服装，而不生产消费者需要的其他档次的服装。这一模式通常能使企业比较容易地在某一产品领域树立很高的声誉，而且也有很大的发展余地。但是，一旦出现其他品牌的替代品或消费者偏好转移，企业将面临巨大的威胁。

(三) 市场专门化模式

市场专门化是企业生产经营各种产品，专门满足某一特定消费者群需求的一种模式，如图 4－15(c)所示。例如，服装制造商生产高档、中档、低档各种服装，专门满足青年消费者的需求。

这一模式的好处是企业专门为某一消费者群服务，可以在这一消费者群中建立相当广泛的信誉和知名度。市场专门化生产经营的产品较多，能有效地分散经营风险。但由于集中于某一消费者群，当这一消费者群的需求下降时，企业要承担较大风险。

(四) 产品—市场选择模式

产品—市场选择模式是企业生产经营不同的产品，满足不同消费者群的需要，即企业只选择几个细分市场当作自己的目标市场的模式，如图 4-15(d)所示。例如，服装制造商生产高档服装，满足青年消费者的需求；生产中档服装，满足中年消费者的需求；生产低档服装，满足老年消费者的需求。

这一模式选择几个细分市场，每一个细分市场对企业营销目标的实现和资源利用都有一定的积极作用。如果各个细分市场彼此之间很少或根本没有任何联系，对企业可能的影响表现在两个方面：一是增加了营销难度；二是分散了营销风险，即使其中某个细分市场失去了吸引力，企业还能在其他细分市场盈利。因此，采用产品—市场选择模式的企业应具有一定的实力和良好的市场控制能力。

(五) 整体市场模式

整体市场模式是企业力图生产经营所有产品，满足所有消费者群的需求，即以所有的细分市场作为目标市场的模式，如图 4-15(e)所示。例如，服装制造商生产高档、中档、低档的各种服装，满足青年、中年和老年等所有消费者的需求。

一般而言，只有实力雄厚的大企业才能采用整体市场模式。例如，IBM 公司在计算机市场、通用汽车公司在汽车市场、可口可乐公司在饮料市场开发众多的产品，满足各种消费者需求。

第三节　国际目标定位

选择目标市场以后，企业必须为自己的产品在市场上树立某种特色，塑造特定的形象，并将此特色、形象传递给目标市场国消费者，以期获得认同。这就是 STP 战略最关键的一步——市场定位。市场定位是营销组合的基础，市场定位为各种营销策略的运用指明了方向。本节重点讨论市场定位的内含、市场定位的方法和市场定位策略等问题。

一、市场定位的基本问题

(一) 市场定位的含义

市场定位(Market Positioning)，也被称为产品定位或竞争性定位。

市场定位是美国营销学家艾·里斯(Al Rise)和杰克·特劳特(Jack Trout)在 1972 年提出的。艾·里斯和杰克·特劳特认为，定位始于产品。一件产品、一项服务、一家企业、一个机构，甚至一个人……定位主要是沟通问题，专注于使产品或服务在消费者心目中留下某种印象。

1997 年，菲利普·科特勒认为，定位就是设计企业的提供物和形象，使其能在目标消费者心目中占据一个独特的、有价值的位置的行为。

我们认为，市场定位就是根据竞争者现有产品在市场上所处的位置，针对目标市场上消费者需要的特点，为本企业产品塑造与众不同的，给人印象鲜明的形象，并将这种形象生动地传递给消费者，从而使该产品在市场上具有适当的位置。也就是企业为产品创造、培养一定的特色，树立一定的市场形象，使消费者产生偏好。这些特色和形象可以从形状、色泽、性能、成分，豪华、朴素、浓烈等产品实体或消费者心理上反映出来。

(1) 市场定位的理解。市场定位不是你对产品做什么，而是你在潜在消费者的心目中做些什么。也就是说，在消费者心目中为产品确定一个什么样的位置。市场定位不是产品，几乎与产品本身没有任何关系，产品在名称、价格、包装上的改变只不过是修饰上的变化，其目的是确保产品在消费者心目中的地位。真正意义上的定位不是回答产品“是什么”，即“某品牌是男性抽的香烟”，而是明确回答产品“是什么样的”，即“某品牌是体现男子汉气魄的香烟”。

(2) 市场定位的实质。市场定位的实质是关注消费者利益，使本企业产品与其他企业严格区分开来，使消费者明显感觉和认识到这种差别，从而在消费者心目中确立与众不同的地位。你买的不是煤炭，而是热量；你买的不是马戏团的门票，而是快乐的体验；你买的不是报纸，而是新闻；你买的不是眼镜，而是视觉；你不是在买产品，而是在买定位。

(3) 市场定位的层次。市场定位是企业创造性地赋予产品鲜明个性，从而塑造出独特的市场形象的过程。市场定位适用于企业、品牌、产品或服务等各种不同层次。营销实践证明，企业定位、品牌定位、产品或服务定位，由于彼此关联，因此几个不同层次的定位都非常重要。

(4) 市场定位的目的。市场定位的目的是为企业产品或服务创造并维持独特的市场位置(Distinctive Marketplace)，为消费者提供差异化优势(Differential Advantage)。这一差异化优势的创造是通过营销组合的运用而实现的，包括产品的差异化设计，广告传达的独特的产品形象，有别于竞争者的更便利的分销渠道，以及定价策略反映的高性价比优势。

(5) 市场定位与市场细分、目标市场的关系。市场定位与市场细分、目标市场一样，也是一种战略性的决策，三者是相辅相成的，共同构成 STP 战略。在进行市场细分和确定目标市场后，企业就须考虑如何使自己的产品适合目标市场的需要，也就是说给自己的产品定位。市场细分和目标市场选择告诉企业营销管理者在哪里竞争，而作为最终一步的市场定位则要解决如何竞争这一问题。

(6) 市场定位的优越性。有效的市场定位有利于树立企业、品牌或产品的鲜明特色，有利于很好满足消费者的需求偏好，有利于取得目标市场的竞争优势。沃尔玛的天天降价，海尔的高品质、低价格，麦当劳的卫生、方便的快餐，戴尔的个人定制计算机等都是有效的市场定位，沃尔玛、海尔、麦当劳、戴尔也由此获得了巨大的成功。

(二) 市场定位的关键因子

一个成功的市场定位战略，要求竞争性、可信性、简明性、一致性等四个关键因素，即市场定位的 4C 关键因子必须同时存在，如图 4-16 所示。

(1) 竞争性。市场定位的差异化优势对消费者有足够的吸引力，企业提供的产品或服务是基于自身强势资源的最优化使用，消费者高度认可该产品或服务的价值，而竞争对手囿

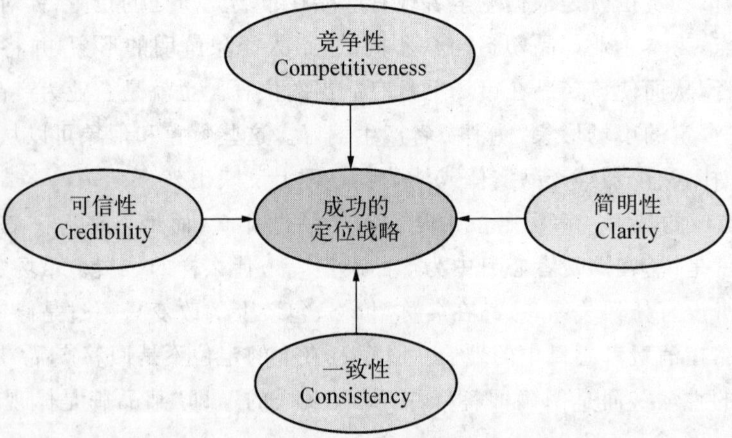

图 4-16　市场定位的关键因子图

于资源稀缺，难以对这种差异化优势进行复制或模仿。

(2) 可信性。确定的市场定位必须是可以令消费者信服的，所营造的产品形象不能与消费者长期以来形成的基本认知相悖，市场定位是可以创造和艺术化的，但绝不能与现实生活相距太远。

(3) 简明性。市场定位传达的产品形象和各种信息都必须是简洁明了的，复杂或晦涩的定位容易产生歧义，也不易被消费者记住，任何时候，简明清晰的市场定位都是最佳的选择。

(4) 一致性。消费者每天面对大量的产品信息，所以成功的市场定位战略传递的产品形象信息必须在时间上长期保持一致，本年度宣传产品的环保特色而下一年度转而强调产品的服务特性，这样会使消费者困惑，可能导致消费者对产品产生不信任感。

(三) 市场定位的步骤

市场定位的关键是企业要想法设法在自己的产品上找出比竞争者更具有竞争优势的特性。因此，市场定位的全过程可以通过以下三大步骤来完成：

(1) 分析目标市场的现状，确定企业潜在的竞争优势。识别潜在竞争优势是市场定位的基础。竞争优势一般有两种基本类型：一是价格竞争优势，就是在同样的条件下比竞争者定出更低的价格，这就要求企业采取一切努力来降低单位成本；二是产品差别化优势，即能提供确定的特色来满足消费者的特定偏好，这就要求企业采取一切努力在产品特色上下工夫。

这一步骤的中心任务是要回答以下三个问题：一是竞争者的产品定位如何？二是目标市场上消费者欲望满足程度如何以及确实还需要什么？三是针对竞争者的市场定位和潜在消费者的真正需要企业应该及能够做什么？要回答这三个问题，企业营销人员必须借助一切调研手段，系统地设计、搜索、分析并报告有关上述问题的资料和研究结果。通过回答上述三个问题，企业就可以从中把握和确定自己的潜在竞争优势在哪里。

(2) 准确选择竞争优势，对目标市场初步定位。竞争优势表明企业能够胜过竞争者的能力。这种能力既可以是现有的，也可以是潜在的。核心竞争优势是与主要竞争对手相比企业在产品开发、服务质量、销售渠道、品牌知名度等方面所具有的可获取明显差别利益的优势。

选择竞争优势实际上就是一个企业与竞争者各方面实力相比较的过程。比较的指标应是一个完整的体系，只有这样，才能准确地选择相对竞争优势。通常的方法是分析、比较企业与竞争者在营销管理、技术开发、采购、生产、物流、财务和产品等七个方面究竟哪些是强项，哪些是弱项。借此选出最适合本企业的优势项目，以初步确定企业在目标市场上所处的位置。

(3) 显示独特的竞争优势，进行重新定位。企业在营销方面的核心能力与优势，不会自动地在市场上得到充分的表现，必须制定明确的市场战略来加以体现。

这一步骤的主要任务是企业要通过一系列的广告促销活动，将独特的竞争优势准确传播给潜在的消费者，并在消费者心目中留下深刻印象。为此，企业首先应使目标消费者了解、知道、熟悉、认同、喜欢和偏爱本企业的市场定位，在消费者心目中建立与该定位相一致的形象。其次，企业通过各种努力强化目标消费者形象，保持目标消费者的了解，稳定目标消费者的态度和加深目标消费者的感情来巩固与市场相一致的形象。最后，企业应注意目标消费者对其市场定位理解出现的偏差或由于企业市场定位宣传上的失误而造成的目标消费者模糊、混乱和误会，及时纠正与市场定位不一致的形象。

二、国际市场定位的方法

(一) 第一定位法

人们头脑中只记得第一，没有人在乎第二和第二之后的。所以在市场竞争中，企业及品牌是否第一的要素，将是决定企业或品牌是否快速进入和占领市场取得竞争优势的关键。因为首因效应，第一个占据人们大脑的名称给人的印象最深，也最难以从记忆中抹掉；同时，消费者总是认为第一永远是好的，市场领先者的利润水平一般是最高的。第一有着不可比拟的优势，即强悍的先发优势，第一的含金量和竞争优势在一定意义上是后来者难以逾越的。因为第一一旦进入消费者意识中成为首选，后来者就很难取而代之。

(1) 进军大脑，争当第一。这是在新企业进入市场，新产品投放市场，或老产品进入新市场时多采用的定位方法。市场竞争，要想取得有利态势，就要有舍我其谁、抢占第一的胆识和气概。当然，争做第一或创造第一并不是盲目甚至蛮干，是建立在充分的知己知彼、严谨的市场调研、科学的分析判断基础之上的。对于还没有做到第一的企业，不要贪大求全，不能急于求成，一定时间和空间内，当不了“全能冠军”就当“单项冠军”，当不了“世界冠军”就当“洲际冠军”、“区域冠军”，总之，要想方设法创造第一，寻找第一。当然，即使当了第一，也并不是一成不变的，绝不能故步自封。

(2) 观念定位，争取第一。采用这一定位方法，要强调自己品牌“不是什么”。告诉消费者新产品“不是什么”要比告诉消费者“是什么”更容易理解和接受。消费者可以用原来形成的观念来理解新观念，在头脑中形成鲜明的印象，这样有助于新观念的形成。1968 年，美国七喜公司将柠檬饮料定位为“非可乐”，广告强调七喜是不含可卡因的饮料，对儿童健康与发育有好处，结果该公司第一年销售额增长了 15%，获得了成功。

（3）创造概念，争做第一。云南滇虹药业提出“药物去屑”的概念，滇虹康王发用洗剂是添加了复方酮康唑这个药物，针对头皮屑极为严重的群体，提出药物去屑的概念，其背后隐藏的品牌表达逻辑为典型的三段论表达模式，即头皮屑是由真菌引起的……复方酮康唑能有效杀灭头皮真菌……康王发用洗剂能有效地去除头皮屑。这个逻辑表达式将药物去屑的概念完美地传达给了消费者，使得品牌得以快速有效地传播，成了药物去屑领域的第一品牌，年销量在 4 个亿元以上。美佳橱柜倡导“设计生活”理念，注重理解消费者的生活，致力于为不同生活背景的消费者提供更专业的设计、更人性化的配置、更时尚的享受，让厨房生活充满情趣、丰富多彩。

（二）依附定位法

当市场上有畅销的公认的第一品牌时，企业可以借用第一品牌在市场中的地位来提升自己的形象。通常有四种做法：

（1）甘居第二。声称自己是某产业的第二名，暗示与第一品牌在产品规模、售后服务、企业历史等很多方面有共同之处。如美国的艾维思（Avis）定位于第二大汽车出租公司，强调“因为我们是第二，我们将更加努力”。经过一段时间的广告宣传，使得艾维思从美国汽车出租业中脱颖而出，成了真正的第二大汽车出租公司。我国的蒙牛牌纯奶，定位于内蒙古第二奶业品牌有同样的功效。

（2）攀龙附凤。以竞争者为参照进行依附定位，暗示自己与第一品牌在产品品质、性能等方面有相似之处。如我国内蒙古的宁城老窖，宣称是塞外茅台；刚上市的宴酒坊，宣称是二茅台。

（3）挤入高级俱乐部。即强调自己是产业中某个具有良好声誉的小集团成员之一。当品牌不能拥有产业第一和某种有价值的独特属性时，将自己划归某一个高级俱乐部，不失为一种好的定位方法。当年 TCL 宣称是“国产电视三大名牌之一”，一下子就挤入消费者的视野；克莱斯勒汽车公司宣布自己是美国“三大汽车公司之一”，使消费者感到克莱斯勒和前两名一样，都是有实力的知名的轿车制造商，从而缩小了与福特、通用两大汽车公司之间的距离。

（4）挑战领袖。指出最大竞争者的弱点或潜在弱点，为自己寻求更有利的定位。温迪公司是美国快餐业的后起之秀。在温迪公司成立时，美国的快餐业市场早已被麦当劳、肯德基等大公司所瓜分。温迪公司避强就弱将目标市场锁定于 20 岁以上的青壮年群体，并有意使汉堡包的肉馅比麦当劳多出几盎司，同时在麦当劳缺斤短两行为在社会上引起很大反响时，温迪以“牛肉在哪里？”的广告向麦当劳挑战。自此，温迪公司美誉度大增，一举成为美国大快餐公司。在挑战市场领袖时，请先自问：企业拥有的资源，能够全力向市场领袖挑战吗？企业愿意投入所需的资金，来改变目标市场对自己和市场领袖的产品比较结果吗？企业有能力提供消费者认为具有明显差异性的产品吗？

（三）功能定位法

功能是产品整体概念的核心部分，事实上，产品之所以为消费者所接受，主要是因为产品具有一定的功能或效应，能给消费者带来某种利益，满足消费者某些方面的需求。如果产品具有与众不同的功能，那么该产品即具有明显的差异优势。

功能定位的实质是突出产品的效用，把自己产品的核心卖点进行提炼和包装，并把核心卖点带给消费者的利益有效地传递给消费者。功能定位要求企业的产品必须具有差异化十足的卖点，并且这个卖点确实是消费者最关注的因素，否则就是自说自话，隔靴搔痒。例如，本田的经济，沃尔沃的安全，宝马操作的优越性，奔驰的高贵、王者、至尊。来自泰国的红牛(Red Bull)饮料提出“累了困了喝红牛”，强调其功能是迅速补充能量，消除疲劳。

（四）利益定位法

消费者购买产品，是因为产品能满足某些需求，带来某种利益。利益定位就是将产品的某些功能特点和消费者的关注点联系起来，向消费者承诺利益点上的诉求，以突出品牌个性，获得成功。例如，“高露洁，没有蛀牙”，“保护嗓子，请选用金嗓子喉宝”。摩托罗拉和诺基亚都是手机市场的知名品牌，但它们强调的利益点却截然不同，摩托罗拉强调“小、薄、轻”，诺基亚则宣传“无辐射、信号强”。

利用利益定位时，利益点的选择可以是一个，也可以是两个或两个以上。如利比公司UmBongo的定位是“为妈妈带来健康，为小孩制造乐趣”。由于消费者不喜欢复杂，对信息的记忆是有限的，因此一般来说，利益点以单一为好。同时，必须注意当这一利益是由产品的某些功能产生时，定位强调的是对消费者的利益而不是具体的产品功能。例如，海飞丝洗发水所强调的产品利益是去头屑；飘柔洗发水所强调的是洗发、护发二合一，令头发飘逸柔顺；潘婷洗发水所强调的是含有维他命原 B_5，兼含护发素，令头发健康，加倍亮泽。

（五）价格定位法

价格定位，也叫档次定位，就是把产品或服务价格定在一个什么样的水平上，即与竞争者相比，以产品在消费者心目中价值高低给产品定出不同档次的价格。产品的价值是由产品质量、消费者的心理感受，以及其价值观、文化传统等各种社会因素决定的。质量和价格一直是消费者在进行消费选择时关注的两个因素。当企业的产品定位高质量时，价格就不能太低；同理，价格很高的产品，其质量必须与之匹配。价格定位有四种选择：

(1) 高价定位。高价定位是把不低于竞争者产品质量水平的产品价格定在竞争者产品价格之上。这种定位一般都是借助良好的品牌优势、质量优势和售后服务优势。高价格是一种高质量的象征。只要企业或产品属于高质量的类别，高价位就不会使消费者感到惊讶，而是合乎情理的。比如，成本只有几百元的法国香水，在发展中国家虽然以高出同类香水几十倍的价格出售，许多女士在买的时候却并不觉得贵得出格。原因就是因为这种产品已经在消费者心目中建立了高质量、高价位的形象，属于所谓的高档消费。

(2) 低价定位。低价定位就是把产品价格定得远远低于竞争者价格。这种定位的产品质量和售后服务并非都不如竞争者，有的可能比竞争者更好。之所以能采用低价，是由于该企业要么具有绝对的低成本优势，要么是企业形象好、产品销量大，要么是出于抑制竞争对手、树立品牌形象等战略性考虑。在同一质量和服务水平上，低价位是吸引消费者的有力武器，有时即使质量和服务有一定的差别，只要价格差别远大于质量差别，价格同样具有超越质量和服务的无穷诱惑力。盗版软件在市场上销售量占绝对优势就是一个证明。这是因为，市场上存在着大量普通的消费者，他们的购物行为呈理性状态，希望用更低的费用得到同样的满足，或用同样的费用得到更多的满足。尤其是收入不太丰厚的消费者，对价格的重视远胜于对质量与服务的重视，这时低价无疑对他们具有无法抵挡的吸引力。

(3) 中价定位。中价定位就是把自己产品的价格，确定在目标市场消费者平均购买力所能支付的价格区间。当然，这种定位一般都要求产品的质量处于中等或偏上水平。这是许多企业喜欢采用的定位，因为有支付能力的中等价位的消费者总是消费者群中的绝大多数。也正因为如此，中价定位需要企业用产品的其他因素来更加突出产品的特色。否则，流于中庸，消费者不会有什么印象。

(4) 固定价格定位。这是一种不折、不扣、不减价、明码实价的定位法。可以消除消费者对价格的不信任感受，免去消费者的砍价之苦。一般而言，这种定位要求企业或产品具有相当的声誉作基础。当市场上的企业纷纷采用价格调整进行促销时，固定价格就会显示出自己的独到之处。当然，如果有竞争者采取同样的定位策略，则效果就会大打折扣。

企业的价格定位并不是一成不变的，在不同的营销环境下，在企业发展的不同历史时期，在产品的寿命周期的不同阶段上，价格定位可以灵活变化。由此可见，现代市场上的价格战实质上就是企业之间价格定位策略的较量。

(六) 质量定位法

质量是产品的主要衡量标准，质量的好坏直接影响到产品在市场上的竞争力。因此企业在研发、生产产品时，应该根据市场需求的实际状况确定产品的质量水平。质量定位就是在开发、生产一个产品时，产品的质量控制在一个什么样的档次上。

一般的观点认为，产品质量越高越好，质量越好，价值就越大，价格也就越高。但事实上，这种观点并不一定完全正确，质量好的产品并不一定在市场上最受欢迎。有许多消费者希望购买质量稍次，但价格更便宜的产品。日本生产的家用电器质量好，但许多国人还是买我国生产的电器，原因就是国产家用电器的价格低于日本，便宜。一方面，质量的衡量标准是很难量化的，即使通过了 ISO9000 质量标准的认证，也只是说明产品质量比其他企业高，但在市场上消费者的认同并不一定与这些标准相符合，消费者对质量的认识取决于个人因素。另一方面，市场上并不一定都需要高质量的产品，在许多区域市场，尤其是发展中国家市场，消费者往往更青睐于质量在一定档次上，但价格更便宜的产品。

企业在进行市场定位上应该能够正确认识质量的位置。消费者对于市场上产品质量的要求怎样、消费者对质量的认识水平、市场上同类产品的质量标准等应该成为企业质量定位的重要考核因素。

在进行质量定位上，还应该考察质量的边际效益，即质量的边际投入和边际收益应相等，也就是花在质量提高上的最后一元钱要收到相同价值的收益。这个提高了质量档次的产品，在市场上销售肯定比其他产品能有更高的价格，当高价售出产品后产生的增值大于为提高档次所投入的费用时，那么，把价格定位在高质量区就是正确的。如果产品质量继续提高，产品成本继续增加，当为提高质量所投入的成本与获得的收益相等时就到了一个临界点，即质量定位点，低于这个点，产品还有潜力可挖；高于这个点，则企业得不偿失。

(七) 服务定位法

在营销实践中，越来越多的企业采用以提供优质服务或为目标消费者提供定制服务为基础的定位方法。企业提供的服务具有多种多样的特点和水平，同时消费者的需要也不尽相同。这就意味着服务定位适应于同一产业中的众多企业。进行服务定位应考虑的因素有：具有识别所需服务水平或类型的洞察力；具有与关键消费者建立紧密关系的公关能力；具有为消费者提供优质服务的服务系统；具有评价消费者对服务水平或类型满意程度的控制体系。

服务定位最重要的是员工，因为员工是服务真正的提供者。力图通过提供消费者服务建立竞争力的企业，应该高度重视对服务人员的聘用、培训、激励和政治思想教育等各项工作。

企业要想通过比竞争者提供更好的服务取得服务优势，最重要的是理解消费者如何评价服务，消费者看重哪些方面，消费者是怎样表现的。

(八) 重新定位法

以上定位都是企业的首次定位。企业在进行了市场定位后，如定位不准确或虽然开始定位得当，但是当遇到突变时企业必须及时地进行重新定位。

重新定位是指企业为已在某市场的产品重新确定某种形象，以改变消费者原有的认识，争取有利的市场地位的活动。重新定位是以退为进的策略，目的是为了实施更有效的定位。在下列情况下，应考虑重新定位：第一，强有力的竞争对手出现。竞争者推出的新产品定位于本企业产品附近，侵占了本企业产品的部分市场，使本企业产品的市场占有率急剧下降；第二，消费者需求变化。消费者的需求或偏好发生了变化，使本企业产品销售量骤减。例如，洗涤用品制造商生产婴儿洗发剂，以婴儿为目标市场，定位于不刺激眼睛，柔和。但随着出生率的下降，婴儿数量的减少，该产品的销售量锐减。为了增加销售，该企业将产品重新定位，强调使用洗发剂能使头发松软有光泽，因此吸引了更多、更广泛的消费者。又如，美国万宝路牌香烟最初进入市场的市场定位，如同广告所述“像五月天气一样温和”，是一种女性香烟。但是，从 1924 年问世到 20 世纪 50 年代始终默默无闻。1954 年进行了重新定位，将万宝路香烟重新定位“是体现男子汉气魄的香烟”。并将它与最具男子汉气概的西部牛仔形象联系起来，树立了万宝路自由、野性与冒险的形象，从众多的香烟品牌中脱颖而出。自 20 世纪 80 年代中期到现在，万宝路一直居世界各品牌香烟销量首位，成为全球香烟市场的领袖品牌。

三、国际市场定位战略

在完成了国际市场细分、国际目标市场选择，以及选择了市场定位方法以后，就可以采取国际市场定位战略进行准确定位。为此，可以收集目标市场国消费者对产品的偏好资料，如质量和价格、营养和味道、现代和传统、古朴和新潮、功能和服务等，变化成空间坐标图或叫十字结构图，使之具有形象直观的特点，准确提供产品评价的市场信息，为本企业产品的市场定位服务。

某小轿车制造商给小轿车进行定位，调查了消费者的需求特点是在时尚新潮、传统守旧和优质高价、优质低价之间进行选择。

第一步：以横坐标代表时尚新潮、传统守旧，纵坐标代表优质高价、优质低价十字结构图。横坐标从左向右由时尚新潮趋向传统守旧，纵坐标自上而下由优质高价趋向优质低价，如图 4－17(a)所示。

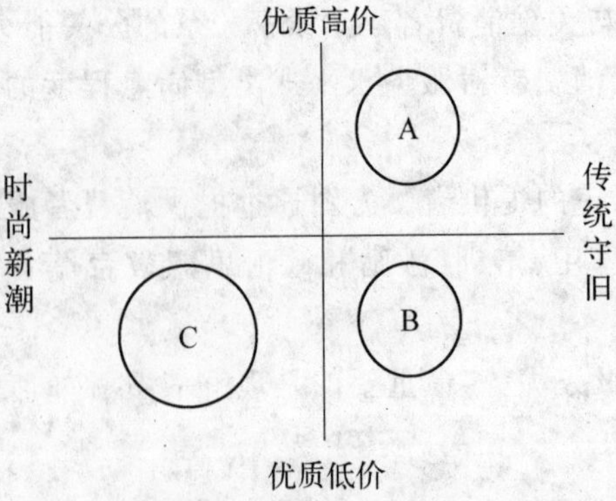

图 4-17(a) 小轿车市场定位十字结构图

第二步：由图 4-17(a)可知，目前市场有生产优质高价、传统守旧小轿车的 A 公司；生产优质低价、传统守旧小轿车的 B 公司和生产时尚新潮、优质低价小轿车的 C 公司等三家进行竞争者，且 C 公司的产量最大，A 公司的产量最小，B 公司的产量居中（圆圈的大小代表产量的多少）。

第三步：现有 D 准备进入该小轿车市场，那么在目前市场竞争态势下 D 公司如何定位？D 公司有三种战略可供选择。

(一) 同类产品竞争定位

同类产品竞争定位就是将定位于已有竞争者的附近，生产与竞争者相同或相似的产品。本例有三种选择，即分别定位于 A、B、C 三个公司附近。比如，确定将 D 公司定在 C 公司附近，即生产时尚新潮、优质低价的小轿车，如图 4-17(b)所示。为什么定在 C 公司附近？是由同类产品竞争定位的条件决定的。

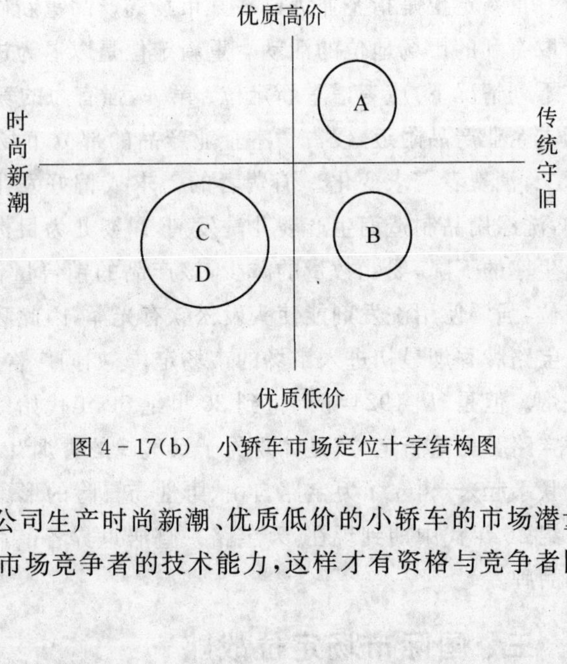

图 4-17(b) 小轿车市场定位十字结构图

同类产品竞争定位的条件是，第一，有足够的市场潜量，本市场能够容纳两个以上公司的产量，只有如此才能有效竞争。定在 C 公司附近的假设是 C 公司生产时尚新潮、优质低价的小轿车的市场潜量很大。第二，要有具有相同或略高于现有市场竞争者的技术能力，这样才有资格与竞争者同台竞争。

(二) 拾遗补缺定位

拾遗补缺定位就是定位于市场的空白、空当地带。当市场存在被人遗忘的空白地带或市场缺口时，企业应及时占领该市场，进行拾遗补缺定位。本例的市场空白是优质高价、时尚新潮的小轿车，如图 4-17(c)所示。

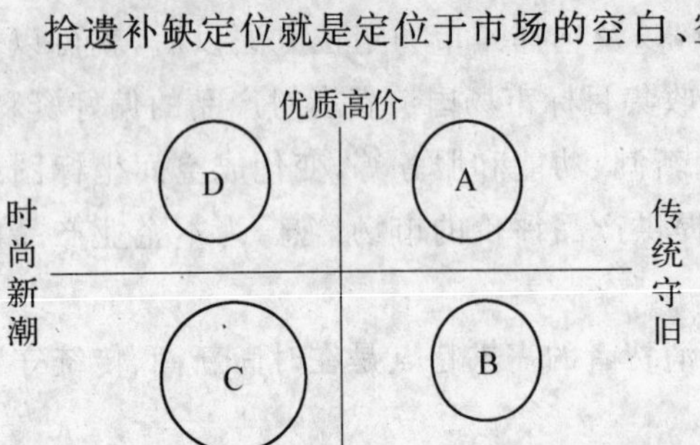

图 4-17(c) 小轿车市场定位十字结构图

为什么会存在优质高价、时尚新潮小轿车的空白？原因有二：一是某一时期以前，整个社会的技术水平有限，没有一个企业能够生产该类小轿车；二是基于当时的购买力水平，即使能够生产该类产品消费者也购买不起。但是，现在整个社会的技术水平和购买力水平普遍提高,D公司率先开发该产品：一是有能力了,二是有市场了。

企业采取拾遗补缺定位战略时,应该研究以下内容：该市场空白有无特色？有无需求？以及市场潜量是多大？有无开发的价值？企业的资本、技术、人才、管理、营销等整体实力能否确保开发并占领该市场？一旦成功会引来多少竞争者加入？对企业的盈利水平和生存有何影响？等等。

一般而言,那些对市场变化反应灵敏、具有创新精神和强大市场开发能力的企业,经常采用各种见缝插针式的市场定位战略,以开拓市场。

(三) 突出特色定位

突出特色定位是同类产品竞争定位的延续,虽然将定位于已有竞争者的附近,生产与竞争者相同或相似的产品,但是新进入者具有自己的特色优势。本例确定将D公司定在C公司附近,即生产时尚新潮、优质低价小轿车的同时,有自己的特色,比如环保、安全等,如图4-17(d)所示。从国际营销的实践看,日本小轿车与欧美小轿车的最大区别就是外观设计,日本小轿车采用的就是突出特色定位战略。

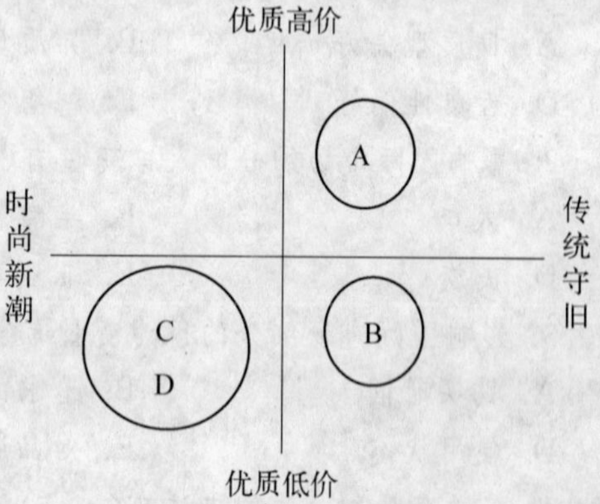

图4-17(d)　小轿车市场定位十字结构图

突出特色的条件是对消费者的需求与偏好充分了解,一是有消费需求,二是有足够的市场潜量以确保企业盈利。

本章小结

1. 市场细分是选择目标市场的基础,是为目标市场服务的市场细分的理论,市场细分的依据是消费者的需求偏好。有效的细分市场必须遵循可衡量性、可盈利性、可进入性和相对稳定性等原则,在国际市场营销中,一般可以根据消费者不同的需求特征将国际市场按地理、人口、心理、行为等标准进行细分。市场细分的方法主要有组合细分法、单一变量法、主导因素排列法、综合因素细分法、系列因素细分法等。

2. 目标市场选择是STP战略的关键一步,影响企业国际目标市场选择的因素主要有企业实力、产品特性、市场特点和竞争者的策略四类。无差异化战略、差异化战略和集中化战略是目标市场选择重要战略,通过产品—市场集中模式、产品专门化模式、市场专门化模式、产品—市场集中模式和整体市场目标等五种目标市场覆盖模式,可以选择到宽窄比较适宜的目标市场。

3. 市场定位就是根据竞争者现有产品在市场上所处的位置,针对目标市场上消费者需要的特点,为本企业产品塑造与众不同的,给人印象鲜明的形象。市场定位的方法有第一定位、依附定位、功能定位、利益定位、价格定位、质量定位、服务定位和重新定位等八种定位方法,有同类产品竞争定位、拾遗补缺定位、突出特色定位等三种市场定位战略。

思考与练习

一、名词解释题

1. 市场细分　　2. 目标市场
3. 市场定位　　4. 无差异性战略
5. 差异性战略　　6. 整体战略

二、多项选择题

1. 消费者的偏好程度有(　　)。
A. 同质型偏好　　B. 异质型偏好　　C. 现代性偏好
D. 古典性偏好　　E. 群组型偏好

2. 影响国际市场细分的人口变量有(　　)。
A. 人口　　B. 年龄　　C. 收入
D. 民族　　E. 职业与教育

3. 影响国际市场细分的行为变量有(　　)。
A. 购买时间　　B. 追求的利益　　C. 使用数量
D. 使用状态　　E. 对品牌的忠诚

4. 多种变量细分法的方法有(　　)。
A. 主导变量排列法　　B. 整齐排列法　　C. 多项变量排列法
D. 多项变量矩阵法　　E. 系列变量排列法

5. 根据调查双方接触方式的不同,询问法分为(　　)。
A. 面谈调查　　B. 电话调查　　C. 街头调查
D. 邮寄调查　　E. 问卷调查

6. 在市场调查中,观察法可以分为(　　)。
A. 直接观察法　　B. 间接观察法　　C. 亲身经历法
D. 痕迹测量法　　E. 行为记录法

三、简答题

1. 简述国际营销中市场细分的原则。
2. 影响国际营销目标市场的因素。
3. 国际营销目标市场的覆盖模式。
4. 影响国际营销目标市场定位的因子。
5. 在国际营销中,差异性战略的优缺点。
6. 在国际营销中,差异性战略的形式。

四、论述题

1. 试述国际营销中市场细分的标准。
2. 试述两阶段市场细分法。
3. 试述国际营销目标市场的定位方法。

五、案例分析题

万宝路的市场定位

20世纪20年代的美国，被称为“迷惘的时代”。经过第一次世界大战的冲击，许多青年都自认为受到了战争的创伤，并且认为只有拼命享乐才能将这种创伤冲淡。他们或在爵士乐的包围中尖声大叫，或沉浸在香烟的烟雾缭绕当中。无论男女，他(她)们嘴上都会异常悠闲雅致地叼着一支香烟。妇女们愈加注意起自己的红唇，她们精心地化妆，与一个男人又一个男人“伤心欲绝”地谈恋爱；她们挑剔衣饰颜色，感慨红颜易老，时光匆匆。妇女是爱美的天使，社会的宠儿，她们抱怨白色的香烟烟嘴常沾染了她们的唇膏。于是万宝路出世了。万宝路这个名字也是针对当时的社会风气而定的。MARLBORO其实是“Man Always Remember Lovely Because of Romantic Only”的缩写，意为“男人们总是忘不了女人的爱”。其广告口号是“像五月的天气一样温和”，用意在于争当女性烟民的“红颜知己”。

为了表示对女烟民关怀，莫里斯公司把Marlboro香烟的烟嘴染成红色，以期广大爱靓女士为这种无微不至的关怀所感动，从而打开销路。然而几个星期、几个月、几年过去了，莫里斯心中期待的销售热潮始终没有出现。热烈的期待不得不面对现实中尴尬的冷场。

万宝路从1924年问世，一直到20世纪50年代，始终默默无闻。它的温柔气质的广告形象似乎也未给广大淑女们留下多少利益的考虑，因为它缺乏以长远的经营、营销目标为引导的带有主动性的广告意识。莫里斯的广告口号“像五月的天气一样温和”显得过于文雅，而且是对妇女身上原有的脂粉气的附和，致使广大男性烟民对其望而却步。这样的一种广告定位虽然突出了自己的品牌个性，也提出了对某一类消费者(这里是妇女)特殊的偏爱，但却为自身未来的发展设置了障碍，导致消费者范围难以扩大。女性对烟的嗜好远不及对服装的热情，而且一旦她们变成贤妻良母，她们并不鼓励自己的女儿抽烟！香烟是一种特殊产品，必须形成坚固的消费群，重复消费的次数越多，消费群给制造商带来的销售收入就越大。而女性往往由于爱美之心，担心过度抽烟会使牙变黄，面色受到影响，在抽烟时较男性烟民要节制得多。万宝路的命运在上述原因的作用下，也日趋黯淡。

在20世纪30年代，万宝路同其他消费品一起，度过由于经济危机带来的大萧条岁月。这时它的名字鲜为人知。第二次世界大战爆发以后，烟民数量上升，而且随着香烟过滤嘴出现，可以承诺消费者，过滤嘴可以使有害的尼古丁进入不了身体，烟民们可以放心大胆地抽自己喜欢的香烟。菲利普·莫里斯公司也忙着给万宝路配上过滤嘴，希望以此获得转机。然而令人失望的是，烟民对万宝路的反应始终很冷淡。

抱着心存不甘的心情，菲利普·莫里斯公司开始考虑重塑形象。公司派专人请利奥-伯内特广告公司为万宝路作广告策划，以期打出万宝路的名气销路。“让我们忘掉那个脂粉香艳的女子香烟，重新创造一个富有男子汉气概的举世闻名的‘万宝路’香烟!”——利奥-伯内特广告公司的创始人对一筹莫展的求援者说。一个崭新大胆的改造万宝路香烟形象的计划产生了。产品品质不变，包装采用当时首创的平开式盒盖技术，并将名称的标准字MARLBORO尖角化，使之更富有男性的刚强，并以红色作为外盒主要色彩。

广告的重大变化是：“‘万宝路’的广告不再以妇女为主要对象，而是用硬铮铮的男子汉”。在广告中强调万宝路的男子气概，以吸引所有爱好追求这种气概的消费者。莫里斯公司开始用马车夫、潜水员、农夫等做具有男子汉气概的广告男主角。但这个理想中的男子汉最后还是集中到美国牛仔这个形象上：一个目光深沉、皮肤粗糙、浑身散发着粗犷、豪气的英雄男子汉，在广告中袖管高高卷起，露出多毛的手臂，手指总是夹着一支冉冉冒烟的万宝路香烟。1954年问世的这则洗尽女人脂粉味的广告给万宝路带来巨大的财富。仅1954—1955年间，万宝路销售量提高了3倍，一跃成为全美第10大香烟品牌，1968年其市场占有率上升到全美同行第二位。

2000年以来，万宝路每年在世界上销售香烟3 000亿支，用5 000架波音707飞机才能装完。世界上每抽掉4支烟，其中就有1支是万宝路。是什么使名不见经传的万宝路变得如此令人青睐了呢？美国金融权威杂志《富比世》专栏作家布洛尼克1987年与助手们调查了1 546个万宝路爱好者。调查表明：许多被调查者明白无误地说他喜欢这个牌子是因为它的味道好，烟味浓烈，使他们感到身心非常愉快。可是布洛尼克却怀疑真正的使人着迷的不是万宝路与其他香烟之间微乎其微的味道上的差异，而是万宝路广告给香烟所带来的感觉上的优越感。布洛尼克做了个试验，他向每个自称热爱万宝路味道品质的万宝路瘾君子以半价提供万宝路香烟，这些香烟虽然外表看不出牌号，但厂方可以证明这些香烟确为真货，并保证质量同商店出售的万宝路香烟一样，结果只有21%的人愿意购买。布洛尼克解释这种现象说："烟民们真正需要的是'万宝路'包装带给他们的满足感，简装的'万宝路'口味质量同正规包装的'万宝路'一样，但不能给烟民带来这种满足感。"调查中，布洛尼克还注意到这些万宝路爱好者每天要将所抽的万宝路烟拿出口袋20～25次。万宝路的包装广告所赋予万宝路的形象已经像服装、首饰等各种装饰物一样成为人际交往的一个相关标志。而万宝路的真正口味在很大程度上是依附于这种产品所创造的美国牛仔形象之上的一种附加因素。这正是人们真正购买万宝路的动机。

（资料来源：王维，龚福麒. 市场营销学[M]. 北京：经济管理出版社，2002.）

案例问题：

1. 分析万宝路女性定位失败的原因。

2. 分析万宝路男性定位成功的原因。

3. 万宝路采取的是什么样的目标市场策略？

第五章 国际营销中的产品策略

学习目标

通过本章的学习，了解产品的概念，掌握产品整体概念三个层次的内容，典型的市场寿命周期四个阶段的特点与策略，国际产品市场寿命周期三个阶段的内容。领会产品组合、产品线、产品项目，以及产品组合的宽度、长度、深度和密度。掌握产品动态平衡的方法，以及波士顿矩阵中四种产品的特征和国际产品组合调整的五种具体策略。了解新产品的含义、分类，领会新产品的开发趋势、开发方式，掌握新产品开发过程和扩散。领会产品命名策略、品牌策略和包装策略以及相关内容。

第一节 国际产品整体概念

在市场营销组合中，产品策略是最基本也是最重要的一项。产品不仅是营销策略的核心，也是整个营销战略的关键。产品整体概念引发和改变了人们对产品的传统看法，带来了新的营销理念，直接改变了人们从事市场营销活动的力度和新产品开发的深度，进而促进了经济社会的快速发展。因此，要从产品宽广的外延和深刻的内涵来把握和研究产品整体概念。

一、产品及产品整体概念

传统观点认为，产品是指具有一定物质形态和用途的物品，是看得见、摸得着的东西。这是狭义的产品，只承认有形的产品，而忽略了无形的产品。

现代观点认为，产品是指人们通过购买而获得的能满足消费者需要的物质产品和非物质形体的服务的总和。这是广义的产品，是指能够提供给市场以满足消费者需求和欲望的任何东西，既包括具有物质形态的产品实体，又包括非物质形态的服务，如实物、服务、思想、策划、地点、组织和观念等。消费者购买某种产品不单是为了取得一件有形的、可使用的物体，而且是为了取得实际利益和满足需要。例如，消费者购买一辆小轿车，并不单纯是购买一种交通工具，购买的还有驾驶的难易度、乘坐的舒适感、行使中的安全性、使用过程中的耗油量、维修和维护情况，以及个人身份地位的象征等。无论哪一方面存在不足或出现问题，都会影响企业的营销和产品的销售。

广义的产品是符合现代营销理论与实践要求的，但是这一概念还不能明确产品各个构成部分的关系，解决这一问题要借助产品整体概念。产品整体概念由核心层、有形层和延伸层三个层次构成，同时不同层次又由不同的内容构成。

二、产品整体概念的模型演变

（一）两层次结构模型

1987 年，库尔茨和布恩(David L. Kurtz and Louis E. Boone)推出了一个正方形的两层次模型，如图 5－1 所示。

内层的正方形是提供给消费者的物品或服务的物理特征和功能特征，外层的正方形包括品牌和名称、包装和标签、配件和服务以及产品形象等。

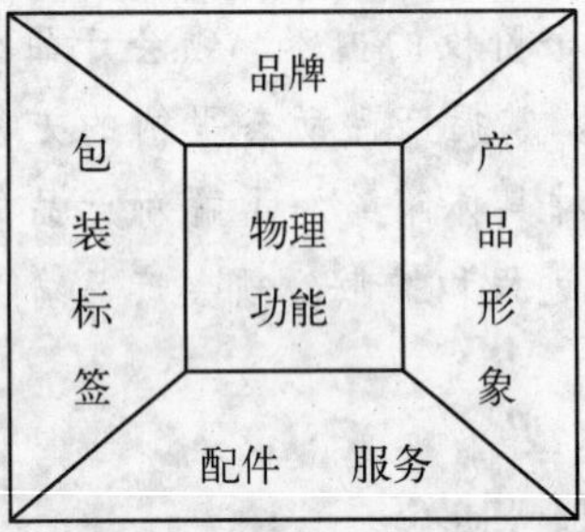

图 5－1　库尔茨和布恩的两层次结构模型

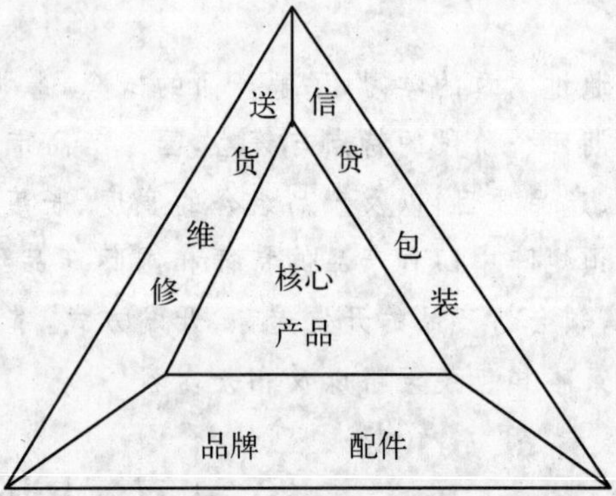

图 5－2　贝内特的两层次结构模型

1988 年，贝内特(Peter. D. Bonnet)构建了一个三角形的产品整体概念两层次结构模型，如图 5－2 所示。从模型看出，第一层次是核心产品，即产品的功能和效应；第二层次是附加产品，由送货、维修、品牌、配件、包装和信贷等六个要素构成。贝内特指出，附加产品是由伴随的利益而增加了价值的物品、服务和思想，附加产品是卖方打算卖的东西和买方感知到的东西两者的综合。但他错误地认为附加产品是消费者真正购买的东西，因为这就忽视了核心产品给消费者带来的利益。

从上述两层次结构模型，我们可以发现，模型构建者在认识上尚不尽一致，对附加产品认识层的认识差异较大。

（二）三层次结构模型

产品整体概念的三层次结构模型的构建者是菲利普·科特勒。1976 年在其名著《营销管理》中最早提出了三层次划分：即核心产品、有形产品和附加产品。核心产品是提供给消费者或消费者所追求的基本效用或利益，有形产品是产品的外观，附加产品为消费者取得有形产品时所获得的附加利益。这时，菲利普·科特勒尚未给出三个层次的具体位置。这一问题在 1984 年版的《营销管理》中得到了明确回答，即核心产品位于产品整体概念的中心，它回答消费者真正要购买的是什么，有形产品位于产品整体概念的中间层，附加产品位于产品整体概念的最外层，如图 5－3 所示。三层次结构模型的层次增加，本质上是对两层次结构模型中第二层次所包括的内容进行再次划分的结果。

（三）四层次结构模型

产品整体概念的四层次结构模型是西奥多·莱维特在 1986 年提出的。莱维特认为，提供物可以在几个层次上加以观察，并具体地提出了四个层次：一是核心产品或一般产品，它是产品的有形属性；二是期望产品，是消费者对有形属性或其他属性的期望，是需要满足的最低限度的购买条件，诸如送货条件、安装服务、售后服务、维修、备件、训练、包装、便利等；三是附加产品，是超出消费者期望的部分；四是潜在产品，是可能增加对购买者具有效用或可能具有效用的特点和利益。

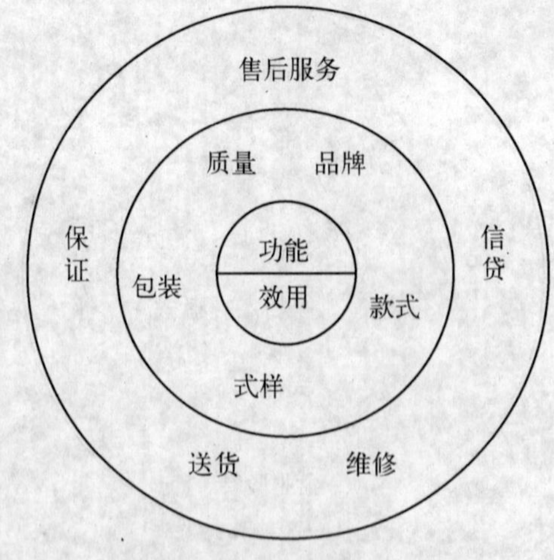

图 5－3　科特勒的三层次结构模型

（四）五层次结构模型

以往，学术界曾用三个层次来表述产品整体概念，即核心层、有形层和延伸层，这种研究思路与表述方式沿用了多年。但是，以菲利普·科特勒为首的北美学者更倾向于使用五个层次来表述产品整体概念，认为五个层次的研究与表述能够更深刻而准确地表述产品整体概念的含义。

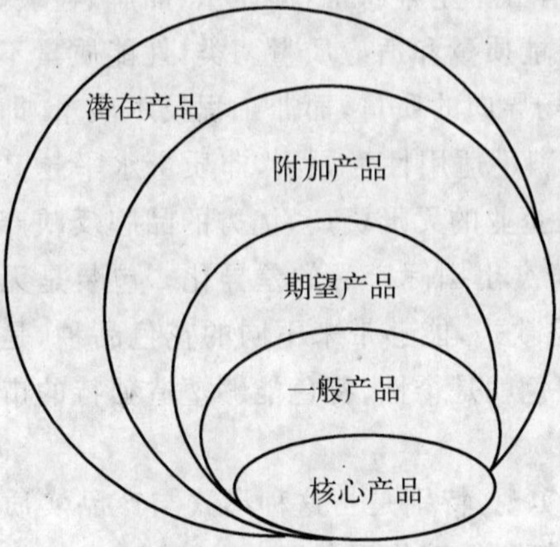

图 5－4　科特勒的五层次结构模型

产品整体概念五层次结构模型最早见于科特勒 1984 年出版的《营销管理》一书中。在与他提出的三层次结构模型比较时，增加了潜在产品（第五层）和期望产品（第三层），改造了原来的第二层，用一般产品替代了有形产品，附加产品层被推向第四层，从而形成了五层次结构模型。五层次由内到外依次是核心产品、一般产品、期望产品、附加产品、潜在产品，如图 5－4 所示。据科特勒解释，核心产品是最基本的层次，指向消费者提供的产品的基本效用或利益；一般产品由核心利益转化而来，是核心产品借以实现的形式或目标市场对某一种需求的特定满足形式；期望产品是消费者购买这种产品时通常期望和赞同的一整套属性和条件；附加产品指消费者购买一般产品和期望产品时，消费者附带获得的各种利益和欲求的总和；潜在产品指现有产品包括所有附加产品在内的，可能发展成为未来最终产品的潜在状态的产品。潜在产品指出了产品可能的演变，而附加产品描述的是产品中现今包括的东西。

三、产品整体概念的内容

尽管菲利普·科特勒提出了产品整体概念的五层次结构模型，在国际营销界也广为传播，但是由于新的层次中所包含内容含糊不清，解释力不足，因此产品整体概念模式或理论

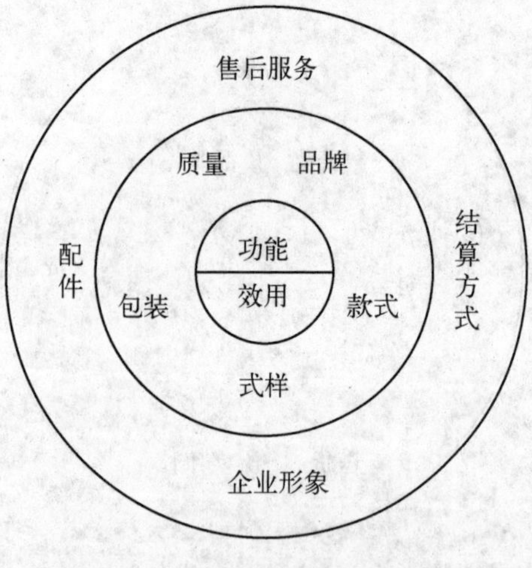

图 5－5　本教材的三层次结构模型

最经典的还是菲利普·科特勒的三层次结构模型。本教材运用菲利普·科特勒的三层次结构模型，并根据国际营销的发展实际对该模型第二、第三层次的内容进行修改。产品整体概念三个层次及内容依次如图 5－5 所示。

(一) 核心层：实质产品

核心层提供的是实质产品。实质产品是指消费者购买某种产品时所追求的功能和效应。在正常市场环境下，实质产品是消费者购买的本质所在，因而在产品整体概念中也是最基本、最主要的部分。消费者购买某种产品，并不是为了占有或获得产品本身，而是为了获得能满足某种需要的效用或利益。例如，女性消费者购买唇膏，并不是购买它的化学、物理特性，而是购买"美"。当化妆品生产企业认识到这点后，就将会着手在产品设计、包装、广告等方面表达其诉求以传达"美"的感觉。

(二) 有形层：形式产品

有形层提供的是形式产品。形式产品是实质产品的基础，是实质产品的表现形式，是企业向消费者提供的实体产品的外在表现。形式产品有五个基本特征，即质量、品牌、包装、式样和特色等。菲利普·科特勒认为，产品质量分为性能质量和适应质量两类，性能质量不同的产品其适应质量可能是相同的。产品质量应是市场导向的质量，而非工程技术质量，即消费者满意是最好的质量。产品质量水平的确定应以满足适用性为原则，非质量水平越高越好。品牌由品牌名称和品牌标志两部分构成，品牌是企业的无形资产，优秀的品牌反映产品的质量和内涵。在国际营销中，实施品牌策略有助于突出国际产品的差异化。包装是无声的推销员，优质的产品必须有匹配的包装。式样就是款式，能够带来不同的花色品种，是产品差异化的重要手段。特色特指产品颜色和口味，特色就是个性，特色能够塑造独特的市场形象。

产品的基本功能和效用必须通过特定形式才能实现，特别是当这种形式与产品实质内容协调一致时，将给消费者带来各种心理上的满足，起到促销作用。因此，企业要重视产品质量、品牌、包装、式样的设计和营销策略的运用，以寻求更加完善的外在形式表现核心产品，满足消费者的需求，这一点国际营销企业要给予更多的关注。

(三) 延伸层：附加产品

延伸层提供的是附加产品。附加产品是消费者购买形式产品后获得的额外的附加利益，主要包括售后服务、配件、企业形象、结算方式等给消费者带来的各种好处。其中，售后服务包括免费送货、代办安装、技术指导、培训操作人员、维修服务等；配件就是确保各种零配件的供应，这是一种保证；结算方式是能够给消费者带来资金节约的分期付款、延期付款、赊销等消费信贷方式；企业形象是指企业在社会上的影响力、品牌效应、知名度和美誉度等，这些能够给消费者带来心理上的满足。附加产品的概念源于对市场需要的深入认识,因为消费者的目的是为了满足某种需要,因而希望得到与满足该项需要有关的一切。

产品整体概念是市场营销理论的重大发展。随着科学技术的进步和生产力水平的提高,消费者的需求更加多样化,国际之间的竞争更加激烈,企业不但要满足消费者需求的实质产品和形式产品,而且要提供更多的延伸产品。正如美国营销学家西奥多·莱维特所言:新的国际竞争不在于企业生产什么产品,而在于企业为消费者提供的附加利益,如包装、服务、广告、融资、送货、仓储、消费咨询及具有其他价值的形式。

第二节　国际产品寿命周期策略

同人类一样,企业的产品在市场上也有自己的生存期限,不过长短差别很大。产品市场寿命周期反映了产品在市场上的变化规律。企业应该根据产品寿命周期各个阶段的不同特征采取相应的营销策略,力争缩短投入期,尽快进入成长期,保持和延长产品成长期,在市场饱和时期及早转产并果断地退出该产品市场。

一、典型的产品市场寿命周期

(一) 市场寿命周期的基本问题

1. 产品市场寿命周期的概念

产品寿命周期分为产品使用寿命周期和产品市场寿命周期两类。产品使用寿命产品也叫自然寿命周期,是产品从投入使用到报废所经历的时间。产品的使用寿命周期一旦结束,该产品自身的使用价值就没有了。产品市场寿命周期(Product Life Cycle,PLC),也叫经济寿命周期,是产品从投放市场到被市场淘汰的整个过程。产品市场寿命周期的结束,只表明某产品在某一市场上没有了销路,但是该产品使用价值依然存在。

产品使用寿命周期与产品市场寿命周期是密切相关的,有的产品使用寿命周期很短,但市场寿命周期很长;有的产品市场寿命周期很长,但使用寿命周期很短。国际营销学的研究重点是产品市场寿命周期。

2. 市场寿命周期曲线

菲利普·科特勒认为,典型的市场寿命周期为非正规的S形,并依次经历试销期、成长期、成熟期和衰退期等四个阶段。从主观上看,试销期越短越好,成熟期越长越好。成熟期是黄金时期,是企业的利润源泉。企业营销就是设法延长市场寿命周期或成熟期。

在产品刚投放市场的时候,由于消费者不了解,销售量较低,成本较高,处于亏损、保本或微利的状况。在成长期销售快速增长,成本迅速降低,利润也显著增加,竞争开始加剧;在成熟期销售达到最高点,成本达到最低点,利润达到顶点,竞争白热化;在衰退期,产品销售量显著减少,成本开始上升,利润也大幅度下降。市场寿命周期曲线(销售曲线)呈现低—高—低状态,成本曲线呈现高—低—高状态,利润曲线呈现低—高—低状态,价格曲线呈现高—低—更低状态。成本是价格的基础,因此在试销期产品的价格较高,产品进入成长期、成熟期后随着成本的降低,价格也逐渐降低。但是,当产品进入衰退期后,成本决定价格的经济理论失效，随着产品销售量的减少，成本的上升使企业不但不能提价，反而要及时降价。目的是通过降价，扩大消费者群，增加销售量，防止或避免库存。市场寿命周期曲线（销售曲线）、成本曲线、利润曲线、价格曲线以及相互之间的关系，如图 5-6 所示。

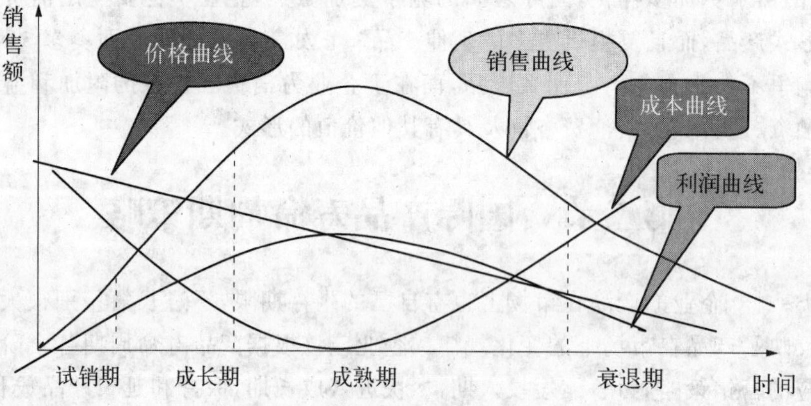

图 5-6　市场寿命周期曲线图

3. 市场寿命周期理论的意义

市场寿命周期是一个很重要的理论，对企业从事本土营销和国际营销有着重要意义。

(1) 市场寿命周期理论揭示了产品变化的内在规律。任何产品都和生物有机体一样，有一个从诞生，经过成长、成熟，到衰退的过程，需要不断创新，开发新产品。产品市场寿命周期只考虑销售额和时间两个变量，简单易懂，便于操作。

(2) 市场寿命周期理论是营销人员描述产品和市场运作方法的有力工具。借助市场寿命周期理论，可以分析判断产品处于寿命周期的哪一阶段，推测产品今后发展的趋势，正确把握产品的市场寿命，并根据不同阶段的特点，采取相应的市场营销组合策略，增强企业竞争力，提高企业经济效益。

(3) 市场寿命周期理论便于把握国际市场的动态变化。市场寿命周期理论揭示出比较优势是不断转移的，每一国在进行产品创新、或模仿引进、或扩大生产时都要把握时机。而进行国际营销，就可以利用不同阶段的有利条件，长久保持比较优势。市场寿命周期理论引导人们通过产品的寿命周期，了解和掌握国际市场的动态变化，为正确制定国际营销战略和策略提供了理论依据。

(4) 市场寿命周期理论反映出当代国际竞争的特点。当代国际竞争的特点，即创新能力、学习能力、模仿能力，这是企业获得生存能力和竞争优势地位的重要因素。

4. 市场寿命周期理论的缺点

营销管理者要想使他的产品有一个较长的寿命周期，以赚取足够的利润来补偿在推出该产品时所作出的一切努力和经受的一切风险，就必须认真研究和运用产品的市场寿命周期理论。但是，市场寿命周期理论也有缺点，表现为：

(1) 起止点不易确认。各阶段的起止点划分标准不易确认，无法确定市场寿命周期曲线到底适合单一产品项目层次，还是一个产品集合层次。

(2) 考虑因素单一。只考虑销售额和时间的关系，未涉及购买力水平、科学技术状况、供求状况、竞争态势、社会风尚变化、政府政策等影响销售额的变量，这样使市场寿命周期的不确定性增加。

(3) 运用有所限制。在预测产品性能时产品生命周期的运用也受到限制，同时易导致“营销近视症”，认为产品已到衰退期而过早将仍有市场价值的好产品剔除出了产品线。

(4) 不能代表全部。并非所有的市场寿命周期曲线都是标准的S型，还有很多特殊的产品市场寿命周期曲线。

(二) 市场寿命周期各阶段的特点

1. 试销期的特点

试销期是新产品进入市场的初期阶段。这个阶段的主要特点是：消费者对产品不了解，只有少数思想开放、追求新奇、敢于冒险的人尝试，产品销售量少，销售额增长缓慢；受生产技术的限制，不能大批量生产，同时次品率高，因此产品的生产成本较高；为了扩展销路，需要开展广告和营销推广活动，促销费用较高。总之，试销期销量小、产量低、成本高、费用大、竞争者少，企业营销处于亏损、保本或微利状态，是风险最大的时期。

2. 成长期的特点

成长期是产品在市场上打开销路的阶段。这个阶段的主要特点是：通过试销，消费者对产品逐渐熟悉，众多的消费者开始大量购买产品，销售额迅速上升，市场逐渐扩大；产品大批量生产，生产成本相对降低，利润迅速增加；竞争者看到有利可图，纷纷进入市场参与竞争，导致同类产品供应量增加，市场竞争激烈；市场价格趋于下降，促销费用基本稳定或略有提高。总之，成长期具有销售快速增长、产量迅速增加、成本逐渐降低、利润日渐丰厚、竞争日趋激烈的特点。

3. 成熟期的特点

成熟期是产品在市场上已经普及并达到饱和的阶段。这个阶段的主要特点是：购买产品的人数增多，销售量继续增加，产品普及率提高，市场趋于饱和；规模化、标准化生产使成本降低，竞争白热化；产品同质化和激烈的竞争，导致同类产品竞争者不得不在产品质量、花色、规格、包装、服务等方面加大投入，形成产品差异，在一定程度上增加了成本，使企业利润水平降低。在这一阶段，销售增长速度缓慢直至转而下降，竞争逐渐加剧，销售价格降低，促销费用增加，企业利润减少。

4. 衰退期的特点

衰退期是产品被市场逐渐淘汰的阶段。这个阶段的主要特点是：市场上出现了性能、规格、式样、品种等方面已经改进的新产品，消费者注意力和兴趣转移，销售量急剧下降；产品的更新换代使老产品无人问津，同产业竞争者竞相削价抛售，企业利润降至最低点，甚至因无利可图而陆续停止生产。

(三) 市场寿命周期各阶段的策略

典型的产品市场寿命周期的四个阶段呈现出不同的市场特点，因此企业的营销策略应以各阶段的特点为基点来制定和实施。

1. 试销期的营销策略

在试销期，营销的重点应集中在促销和价格方面，一般有四种可供选择的营销策略：

(1) 快速撇脂策略。快速撇脂策略是以高价格、高促销费用推出新产品，以求迅速扩大销售量，加强市场扩张力，迅速收回产品成本的营销策略。具体做法是采取高价策略，投入大量的资金进行广泛的促销活动，以求消费者尽快了解并接受新产品，及早树立品牌形象，在每一单位销售额中获取最大利润。采用快速撇脂策略的假设条件是产品的市场容量很大，潜在的消费者不了解该产品，大多数消费者对价格敏感，潜在竞争很强烈和随着生产规模、销售量的扩大和制造经验的积累，企业的单位生产成本会下降。

(2) 缓慢撇脂策略。缓慢撇脂策略是以高价格、低促销费用推出新产品，以尽可能低的费用开支求得更多利润的营销策略。具体做法是采取高价策略，投入少量的资金进行有限的促销活动，循序渐进地开发市场。采用缓慢撇脂策略的市场条件是大部分潜在的消费者已经通过其他各种渠道了解到新产品的信息，不需要进行大规模的促销；产品的市场容量相对有限，因此不适宜进行大规模的促销；产品的潜在竞争威胁不大，没必要进行大规模的促销；产品的需求弹性不大，潜在消费者愿意支付高价是采取高价策略的前提。

(3) 快速渗透策略。快速渗透策略是指以低价格、高促销费用推出新产品，以最快的速度打入市场，给企业带来最大的市场渗透率和最高的市场占有率的营销策略。具体做法是采取低价策略，投入大量的资金进行广泛的促销活动，以迅速取得最大的市场占有率，着眼于长期利润的获得。采用快速渗透策略的市场条件是潜在消费者对产品不了解，但产品的价格需求弹性较大，既要大规模地促销，又要谨慎地制定价格；市场容量相当大，应当做大规模的促销，以便吸引更多的潜在消费者购买；产品的单位生产成本可随生产规模和销售量的扩大迅速降低是低价策略的前提；潜在的市场竞争十分激烈，必须进行大规模的促销，以迅速打开销路。

(4) 缓慢渗透策略。缓慢渗透策略是指以低价格、低促销费用推出新产品的营销策略。具体做法是采取低价策略，投入少量的资金进行有限的促销活动，着眼于长期的最大限度的市场占有率，从低价中获取最大利润。采用缓慢渗透策略的市场条件是市场容量很大，在短时间内不易被消费者接受或短期内市场不会饱和，须着眼于长期策略的实施；新产品通常只是改进型的，消费者已基本了解，不必进行大规模的促销；产品的价格需求弹性较大，高价策略容易导致销售量急剧减少；存在一定的潜在竞争者，但威胁不大。

2. 成长期的营销策略

在成长期，企业的营销重点应该放在保持并且扩大自己的市场增长率，加速销售额的上升，延长获取最大利润的时间等方面。另外，企业还必须注意成长速度的变化，一旦发现成长的速度由递增变为递减时，必须适时调整策略。可以采取以下策略：

(1) 改进产品的质量。在特色、功能、款式、型号和用途等方面作出改进，如增加产品特色、增添产品功能、改变产品款式、发展产品型号、挖掘产品新用途等，提高产品的竞争能力，满足消费者更广泛的需求，吸引更多的消费者。

(2) 寻找新的细分市场。进一步开展市场细分，寻找新的尚未满足的细分市场，积极开拓新市场，创造新需求，以扩大产品销售。

(3) 改变促销的重点。把促销的重点从介绍产品转为树立名牌企业、名牌产品、名牌商标上来，进一步提高企业在社会上的声誉，以此维系现有消费者，吸引潜在消费者。

(4) 充分利用价格手段。在成长期，虽然市场需求量较大，但在适当的时候可以采取降价策略：一是可以增强竞争力；二是可以激发那些对价格比较敏感的消费者产生购买动机和采取购买行动。当然，降价可能暂时减少企业的利润，但是随着市场份额的扩大，长期利润可望增加。

(5) 加大投资力度。积极筹措、集中必要的人力、物力和财力，进行基本建设或者技术改造，以确保迅速增加或者扩大生产批量。同时，努力疏通并增加新的分销渠道，扩大产品的销售面。

3. 成熟期的营销策略

对成熟期的产品，宜采取主动出击的策略，使成熟期延长，或使产品寿命周期出现再循环。为此，可以采取以下几种策略。

1) 市场改良策略

市场改良策略，也称为市场多元化策略，是企业通过发现产品的新用途，或改变促销方式等使产品销售量得以扩大的策略。该策略是在不改变产品性能的前提下实现的。具体包括：

(1) 寻求产品新用途，开发新的细分市场。如美国杜邦公司生产的尼龙产品，20 世纪 40 年代初期只用于军用市场，生产降落伞、绳索等；第二次世界大战以后，尼龙产品迅速转入民用市场，企业生产尼龙袜、蚊帐、窗纱等日用品；60 年代以后又用来生产轮胎、地毯、包装物等工业用品。这样，每项新用途的开发都使尼龙产品从成熟期转入新的成长期，开始了新的寿命周期，为杜邦公司赢得了长期稳定的利润。

(2) 重新树立产品形象，寻求新的消费者。每种产品都有吸引消费者的潜力，因为有些消费者或者不知道这种产品，或者因某些特殊原因而不想购买这种产品。在这时，制造商可以利用市场渗透策略寻求消费者。如香水制造商说服那些不用香水的女士使用香水，说服男士使用香水；将婴儿用的洗发精推荐给青年女性；宣传爽身粉不仅儿童能用，成年人也能用。经过重新树立产品形象，产品可进入更多细分市场，争取更多的消费者。

(3) 转移阵地，寻求新的地域市场。如果产品原有市场在本地、本省或本国，那么外地、外省、外国就是新的市场。一种产品在原有市场上将要进入衰退期时，而在另外一些市场可能刚处在试销期、成长期，于是企业就可以以较低的价格进入这些新市场。西方工业国把在本国已经处于成熟期甚至衰退期的产品向发展中国家推进、经济发达地区将产品投向经济落后地区、由城市市场转向农村市场等其道理就在于此。

(4) 刺激现有消费者增加使用率，扩大生产品使用量。让目前使用产品的消费者增加使用量，也可增加销售量，使成熟期延长。具体措施有：企业可设法使消费者经常地使用自己的产品，设法使消费者每次使用时增加使用量，努力发掘产品的使用方法，例如，火腿肠制造商在产品包装上印着该产品的多种食用方法——剥皮即食或切丝切片凉拌、烹炒、油炸、炖汤，使消费者了解这种产品的多种食用方法，以扩大销售量。

2) 产品改良策略

产品改良策略，也称为产品再推出策略，就是将产品的某一部分给予显著变革，以便吸引潜在消费者，维持现有消费者的营销策略。产品改良最好办法就是对产品整体概念的不同层次进行调整。具体方式有：

(1) 品质改良。一是提高产品的耐久性、可靠性、安全性等。如洗衣机制造商把普通洗衣机改为漂洗、甩干多功能的自动、半自动洗衣机等。二是将产品从低档上升为高档，或从高档变为低档。例如，原来面向高收入消费者的产品，可以选用较低质量的材料，使之变为低档产品而寻求新的市场；原来面向一般消费者的产品，也可以选用高级原料，使之变为高档产品而重新受到欢迎。这种策略既能延长成熟期，又能提高产品的竞争力。

(2) 特性改良。就是增加产品新的特性，如大小、重量、材料、附加物等，以此扩大产品的多方面适用性，提高产品安全性，使之更方便使用。例如，某机械厂给手扶割草机加装动力装置，使割草机加速了割草速度；而后又进行操作方面的改进，使之便于操作；后来有的制造商又在工程技术上设计出更具安全特性的产品；最后一些制造商又为该机器增加了具有转化作用的特性，使割草机又可作为扫雪机。这种特性改良策略花费少、收益大，能为企业树立创新和领先的企业形象，但是易被模仿，故只有率先创新才能获利。

(3) 式样改良。就是基于美学欣赏观念而进行款式、外观形态的改良，形成新规格新花色的产品，从而刺激消费者，引起新的需求。如电子表制造商将电子表机芯装在项链上变为项链电子表，装在圆珠笔上变为圆珠笔电子表等，这样使电子表销售一直处于成熟期。

(4) 附加产品改良。就是向消费者提供良好服务、优惠条件、技术咨询、质量保证、消费指导等。例如，有家化学公司专门向肥料制造商提供一种原料。当这种原料到达成熟期时，他们经过全国性的调查发现许多肥料制造商在原料运输和产成品销售方面存在一系列困难，于是他们设立了咨询服务部门，免费为肥料制造商提供各项服务，并且印刷小册子，提供解决难题的基本知识和技巧。由于他们的服务为肥料制造商带来了附加利益，肥料制造商大量购买，使化学公司的原料销售额直线上升，出现了销售的又一高峰，成熟期得以延续。

3) 营销组合改良策略

营销组合改良策略，是通过对产品、价格、渠道、促销等四个营销组合因素加以综合改革，刺激销售量不断回升的营销策略。

常用的方法有提高产品质量、改变产品性能、增加产品花色品种的同时，通过特价、早期购买折扣、补贴运费、延期付款等方法来降价让利；扩大分销渠道，广设销售网点，调整广告媒体组合，变换广告时间和频率，增加人员推销，大搞公共关系等多管齐下，搞市场渗透、扩大影响，争取更多的消费者。例如，家用计算机企业可以通过降低价格、增加广告投入、进入大卖场渠道，以及完善售后服务等措施来激发消费者的购买欲望。

4. 衰退期的营销策略

当产品进入衰退期后，企业不能简单地一弃了之，也不应该恋恋不舍，一味维持原有的生产和销售规模。企业必须研究产品在市场的真实地位，然后决定是继续或是放弃，以及在什么时间退出市场。通常可供选择策略有以下几种：

(1) 集中策略。把企业能力和资源集中在最有利的细分市场和分销渠道上，从中获取利润。这样有利于缩短产品退出市场的时间，同时又能为企业创造更多的利润。

(2) 维持策略。继续沿用过去的策略，仍按照原来的细分市场，使用相同的分销渠道、定价、促销方式，直到这种产品完全退出市场为止。由于这一阶段很多企业会先行退出市场，因此，对一些有条件的企业来说，并不一定会减少销售量和利润。

(3) 收缩策略。即企业仍然留在原来的目标市场上继续经营，但是根据市场变动的情况和产业退出障碍水平在规模上作出适当的收缩，抛弃无希望的消费者群体，大幅度降低促销水平，尽量减少促销费用，以增加目前的利润。这样可能导致产品在市场上的衰退加速，但也能从忠实于这种产品的消费者中得到利润。

(4) 放弃策略。对于衰退比较迅速的产品，应该当机立断，放弃经营。可以采取完全放弃的形式，如把产品完全转移出去或立即停止生产；也可采取逐步放弃的方式，使其所占用的资源逐步转向其他的产品。

二、特殊产品的市场寿命周期

以上讨论的是典型的S形产品市场寿命周期曲线及各阶段的特点和营销策略。但并不是所有产品的市场寿命周期曲线都是S形的，还有其他变异的产品市场寿命周期性形状。特殊产品的市场寿命周期包括风格型产品市场寿命周期、时尚型产品市场寿命周期、时髦型产品市场寿命周期以及产品种类、品种和品牌的寿命周期等四种形式。

(一) 风格型产品市场寿命周期

风格(Style)是显示人们努力的一个领域里所出现的一种基本和独特的方式。例如，衣着有古朴的、典雅的、新潮的、标新立异的等风格，家具有中式的、欧式的、现代的、仿古的等风格，艺术有现实的、超现实的、抽象的等风格。风格一旦形成，可能会延续许多世代，在此期间时而流行，时而又可能并不流行，甚至衰落。风格会呈现出一个使人们对它感兴趣的周而复始的周期，即出现一种循环再循环的模式，如图5-7所示。

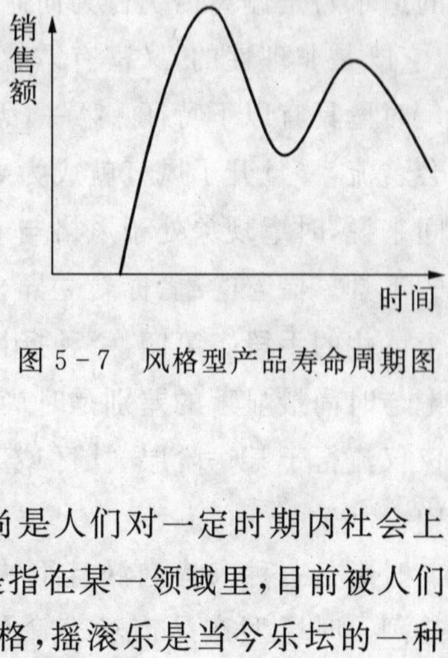

图5-7　风格型产品寿命周期图

(二) 时尚型产品市场寿命周期

时尚(Fashion)，又指流行，有以下几方面的含义。时尚是人们对一定时期内社会上或一个群体中普遍流传的某种生活方式的随从和追求；时尚是指在某一领域里，目前被人们接受或流行的一种风格。例如，牛仔裤是当今衣着的一种风格，摇滚乐是当今乐坛的一种风格。时尚是相当多的人去随从和追求某种生活方式，由于众多人的相互影响，迅速普及日常生活的各个领域。时尚是一定时期内的社会现象，过了一定的时间便不再流行。若时间持续，就会转化人们的习惯，成为社会传统。时尚既是一种社会现象，也是一种历史现象和心理现象。时尚是思想上、精神上的一种享受，它不仅体现了个人的消费爱好，更主要的是体现了一个人的价值观念和审美心理等内在的东西。

在消费活动中追求时尚是社会进步的一种表现。时尚的起因有很多，比如时尚服装的流行、崇尚优越的身份和地位、对新奇事物的追求、对方便生活的向往或是出于商业目的的人为创造等，都是产生时尚的原因。但是，最根本的一点是由于人们心理上往往存在着两种相反的倾向：一是想与众不同，希望突出自我，不安于现状，喜新厌旧，不断追求新奇和变化的求异心理；二是不愿出众，不想随便改变自己，希望把自己隐藏在大众之中，安于现状墨守成规的从众心理。

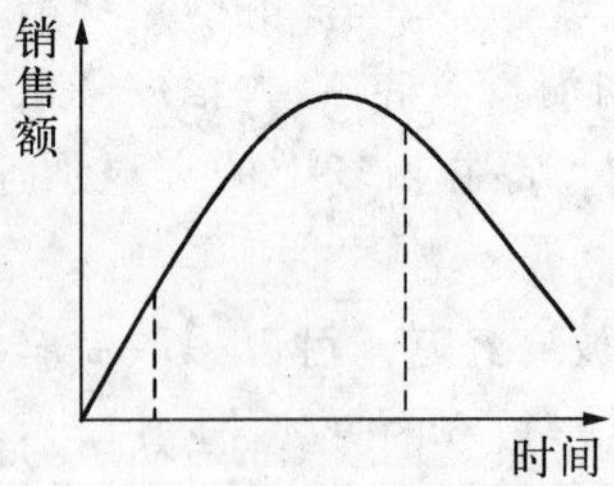

图5-8　时尚型产品寿命周期图

时尚型的产品市场寿命周期与经典产品市场寿命周期的曲线类似，但时尚型的市场寿命周期经历了三个阶段，如图5-8所示。时尚型的产品市场生命周期的特点是，刚上市时可能被看作异类，很少有人接受，称为独特阶段；但随着时间的推移，接受的人数慢慢增长，终于被广泛接受，进入接受阶段；最后，因为消费者逐渐将注意力转向另一种更吸引他们的风格，而进入衰退阶段。

从图5-8可以看出，时尚型产品市场寿命周期最初接受缓慢，接着加速，达到顶峰，最后逐渐退出。可以根据时尚接受周期的长度来区分不同类型的时尚。许多时尚有缓慢平稳的周期，从接受到衰退需要花费几年时间；其他的时尚过程的周期则可能极长或极短。

(三) 时髦型产品市场寿命周期

时髦(Fad)是短暂的时尚，是时尚的一种典型表现。时髦是在一定时间内受到人们赞许，而且经常发生变化，也包含对某些被认为有待改进的行为规范的叛逆。因此，人们对时髦的追求乃是偏离传统行为而倾向于新颖入时的一种生活方式。时髦是一种流行的行为模式，它既是非理性的，又富有诱惑力，还具有强烈的模仿与暗示性。

时髦具有以下特征：第一，无阶级性。在各个不同的阶层、阶级间流传。发起人通常是社会名流，一旦开了风气就成为寻求地位或是自我表现的手段。第二，有组织性。以持续的时间来说，时髦现象处于风格与时尚之间，时髦的流行时间显示出有组织性。第三，自我宣扬的工具。借着时髦、标新立异，提高社会地位，但仍保留原团体中一分子的地位，所以是自我个体化的手段。第四，一种抒情的社会运动。时髦是一种发泄不满或被压抑情绪的表现。时髦与时尚最显著的差别是时尚所流行的项目对社会来讲，微不足道，对社会影响很小；时尚仅仅流行于某一阶层、社区或某一同质群体，而时髦则流行于社会各个阶层与异质群体之中。

时髦是一种来势汹汹且很快就吸引大众注意的时尚，俗称热潮。时髦型产品市场寿命周期往往快速成长又快速衰退，曲线为陡起陡落，每个阶段所处时间都很短暂，如图5-9所示。时髦型产品市场寿命周期曲线的这种特征，主要是因为它只是满足人们一时的好奇心或需求，所吸引的只限于少数寻求刺激、标新立异的人，通常无法满足更强烈的需求。从市场寿命周期曲线和特征可以看出，经营时髦型产品的关键是抓住时机，快速设计快速生产，快入市快销售，否则将贻误战机。

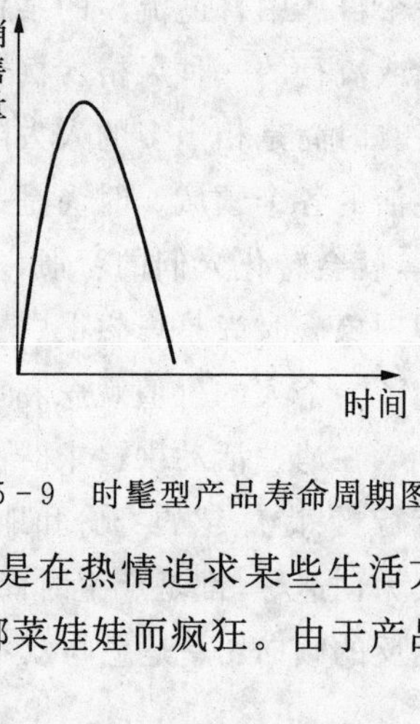

图5-9　时髦型产品寿命周期图

时髦也会变成一种不良的社会现象和行为，即狂热。狂热就是在热情追求某些生活方式而缺乏理智的现象和行为。20世纪80年代早期，美国儿童为椰菜娃娃而疯狂。由于产品供应有限，成年人零售商店为孩子抢购椰菜娃娃时，几乎要发生骚乱。尽管椰菜娃娃的狂热持续了几个月，但最终还是冷却下来了。消费者又转向了其他产品，如忍者神龟，1989 年的总收入超过 6 亿美元。我国的“追星族”和“传销者”之类，就是一种狂热。

（四）产品种类、品种和品牌的寿命周期

从分类上看，产品可分为种类、品种和品牌三部分。但是，产品种类、品种和品牌的市场寿命周期曲线是不同的，如图 5－10所示。

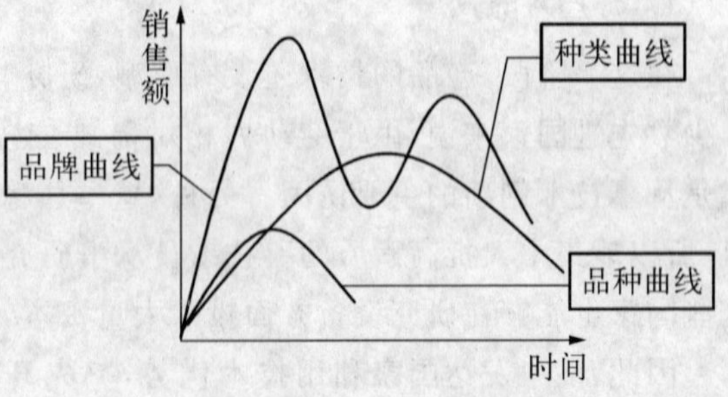

图 5－10　种类、品种和品牌寿命周期图

产品种类是指具有相同功能及用途的所有产品的总和，如电视机。产品品种是指同一种类产品中，辅助功能、用途或实体销售有差别的不同种类的产品，如电视机中的彩色电视机。产品品牌是指某一企业生产与销售的具有专门商标的特定产品，如 TCL 牌彩色电视机。

产品种类的市场寿命周期最长，因为它是各产品品种市场寿命周期的总和，如电视机的市场寿命周期包括黑白电视机和彩色电视机的市场寿命周期。产品品种的市场寿命周期最典型，如黑白电视机在我国市场上只销售了 5～6 年，就退出了市场，让位于彩色电视机了，而彩色电视机的市场寿命周期一直在延续。产品品牌的市场寿命周期最复杂，20 世纪 80 年代中后期以来受供求关系、竞争态势、消费需求、产品质量、品牌知名度、企业美誉度、市场营销策略等原因的影响，我国彩色电视机品牌呈现了复杂的不同的市场寿命周期曲线。有些品牌的市场寿命周期长些，有些品牌的市场寿命周期短些；有的品牌早已被市场淘汰；有的品牌退出几年后又起死回生，然后又被市场淘汰；有的品牌在努力争取无限地延续。

三、国际产品寿命周期

（一）国际产品寿命周期概述

当把国内市场扩展到国际市场时，同一产品寿命周期各个阶段在不同目标市场国的市场上出现的时间是不一致的。由于各目标市场国在经济发展水平和科学技术水平等方面的差别而引起的同一产品在各国的开发生产、销售和消费上时间上的差异，称为国际产品寿命周期。

美国哈佛大学教授雷蒙德·弗农（Raymond Vernon）于 1968 年在他的《产品周期中的国际贸易》一文中首次提出了国际产品寿命周期理论，将技术变化作为国际贸易、国际营销的又一决定因素，试图解释国际贸易、国际营销活动的动态变化特征。

国际产品寿命周期理论认为，一种产品从生产者到消费者手里，需要很多不同的投入成本，如研究与开发投入、资本和劳动力投入、促销及原材料投入等。随着技术的变化，产品像生物一样，从出生到衰落，完成一次循环。在市场寿命周期的不同阶段，各种投入在成本中的相对重要性也将发生变化。由于各国在各种投入上的相对优势不同，因此各国在该产品不同阶段拥有的比较优势取决于各种投入在成本中的相对重要性。

（二）国际产品寿命周期阶段

雷蒙德·弗农将国际产品寿命周期分为新产品阶段、成熟产品阶段和标准化产品阶段等三个阶段，并认为由于经济发达国家、较发达国家和发展中国家的经济发展、科技进步水平不同，因此产品进入新产品阶段、成熟产品阶段和标准化产品阶段的时间先后不一样。

1. 新产品阶段

在这一阶段，产品的技术还没有成型，研究与开发费用在成本结构中占据最大比重。对于少数先进国家来说，由于劳动力相对稀缺、工资水平较高，因此寻找节约劳动力的生产方式是从事技术创新的主要诱因。另外，这些国家拥有相对较高的科技水平和较多的科技人员，所以能集中大批高素质的科技人员从事研究与开发活动。由于资本相对比较丰富，所以这些国家也能够在研究设备方面投入大量资本，并且承担风险的能力也较强。

因此，某一发达国家利用技术优势，率先开发研制出某种新产品。这时国内市场容量大，最安全最有利的选择是在国内进行生产，产品主要供应国内市场。当国内市场供过于求时，这一发达国家将新产品销售到其他较发达国家，成为最早的新产品出口国。

在新产品阶段，新产品或改进后的产品，一般质量要比已有的产品质量高。因此，在这一阶段国际产品销售主要发生在少数先进国家与其他较发达国家之间，因为这些国家的收入水平相对较高且比较接近。

2. 成熟产品阶段

当产品进入成熟阶段以后，由于技术已经确定，并被普遍采用，新进入的制造商不会受到技术上的限制。因此，企业之间的竞争激烈，为扩大生产与销售，企业进行大量的资本投入，即产品进入大量生产与销售阶段。在生产上从研究与开发密集型转化为资本（物质资本、管理与营销所需的人力资本）密集型。

在这一阶段中，产品基本定型，日趋成熟。随着国际市场需求量的日益扩大，产品的价格弹性加大，降低产品成本尤为迫切。由于国外劳动力成本低于国内劳动力成本，国内生产的边际成本加上边际运输成本大于国外生产的成本，所以把生产基地由国内转移到国外更为有利。另外，由于产品出口量的急剧增加，制造商原来拥有的垄断技术也逐渐被国外竞争者掌握，仿制品开始出现，制造商面临着丧失垄断技术优势的危险。为了避开贸易壁垒，接近消费者市场和减少物流成本，制造商开始进行对外直接投资，在国外建立分公司，转让成熟技术。一般来讲，制造商总要先到技术水平较接近、劳动力素质较好、人均收入水平较高并与本国需求类型相似的国家或地区建立分公司，就地生产，就地销售，或向其他国家出口。

因此，在成熟产品阶段，其他较发达的国家吸收生产技术的能力较强，于是在国内生产产品抵制进口，由进口国变为生产国。而最早的新产品出口国，开始出口技术。

3. 标准化产品阶段

在这一阶段，产品已经标准化，并普及到广大的市场中，制造商的生产基本达到了最佳规模点。制造商所拥有的技术垄断优势已消失，竞争主要集中在价格上。原材料和劳动力工资是最重要的成本，尤其是低工资的劳动力，包括熟练劳动力与半熟练劳动力，成为本阶段决定比较优势的最重要因素。具备这一条件的国家主要是发展中国家，特别是在工业化方面已经取得相当成效的发展中国家或地区。

也就是说,生产的相对优势已转移到技术水平低、工资低和劳动密集型经济模式的国家或地区。在发达国家本国市场已经趋于饱和,其他较发达国家产品出口急剧增长的情况下,制造商在发展中国家进行直接投资,转让标准化技术。根据比较成本的原则,制造商大规模减少或停止在发达国家本国生产该产品,转而从国外进口该产品,即最早的新产品出口国,变成了同类产品的进口国,并开始了新技术的研发。

(三) 国际产品寿命周期曲线

国际产品寿命周期的整个过程,可以用图 5-11 来描述。图中,横轴表示时间,纵轴上端表示净出口。在初始时刻(t_0),新产品刚刚由创新国(经济发达国家)研制出来。在新产品阶段,由于产品的技术尚未成型,生产规模较小,消费仅限于国内市场。到了t_1时刻,开始有来自国外的需求,于是开始进行出口。由于产品的成本和价格较高,进口国主要是一些收入水平和创新国比较接近的较发达国家,随着时间的推移,进口国逐渐掌握了生产技术,能够在国内进行生产,并逐步替代一部分进口品,于是进口开始下降。到了某一阶段之后,由于小部分发展中国家的需求扩大,创新国的产品也开始少量出口到一些发展中国家。到t_2时刻,生产技术已经成型,产品达到了标准化,由技术密集型转化为资本密集型。这时,来自较发达国家的第二代制造商开始大量生产和出口该产品,原来的创新国随后(t_3时刻)成为净进口国。最后,当产品转为非熟练劳动密集型时(t_4),发展中国家成为净出口国。

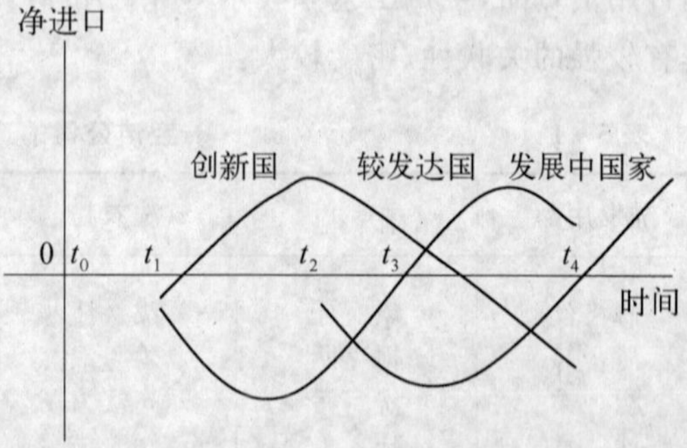

图 5-11 国际产品寿命周期曲线图

第三节 国际产品组合策略

从产品市场寿命周期理论可知,产品都有被市场淘汰的可能,因此,企业不能只生产经营一种产品。当然,并不是生产经营的产品越多越好,一个企业应该生产经营哪些产品,这些产品之间应该如何组合,这就是本节研究的问题。

一、产品组合的基本问题

(一) 产品组合、产品线、产品项目

产品组合是企业生产经营的全部产品的结构,也就是企业的生产经营范围,通常由产品线组成。

产品线是企业产品组合中的每一个大类产品,一般由产品项目组成。

产品项目是某一产品线中由于不同规格、品种、型号、质量、功能、价格而形成的具体产品。

(二) 产品组合的宽度、长度、深度和密度

一个产品组合具有一定的宽度、长度、深度和密度，以宝洁公司的产品组合为例解释这些概念，如表5-1所示。产品组合的宽度是企业生产经营的产品线的多少，宝洁公司产品组合宽度是6。产品组合的深度是每一产品线所包含的产品项目的多少，宝洁公司产品组合的深度从左至右分别是5、8、4、2、9、4。产品组合的长度是企业生产经营的所有产品线中包含的产品项目或深度之和，宝洁公司产品组合长度是32。产品组合的密度是各产品线在最终用途、生产条件、销售渠道或其他方面相互关联的程度，宝洁公司的生产经营的产品是家庭日用消费品，生产工艺和技术等条件相似，可以通过相同的销售渠道销售，因此产品组合具有较强的关联性，密度较大。

表5-1　　宝洁公司的产品组合情况表

洗发用品	香　皂	洗衣粉	护肤品	清洁剂	纸　巾
海飞丝	象　牙	汰　渍	玉兰油	象牙雪	媚　人
潘　婷	柯克斯	碧　浪	SK-Ⅱ	德莱夫特	粉　扑
飘　柔	洗　污	高富力		汰　渍	旗　帜
沙　宣	佳　美	熊　猫		快　乐	绝　顶
伊卡璐	爵　士			奥克雪多	
	保洁净			德　希	
	海　岸			波尔德	
	舒肤佳			圭　尼	
				伊　拉	

(三) 产品组合的影响因素

扩大产品组合的宽度，即增加产品线的数量，实际上就是扩大了生产经营范围，实行多种经营战略，在发挥企业潜力、开拓新市场的同时，还能分散风险。延长产品组合的深度或长度，即增加新的产品线或增加每一条产品线的产品项目，这样可以占领更多的细分市场，满足更多不同消费者的需要。加强产品组合的密度，即加强产品线之间的关联性、一致性，这样在增强企业市场地位、发挥和提高企业专业能力的同时，也可综合利用各种资源，提高企业的经济效益。

企业在进行产品组合时，应考虑以下因素：

(1) 企业资源。企业资源是指企业的人、财、物和生产经营能力等。一个企业拥有的资源总是有限的，而且企业总有自己的专长和薄弱环节，并不是生产经营什么产品都是可行的、有利的。因此，企业应根据自身资源状况进行科学的抉择。

(2) 市场需求。以市场为导向是市场营销的基本原则。市场需求是在不断发生变化的，企业必须根据市场需求的发展，在充分利用企业资源的基础上，发展具有良好市场前景的产品线或产品项目。

(3) 竞争状况。竞争状况是制定产品组合策略应考虑的重要因素之一。如果增加新的产品线将遇到强大的竞争对手，营销风险很大，那么不如延长产品组合的深度或长度，即增加产品项目更有利。

二、产品组合的动态平衡

产品组合的动态平衡是指企业根据市场环境和资源条件变动的状况，作出开发新产品和剔除衰退产品的决策，以调整产品组合，使企业保持最大利润的产品组合。可见，及时调整产品组合是保持产品组合动态平衡的条件，产品组合动态平衡的方法之一是波士顿矩阵法。

（一）波士顿矩阵的介绍

波士顿矩阵（BCG Matrix）是波士顿咨询集团（Boston Consulting Group，BCG）于 1960 年为美国米德纸业进行营销咨询时提出的分析方法。该方法以企业生产经营的全部产品或产品项目组合为研究对象，认为企业要取得成功，就必须拥有市场增长率和相对市场占有率各不相同的产品组合，其实质是为了通过产品项目优化组合实现企业的利润最大化。在波士顿矩阵中有四种产品组合，如图 5－12 所示。

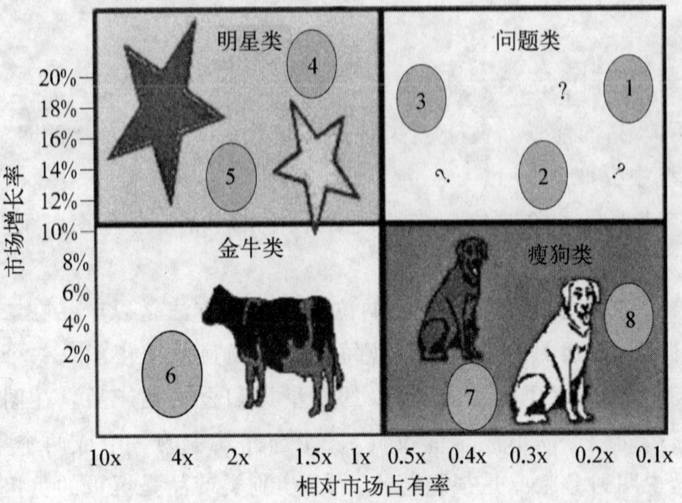

图 5－12　波士顿矩阵图

（1）问题类产品（Question Marks Product）。问题类产品具有高市场增长率、低相对市场占有率的特点，一般是新产品或投机性产品，带有较大的风险。为发展问题类产品，企业需要建厂、增加设备、增添人员，需要大量的资金投入，因此必须慎重选择，将符合企业长远发展目标、能够增强企业核心竞争力的产品项目作为继续投资的对象。对选中的产品项目要追加投资，不断扩大相对市场占有率，为发展成为明星类产品创造条件。对舍弃的产品项目采用收缩策略，减少资金投入。

（2）明星类产品（Stars Product）。明星类产品具有高市场增长率、高相对市场占有率的特点，在快速增长的市场中占有支配地位的市场份额。明星类产品是由问题类产品发展起来的，被视为高速成长市场中的领袖，是企业未来的金牛类产品。明星类产品不一定能给企业带来源源不断的净利润，因为市场还在高速成长，企业必须继续投资，以保持与市场同步增长，击退竞争对手。如果没有明星类产品，企业就失去了希望，但群星闪烁也可能导致作出错误的决策。企业必须具备识别能力，将有限的资源投在能够发展成为金牛类产品的产品项目上。明星类产品要发展成为金牛类产品适合采用发展策略。

(3) 金牛类产品(Cash Cows Product)。金牛类产品的特点是低市场增长率、高相对市场占有率。处在这个领域中的产品产生大量的现金流,但未来的增长前景是有限的。这是成熟市场中的领导者,它是企业利润的来源。由于市场已经成熟,企业不必大量投资来扩展市场规模,同时作为市场中的领袖享有规模经济效应和高边际利润的优势,因而给企业带来大量的利润,是支撑其他三类产品的资金来源。金牛类产品一般适用维持策略,以确保资金投入保持相应的市场占有率。

(4) 瘦狗类产品(Dogs Product)。瘦狗类产品的特点是低市场增长率、低相对市场占有率。一般情况下,瘦狗类产品是微利甚至是亏损的,并占用企业很多资源。对瘦狗类产品应采用放弃策略,或出售或清算,以便把资源转移到更有利的产品项目。

BCG 矩阵的精髓在于把产品规划和资本预算紧密结合了起来,把一个复杂的企业行为用市场增长率、相对市场占有率两个指标分为四种产品组合,用四种相对简单的分析来应对复杂的策略问题。该矩阵能够帮助企业确定投资哪些产品剔除哪些产品,从而确保产品组合达到最佳效果。

(二) 波士顿矩阵的应用分析

(1) 评价各类产品的前景。波士顿矩阵用市场增长率表示发展前景,其数据可以从企业的营销分析系统中提取。

(2) 评价各类产品的竞争地位。波士顿矩阵用相对市场占有率表示竞争力,可以通过市场调查取得相对准确的数据。

(3) 标明各类产品在波士顿矩阵图上的位置。具体方法是以产品在二维坐标上的坐标点为圆心画一个圆圈,圆圈的大小表示企业每个产品项目的销售额。一个失衡的产品组合就是有太多的瘦狗类或问题类产品,或太少的明星类和金牛类产品。在图 5 - 12 中有三个问题产品,对这三个问题产品不能全部投资,只能选择其中的一个或两个集中投资发展;只有一个金牛产品,说明财务状况是很脆弱的;两个瘦狗类产品是沉重的负担。

(4) 确定纵坐标市场增长率的标准线。根据确定的纵坐标的标准线,将市场增长率划分为高、低两个区域。比较科学的方法有两种:一是把该产业的平均增长率作为界分点;二是把多种产品的市场增长率加权平均值作为界分点。10%以上为高市场增长率。

(5) 确定横坐标相对市场占有率的标准线。根据确定的横坐标的标准线,将相对市场占有率划分为高、低两个区域。相对市场占有率高、低两个区域分界值应为 2。一般而言,两个竞争者之间,2∶1 的相对市场占有率似乎是一个均衡点。在这个均衡点上,无论哪个竞争者要增加或减少市场份额,都显得不切实际,而且得不偿失。相对市场占有率小于 2,竞争地位就不稳定,企业就不能回收现金。

(三) 波士顿矩阵的应用法则

按照波士顿矩阵的原理,相对市场占有率越高,创造利润的能力越大;市场增长率越高,为了维持增长及扩大相对市场占有率所需的资金也越多。这样可以使企业实现产品互相支持,资金良性循环的局面。按照产品在象限内的位置及移动趋势的划分,形成了波士顿矩阵法的基本应用法则。

(1) 第一法则：成功的月牙环。企业生产经营的各类产品的分布呈月牙环形，是成功的象征。月牙环的意思是高盈利的产品，即金牛类不止一个，还有不少明星类产品，而且这些产品的销售额都比较大，问题类产品和瘦狗类产品都很少。如果产品散乱分布，说明产品组合规划得不好，企业绩效较差。这时应区别不同产品，采用不同策略。

(2) 第二法则：黑球失败法则。如果在金牛类产品一个都没有，或者即使有，其销售额也几乎为零，可用一个大黑球表示。该种状况显示企业没有任何盈利的产品，应当对现有产品组合运用收缩、放弃策略进行调整，开发新的产品。

(3) 第三法则：西北方向大吉。一个企业的产品在四个象限中的分布越是集中于西北方向，表明企业的产品组合中明星类产品越多，越有发展潜力。相反，产品的分布越是集中在东南区域，说明瘦狗类产品的数量大，企业产品组合不理想，营销不成功。

(4) 第四法则：踊跃移动速度法则。从每个产品的发展过程及趋势看，产品的市场增长率越高，为维持持续增长所需资金量也相对越高；而相对市场占有率越大，创造利润的能力也越大，持续时间也相对长一些。问题类产品经明星类产品最后进入金牛类产品，标志着该产品从完全的资金耗费到为企业提供效益的发展过程，但是这一趋势移动速度的快慢也影响到所能提供的收益的大小。

如果某一产品从问题类产品或瘦狗类产品变成金牛类产品的移动速度太快，表明在高投资与高利润率的明星区域的时间很短，因此为企业提供利润的可能性及持续时间都不会太长，总的贡献也不会太大；但是相反，如果产品发展速度太慢，在某一象限内停留时间过长，则该产品也会很快被淘汰。

在波士顿矩阵法的应用中，营销管理者的任务是通过对四类产品的分析，掌握产品组合的现状及预测未来的变化，进而有效、合理地分配企业的资源。在产品组合调整中，不是在产品到了瘦狗类阶段才考虑如何放弃，而应在金牛阶段时就考虑如何使产品造成的损失最小而收益最大。

三、国际产品组合调整策略

要想在国际市场取得成功，就必须针对每一个目标市场国专门设计可行的产品组合。为了达到这一目的，应定期审查产品组合，并进行修订。消费者的偏好，竞争者的策略，目标市场国的法律环境，企业自身特性、目标、成本等都可能使原有产品变得不适合，因此有必要对产品组合策略进行调整。美国国际营销学者沃伦·克伊根(Warren J. Keegan)在《全球营销管理》一书中，根据国际市场的产品设计和信息沟通因素，总结了五种国际产品组合调整策略。

1. 直接延伸策略

直接延伸策略也叫产品—促销直接延伸策略。这种策略是指对产品不加任何改变，直接引入目标市场国，并采取与国内相同的促销方式。在适当的条件下，这是一种最简单、最经济、最有效的寻找国际市场机会的策略。

国际营销企业之所以对直接延伸策略兴趣浓厚，有两个方面的原因：一是大量地节约成本，二是统一的产品形象。成本节约来自三个方面：第一，产品直接延伸使企业生产规模扩大，带来规模经济效应；第二，产品直接延伸避免了产品的重复研发，节约了研发费用；第三，在所有的目标市场国采取相同的促销方式，节约了独立广告印刷和电视宣传投入。国际营销企业在所有的目标市场国的产品和广告都是标准化的，有利于企业树立良好的统一的产品形象。不过，能够适用这种策略的企业和产品很少，轻易使用将面临失败的风险。

2. 促销调整策略

促销调整策略也叫产品直接延伸—促销调整策略。这种策略是向国际市场推出同一产品，但根据不同目标市场国消费者对产品的不同需求，采用适合目标市场国消费者需求特征的方式进行促销活动的。促销调整策略适应于两种情况：一是产品本身具有多种功能和用途，而不同目标市场国的消费者倾向于不同的功能和用途，这时企业可以保持产品不变，只是改变促销信息。例如，自行车在发达国家宣传是娱乐、健康工具，在发展中国家宣传是交通、运输工具。二是由于各目标市场国语言文字和风俗习惯不同，为了让消费者接受产品，需要在促销方式上作必要的调整。

促销调整策略的吸引力在于实施成本相对较低。因为这种策略中的产品并未改变，产品线以外与之相关的研发成本、制造成本等都被避免了。这一策略的唯一成本是围绕产品功能或用途，修改并制作针对性的各种广告、销售点宣传材料等发生的开支。

3. 产品调整策略

产品调整策略也叫产品调整—促销直接延伸策略。这种策略是不改变在本国市场的基本促销方式，根据目标市场国消费者的不同需求与偏好，以及目标市场国的使用条件，对现有产品进行部分改进的策略。对不同目标市场国的消费者来说，有些产品的用途、功能等是基本相同的，但是由于消费习惯、使用环境、语言文字、价值观念有差异，所以企业必须对产品作相应的改变，以适应目标市场国消费者的需求。产品的改变涉及式样、功能、包装、品牌、服务等各个方面，如洗衣粉和清洁剂制造商调整产品成分以适应目标市场国的水质与洗涤设备，家用电器制造商按照使用环境空间改变产品式样和型号，服装制造商根据时尚变化改变产品款式和色彩，食品制造商根据目标市场国消费者的口味经常调整产品配方。

4. 双重调整策略

当国际营销企业将目标市场国与本国市场进行比较时，发现不仅环境条件、消费者偏好不同，而且产品的功能和消费者对广告的接受程度也是不同的，因此必须采用双重调整策略。从本质上说，双重调整策略是促销调整策略和产品调整策略的延伸和组合应用。

这种策略是对进入国际市场的产品和促销方式根据目标市场国的各种特点作相应的调整，既改变产品自身的某些方面，也改变促销方式。如美国食品公司在美国本土市场上销售纯咖啡，对销往不同国家的咖啡采用不同的配方，给英国市场提供加牛奶的咖啡，给法国市场提供不加牛奶的浓咖啡，给拉丁美洲市场提供巧克力味的咖啡。与此相应，采取不同的内容和形式的广告进行促销。

5. 产品创新策略

产品创新策略是指企业针对目标市场国的消费需求，不断研发新产品，并配以相应的促销方式的策略。企业通过对现有产品进行调整仍不能满足目标市场国消费者需求，且目标市场国发展前景很好，企业又有能力去研发的前提下，才可采用产品创新策略。

产品创新的理由有三个：一是服务过去忽略的细分市场；二是满足未满足的需求；三是修改本国产品，实现产品与市场的更好匹配。产品创新的原因不是单一的，在制定产品创新策略时，要分析考虑很多因素。企业研发周期和国际产品市场寿命周期的缩短促使企业创新，竞争者创新的欲望和能力激励企业创新，追求利润和竞争中取胜的动机诱导企业创新。

第四节　国际新产品策略

产品市场寿命周期理论告诉我们，产品都有被市场淘汰的可能，因此，企业必须开发新产品。新产品开发是满足新的需要、改善消费结构、增强企业获利和市场竞争力的重要途径。新产品开发既能给企业带来营销机会，也会带来营销风险。本节除了界定新产品外，还将对新产品的开发过程、开发趋势、开发方式，以及新产品的扩散等进行研究。

一、新产品的基本问题

(一) 新产品的理解

国际营销中的新产品是一个广泛的概念，从不同的角度理解有不同的含义。从企业角度看，新产品是第一次研发和生产，并推向市场的产品；从消费者角度看，新产品是第一次接触和使用，能够提供新的利益或新的效用而被消费者认可的产品。从产品角度看，整体概念中的任何一部分的变革或创新，并且给消费者带来新的利益、新的满足的产品，都可以认为是一种新产品。

因此，新产品除包含因科学技术在某一领域的重大发现所产生的新产品外，还包括只要产品在功能和形态上发生改变，与原来的产品产生差异，甚至只是产品从原有市场进入新的市场，都可视为新产品。

(二) 新产品的分类

一般来说，可以根据对企业和消费者而言的新颖程度对新产品进行分类，将新产品可分为全新新产品、换代新产品、改进新产品、模仿新产品、低成本新产品和再定位新产品六类，如图 5－13 所示。

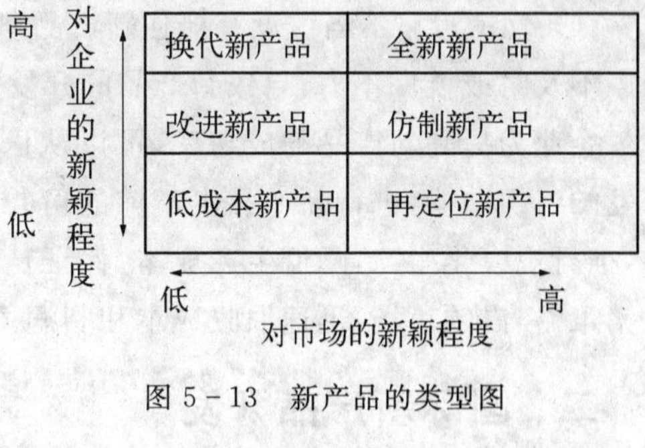

图 5－13　新产品的类型图

(1) 全新新产品。全新新产品是指应用新原理、新技术、新材料生产的前所未有的产品。全新新产品是在全世界首先开发，能开创全新的市场，占全部新产品的比例为 10%左右。全新新产品的研发往往伴随着科学技术的重大突破，反映人类征服自然、改造自然的能力和水平，并且对人类的发展、社会的进步、人们的生产和生活方式都有深远的影响。但是，全新新产品的开发难度大、失败的几率大、市场风险也大。

(2) 换代新产品。换代新产品是在原有产品基础上，采用新结构、新材料、新技术使产品性能有重大突破的产品，占全部新产品的26%左右。换代新产品，使产品结构更加合理，功能更加齐全，品质更加优良，能更好地满足消费者不断变化的需要。

(3) 改进新产品。改进新产品是在原有产品基础上，对花色、规格、款式、包装等方面进行改进形成的新产品，或是在原有的产品线中开发出新的品种、花色、规格等，从而使企业原有产品线延长，能够满足更多消费者的需求。改进新产品占全部新产品的26%左右。对原有产品进行改进，有利于消费者接受，研发资金投入较少，失败的可能性相对较小。

(4) 仿制新产品。模仿新产品是企业模仿国内外市场上已有的产品而生产出来的新产品，也称为企业新产品，占全部新产品的20%左右。在新产品开发中，合法的仿制是不可避免的。开发仿制新产品一般投入相对较少，风险较小，对本企业来讲也是一种突破。

(5) 低成本新产品。低成本新产品是以较低的成本提供同样性能的新产品，主要是指企业利用新技术，改进生产工艺或提高生产效率，削减原产品的成本，但保持原有功能不变的新产品。低成本新产品占全部新产品的11%左右。

(6) 再定位新产品。再定位新产品指对企业的老产品进行重新定位，再进入新的市场的产品。这类新产品约占全部新产品的7%左右。

(三) 新产品的失败与规避

新产品失败的原因，主要有以下几个方面：

(1) 国际营销调研失误。事先的国际营销调研如果不能正确判断市场潜力，如果夸大市场潜力，那么就会带来过度投资，形成生产过剩、产品积压等严重问题。

(2) 新产品不符合消费者的需求。由于产品设计原因，生产技术不成熟或不稳定，新产品在款式、色彩、结构、功能、质量等方面存在缺陷，与消费者的愿望有较大差距，导致新产品失去市场，开发失败。

(3) 成本、售价过高。产品实际成本高于预期成本，如果抬高售价，则难以形成规模市场；如果降价销售，企业又无法获得满意的利润，甚至无法收回成本，这是新产品失败的又一重要原因。

(4) 营销策略不当。没有抓住新产品研发的最佳时机，新产品上市的最佳时机，新产品推广不及时或推广不力，导致新产品的开发失败。

企业为提高新产品的成功率，可以从以下几个方面进行努力：一是建立或改进新产品研发的组织结构，进行新产品生产前的可行性研究与管理；二是规范生产工艺，稳定生产技术，推行规模化生产，降低生产成本，保证产品质量；三是结合企业自身资源实力，合理运用营销策略，占领市场，迅速回收成本和利润。

二、国际新产品开发

新产品开发(New Product Development)是指从研究选择适应国际市场需要的产品开始到产品设计、工艺制造设计、正常生产，直到投入投放市场的一系列决策过程。新产品开发是企业研究与开发的重点内容，也是企业生存和发展的战略核心之一。

(一) 新产品开发的趋势

企业把有限的人、财、物有效地分配在急需的项目上，使新产品开发取得最佳效果，关键在于准确地把握新产品开发趋势。根据国内外市场发展的态势，新产品开发的总趋势是轻、薄、短、小，具体趋势是多能化、多样化、微型化、绿色化、健美化和舒适化。

(1) 多能化。多能化就是使新产品具有多种功能和多种用途。一物多用既能提高消费者的购买兴趣，又可方便消费者的使用，给消费者节约更多时间和空间，带来多种使用价值和利益。

(2) 多样化。多样化就是开发新产品时，尽量做到多种品种、多种式样、多种规格、多种型号，以满足不同层次消费者的不同需求。

(3) 微型化。微型化就是在保证产品质量不变的前提下，使产品的体积变小、重量变轻，即向轻、薄、短、小的方向发展。这样的新产品便于携带、便于使用、便于移动。

(4) 绿色化。绿色化就是新产品必须符合环保标准，符合低碳生活方式要求。新产品属节能型，或对原材料的消耗很低，或在生产与使用过程中对环境没有污染，不产生公害，或者有利于环境保护，对"三废"的消除有效。21世纪是绿色营销的时代，绿色产品将受到普遍欢迎。

(5) 健美化、舒适化。即新产品不仅要具有基本的使用价值，而且要给消费者带来美和愉快的享受，使人心情舒畅。随着人们生活水平的提高，消费者将越来越注重消费质量，追求产品的象征性价值。新产品时代感强，能体现时代精神，培植和引发新的需求，形成新的市场。新产品适应性强，必须适应人们的消费习惯和人们对产品的要求。新产品能否受到消费者的青睐，关键看新产品的开发、研制是否符合了这些发展趋势。

(二) 新产品开发的方式

企业开发新产品，选择合适的方式很重要。方式选择得当，适合企业实际，容易获得成功，还可以降低风险。新产品开发一般有独创、引进、改进和联合等四种方式。

(1) 独创方式。从长远考虑，企业开发新产品最根本的途径是自行设计、自行研制，即所谓独创方式。采用这种方式开发新产品，有利于产品更新换代，形成企业的技术优势，也有利于产品竞争。自行研制、开发产品需要企业建立一支实力雄厚的研发队伍、一个水平很高的技术平台和一套科学、高效率的新产品开发流程。

(2) 引进方式。技术引进是开发新产品的一种常用方式。企业采用这种方式可以很快地掌握新产品的制造技术，减少研制经费和投入人员的力量，从而赢得时间，缩短与其他企业的差距。但引进技术属于追赶策略，不利于形成企业的技术优势和企业产品的更新换代。

(3) 改进方式。这种方式是以企业的现有产品为基础，根据消费者的需要，采取改进性能、改变款式、变换型号或扩大用途等措施来开发新产品。采用这种方式可以依靠企业现有设备和技术力量，开发费用低，成功几率大。但是，长期采用改进方式开发新产品，会影响企业的发展速度。

(4) 联合方式。在新产品的开发研制过程中，企业积极与国内外有技术能力、人才优势、资金实力的大型企业、大专院校、科研院所进行联合开发，做到独创与引进相结合的方式。联合方式可以发挥合作各方的比较优势，还可以追逐国际研发的前沿技术，在国际竞争中走在前边。

(三) 新产品开发的策略

新产品开发是企业产品策略的重要组成部分。新产品开发的主要策略有：

(1) 领先策略。这种策略就是在激烈的产品竞争中采用新原理、新技术、新结构优先开发出全新产品,希望产品是首创,目标是以率先进入市场为契机,迅速提高市场占有率,成为该新产品市场的领先者。该策略的竞争领域是产品最终用途和技术的结合,企业希望在技术上有较大的发展甚至是一种技术突破;创新的技术来源采用自主开发、联合开发或技术引进的方式。实施领先策略的企业必须具备先进的技术、雄厚的资金、优秀的营销运作能力。采用这种策略,投资数额大,研发工作量大,新产品实验时间长,风险也较大。

(2) 进取策略。该策略的目标是通过持续的新产品开发,提高市场占有率,促使企业快速发展。进取策略的特点是创新程度较高,频率较快;大多数新产品选择能够率先进入市场;开发方式通常是自主开发;以一定的企业资源进行新产品开发,不会因此而影响企业现有的生产状况。新产品创意来源于对现有产品用途、功能、工艺、营销策略等方面的改进,换代新产品、改进新产品、低成本新产品、再定位新产品都可成为企业选择,也不排除具有较大技术创新的新产品开发。与领先策略相比,进取策略的风险相对较小。

(3) 紧跟策略。紧跟策略是指企业紧跟本产业实力雄厚的竞争者,迅速仿制竞争者已成功上市的新产品,以维持企业的生存和发展。许多中小企业在发展之初常采用这种新产品开发策略。该策略的特点是竞争领域是由竞争者所选定的产品,本企业无法也无须选定;仿制新产品的创新程度不高;产品进入市场的时机选择具有灵活性。新产品开发的目标是维持或提高市场占有率,开发方式多为自主开发或委托开发。紧跟策略的研发费用小,但市场营销风险相对要大。实施紧跟策略的关键是紧跟既定的技术领先者,及时、全面、快速和准确地获得领先者有关新产品开发的信息,用较少的投资得到成熟的定型技术,然后利用特有的市场或价格方面的优势,在竞争中对早期开发者的商业地位进行侵蚀。

(4) 补缺策略。每一个企业都不可能完全满足所有市场的消费需求,所以在市场上总存在着未被满足的需求,这就为企业留下了一定的发展空间。补缺策略要求企业详细地分析市场上现有产品及消费者的需求,从中发现尚未被占领的市场和未被满足的需求。成熟产业或夕阳产业中的中小企业常采用补缺策略。

(四) 新产品开发的过程

国际市场新产品的开发过程是一个复杂的系统工程,它需要营销、研发、生产等各部门的参与,而且风险较大,因此依照科学的开发程序十分重要。新产品开发过程分为构思产生、构思筛选、概念发展和测试、制定营销战略、商业分析、产品实体开发、市场试销、商业化等八个阶段。

1. 新产品构思的产生

新产品开发是一种创新活动,关键问题是寻找新产品构思。新产品构思是在国际营销调研和技术分析的基础上,提出新产品的设想或有关产品改良的建议。具体来说,国际市场新产品的构思主要来自三个方面:一是目标市场国消费者。开发新产品,首先要通过各种渠道掌握目标市场国消费者的需求,了解目标市场国消费者在使用老产品过程中有哪些改进意见和新的需求,并在此基础上形成新产品开发构思。二是企业员工。特别是企业的营销人员和研发人员,因为他们经常接触消费者和产品,目标市场国消费者对老产品的改进意见与需求变化他们都比较清楚。三是国外机构与组织。国外经销商,国外科技情报,国外营销调研公司，国际竞争对手的产品启示，国际产品展览会、展销会、博览会，以及政府出版的行业指导手册等，都能为企业提供新产品开发的构思。

2. 构思筛选

新产品构思筛选是采用适当的评价系统和科学的评价方法，对各种构思进行分析比较，从征集到的许多构思中选择具有开发条件的构思的过程。在筛选时：一要坚持新产品开发的正确方向；二要兼顾企业长远发展和当前市场需要；三要有一定的人员和技术储备。在筛选过程中，要力争避免误舍和误用两种错误。误舍是将一个有价值、有潜力的构思轻易放弃，误用是容许一个无实际价值、无前途的构思进入研发程序。这两种错误都会给企业带来损失，误用带来的是直接损失，误舍导致的是间接损失。对构思进行筛选的主要方法是借助一个包括评价因素、评价等级、权数和评分人员等要素的模型，其中确定合理的评价因素和适当的权数是关键。影响国际市场新产品开发成功的各主要评价因素可以从企业拓展海外市场目标、技术优势、生产的可能性、产品的国际市场吸引力、产品的盈利能力等方面进行评价，以提高筛选的准确程度。

3. 新产品概念的发展和测试

经过筛选后的构思仅仅是设计人员或营销管理者头脑中的概念，离产品还有相当的距离，还需要形成能够为消费者接受的、具体的产品概念。产品概念的形成过程实际上就是构思创意与消费者需求相结合的过程。从产品构思发展成产品概念，通常要回答下面三个问题：谁使用该产品？该产品提供的主要利益是什么？何时使用该产品？新产品概念测试主要是调查目标市场国消费者对新产品概念的反应，测试的内容如下：产品概念的可传播性和可信度；消费者对该产品的需求程度；该产品与现有产品的差距；消费者对该产品的认知价值；消费者的购买意图；谁会购买此产品及购买频率。

4. 制定营销战略计划

营销战略计划包括三个部分：一是根据新产品开发目标的需求，对未来产品的基本特征和开发条件进行概括的描述，包括主要性能、目标成本、销售预计、开发投资、企业现有条件利用程度等，然后对不同方案进行技术经济论证比较，决定取舍；二是描述目标市场国的需求规模、结构和购买行为，新产品在目标市场国的定位，市场占有率及头几年的销售额和利润目标等；三是对新产品的价格策略、分销策略和第一年的营销预算进行计划，规划预期的销售量和利润目标以及不同时期的市场营销组合。

5. 商业分析

在新产品进入正式产品开发阶段以前还要对已经形成的产品概念进行商业分析。商业分析的实质是财务分析，是从经济效益的角度借助销售额、成本和利润等指标分析判断产品概念是否符合企业开发新产品的目标。由于新产品的市场份额不同、营销计划不同、营销组合不同，所以营销费用在各国也不相同，这将增加国际营销人员对新产品成本和利润估算的难度，需要经常借助国外经销商和分公司的帮助来完成对新产品的商业分析。商业分析时既可采用现金流量表进行分析预计，也可以采用量本利分析法进行估计分析。

6. 产品实体开发

新产品的实体开发是将新产品概念转化为新产品实体的过程，主要解决产品构思能否转化为在技术上、经济上可行的产品的问题。它是通过对新产品实体的设计、试制、测试和鉴定来完成的。新产品开发过程是对企业技术开发实力的考量，能否在规定时间内，用既定的预算开发出预期的产品，是整个新产品开发过程中最关键的环节。新产品实体开发包括以下具体步骤：

(1) 对新产品进行设计。从技术上、经济上把产品概念中规定的新产品性能、指标和要求进一步具体化，即具体规定新产品的结构、尺寸、型号、制造材料等，确定新产品的制造工艺要求、构建的种类和数量，制定各种技术文件，对新产品的原理和结构进行研究。

(2) 样品试制。根据新产品的设计图纸、工艺文件和工艺装备试制出新产品样本。样本试制必须严格按照设计图纸进行，通过样本试制寻找产品工艺上的缺点，以提高产品的工艺水平。

(3) 对新产品试制品进行测试。主要是从产品的性能和消费者的需求等方面进行分析，测试的内容主要包括：一是新产品试制品是否符合产品概念的要求，即在消费者看来是否满足了产品概念中所描述的各种指标的要求；二是在使用条件下，试制品是否能够安全地发挥功能；三是制造成本是否超过了预算。

(4) 对新产品进行鉴定。新产品试制完成后，企业还必须组织营销管理者、营销人员、技术人员、生产人员对新产品进行鉴定，对试制品从技术上、经济上作出肯定或否定的结论，并提出修改意见，以便试制品完成后进行批量生产，从而投放市场。

7. 市场试销

新产品试销的目的是对新产品正式上市前所作的最后一次测试，是对新产品的全面检验，可为新产品是否上市提供全面、系统的决策依据，也为新产品的改进和市场营销策略的完善提供启示，有许多新产品是通过市场试销改进后才取得成功的。新产品市场试销需要作出以下决策：一是试销的地区范围。试销市场应是目标市场的缩影，必须慎重选择。二是试销的时间。试销时间的长短一般根据该产品的平均购买率决定，重复购买率高的产品，试销时间应当长一些，因为只有重复购买才能说明消费者喜欢该产品。三是对试销中所取得的信息资料的收集与分析。例如，消费者的使用率与重复购买率，竞争者对新产品的反应，消费者对新产品的性能、包装、价格、分销渠道、促销方式等的反应。四是试销成本、费用开支的控制。五是试销的决策以及试销结束后应进一步采取的行动。

8. 商业化

如果新产品试销达到了预期的结果，企业就应该决定对新产品进行商业化投放，即大批量生产。商业化阶段的运作，应做好以下决策：

(1) 何时推出新产品。如果新产品是用来代替本企业老产品的，那么应在老产品库存量最少的时候上市；如果新产品的需求具有明显的季节性，应在最恰当的季节投放；如果新产品需要进一步改进，应等到产品进一步完善后再投放，切忌仓促上市。

(2) 何地推出新产品。一般是先选择一些有吸引力的国家或地区市场推出新产品，取得一定的市场份额再逐渐向其他国家或地区市场扩展。但是，实力雄厚，拥有通畅的国内、国际营销网络的大企业，有时也可以直接将新产品推向所有的目标市场国。

(3) 向谁推出新产品。向最有希望购买产品的消费者，如创新采用者和早期采用者推出新产品是最佳的选择，因为这些消费者能够带动一般消费者购买，促进新产品快速扩散和采用。

(4) 如何推出新产品。企业必须制定详细的新产品投放市场的计划，对各项营销活动进行预算，规定各项营销活动的先后顺序，有效地开展新产品上市管理。

三、国际新产品扩散

所谓新产品扩散，是指新产品上市后随着时间的推移不断地被越来越多的消费者所采用的过程。也就是说，新产品上市后逐渐地扩张到其潜在市场的各个部分。扩散与采用的区别，仅仅在于看问题的角度不同。采用过程是从微观角度考察消费者个人由接受创新产品到成为重复购买者的各个心理阶段，而扩散过程则是从宏观角度分析创新产品如何在市场上传播并被市场所采用的更为广泛的问题。

(一) 新产品特性与新产品扩散

新产品能否被市场迅速接受，首先取决于新产品的特性。

(1) 新产品的优越性。新产品的优越性是指新产品胜过所替代或与之竞争的产品的程度。消费者对新产品的要求，很重要的一点就在于新产品优异于老产品。新产品的功能性、可靠性、便利性、新颖性等比老产品的优点越多、优越性越明显，满足消费者需要的程度就越高，市场接受和扩散速度就越快。

(2) 新产品的复杂性。新产品的复杂性是指新产品在认识或使用中相对困难的程度。产品越复杂，操作越困难，使用一种新产品需要掌握复杂的知识和技能，那就不容易被消费者接受，扩散的速度就越慢；反之，新产品的结构和使用方法越简单，越有利于消费者选择和使用新产品。所以，在设计新产品时应尽量简化操作程序，大众化、方便化，这将有利于新产品的扩散。

(3) 新产品的相容性。新产品的相容性是指新产品与目标市场国消费者的消费习惯、消费方式和消费观念一致的程度。当新产品与目标市场国消费者的消费习惯、消费方式和价值观念相容或相近，就会加速产品的扩散；反之，一种新产品的使用，需要改变目标市场国消费者的消费方式、消费习惯和价值观念，那么新产品的扩散速度就会受到影响。

(4) 新产品的可试性。新产品的可试性是指消费者在不需要承担风险的情况下，可试用产品的程度。可试性强的新产品，或允许消费者试用的新产品的扩散速度较快；反之，扩散的速度就越慢。

(5) 新产品的可传播性。新产品的可传播性是指新产品的使用效果可被观察或向他人描述的程度。新产品的性能或优点越容易被人们观察和描述，越容易被说明和示范，即新产品的优点越容易传播，扩散的速度就越快；反之，扩散的速度就越慢。

(二) 消费者的个性差异与新产品扩散

在新产品的扩散过程中，由于社会地位、消费心理、消费观念、个人性格等多因素的影响，导致不同消费者接受新产品的快慢程度不同。企业要善于分析消费者对新产品的反应差异，以加快新产品的扩散。

美国学者弗雷特·罗杰斯(Everett M. Rogers)于 1962 年在对新产品扩散过程的研究中发现，某些人性格上的差异是影响消费者接受新技术和新产品的重要因素。就消费品而言，罗杰斯按照消费者接受新产品的快慢程度，把新产品的采用者分为创新采用者、早期采用者、早期大众、晚期大众和落后采用者等五种类型，如图 5-14 所示。

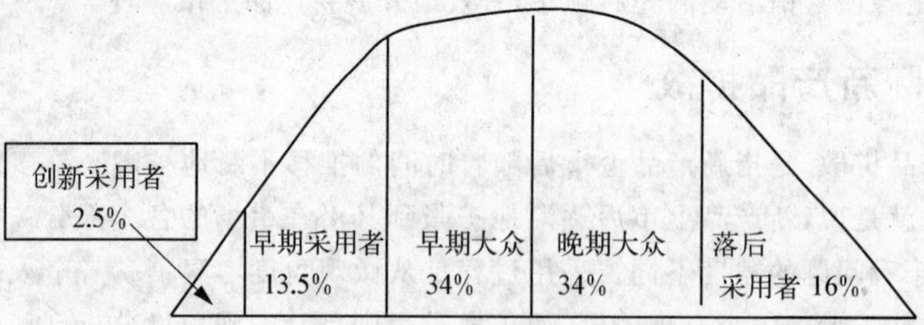

图 5-14　采用者分布图

(1) 创新采用者。任何新产品都是由少数创新采用者率先使用开始的，创新采用者约占全部潜在采用者的 2.5%。创新采用者具有思想解放，富于冒险精神；收入水平、社会地位和受教育程度较高；一般是年轻人，交际广泛并且信息灵通等特征。国际营销企业在向市场推出新产品时，应把促销手段和传播工具集中于创新采用者身上。如果创新采用者的采用效果较好，就会大力宣传，影响到后面的使用者。不过，找出创新采用者并非易事，因为很多创新采用者在某些方面倾向于创新，而在其他方面可能是落后采用者。

(2) 早期采用者。早期采用者是第二类采用创新的群体，占全部潜在采用者的 13.5%。早期采用者大多是某个群体中具有很高威信的人，受到周围朋友的拥护和爱戴。正因为如此，早期采用者常常去收集有关新产品的各种信息资料，成为某些领域的舆论领袖。早期采用者多在产品的介绍期和成长期采用新产品，并对后面的采用者影响较大。所以，早期采用者对产品扩散有着决定性影响。

(3) 早期大众。早期大众的采用时间比平均采用时间要早，占全部潜在采用者的 34%。早期大众的特征是深思熟虑，态度谨慎；决策时间较长；受过一定教育；有较好的工作环境和固定收入；对舆论领袖的消费行为有较强的模仿心理。早期大众虽然也希望在一般人之前接受新产品，但却是在经过早期采用者认可后才购买，从而成为赶时髦者。

(4) 晚期大众。晚期大众的采用时间比平均采用时间稍晚，占全部潜在采用者的 34%。晚期大众的基本特征是多疑；信息多来自周围的同事或朋友，很少借助媒体收集所需要的信息；受教育程度和收入状况相对较差。所以，晚期大众从不主动采用或接受新产品，直到多数人都采用且反应没有风险时才采取购买行动。显然，对晚期大众进行促销，促进市场扩散是极为困难的。

(5) 落后采用者。落后采用者是采用新产品的落伍者，占全部潜在采用者的 16%。落后采用者思想保守，拘泥于传统的消费行为模式，极少借助宣传媒体，其社会地位和收入水平最低。因此，落后采用者在产品进入成熟期后期乃至进入衰退期时才会采用。

罗杰斯对消费者接受新产品的上述五种类型的划分，是新产品市场扩散理论的重要依据。

从图 5－14 可知，创新采用者和早期采用者所占比例比较小。因为一种新产品的使用，能在一定程度上引起消费者生活习惯、生活方式的改变，同时其质量、性能、使用效果、价格和服务等方面能给人们带来比原有产品更多的利益；另一方面，消费者都存在不同程度的疑虑心理，采取购买行为事实上要冒一定的风险，这往往使消费者接受新产品都要经过或快或慢，或简单或复杂的心理过程。但是，这较少的创新采用者和早期采用者对新产品的扩散极为重要。因为经过他们试用后，新产品的相对优点得到显露与证实，其他消费者就会减少或消除疑虑心理，增强对新产品的信任感，促使形成人数较多的早期大众和晚期大众，直到落后采用者也开始使用。

由于早期大众和晚期大众占全部潜在采用者的 68％，因而，研究这两部分采用者的消费心理和消费习惯对于加速产品扩散具有重要意义。

（三）个人习惯和知觉到的风险与新产品扩散

消费者在日常的购买和消费活动中，形成了一定的习惯。习惯行为是建立在过去经验基础之上的，所以消费者可能认为习惯行为的风险较小。而要去购买使用一种新产品，则要改变自己的习惯，对于大部分消费者来说，要改变自己已经形成的习惯是比较困难的。因为它需要对已经建立的认知系统和行为模式进行调整，因此一般人总是习惯于按常规办事，不愿经常改变自己的行为习惯。

消费者要接受新产品可能要冒一定风险，这种风险是指消费者在购买后遭受损失的风险——可能是生理性的，也可能是经济性或社会性的。总而言之，使用新产品比使用老产品要冒更大的风险，因而许多消费者不愿改变习惯带头使用新产品，大部分消费者宁愿其他消费者对某种新产品有了使用经验，有了对新产品的肯定评价之后再接受新产品。消费者这种从众心理是人们寻求社会认同感和安全感的表现，也是某种产品得以形成时尚的基础和重要条件。

总之，不管是成功的还是不成功的新产品，在上市初期拒绝购买的人数总是大于接受的人数。导致拒绝的原因多种多样，作为国际营销企业应经常进行分析，有针对性地解决问题，以加快新产品的扩散。

第五节　国际产品命名、品牌和包装策略

产品命名、品牌和包装是产品整体概念中有形产品的重要组成部分。产品命名策略、品牌策略和包装策略是产品策略的重要内容。在国际营销实践中，通过合理的命名策略、品牌策略和包装策略，可以创造产品的差异化，取得竞争优势。本节分三部分分别对产品命名策略、品牌策略和包装策略进行研究。

一、国际产品命名策略

（一）产品命名的意义

产品命名就是根据产品的不同性质、用途、成分、形状、特点等对产品进行某种程度的概括，给产品一个名称。产品命名不只是给某一产品取个名称，实际上，产品命名是一种竞争，

是定位过程的开始。产品命名的过程是一个将市场、定位、形象、情感、价值等转化为营销力量并启动市场定位与竞争的过程。

产品名称，不是一个简单的记号，它能强化定位，参与竞争，而且还以其可能隐含的形象价值使某一品牌获得持久的市场优势。产品名称具有先声夺人的心理效应，是消费者记忆和识别产品的重要标志。

在激烈竞争的国际市场中，一个好的名字可以传神地表达产品的特征，给消费者留下深刻的印象，从而节约大量的传播成本。可以说，一个好的名字是营销成功的基础。因而，当企业选定了一个新产品项目后，产品名称的命名，成了市场竞争中非常重要的第一步。

（二）产品命名的原则

(1) 可记性原则。创立名牌产品的一个重要条件是使消费者对产品有一个较高的认知度，为了达到这个目的，产品名称应该便于记忆，这样可以促进消费者对产品的回忆。产品命名时要做到：一是简洁明了，名称越精短越容易记忆；二是容易发音、朗朗上口，读起来语感好，读音响亮，避免使用很难发音或音韵不好的字；三是通俗化、大众化，不用专业化和生涩文字，便于听、认、读、写和记忆；四是新颖，即要有时代感，体现创新精神，能够强调产品个性，扩大差异感，从而达到过目不忘的效果。

(2) 联想性原则。人们天生具有好奇心理，如果能够使消费者对产品的名字意义进行思考的话，就可以在消费者心中留下深刻印象了。赋予产品名称某种寓意，或明示，或暗喻，启发人们丰富的想象力，使产品名称与产品功能在意念上有所联系，启发联想，对产品营销和占领市场有很大的帮助。

(3) 独特性原则。产品名称贵在有个性，独一无二的名字可以有效避免竞争对手的模仿，并在消费者产品认知中占据一块独立的位置。突出个性和独到风格的方式很多，有以人名命名的，有以产品特征命名的，有以消费情结命名的，也可以运用数字的巧妙组合命名等。

(4) 普遍性原则。产品名称除了能够反映产品属性之外，它本身就是一种重要的社会文化。不同国家或地区因民族文化、宗教信仰、风俗习惯、语言文字等的差异，使得消费者对同一名称的认知和联想是截然不同的。因此产品命名要适应目标市场国的文化价值观念，注意各种禁忌，避免在消费者中产生误解。

(5) 意义性原则。是指产品名称本身具有含义，而这种含义可以直接或间接地传递产品的某些信息，能够暗示产品的功能和特性，及其使用它的好处。产品名称还应具备一定思想性和内涵，具有象征意义，能激起消费者的兴趣，加深消费者对产品的印象，最大限度地满足潜在消费者的购买兴趣和欲望。

（三）产品命名的策略

(1) 以姓氏人名命名。是直接以姓氏或人名进行产品命名，可分为以创始人、设计人、古代名人或有纪念意义的人物姓名，也可以是虚拟的姓氏或人名，或神话故事或文学作品中的人物命名。在当今产品中，姓氏人名命名的占了很大的比重，几乎涉及了各类产品。食品饮料类有麦当劳、肯德基、雀巢咖啡；服装类有皮尔·卡丹、李威、李宁、夏奈尔；酒类有轩尼诗、马爹利等；汽车类有福特、奔驰、丰田、劳斯莱斯等。人物命名的好处是借助人物声誉影响产品。

(2) 以地名命名。借助产品的产地、闻名遐迩的名胜地、神话及小说中令人神往的地名进行产品命名可以借势成名。在国际产品中，地点名称常作为地方特产的名称。Nokia（诺基亚）是芬兰北部的一小镇名，最初的诺基亚公司建于此地；Longings（浪琴）是瑞士圣依梅尔附近的一小村庄，手表制造厂的创建地；法国香槟酒、万宝路香烟、桑塔纳都由地名而命名。以地名来命名也是过去盛行的做法，除非一些已经超越地域影响的地名，一般来说，以地名来命名的产品会受到地域的局限。

(3) 以动物命名。即直接用动物名称作为产品名称，如熊猫、猎豹、骆驼、小天鹅、赤兔马、芙蓉、荷花、苹果、牡丹等。以动物命名可以将消费者对动物的喜好转嫁到产品身上，可以使人产生形象感，给消费者留下深刻的印象。如熊猫的珍贵可爱对于极品香烟、如猎豹的勇猛对于越野汽车、小天鹅的美丽纯洁对于洗衣机等都是非常恰当的。但是，世界各地居民对动物的喜爱差异很大，如果用动物命名最好选择消费者喜欢的宠物，而且以被世界各地普遍接受的为宜。

(4) 以植物命名。以植物命名，可以使人联想到美好的自然风景。一般来说，植物的生长环境与动物的生存环境一样，人们熟悉的程度有差异，同时不同国家地区居民对各种植物的寓意理解也不一样。有时在一个地方是美名而在另一个地方则是禁忌，所以以植物命名，应当因地制宜，小心使用。

(5) 自创命名。有些产品名称是词典里没有的，是企业根据一定的意图，借助某种构成办法专门为产品量身定做的一个新名词。这个新词具有独特性，使得产品容易识别，便于记忆。自创命名体现了产品命名的发展方向，是今后最常用的命名策略。如 Kodak，让人联想到按下快门的一瞬，具有动感的声音；Haier 与 Higher 谐音，意为更高更好的；Supor（苏泊尔）与 Super 谐音，意为极好的。

(6) 外来语命名。一类是采用意译或音译和意译相结合的方法，将进口产品介绍给本国消费者；另一类是直接采用国际通用的语言或模仿外来语为本国产品命名。意译名称是外文产品名称原意的中文译名，如宝马（BMW）汽车、苹果（Apple）电脑。音译和意译相结合的品牌名称如可口可乐（Coca-cola）、百事可乐（Pepsi）、帮宝适（Pampers）尿布等。日本松下电器公司则以 National 作为电器产品的名称，推向世界。这种命名策略可以适应一些消费者的崇洋心理。

二、国际产品品牌策略

(一) 品牌及品牌全球化取向

品牌是一种名称、标记、符号、图案和色彩，或是它们的组合应用，其目的是将一个或一组产品或服务与竞争者的产品区别开来。

(1) 品牌实质。品牌实质代表着卖方交付给买方的产品特征、利益和服务的一贯性承诺，是一种被市场承认的形象。

(2) 品牌价值。品牌是企业可持续发展的最重要资源之一，是经济增长和获利能力的主发动机，一个成功的品牌是企业最有价值的资产。

(3) 品牌核心和归宿是消费者满意度。消费者满意度最大的直接驱动力来源于对产品使用效果满意的程度，来源于产品定位和由此产生的物超所值的感受。

(4) 品牌是无国界的。当品牌成为一个全球性的标志时，就不再有国界的限制，而是以各种方式影响着不同的民族。

(5) 品牌是消费者对一种产品的信念或感觉。品牌是一种概念，是消费者将信任和价值与某种产品联系在一起时的感觉。因此，品牌不是自然存在的，而是由营销者创造的。

市场的开放、消费者购买模式的标准化以及全球范围内跨国公司之间的购并，尤其是网络营销和电子商务的出现，使得越来越多的品牌可以在世界范围内流通，消费者在任何一个国家都可以购买和消费所青睐的产品或服务。当今的国际竞争已跨越产品竞争阶段，进入了品牌竞争的时代，尚未形成全球品牌的国家或企业将受到强有力的冲击。国际战略家杰克特罗特(Jieketeluote)指出：有两类企业是成功的，一是拥有强有力的、大品牌的企业，二是品牌专门化的或定位很好的企业，这些企业能够在全世界范围内谋求利益。因此，一个国家或企业是否拥有全球品牌，拥有多少全球品牌，已成为国际竞争力的象征。

(二) 制造商的品牌策略

国际品牌是指在国际市场上知名度高、美誉度好、辐射能力强的品牌。国际品牌一般有以下三个特征：一是历史悠久，有的在本国有着几十年甚至上百年的历史；二是能够经常引领所在产业的发展方向；三是有独特的知识支撑。

国际品牌是一个国家的名片，是国家形象和经济实力的代表。一个国家或地区的品牌在国际市场上的数量多少和声誉如何，反映该国家或地区的整体形象和经济实力；反过来，国家或地区的经济实力又不断扶植和强化品牌在国际市场上的地位。国际品牌的树立不是少数人、少数企业的事情，与国家的大力扶植和宣传是密不可分的。

从国际营销的实践看，成功的国际品牌多是制造商品牌(Manufacture Brand)，即由制造商所拥有、使用、控制和管理的品牌。可供国际制造商选择的国际品牌策略有以下几种。

1. 同一品牌策略

同一品牌就是全球各个国家或地区统一使用一种品牌进行营销的策略。同一品牌是在国际市场各个国家或地区都采取同样的战略原则进行营销的品牌，尤其是使用同样的定位和营销方式。同一品牌的本质特征不是绝对一致的营销组合和营销创意。同一品牌处于相同的战略原则的指导下，也就是说，国际品牌在每个国际市场的定位都是相同的，并且采用同样的营销方式，但是营销组合可能是不尽相同的。

当企业在国际市场各个国家或地区广泛地分销一种产品，而且产品品牌名称不与当地社会文化发生冲突时，可以采用这一策略。

在国际营销中采用同一品牌的好处表现在：有助于企业形成强大的产品识别能力，提升目标市场国消费者对产品的熟悉程度；有助于在全球范围内形成促销的一致性和协调性，节约品牌建设费用；有助于利用品牌在本土市场赢得的良好形象和信誉，以便顺利地在国际市场推出产品，扩大企业的影响力。采用同一品牌的不利之处是当某一目标市场国出现问题时，其他国家的同类产品会受到株连。

2. 品牌改变策略

企业针对不同目标市场国的实际情况，有计划地改变全球品牌中的品牌名称，目的是为了与目标市场国的语言文字环境或方言相适应，更接近消费者，有利于消费者识别。雀巢公司在欧洲集中推出新产品，并在每个国家的市场改变了品牌名称，如在德国推出的速溶咖啡品牌名称是 Nescafe Gold，而在英国同一速溶咖啡的品牌名称是 Nescafe Gold Blend。

3. 个别品牌策略

就是在不同目标市场国，使用不同品牌的策略，也叫当地品牌策略。采用这种策略的前提是：

(1) 品牌名称不能翻译成地方语言。联合利华生产的织物软化剂，在美国营销时的品牌是 Snuggle，在法国营销时使用的品牌是 Caroline，原因就是 Snuggle 的含义无法用法语准确表达。

(2) 产品价格不被当地消费者接受。当产品并非当地制造，而使用全球品牌又会使产品价格无法被当地消费者接受时，企业就会采取当地品牌。英美的烟草公司拥有适合各种购买力的产品，一方面采用在其他国家或地区从没有听说过的地方品牌，以很低的价格向大众消费者出售香烟；另一方面以全球品牌向少数富人提供价格很贵的香烟。

(3) 保留当地品牌。当某一地方品牌具有号召力时，收购该品牌的企业可能会保留原来的当地品牌。强调当地品牌能够有效支持企业在总体营销方式上更加本土化。

在国际营销中采用个别品牌的好处在于：一是各个目标市场国各自发展，即使一国产品销售失败也不会连累其他国家的产品和企业总体形象；二是可以为企业的每一款新产品寻求最恰当的品牌以吸引目标市场国的消费者，对新产品的扩散十分有利；三是有利于在国际市场上进一步开拓细分市场，满足不同消费者的需求；四是可以避免"外国"品牌的形象，树立本土企业形象。采用个别品牌的不利之处是不利于企业树立统一的国际形象，品牌建设、促销费用开支较大。

4. 企业名称与品牌并用策略

即在不同目标市场国使用同一品牌、个别品牌的同时，在品牌名称之前冠以企业名称的策略。在国际营销中，许多企业为销往各目标市场国的产品分别使用同一品牌、个别品牌，但考虑到目标市场国的消费动机、语言和翻译问题以及其他市场因素，又分别在品牌名称之前冠以企业名称，目的是增加各种同一品牌策略、个别品牌策略的灵活性。

采取这种策略的好处是：第一，在品牌名称之前冠以企业名称，可以说明产品的出处，使产品享受企业的声誉，让消费者放心和接受；第二，在不同的目标市场国使用不同品牌，即又可使产品显示出不同的特色，又可适应当地营销环境，很好地满足消费者的需求；第三，销路好的产品几个月内就能被仿制的事实，使消费者会通过品牌背后的企业来简化购买决策和强化购买动机。

(三) 零售商的自有品牌策略

1. 自有品牌的含义

自有品牌(Private Brand，PB)是指由零售商所拥有、使用、控制和管理的品牌，是商业竞争发展到一定阶段的产物。零售商的营销一般是从代理制造商的品牌开始的，但是随着产业地位的提升和市场环境的剧烈变化，创建和发展自有品牌成为了零售商提升内在价值、营造竞争优势的重要举措。自有品牌的核心是通过使用自己的品牌而不是传统制造商的品牌，利用无形资产和渠道优势，取得超过平均水平的利润甚至部分的生产利润。自有品牌的实质是零售商实现产业延伸、塑造自身核心竞争能力的重要手段，而且具有贴近市场，能节约交易成本，实现差异化策略。在整个营销活动中，自有品牌是零售商形象和服务的主体化体现，是将零售商之间的服务竞争转化为具体的直观的品牌竞争。

自有品牌的范畴广，内涵丰富，不仅包括制造商产品的整体，同时又将零售商的形象与个性展示在消费者面前。自有品牌既可以使用零售商的商店品牌，如家乐福超市的家乐福牌纸巾、易初莲花超市的易初莲花牌牛奶、法国迪卡侬运动超市的迪卡侬牌自行车等；也可以采用不同于零售商商店品牌的零售品牌，如沃尔玛的惠宜牌饮用水、上海华联的勤俭牌系列产品等。还有一类较为特殊的自有品牌，即产品上同时有制造商品牌和零售商的零售品牌，这其中最常见的某制造商专供某零售商的某型号或某包装的商品。

2. 自有品牌动因

零售商开发自有品牌的动因是寻求差异化优势、追求利润最大化和扩大企业影响力。

(1) 寻求差异化优势。在国际营销实践中，零售商一般是直接或间接从制造商处购进产品在店内销售，导致大多数零售商千店一面、经营雷同的局面，即使有的零售商通过经营环境、营销服务寻求特色与个性，但往往由于缺乏产品特色的配合而失去吸引力。在自有品牌条件下，零售商可以根据目标市场国消费者的需求和愿望设计、检测、采购和销售产品，也就是说，产品是自己企业独有的，在自己商店销售的，其他企业是没有的和不能销售的，从而取得差异化优势。另外，实施自有品牌策略，零售商要根据自身资源、竞争状况、消费需求等进行自有品牌定位。品牌定位一旦明确，零售商产品差异化的营销特色随之形成，而零售商的服务方式、服务质量和保证体系等各个方面的个性同时彰显，这也是差异化优势的一个来源。

(2) 追求利润最大化。自有品牌是作为利润最大化的工具被零售商重视和使用的，自有品牌的根本动因在于提升整体的利润。开发自有品牌对零售商整体利润的影响来自自有品牌本身带来的利润，对于原来销售的制造商品牌及利润的挤出效应，以及零售商品牌忠诚度提高所带来的额外销售利润等三个方面。而对此造成影响的因素包括零售商品牌吸引力与制造商品牌吸引力的差异，零售商所在区域的市场竞争程度，产业内制造商品牌间的竞争程度，产品的生命周期，制造商品牌利润率，市场规模等。

(3) 扩大企业影响力。影响自有品牌发展的一个关键因素就是零售商的集中度，集中度表明一个零售商在产业内的规模和影响力。AC 尼尔森的调研结果显示，全球自有品牌市场占有率最高的 10 个国家分别是瑞士 45%，德国 30%，英国 28%，西班牙 26%，比利时 25%，法国 20%，荷兰 22%，加拿大 19%，丹麦 17%，美国 16%。在自有品牌占有率排名前十的国家中，除美国以外的 9 个国家的零售商集中度都超过了 60%。另一项研究表明，零售商是否选择发展自有品牌，主要取决于市场中制造商品牌的品牌吸引力、零售商自有品牌的品牌吸引力、零售商所能提供自有品牌产品的质量和成本。零售商品牌相对于制造商品牌吸引力越强、自有品牌质量越好、成本越低，就越有利于零售商发展自有品牌；反之，就不利于零售商发展自有品牌。

3. 自有品牌的优势

零售商尤其是大型零售商采用自有品牌策略具有成本价格优势、促销优势、消费者的忠诚优势和渠道控制优势。

(1) 成本价格优势。零售市场的激烈竞争,使得各种零售业态的零售商都争相蚕食市场份额,争夺利润空间,而作为供应商的制造商也在另一端压缩销售渠道。在这种竞争的环境下,价格战成为大多数零售商采取的最简单、最有效的竞争手段,但长期的价格战使得零售商的利润水平下降。而开发自有品牌,则可以获得多方面的成本优势,从而形成有竞争优势的价格:

第一,开发成本优势。因为零售商直接接触消费者,能及时、准确地了解消费者的心理需求,与制造商相比,他们所选的产品项目开发周期短、产销不易脱节。而且可以根据消费者的需求直接设计与改进自有品牌产品,降低产品的开发成本。

第二,进货成本优势。一般零售商的供应链构成是原料—加工生产—批发商—零售商—消费者,供应链每增加一个环节,产品的附加成本就增加30%以上。而自有品牌直接向制造商订货或进货,节约了中间环节的流通费用,从而降低了进货成本。

第三,销售成本优势。零售商拥有众多的连锁店,可以进行大批量销售,取得规模经济效应,节约销售成本。此外,促销只在店内进行,并只限于一个品牌,而且目标消费者群具有区域性的特点,因此既节约又能达到理想的效果。

(2) 促销优势。零售商直接掌控的销售终端,可以不必经过任何竞争即可获得最佳的货架位置和面积,将自有品牌的产品在最醒目的地方呈现给消费者,且确保及时供货。由于自有品牌只在零售商的内部进行销售,其广告宣传主要是借助自身的商誉,在商店内采用广告单张、闭路电视、广播等方式进行,对比普遍采用电视、报纸等大众媒体进行广告宣传的制造商品牌,自有品牌产品的广告成本大大降低。另外,零售商还可以借助包装设计、人员推销、营业推广、促销手册、店内派发等方式和手段,宣传和强化自有品牌形象,以达到促销目的。

(3) 消费者忠诚优势。零售竞争的实质是争夺消费者,而赢得消费者的关键在于赢得消费者的心,赢得消费者的信赖。在实施自有品牌策略的过程中,往往以消费者的需求为根本出发点,最大限度地满足消费者的需求,扩大在消费者心目中的影响,增加消费者对产品的偏好,有利于建立起消费者忠诚,从而有效地避免了消费者流失所带来的利润损失。

(4) 渠道控制优势。在一般情况下,零售商只是生产与消费的一个中介,通过销售制造商的产品而获利,对产品的花色、品种和价格没有自主控制权,经常处于被动地位。在自有品牌下,零售商以选择制造商为手段,要求制造商按照自己的产品设计提供产品,从根本上增强了对产品供应渠道的控制力,确保了对产品花色、品种和价格的话语权。

4. 自有品牌的风险

相对而言,开发自有品牌比直接销售制造商的品牌产品越来越具有吸引力,但是零售商开发自有品牌也存在一些潜在的风险。

(1) 影响核心竞争力。零售商传统的核心竞争力在于商店的选址、配送与商店间的物流管理、商店运营等,零售商开发自有品牌,在很大程度上需要直接介入产品的研发过程,并同自有品牌产品制造商密切合作。因此,零售商的决策机制,人力资源结构必须调整,一方面,如果调整不及时、不到位,将很难适应开发自有品牌的需要;另一方面,调整不好将会影响零售商的核心竞争力。

(2) 存在经济风险。自有品牌产品的开发、贮存、运输、销售和促销需要大量的资金支持，自有品牌产品推向市场后，一旦无法达到预期目标，就会给零售商带来巨大的经济损失。首先，零售商的投资无法收回，导致资金流动缓慢，资金占用量剧增，利息支出增加。其次，零售商销售制造商品牌的产品，可以随时调整进货量，很多是制造商送货上门。开发自有品牌就不同了，产品生产线的调整需要一定时间，而且零售商通常与产品制造商签订长期的合同，不能随时调整买断的产品数量，因此零售商必须为积压的自有品牌产品支付仓储费用。

(3) 损伤自身形象。零售商开发自有品牌，就必须维护自有品牌，否则零售商的形象会受到损害。表现不佳的自有品牌可以打击零售商的声誉，也有可能败坏零售商的名声。如果零售商的自有品牌产品被证明是残次，甚至伪劣产品，不仅自有品牌会被排挤，零售商店也会受到牵连。因此，零售商出于对品牌资产的维护，会尽量保证产品质量。但是，零售商要派专业人员监控制造商的生产过程，并及时进行检验，这是个复杂而耗费资源的过程。同时，自有品牌不是以制造商的名义出售，制造商从零售商那里只是得到固定的报酬，自然不会有严格监督产品质量的动力，难免有一些疏漏。可见，开发自有品牌不难，难在如何维护自有品牌的品牌资产。

(4) 挑战物流配送系统。开发自有品牌，对零售商的物流配送系统提出了挑战。零售商直接从外包的制造商那里购买自有品牌产品，所需的时间较长，路程更远，对于零售商运输管理、库存管理、配送管理提出了更高的要求。零售商还要做好自有品牌产品市场寿命周期的管理，尽量减少淡季、季末打折、清货所带来的损失。

(5) 有损与制造商品牌的关系。零售商的货架空间是有限的，自有品牌的出现会对制造商品牌的销售带来负面的影响，如何保持与制造商品牌的关系，特别是强势名牌制造商产品品牌的关系，是零售商需要认真考虑的问题。

5. 自有品牌的策略

可供零售商选择的开发自有品牌的策略有三个：

(1) 委托制造商生产。即零售商根据市场动态对商品的质量、规格、类型、原料、包装、结构等进行设计，然后外包给一些制造商，利用现有制造商的生产条件定牌、定点、定样监制生产，销售时使用自有品牌，这种形式可以实现制造商和零售商的互惠互利。

采用这一策略，重要的是选择制造商，这也是开发自有品牌产品的最大难点。零售商对自有品牌产品的质量要求较高，在对潜在制造商进行选择时，对生产能力、管理水平、地理位置等方面的因素都要作出慎重的考虑，品种越多，使用的外包的制造商越多，货源供给、质量检测等问题越多，风险也就越大。另外，对有实力的制造商而言，更愿意生产自己品牌的产品，一般不愿意成为零售商单纯的供应商，所以零售商也多是考虑生产能力过剩的、市场开拓能力较弱的制造商。但这还不够，这些制造商同时还必须具备产品质量可靠、设备先进、人员素质较高、技术能力较强的条件，才能确保产品的信誉度。此外，零售商还应随时检测产品的各项指标，在可能时应派专人验收或深入生产企业参与管理，保证产品真正符合市场需求。

(2) 投资、购并制造商生产。以资本经营为纽带，运用参股、控股、兼并等多种方式，建设和发展生产基地，生产自有品牌产品。采用这一策略，零售商不用全资投入但却拥有制造商的制造资源，这相对于完全自建制造企业自产自销的策略，具有投入少、见效快的优点。对于零售商销售的主力产品，通过这一方式换取稳定的货源供给，也是一种最佳的选择。但零售商必须有相应的资金实力以及稳定的采购量。

(3) 自建制造企业生产。零售商根据消费者需求特点，通过自建制造企业开发、设计并加工生产自有品牌产品，即自产自销。这种策略稳定性强且可以节省交易费用，但要求配备各类专业人才和拥有足够的财力，一般多为实力雄厚的实行后向一体化战略、走工商一体化道路的零售商采用。采用这一策略，投入巨大，对于一些专门化的零售商，为了保证核心产品的充足供应，稳定的质量以及最低的价格，自产自销成了开发自有品牌的首选策略。

三、国际产品包装的策略

(一) 国际产品包装的分类

国际贸易、国际营销中的货物按照是否需要包装可以划分为散装货物、裸装货物和包装货物等三类。散装货物是指未加任何包装，直接付运以至销售的货物，适用于不需要包装即可直接进入流通领域或不容易包装或不值得包装的货物，如煤炭、矿砂、粮食等。裸装货物是指略加捆扎或以其自身进行捆扎的货物，适用于品质稳定且形态上自然形成，难以包装或不需要包装的货物，如钢材、木材、橡胶、车辆、矿山机械等。包装货物是指按一定的技术方法，采用一定的包装容器、材料及辅助物加以包裹的货物，国际贸易中大部分商品都需要有适当的包装。

产品包装按在流通中所起的作用不同，分为运输包装和销售包装两种，另外还有中性包装。

(1) 运输包装。运输包装(Shipping Package)又称外包装或大包装，其主要作用在于保护产品，防止在储运过程中发生货损货差。运输包装的要求是：适应产品特性，适应各种运输方式；能有效保护商品，最大限度地避免运输中各种外界条件(如气候、装卸作业)对产品可能产生的影响；方便各环节有关人员进行操作，如装卸、搬运、贮存、保管、检验、计数和分拨等；符合经济原则，在保证包装牢固的前提下节省舱容、运费和包装费用；适合有关国家法律规定和客户要求。运输包装又细分为单件运输包装和集合运输包装，单件运输包装是指运输过程中作为一个计价单位的包装，按照包装造型的不同，主要有箱、包、桶、袋等；集合运输包装是指将若干单件运输包装组成一件大的包装或装入一个大的包装容器内，以更有效地保护产品，提高装卸效率和节省运输费用，主要有集装箱、集装袋、托盘等。

(2) 销售包装。销售包装(Selling Package)是指进入零售市场消费者直接看到的与产品直接接触的包装，其既有保护产品的作用，又具有美化产品、宣传产品、吸引消费者和提升产品价值的促销作用。销售包装的要求有：起到保护产品的作用，同时也要便于陈列展示和携带使用；包装上的文字应简明扼要易懂，必要时中外文同时使用；包装上使用的文字说明和图案等应符合有关国家的标签管理规定；整体设计应美观大方，有艺术吸引力，突出产品特点。由于包装材料、造型结构、样式和使用用途的不同，销售包装种类繁多，常见的销售包装有堆叠式样包装、挂式包装、易开包装、携带式包装、喷雾包装、配套包装、礼品包装等。

(3) 中性包装。中性包装(Neutral Package)是指产品和其内外包装上不注明生产国别的包装,中性包装分为定牌中性和无牌中性两类。定牌中性是指在产品及其包装上只使用买方指定的商标和品牌,但不注明生产国别和生产厂家的名称。无牌中性是指产品及其包装上既不使用任何商标和品牌,也不注明生产国别和生产厂家的名称。国际贸易、国际营销中采用中性包装的目的是为了避开某些进口国家或地区的关税和非关税壁垒,或者适应转口销售等特殊交易的需要。

(二) 国际产品包装的功能

包装在国际营销中的功能与作用表现在以下几个方面:

(1) 保护功能。产品包装最基本的功能便是保护产品,便于储运。适当的产品包装可以保鲜、防潮、防热、防冷、防挥发、防污染、防易碎、防变形,可以防止产品在国际物流过程中遭受各种可能的损伤,起到保护产品使用价值的作用。

(2) 促销功能。包装作为产品的"服饰"、"门面",是组成产品自然属性的一个重要部分,是产品的外在质量。在购买过程中,首先进入消费者视野的,往往不是产品本身,而是产品的包装。成功的包装能通过人的感官直觉性唤起人们对产品的形式美感,从而引起消费者的购买兴趣,触发消费者的购买动机,因而成为"无声的推销员"。

(3) 塑造功能。包装是塑造国际品牌形象,提升国际竞争力的重要工具之一。包装是品牌形象的具体化和标识化,直接构成品牌传播的载体,在确保消费者对品牌的认知上扮演重要角色,能让消费者迅速辨别产品所属企业及品牌。成功的包装可以表达消费者的心理特征,很好塑造产品的印象差异形象。成功的包装体现了一个国家深层的文化内容,反映了产品美的本质,能够很好地塑造一个国家在国际市场的形象。

(4) 便利功能。成功的包装对于国际营销企业而言,既便于对产品的运输、保管和配送,又便于计数、盘存、销售,同时还可以保证产品在物流过程中的安全。成功的包装对于消费者而言,既便于购买、携带和保管,又便于消费,同时通过包装说明还可以很好地了解产品的使用和保管方法。

(5) 增利功能。对国际营销企业来说,包装增加的企业利润来自三个方面:一是促销功能,引发的大量购买,带来的直接利润;二是保护功能,降低在流通过程中的产品损耗,带来的间接利润;三是包装使产品的附加值提高,消费者愿意支付的价格高于包装成本的部分,形成的合理利润。

(三) 国际产品包装的策略

根据营销组合要素,国际营销中的包装策略表现在四个方面。

1. 与产品相适应的包装策略

具体包括系列包装、等级包装和组合包装三种。

(1) 系列包装。系列包装即企业生产的品质接近、用途相似的系列产品,在包装上采用相似的图案、相近的色彩、相同的造型进行包装,以便消费者很容易地联想到是同一企业的产品,通过消费者已有的包装印象推销企业的产品。新产品的包装图案和文字与老产品相同,能使消费者根据熟悉的包装形象联想到企业品牌,从而迅速接受这种新产品。运用简单的色彩变化可突出特定产品的个性,达到区别产品的目的。

（2）等级包装。等级包装是指企业将同一种产品分成若干等级，分别采用不同的包装，方便具有不同购买力水平的消费者选购。对高档优质产品采用优质包装，一般产品采用普通包装，才能恰如其分地烘托产品内在质量，有效地树立产品形象和促进销售。此外，由于消费水平、文化程度的差异，消费者对产品包装的定位不同。一般而言，高收入者喜欢造型别致、有品位的包装；低收入者偏爱经济实惠、简易便利的包装。

（3）组合包装。组合包装是指企业将多种在消费上有关联的产品配套放置在同一容器中成套出售。如化妆品、茶具的成套包装。这种组合包装可方便消费者购买和使用，有利于带动多种产品销售，提高了商品档次，还为消费者提供了一种消费模式，能培养新的消费习惯。

2. 与促销相适应的包装策略

具体包括方便包装、附赠包装、复用包装、绿色包装和差别包装五种。

（1）方便包装。方便包装是对产品采用便于携带和存放、便于开启和重新密封等便利性包装。寻求方便是普遍的消费心理，包装的方便易用能增添产品的吸引力。无障碍包装，如接触式判断识别包装中用锯齿状标识区分洗涤剂的类型，在罐装食品中设置"盖中部凹陷状证明未过保质期"的自动识别标志等，深受消费者喜爱。提袋式、拎包式等便于携带的包装，拉环、卷开式等易于开启的包装，都可吸引消费者重复购买。透明式或开窗式包装采用玻璃纸或透明薄膜封闭，既便于消费者充分观察产品的实物形态，又能充分利用产品本体的形态、质感、色彩等引导消费者的选择行为。

（2）附赠包装。附赠包装是通过给消费者更多附加利益的包装策略。在包装上附加一些实物赠品或奖券，能刺激消费者的购买欲望。如儿童食品包装附加一个充满童趣的小玩具或小图片，令孩子们爱不释手，为了凑成一整套玩具或图片，他们会继续购买有这种赠品的产品。附赠包装还可利用消费者的好奇心达到促销目的，有家公司在所生产产品的罐盖上印有各种有趣的谜语，只有用完产品后才能在罐底找到谜底，结果产品很受欢迎。

（3）复用包装。复用包装是指包装内的核心产品经消费者使用后，其包装物可以再次使用或移作他用。这种包装策略是通过形式产品给消费者某种额外利益而扩大商品销售，但不能使包装的功能超过消费者的需要而成为过分包装。此外，包装还带有企业标记，能增强消费者对该产品的印象，刺激消费者重复购买，无形中起到了一定的促销作用。

（4）绿色包装。绿色包装指包装材料可重复使用或可再生、再循环，包装废弃物容易处理或对环境无害的包装。当今消费者的环保意识日益增强，伴随绿色技术、绿色产业、绿色消费而产生的绿色营销，已经成为当今企业营销的新主流。与绿色营销相适应的绿色包装已成为当今世界包装发展的潮流，因为实施绿色包装策略，有利于环境保护和与国际包装接轨，易于被消费者认同，从而产生促销作用。

（5）差别包装。由于经济收入、消费水平、文化程度以及年龄层次的差异，不同消费者对产品包装的需求也不同。一般而言，高收入者，特别是文化程度较高的中青年高收入者，对包装讲求精美，喜欢造型别致、画面生动、有品位的包装；而低收入者或文化程度较低者，则喜欢经济实惠、简易便利的包装。因此，企业应根据不同层次消费者的需求，对产品采用不同等级的差别包装策略，以争取长期稳定的消费者。

3. 与渠道相适应的包装策略

企业生产的产品能否及时传送到消费者手中与分销渠道的选择有很密切的关系。分销渠道的选择应充分考虑产品特性、消费者特点以及竞争对手所采取的分销渠道类型，同时，企业所采取的包装策略也应根据企业所选取的分销渠道而有所不同，例如对容易变质的食品，若采用长渠道进行分销，就应采用真空包装或冷藏包装等形式，以满足食品保质期所要求的包装条件。

4. 与价格相适应的包装策略

如前所述，对不同等级的产品，不同档次的产品，制定不同的价格，因为这些产品的成本和价值都是不同的。同时，要做到高质量、高价格、高档次包装，包装档次与产品质量和价值相符。另外，在制定与产品、渠道和促销相适应的各种包装策略时，都要做到与价格相适应。

(四) 国际产品包装的说明

1. 包装说明

包装说明(Packing Specification)是包装的重要组成部分，它在宣传产品功效、争取消费者了解、指导人们正确消费方面有重大作用。特别是当市场广泛采用无人售货的方式后，包装说明更是起到了导购的作用。

2. 包装说明的内容

包装说明具体包括产品功效、使用方法、产品服务等三项内容。

(1) 产品功效。一个产品，特别是新产品具有什么功效，能满足消费者的哪种需要，消费者不一定十分了解；对产品，特别是对不熟悉的产品一般抱着谨慎态度，不轻易接受。如果没有特别的功效说明，就很难为人们接受。功效说明可包括产品的原料、加工方式和产品特征等。

(2) 使用方法。很多产品，只有在正确使用时，它的功效才得以发挥，消费者的需求才得到满足；反之，若使用不当，就会产生很多的负效用，这样一方面影响了消费需求的满足；另一方面也影响了产品的市场声誉。所以，产品包装上尽可能充分说明产品使用的要领、步骤、注意事项、安全措施、存放和维护等要求。

(3) 产品服务。很多产品都附加了质量保证、安装维修、退换方法等销售服务，为了让消费者能充分享受到这些服务项目，也是为了强化企业的产品特色，争取更多的顾客，产品包装上也应加以标明。其主要内容可以是消费者所能享用的这类服务的种类、条件、期限和地点等。

3. 包装说明的形式

包装说明的形式有文字说明、包装标签和包装标志三种。

(1) 文字说明。文字说明是一种最常见的说明形式，它清晰、准确、可繁可简、制作简单。但文字说明也有一定的局限，例如，使用不同文字的市场就有语言障碍。因此很多包装说明使用了两种以上的文字说明。

(2) 包装标签。包装标签是指附着或系挂在产品销售包装上的文字、图形、雕刻及印制的说明。标签可以是附着在产品上的简易签条，也可以是精心设计的作为包装的一部分的图案。标签可能仅标有品名，也可能载有许多信息，能用来识别、检验内装产品，同时也可以起到促销作用。与文字相比，图案说明形象生动，无语言障碍。通常，产品标签主要包括：制造者或销售者的名称和地址、产品名称、商标、成分、品质特点、包装内产品数量、使用方法及用量、编号、贮藏应注意的事项、质检号、生产日期和有效期等内容。值得提及的是，印有彩色图案或实物照片的标签有明显的促销功效。

(3) 包装标志。包装标志是在运输包装的外部印制的图形、文字和数字以及它们的组合。包装标志主要有运输标志、指示性标志、警告性标志三种。运输标志又称为唛头(Mark)，是指在产品外包装上印制的反映收货人和发货人、目的地或中转地、件号、批号、产地等内容的几何图形、特定字母、数字和简短的文字等。指示性标志是根据产品的特性，对一些容易破碎、残损、变质的产品，用醒目的图形和简单的文字作出的标志。指示性标志指示有关人员在装卸、搬运、贮存、作业中引起注意，常见的有“此端向上”、“易碎”、“小心轻放”、“由此吊起”等。警告性标志是指在易燃品、易爆品、腐蚀性物品和放射性物品等危险品的运输包装上印制特殊的文字，以示警告。常见的有“爆炸品”、“易燃品”、“有毒品”等。

本章小结

1. 传统观点只承认有形产品，而忽略了无形产品，这是狭义的产品概念。现代观点认为，产品是指人们通过购买而获得的能满足消费者需要的物质产品和非物质形体的服务的总和，这是广义的产品概念。现代营销理论认为，产品是由实质产品、有形产品和附加产品构成的，即产品整体概念。

2. 典型的市场寿命周期为非正规的S形，并依次经历试销期、成长期、成熟期和衰退期等四个阶段，各个阶段有不同的特点与策略。特殊的产品市场寿命周期包括风格型产品市场寿命周期、时尚型产品市场寿命周期、时髦型产品市场寿命周期以及产品种类、品种和品牌的寿命周期等四种形式。国际产品寿命周期分为新产品阶段、成熟产品阶段和标准化产品阶段等三个阶段，由于各个国家经济发展、科技进步的水平不同，因此产品进入各阶段的时间不一样。

3. 产品组合，产品线，产品项目，产品组合的宽度、长度、深度和密度是产品组合策略的基本问题，企业的产品组合应考虑企业资源、市场需求和竞争状况等因素。产品动态平衡的方法是波士顿矩阵，在波士顿矩阵中根据市场增长率和相对市场占有率将产品分为问题类、明星类、金牛类和瘦狗类，按照产品在象限内的位置及移动趋势的划分，形成了波士顿矩阵法的基本应用法则。国际产品组合调整策略包括五种具体的策略，即直接延伸策略、促销调整策略、产品调整策略、双重调整策略和产品创新策略。

4. 国际营销中的新产品是一个广泛的概念，根据产品的新颖程度将新产品可分为全新新产品、换代新产品、改进新产品、模仿新产品、低成本新产品和再定位新产品六类。新产品开发的总趋势是轻、薄、短、小，具体趋势是多能化、多样化、微型化、绿色化、健美化、舒适化。新产品开发有独创、引进、结合和改进四种方式，有领先、进取、紧跟和补缺四种策略。新产品开发过程分为构思产生，构思筛选，概念发展和测试，制定营销战略，商业分析，产品实体开发，市场试销，商业化等八个阶段。按照消费者接受新产品的快慢程度，新产品的采用者分为创新采用者、早期采用者、早期大众、晚期大众和落后采用者等五种类型。

5. 产品名称具有先声夺人的心理效应，是消费者记忆和识别产品的重要标志。产品命名应遵循可记性、联想性、独特性、普遍性和意义性原则，可以根据姓氏人名、地名、物名、动植物、自创和外来语命名。

6. 品牌是一种名称、标记、符号、图案和色彩，或是它们的组合应用，其目的是将一个或一组产品或服务与竞争者区别产品开来。国际品牌一般具有历史悠久、能引领产业发展方向和有独特知识支撑的特征，国际品牌是一个国家的名片，是国家形象和经济实力的代表。在国际营销中，要注意制造商品牌策略和零售商自由品牌的运用。

7. 包装在国际营销中的功能是保护功能、促销功能、塑造功能、便利功能和增利功能，在国际营销中与产品、促销、渠道和价格相适应的四种包装策略。包装说明具体包括产品功效、使用方法、产品服务等三项内容，有文字说明、包装标签和包装标志三种形式。

思考与练习

一、名词解释题

1. 产品整体概念　　2. 实质产品
3. 形式产品　　4. 附加产品
5. 产品组合　　6. 产品项目
7. 产品组合的深度　　8. 产品市场寿命周期
9. 新产品　　10. 新产品开发
11. 产品组合的宽度　　12. 产品组合长度
13. 产品组合的密度　　14. 商标
15. 品牌　　16. 产品命名
17. 产品包装　　18. 自有品牌

二、多项选择题

1. 影响产品组合的因素有(　　)。
A. 企业资源　B. 消费者数量　C. 市场需求
D. 竞争状况　E. 购买力

2. 波士顿矩阵中四象限的产品是(　　)。
A. 明星类产品　B. 金牛类产品　C. 问题类产品
D. 瘦狗类产品　E. 赚钱类产品

3. 按照新产品的新颖程度，新产品分为(　　)。
A. 全新产品　B. 换代新产品　C. 改进新产品
D. 仿制新产品　E. 再定位新产品

4. 新产品开发的趋势是(　　)。
A. 多能化　B. 多样化　C. 微型化
D. 绿色化　E. 健美舒适化

5. 新产品开发的方式有(　　)。

A. 独创方式　　B. 引进方式　　C. 改进方式
D. 联合方式　　E. 购买方式

6. 按新产品扩散过程，消费者分为(　　)。

A. 创新采用者　　B. 早期采用者　　C. 早期大众
D. 晚期大众　　E. 落后采用者

三、简答题

1. 简述产品整体概念的理解。
2. 简述产品成熟期的特点。
3. 简述产品成熟期的策略。
4. 简述新产品开发的策略。
5. 简述影响新产品扩散的因素。
6. 简述产品命名的原则。
7. 简述产品命名的方法。

四、论述题

1. 试述国际产品组合策略。
2. 试述国际产品调整策略。
3. 试述新产品的开发过程。
4. 试述罗杰斯新产品扩散的理论与过程。
5. 试述国际产品的品牌策略。

五、案例分析题

汉肯公司的国际产品策略

荷兰汉肯(Heineken)是世界第二大啤酒厂家，产品在150多个国家销售，是世界上受到欢迎的公司之一。汉肯(Heineken)品牌位于百威(Budweiser)和米勒(Miller Lite)之后，排名第三。

欧洲是重要的啤酒产地，其产量约占全球的40%。在过去的40多年中，啤酒消费方式产生了某些地区性的差异。在南欧地区，如西班牙、意大利、葡萄牙和希腊，啤酒消费一直保持增长趋势。而在啤酒消费已充分发展的市场中，如德国、比利时、丹麦和英国，不断增加的社会压力使消费者越来越意识到健康的重要性，从而使啤酒消费处于下降趋势。

作为欧洲最大的啤酒酿造厂，1991年汉肯占了这一地区啤酒产量的53%。荷兰、法国和西班牙是最大的消费国家，三个国家的销售量超过公司在整个欧洲销售量的一半。汉肯的地域范围和它的历史发展相联系，由于较早地进入并且处于支配地位，欧洲市场从荷兰邻近的其他国家都处于这个公司扩大了的范围之中。为迅速发展世界市场，汉肯开始直接向当地投资，进行最直接的当地产品生产，使经过中间商进行的出口变成直接出口，降低成本。当然，在选择以何种方式进行出口时，汉肯是相当小心谨慎，并且是三思而后行的。

荷兰的情况：1991年，汉肯啤酒在荷兰销售690万升，占该市场的52%，是荷兰啤酒市场的领先者。这些数字大大超过了竞争对手，但是，对汉肯而言，挑战也是存在的。汉肯品牌从1980年的45%的市场份额下降到了1991年的30%，但是，由于公司采用了艾门斯德尔和布克勒品牌，第一批无酒精啤酒问世，防止了汉肯啤酒市场份额的进一步下降。1990

年,公司成功地采取了降低成本的计划而提高了公司的利润率,此外,公司还把利润同加强对销售网络的控制联系起来。由于在网络中主要采用批发商直接装啤酒的方法,生产显得比销售更容易,更具有充裕的后备力量。

法国的情况:1982年,汉肯瞅准了法国占有8%的市场份额、拥有两家酒厂的阿伯莱。1984年公司吞并了阿伯莱布拉斯里斯和格莱西里斯,精简了索格伯拉集团。索格伯拉目前拥有25%的市场,正在向处于第一位拥有50%市场的BSN克罗内伯利挑战。

意大利的情况:汉肯在意大利的经营开始于1960年,并于当年获得了一个小酿酒厂的一小部分利润。1974年,汉肯和威特布莱德各自购买了这个酿酒厂42%的股票,并改名为伯拉德莱赫。到了1980年,汉肯购得威特布莱德42%的股票,成了德莱赫最大的股东。为了向拥有意大利市场的四分之一目标迈进(市场领先者佩里约占40%),德莱赫联合了两家先前不属于汉肯的酿酒厂,而使其规模进一步增大。

西班牙的情况:汉肯进入西班牙市场是在1984年,比其他欧洲国家要晚得多。当年公司购买了当地的东印度艾奎拉公司37%的股票,目前这个比例已上升到51%,使得汉肯进一步占有了该地市场。为了在西班牙市场获得成功,汉肯对东印度艾奎拉进行了大幅度改革,淘汰过时的生产设备,采用新的阿法勒比让品牌以改变艾奎拉啤酒品牌混杂的情况。对汉肯而言,西班牙是个极有诱惑力的市场,人均消费呈上升趋势,从1978年每人51公升的啤酒消费量迅速增长到1989年的71公升。

希腊的情况:希腊市场被瑞典酒厂,即由汉肯和亨尼格控制的公司所主宰。汉肯的参与开始于1965年的阿姆斯太龙公司。现在其在希腊约占70%的市场,并拥有三个生产基地。当汉肯开始向其出口德莱赫和康斯啤酒时,这种稳固的地位进一步扩大了汉肯品牌的影响。

爱尔兰的情况:爱尔兰市场为吉尼斯和汉肯所垄断,两者共占有85%的市场。汉肯从1970年就开始通过当地酿酒厂生产汉肯啤酒,1983年拥有了自己的生产场所。莫菲的黑啤酒就是一个成功的典范,在爱尔兰和英国已成为黑啤酒的第二大品牌(在吉尼斯之后),这个牌子的产品现在仍在英国和法国出售。

欧洲和其他国家的情况:这里是指英国、德国和东欧的第二大啤酒市场,因此特别引起啤酒生产厂家的注意。在英国,啤酒的消费方式同欧洲其他地区不同,80%在酒馆内消费。汉肯主要通过当地的威特布莱德进行推销,以便获得认同而利用它的销售网络。20世纪60年代,当汉肯进入英国市场时,喝啤酒的人还不像其他欧洲国家的人那样普遍。其后,威特布莱德酿造了汉肯品牌的一种低度酒,赢得了大量成年啤酒消费者。1990年,英国有10%的成年啤酒消费者饮用的是汉肯品牌的产品。目前,当啤酒消费者越来越普遍地选择欧洲品牌时,汉肯直接把其产品出口到英国市场,同时仍在威特布莱德的特许下进行生产。1993年汉肯开始进入德国市场。从消费量和时间上看,这是世界上最大的啤酒市场,平均来说,德国每年每人要消耗掉142.8公升啤酒。汉肯较晚进入这个市场是因为德国有关于啤酒纯度的法律限制,近年来才有所放宽。现在这个市场被国内1 200个当地酒厂所控制。在东欧市场,啤酒早已被当地消费者所接受并深受欢迎。汉肯在这些国家进行销售,主要是通过直接出口而实现。

汉肯公司在国际、国内各个市场推销其产品时,注意在不同的市场区域提供不同的品牌。在国内市场销售的都是联合品牌的产品和为本国市场设计的乡土产品，这就要求提供一种品位、包装和设计与在国际市场销售的完全不同的品牌。同时，在国际市场的不同地区汉肯根据其市场特色也针对性地采用不同的品牌。在高容量的市场地区使用国内的品牌，如在意大利用“法莱赫”(Dreher)，在法国用“33”，在新加坡用“虎牌”。为占领中心市场地区使用国内的另外一些品牌，比如在西班牙用艾奎特马斯特或阿姆斯泰勒。在重要市场地区使用特定的汉肯品牌。这种品牌形式和质量由荷兰的高层次首脑机构严格管理，如在英国进行试销过程中就对原来的汉肯品牌作了重大改变。

作为一种知名品牌，汉肯对北美、非洲、澳大利亚和欧洲大部分国家的消费者来说是十分熟悉的。汉肯作为一种品牌产品在全世界都很适用。在大多数国家中，它处于不同的竞争地位，不同的消费者又具有不同的消费方式，这使得汉肯要把国内生产的品牌和其在国际市场上主要依靠的汉肯品牌一起提供到市场上；同时，还要顾及和考虑国内消费者的需要，用国际品牌来影响国内品牌的发展。

(资料来源：甘碧群.国际市场营销学[M].北京：高等教育出版社，2001：313－315.)

案例问题：

1. 简述汉肯公司在各目标市场国的产品生产、开发营销策略。

2. 汉肯公司在国际营销中采取了什么样的品牌策略？为什么？

3. 请收集最近几年汉肯公司的营销资料，并进行评价。

第六章 国际营销中的定价策略

学习目标

通过本章的学习，了解国际产品定价的影响因素，理解国际营销中企业的定价目标和程序，熟悉国际营销企业最常用、最基本的定价方法，掌握国际产品的各种定价策略、国际营销中的调价策略和国际营销中的转移定价策略，了解国际营销中的价格变动趋势。

第一节 国际产品定价的基本问题

价格是国际营销组合的一个重要因素。产品价格的高低，直接决定着企业的收益水平，也影响着产品在国际市场上的竞争力。国内定价原本就很复杂，当产品销往目标市场国时，关税、汇率波动、物流成本、政治经济形势等因素更增加了国际定价的难度。所以，企业必须花大力气研究确定国际营销中的定价策略。本部分主要研究影响定价的主要因素、定价程序和定价方法。

一、国际产品定价的影响因素

(一) 定价目标

对国际市场的看法不同，企业的定价策略和定价目标是不一样的。当企业把国内市场作为主导市场，将国际市场只是看作国内市场的延伸和补充时，对国际市场就会采用比较保守的定价策略。当企业将国际市场与国内市场同等看待，甚至把国内市场当作国际市场的一部分时，往往会采取进取的定价策略。企业针对各个目标市场国设定的不同目标，对定价策略也有很大影响。在快速发展的国际市场上，企业更注重市场占有率的增长，采取低价渗透策略。在缓慢发展的国际市场上，企业更多地考虑投资的回收，而采用高价撇脂策略。而与当地制造商合资的企业，在定价时除了考虑自身的目标外，还必须考虑合作伙伴的需求。一般而言，在国际营销中企业的定价目标有以下几种：

(1) 维持生存。国际营销企业的国内生产能力过剩，在国际市场上面临激烈竞争导致出口受阻时，为了确保企业继续开工和消除库存，必须制定较低的价格，以不断扩大销售量。也就是说，把维护生存作为定价目标。

(2) 当期利润最大化。国际营销企业出于对目标市场国的政治形势和经济形势复杂多变等原因的综合考虑，希望在较短的时间内回收开拓市场的投入并获取最大的利润，这时会在产品成本的基础上，为产品确定一个最高价格。采用这种定价策略会使国际营销企业面临两种风险：一是眼前利润最大化，有可能损害企业的长远利益；二是对产品的需求弹性的测定和对产品生产、销售总成本的预计往往会有偏差，由此定出的价格可能不太准确，企业会因定价过高而达不到预期销售量，或者定价低于可达到的最高销售额而蒙受损失。

(3) 市场占有率最大化。较高的市场占有率伴随着大量的销售使产品的生产成本、营销成本的持续下降，因此使价格很低。但从长远看，这种价格具有较强的国际竞争力，最终能为企业带来长期的最大利润。以市场占有率最大化为目标定价，必须具备如下条件：一是目标市场的消费需求弹性较大，偏低定价能刺激消费者购买；二是随着生产、销售规模的扩大，产品成本有明显的下降；三是低价能吓退现有的和潜在的竞争者。

(4) 产品质量最优化。产品质量优良，同时获得市场认可的产品可以以较高的价格为消费者所接受。因此，不少国际营销企业通过追求在目标市场上的质量领先地位，达到最终获得最大收益的目标。通过较高的利润水平弥补质量领先所伴随的高额生产成本和研发费用。因此，以产品质量最优化为定价目标时，企业需要在生产和营销过程中始终贯彻产品质量最优化的指导思想，并辅以相应的优质服务。

(二) 成本因素

成本是定价的基础。产品销往的地域不同，成本构成也不尽相同。出口产品与内销产品即使都在国内生产，成本也不会完全一样。如果出口产品为了适应国外的度量衡制度、电力系统等其他方面而作出了改动，产品成本就可能随之增加；反之，如果出口产品被简化或者去掉了某些功能，生产成本就会相应降低。

国际营销与国内营销某些相同的成本项目对于两者的重要性可能差异很大。例如，运费、保险费、包装费等在国际营销成本中占有较大比重。而另外一些成本项目是国际营销所特有的，如关税、报关、文件处理等。

(1) 关税。关税是当产品从一国进入另一国时所缴纳的费用，是一种特殊形式的税收。关税是国际贸易中最普遍的成本之一，对进出口产品的价格有直接的影响。征收关税可以增加政府的财政收入，可以保护本国市场，可以调整进出口结构。关税额的高低取决于关税率，可以按从量、从价或混合方式征收。事实上，产品缴纳的进口签证费、配额管理费等其他管理费用也是一个很大的数额，成为实际上的另一种关税。此外，各国还可能征收交易税、增值税和零售税等，这些税收也会影响产品的最终销售价格。但是，这些税收并不仅仅针对进口产品。

(2) 中间商与运输成本。各个国家的分销体系与结构存在着很大的差别。在有些目标市场国，企业可以利用直接渠道把产品销售给最终消费者，中间商负担的贮存、运输、促销等营销职能的成本也比较低。而在另外一些目标市场国，由于缺乏有效的分销系统，中间商进行产品分销必须负担较高的成本。运输费用是构成产品出口价格的重要因素，一般而言，全部运输成本约占出口产品价格 15%左右。

(3) 风险成本。在国际营销实践中，风险成本主要包括融资、通货膨胀及汇率风险。由于货款收付等手续需要比较长的时间，因而增加了融资、通货膨胀以及汇率波动等方面的风险。此外，为了减少买卖双方的风险及交易障碍，经常需要有银行信用的介入，这也会增加费用负担。这些因素在国际营销定价中均应予以考虑。

（三）市场需求

产品的最低价格取决于该产品的成本费用，而最高价格则取决于产品的市场需求状况。产品价格除受成本影响外，还受市场需求的影响，即受商品供给与需求的相互关系的影响。当商品的市场需求大于供给时，价格应高一些；当商品的市场需求小于供给时，价格应低一些。反过来，价格变动影响市场需求总量，从而影响销售量，进而影响企业目标的实现。因此，国际营销企业制定价格就必须了解价格变动对市场需求的影响程度。反映这种影响程度的一个指标就是商品的价格需求弹性系数。所谓价格需求弹性系数，是指由于价格的相对变动，而引起的需求相对变动的程度。

各国的文化背景、自然环境、经济条件等因素存在着差异性，决定了各国消费者的消费偏好各不相同。对某一产品感兴趣的消费者的数量和收入水平，对确定产品的最终价格具有重要意义。即使是低收入消费群体，对某产品的迫切需要也会导致这种产品能够卖出高价。但仅有需求是不够的，还需要有支付能力作后盾。所以，外国消费者的支付能力对国际营销企业出口产品定价有很大影响。要详细了解需求与支付能力，还需要深入研究目标市场国国民的习俗及收入分布情况。

（四）市场结构

产品的最低价格取决于该产品的成本费用，最高价格取决于产品的市场需求状况。在上限和下限之间，国际营销企业能把这种产品价格定多高，则取决于竞争者提供的同种产品的价格水平。与国内市场不同，企业在不同的目标市场国面对不同的竞争形势和竞争对手，竞争者的定价策略也千差万别。因此，企业就不得不针对不同的竞争状况而制定相应的价格策略。竞争对企业定价自由构成了限制，企业不得不适应市场的价格。除非企业的产品独一无二并且受专利保护，否则没有可能实行高价策略。

根据市场竞争的程度不同，市场结构分为完全竞争、不完全竞争与完全垄断三种情况。

(1) 完全竞争。所谓完全竞争也称自由竞争，它是一种理想化了的极端情况。在完全竞争条件下，买者和卖者都大量存在，产品都是同质的，不存在质量与功能上的差异，企业自由地选择产品生产，买卖双方能充分地获得市场情报。在这种情况下，无论是买方还是卖方都不能对产品价格进行影响，只能在市场既定价格下从事生产和交易。

(2) 不完全竞争。不完全竞争介于完全竞争与完全垄断之间，是现实中存在的典型的市场竞争状况。不完全竞争条件下，最少有两个以上买者或卖者，少数买者或卖者对价格和交易数量起着较大的影响作用，买卖各方获得的市场信息是不充分的，它们的活动受到一定的限制，而且提供的同类商品有差异，因此存在着一定程度的竞争。在不完全竞争情况下，企业的定价策略有比较大的回旋余地，它既要考虑竞争对手的价格策略，也要考虑本企业定价策略对竞争态势的影响。

(3) 完全垄断。完全垄断是完全竞争的反面，是指一种产品的供应完全由独家控制，形成独占市场。在完全垄断竞争情况下，交易的数量与价格由垄断者单方面决定。

完全竞争与完全垄断是竞争的两个极端，中间状况是不完全竞争。在不完全竞争条件下，竞争的强度对企业的价格策略有重要影响。所以，首先，要了解竞争的强度。竞争的强度主要取决于产品制作技术的难易，是否有专利保护，供求形势以及具体的竞争格局。其次，要了解竞争对手的价格策略，以及竞争对手的实力。再次，还要了解、分析本企业在竞争中的地位。

（五）政府规制

目标市场国政府可以从很多方面影响企业的定价政策，比如关税、税收、汇率、利息、竞争政策以及产业发展规划等。一些国家为保护民族工业而订立的关税和其他限制政策使得进口产品成本增加很多。作为出口企业，不可避免地要遇到各国政府的有关价格规定的限制，比如政府对进口产品实行的最低限价和最高限价，都约束了企业的定价自由。

即使目标市场国政府的干预很小，国际营销企业仍面临着如何对付国际价格协定的问题。国际价格协定是同产业各企业之间为了避免恶性竞争，尤其是竞相削价而达成的价格协议。这种协议有时是在政府支持下，由同一产业中的企业共同达成的；有时则是由政府直接出面，通过国际会议达成的多国协议。企业必须注意目标市场国的价格协议，同时关注各国的公平交易法或反不正当竞争法等对价格协定的影响。

本国政府对出口产品实行的价格补贴政策，可以降低出口产品价格，增强产品国际竞争力。

二、国际产品定价的步骤

（一）数据收集

定价策略常常因为没有考虑到所有关键因素而失败。由于国际营销人员忽视成本，定价策略仅仅使市场占有率最大化，而不是利润最大化；由于财务人员忽视消费者感知价值和购买动机，定价忽略了分摊固定成本。没有收集到足够的有关竞争对手信息而作出的定价策略，短期内效果不错，在竞争者采取相应的反击措施后就失效了。成本、消费者和竞争者三方面的信息是定价成功与否的决定信息。

(1) 成本核算。成本是制定价格的基础，因此对成本进行分析核算就显得非常重要。成本核算的内容包括：与特定的定价策略相关的增量成本和可避免成本有多少？包括产品制造、消费者服务和技术创新在内的销售增加量的变动成本是多少？在什么样的产量水平下固定成本将发生变化？变化后的固定成本是多少？以某个价格销售产品，哪些固定成本是可以避免的？

(2) 确认消费者。谁是企业的潜在消费者，潜在消费者为什么购买产品？怎样购买产品？在何处购买产品？对于潜在消费者来讲，产品或服务的经济价值是什么？消费者对产品价格敏感性如何？消费者感受到的价值的差异以及非价值因素的差异是如何影响购买的？企业如何根据需求的差异性将消费者划分成不同细分市场的？国际营销企业的市场定位战略和营销策略是如何影响消费者的购买愿望的？上述都是确认或识别消费者应该考虑的因素，只有通过各种途径将上述有关消费者的信息收集齐全了，才能制定出符合消费者需要的合理的价格。

(3) 识别竞争者。目前或潜在的能够影响该市场盈利能力的竞争对手是谁？有多少？

谁是目前或潜在的关键性的竞争对手？目前市场上，竞争对手的实际交易价格如何？与目录价格是否相同？从以往的行为、风格和组织结构看，竞争对手的定位目标是什么？追求的是市场占有率最大化还是利润最大化？与自身企业相比，竞争对手的优势和劣势是什么？边际贡献率是高还是低？声誉是好还是坏？产品是高档还是低档？产品线即产品组合变化如何？

数据收集阶段的三个步骤要分别独立完成，否则，如果负责收集消费者信息（第 2 步）的人员相信增量成本相对于价值来讲比较低（第 1 步），就会倾向于将产品的成本定得较高。如果收集竞争信息的人员（第 3 步）知道消费者目前偏爱的产品是什么（第 2 步），就会忽略那些尚未被广泛接受的高新技术带来的威胁。

（二）战略分析

战略分析阶段也包括财务分析、市场细分分析和竞争分析三个方面，不过此时各种信息开始相互关联起来，将这些信息综合起来需要三个步骤：

(1) 财务分析。财务分析通过价格、产品和目标市场的选择来更好地满足消费者需要或者创造自身竞争优势。财务分析的内容包括：对于潜在的价格、产品或促销变动、销售量需要变化多少才能增加利润？对于产品或新市场，销售应至少达到多少才能回收增量固定成本？在基准价格水平下，边际贡献是多少？为了从减价中获取更多的边际贡献，销售量应该增加多少？在提价变得无利可图之前，可以允许销售量减少多少？为了覆盖与决策相关的追加固定成本（如广告、审批的费用），销售量需提高多少？已知与销售水平相联系的增量固定成本，销售新产品或将老产品打入新市场需要达到什么样的销售水平才是有利可图的？

(2) 市场细分分析。企业选择目标市场要考虑为市场细分服务的增量成本以及公司比竞争者更有效或者成本更低的服务于该市场的能力。不同细分市场的消费者的价格敏感度不同，购买动机不同，为他们服务的增量成本也不同。市场细分分析的内容包括：如何能够最有效地向不同细分市场的消费者传达产品的价值信息，如何给不同的细分市场定价？如何在购买之前区分不同细分市场的消费者？如何在市场细分之间建立“隔离栅栏”，使低价市场不影响产品在高价市场的价值？

(3) 竞争分析。竞争者分析一定程度上是为了预测竞争者对某个以渗入消费者细分为目的的价格变动的反应。竞争分析的内容包括：竞争者对企业将要采取的价格变动会作出什么反应？最可能采取什么行动？竞争者的行动和反应将如何影响企业的盈利和长期生存能力？已知竞争者的生产能力和意图，企业在盈利的前提下能达到什么样的目标？企业如何利用信息影响竞争者的行为，使企业的目标更具有可达到性和盈利性？企业如何利用竞争优势选择目标市场，以避免竞争对利润的威胁？如何从无法避免的竞争对抗中获取利润？企业应该从什么样的市场上战略性地撤回投资？

（三）制定战略

财务分析阶段的最终结果是得到一个价格——价值战略（a Price-value Strategy），一个指导未来营销实践的规划。国际营销实践证明，没有在任何条件下都普遍适用或正确的策略。一些战略错误正是由于将一个产业的策略强加于成本、消费者、竞争条件完全不同的另一个产业造成的。

定价决策过程不必强调非常程序化，但企业一定将这一过程规范化。在大型国际营销企业中，成本、消费者和竞争的信息分别由营销人员、财务人员掌握，只有规范的决策过程才能使营销管理当局确信所有的信息都体现在定价策略中了。对于小型国际营销企业而言，这个过程则往往采取不太正式的形式来完成。为了获得成功，任何一个定价的管理者必须要知道想要达到的目的是什么，作出正确结论需要了解什么信息，进行什么分析。

三、国际产品定价的方法

定价方法是企业在特定的定价目标指导下，依据对成本、需求及竞争等状况的研究，运用价格决策理论，对产品价格进行计算的具体方法。国际产品定价的基本方法与国内营销相同，也分为成本导向定价法、竞争导向定价法和需求导向定价法。不同的是在具体的价格制定过程中，需要结合目标市场国的特定因素。

（一）成本导向定价法

以单位产品成本为依据，再加上预期利润来确定价格的成本导向定价法，是国际营销企业最常用、最基本的定价方法。在营销实践中成本导向定价法又衍生出了总成本加成定价法、目标收益定价法、边际成本定价法、盈亏平衡定价法等几种具体的定价方法。

(1) 总成本加成定价法。在这种定价方法下，把所有为生产某种产品而发生的耗费均计入成本的范围，计算单位产品的变动成本，合理分摊相应的固定成本，再按一定的目标利润率来决定价格。

(2) 目标收益定价法。目标收益定价法又称投资收益率定价法，是根据企业的总成本和计划的总销售量，加上按投资收益率确定的目标利润作为销售价格的方法。目标收益定价法将产品价格和企业的投资活动联系起来，一方面强化了营销管理的计划性；另一方面能较好地实现投资回收计划。不足之处在于价格是根据估计的销售量计算的，而在实际工作中价格的高低反过来对销售量有很大的影响。因此，销售量的预计是否准确，对最终市场价格有很大的影响。

(3) 边际成本定价法。边际成本定价法是指产品销售价格以边际成本为基础，价格或收益大于边际成本或高于可变成本。由于国际营销企业往往面临供过于求的国际市场，因而按边际成本定价是较普遍的做法。采用这种定价方法，可以使企业在激烈竞争的国际市场上减少损失，增加利润总额。由于边际成本与变动成本比较接近，而变动成本的计算更容易一些，所以在定价中多用变动成本替代边际成本，而将边际成本定价法称为变动成本定价法。

(4) 盈亏平衡定价法。在销售量既定的条件下，国际营销企业产品的价格必须达到一定的水平才能做到盈亏平衡、收支相抵。既定的销售量就称为盈亏平衡点，这种制定价格的方法就称为盈亏平衡定价法。科学地预测销售量和已知固定成本、变动成本是盈亏平衡定价的前提。

（二）竞争导向定价法

在竞争激烈的国际市场上，国际营销企业通过研究竞争对手的生产条件、服务状况、价格水平等因素，依据自身的竞争实力，参考成本和供求状况来确定产品价格的方法就是竞争导向定价法。竞争导向定价主要包括：

(1) 随行就市定价法。在垄断竞争和完全竞争的市场结构条件下，任何一家国际营销企业都无法凭借自己的实力而在市场上取得绝对的优势，为了避免竞争特别是价格竞争带来的损失，大多数企业都采用随行就市定价法，即将本企业某产品价格保持在市场平均价格水平上，利用这样的价格来获得平均报酬。此外，采用随行就市定价法，企业就不必去全面了解消费者对不同价差的反应，也不会引起价格波动。

(2) 产品差别定价法。产品差别定价法是指国际营销企业通过不同的营销努力，使同种同质的产品在消费者心目中树立起不同的产品形象，进而根据自身特点，选取低于或高于竞争者的价格作为本企业产品价格。因此，产品差别定价法是一种进攻性的定价方法。

(3) 密封投标定价法。在国际市场上，许多大宗商品、原材料、成套设备和建筑工程项目的买卖和承包，以及小型企业的出售等，往往采用发包人招标、承包人投标的方式来选择承包者，确定最终承包价格。一般来说，招标方只有一个，处于相对垄断地位，而投标方有多个，处于相互竞争地位。标的物的价格由参与投标的各个企业在相互独立的条件下来确定。在买方招标的所有投标者中，报价最低的投标者通常中标，它的报价就是承包价格。这样一种竞争性的定价方法就称密封投标定价法。

(三) 需求导向定价法

现代营销观念要求国际营销企业的一切营销活动必须以消费者需求为中心，并在产品、价格、分销和促销等方面予以充分体现。根据市场需求状况和消费者对产品的感觉差异来确定价格的方法叫做需求导向定价法。需求导向定价法主要包括理解价值定价法、需求差异定价法和逆向定价法。

(1) 理解价值定价法。所谓理解价值，是指消费者对某种产品价值的主观评判。理解价值定价法是指国际营销企业以消费者对产品价值的理解度为定价依据，运用各种营销策略和手段，影响消费者对产品价值的认知，形成对企业有利的价值观念，再根据产品在消费者心目中的价值来制定价格。

(2) 需求差异定价法。所谓需求差异定价法，是指产品价格的确定以需求为依据，首先强调适应消费者需求的不同特性，而将成本补偿放在次要的地位。这种定价方法，对同一产品在同一市场上制订两个或两个以上的价格，或使不同产品价格之间的差额大于其成本之间的差额。这种方法的好处是可以使企业的定价最大限度地符合市场需求，促进产品销售，有利于企业获取最佳的经济效益。

(3) 逆向定价法。这种定价方法主要不是考虑产品成本，而重点考虑需求状况。依据消费者能够接受的最终销售价格，即零售商的零售价，逆向推算出批发商的批发价和生产企业的出厂价。逆向定价法的特点是价格能反映市场需求情况，有利于加强与中间商的良好关系，保证中间商的正常利润，使产品迅速向市场渗透，并可根据市场供求情况及时调整，定价比较灵活。

(四) 各种定价方法的比较

企业定价方法很多，企业应根据不同经营战略和价格策略、不同市场环境和经济发展状况等，选择不同的定价方法。

(1) 成本导向定价法,从本质上讲是一种卖方定价导向,它忽视了市场需求、竞争和价格水平的变化,有时候与定价目标相脱节。此外,运用这一方法制定的价格均是建立在对销售量主观预测的基础上,从而降低了价格制定的科学性。因此,在采用成本导向定价法时,还需要充分考虑需求和竞争状况,来确定最终的市场价格水平。

(2) 竞争导向定价法,是以竞争者的价格为导向的。这种方法的特点是价格与产品成本和需求不发生直接关系;产品成本或市场需求变化了,但竞争者的价格未变,就应维持原价;反之,虽然成本或需求都没有变动,但竞争者的价格变动了,则相应地调整产品价格。当然,为实现企业的定价目标和总体营销战略目标,谋求企业的生存或发展,企业可以在其他营销手段的配合下,将价格定得高于或低于竞争者的价格,并不一定要求和竞争对手的产品价格完全保持一致。

(3) 需求导向定价法,是以市场需求为导向的定价方法,价格随市场需求的变化而变化,不与成本因素发生直接关系,符合现代营销观念要求,企业的一切营销活动都以消费者需求为中心。

第二节　国际产品的定价策略

一、新产品定价策略

新产品定价关系到新产品能否顺利地进入市场,能否站稳脚跟,能否获得较大的经济效益,因此是营销组合中的一个十分重要的问题。目前,国内外关于新产品的定价策略,主要有撇脂定价、渗透定价和满意定价三种策略。

(一) 撇脂定价策略

撇脂定价策略是指国际营销企业在产品市场寿命周期的介绍期,利用消费者的求新、求奇心理,抓住激烈竞争尚未出现的有利时机,有目的地将价格定得很高,以期在短期内获取尽可能多的利润,尽快地收回投资的一种定价策略。

1. 撇脂定价策略的优点

撇脂定价策略的优点主要是便于快速收回投资、便于价格调整和控制需求。

(1) 便于快速收回投资。在产品市场寿命周期的介绍期,竞争的产品种类较少,对消费者而言,主要是产品有无问题。因此,利用高价可以提高产品的身价,消费者也乐意接受,国际营销企业也能够快速收回投资。

(2) 便于价格调整。撇脂定价对于企业来说安全可靠,因为如果证明价格决策失误,那么纠正起来也比较容易。由高价向下调整,消费者总是乐意接受的。另外,撇脂定价策略追求是价格先高后低,这样就为打败竞争对手创造了良好的条件。

(3) 便于控制需求。给新产品制定较高的起始价,有助于国际营销企业把需求保持在企业生产能力的限度内,因为高价能够确保盈利,不会促使企业为扩大销售量而盲目扩张。

2. 撇脂定价策略的缺点

(1) 高价鼓励、刺激潜在的竞争者快速进入市场,使市场竞争变得异常激烈。

(2) 由于新产品刚投放国际市场，声誉尚未树立，实行高价策略不利于开拓市场。

3. 撇脂定价策略的使用条件

从国际营销实践看，具备以下条件的国际营销企业可以采取撇脂定价策略：

(1) 需求富于弹性。市场上有足够的消费者，而有些消费者在主观上认为该类产品具有较高的价值。需求缺乏弹性，即使把价格定得很高，市场需求也不会大量减少。

(2) 扣除成本仍有盈余。高价使需求减少，单位产品的生产和营销成本增加，但不至于抵销高价所带来的利益。

(3) 存在进入壁垒。存在较高的市场进入壁垒，在高价的情况下，企业在一定时间内仍能独家经营，其他竞争者难以进入。有专利保护或是技术诀窍的产品尤其可以采用撇脂高价策略。

(4) 高价限制消费需求。企业希望通过较高的产品价格树立高档产品的形象，企业的生产能力有限，通过高价限制消费者的需求量。

(二) 渗透定价策略

渗透定价策略是指企业把新产品投放国际市场时，将价格定得相对较低，使新产品以物美价廉的形象出现，利用消费者求廉的消费心理，吸引消费者，短期内获得较高的市场占有率，同时通过接近成本的定价，吓退其他准备进入该市场的竞争者的一种定价策略。

渗透定价策略的优点是使产品迅速占领国际市场，并有效地阻止潜在竞争者的进入。其缺点是低价不利于投资尽快回收，也不利于今后的提价，并有可能给消费者带来低价低质的印象。

从国际营销实践看，采取渗透定价策略的企业具备以下条件：一是市场需求弹性大，消费者对价格比较敏感；二是生产该产品的规模经济效应明显，企业的生产成本和营销费用会随着销售量的增加而下降；三是低价不致引起竞争者的报复和倾销的指控。

(三) 满意定价策略

满意定价策略，又称平价销售策略，是介于撇脂定价和渗透定价之间的一种定价策略。由于撇脂定价策略定价过高，对消费者不利，既容易引起竞争，又可能遇到消费者拒绝，具有一定风险。渗透定价策略定价过低，对消费者有利，对企业最初收入不利，资金的回收期也较长，若企业实力不强，将很难承受。而满意定价策略采取适中价格，基本上能够做到供求双方都比较满意。

满意定价策略既不是利用价格来占领市场，也不是让价格制约占领市场。满意定价策略尽量降低价格在国际营销手段中的地位，重视其他在产品市场上更有力或有成本效率的手段。当不存在适合撇脂定价或渗透定价的环境时，企业一般采取满意定价策略。营销管理者有时无法采用撇脂定价策略，因为产品被消费者看作是极其普通的产品，没有哪一个消费者愿意为此支付高价。同样，营销管理者有时无法采用渗透定价策略，因为产品刚刚进入市场，总方针在购买之前无法确定产品的质量，会认为低价代表低质量。等消费者对价格极其敏感，不能采取撇脂定价策略，同时竞争者对市场占有率极其敏感，不能采用渗透定价策略的时候，一般采用满意定价策略。

虽然与撇脂或渗透定价策略相比，满意定价策略缺乏主动进攻性，但并不是说正确采用就非常容易或一点也不重要。满意定价没有必要将价格定得与竞争者一样或者接近平均水平。从原则上讲，满意定价可以是市场上最高的或最低的价格。与撇脂或渗透定价策略类似，满意定价策略也是参考产品的经济价值决定。当大多数潜在的消费者认为产品价值与价格相当时，纵使价格很高也属于适中价格，即满意价格。

二、心理定价策略

每一件产品都能满足消费者某一方面的需求，其价值与消费者的心理感受有着很大的关系。这就为心理定价策略提供了基础，使得企业在定价时可以利用消费者心理因素，有意识地将产品价格定得高些或低些，以满足消费者心理的与生理的、物质的与精神的等多方面的需要，通过消费者对产品的偏爱或忠诚，扩大销售，获得最大收益。常用的心理定价策略有整数定价、尾数定价、声望定价和招徕定价。

（一）整数定价

整数定价是针对消费者的求名、求方便心理，将产品价格有意定为整数。由于同类型产品，生产者众多，花色品种各异，在许多交易中，对于那些无法明确显示内在质量的产品，消费者往往通过价格的高低来判断产品质量高低、性能的好坏。整数定价条件下，产品价格的高并不是绝对的高，而只是凭借整数价格来给消费者造成高价的印象。整数定价常常以偶数，特别是“0”作尾数。例如，某件服装定价为 1 000 元，而不必定为 998 元。整数定价的好处有：

（1）满足心理需求。可以满足消费者炫耀富有、显示地位、崇尚名牌、购买精品的心理需求。

（2）方便结算。整数能给人一种方便、简洁的感觉，方便营销者和消费者价格结算，省却了找零钱的麻烦。

（3）树立高品质形象。花色品种繁多、价格总体水平较高的产品，利用产品的高价效应，在消费者心目中树立高档、高价、优质的产品形象。

整数定价策略适用于价格需求弹性小、价格高低不会对需求产生较大影响的产品，如流行品、时尚品、奢侈品、礼品、星级宾馆、文化娱乐消费等，由于消费者都属于高收入阶层或特殊场合消费，乐于接受较高的价格。

（二）尾数定价

尾数定价又称奇数定价、非整数定价，是指企业针对消费者的求廉心理，在产品定价时有意定一个与整数有一定差额的价格，而且常常以奇数作尾数，尽可能在价格上不进位。如 47 cm 彩电标价 998 元，某笔记本电脑 2 998 元。使用尾数定价，可以使价格在消费者心中产生三种特殊的效应：

（1）准确。带有尾数的定价可以使消费者认为产品定价是非常认真、精确的，连几元、几角、几分都算得清清楚楚，进而会产生一种信任感。

（2）便宜。尾数定价法有时让消费者认为是打了折扣的产品，会给消费者一种最低价格、便宜的心理感觉。

（3）中意。由于民族习惯、社会风俗、文化传统和价值观念的影响，某些数字常常会被赋予一些独特的含义，企业在定价时如能加以巧用，则其产品将因此而得到消费者的偏爱。当然，某些为消费者所忌讳的数字，企业在定价时则应有意识地避开，以免引起消费者的厌恶和反感。

在实践中，无论是整数定价还是尾数定价，都必须根据不同的地域而加以仔细斟酌。比如，美国、加拿大等国的消费者普遍认为单数比双数少，奇数比偶数显得便宜，所以，在北美地区，零售价为 49 美分的商品，其销量远远大于价格为 50 美分的商品，甚至比 48 美分的商品也要多一些。但是，日本企业却多以偶数，特别是“零”作结尾，这是因为偶数在日本体现着对称、和谐、吉祥、平衡和圆满。当然，企业要想真正地打开销路，占有市场，还是得以优质的产品作为后盾，过分看重数字的心理功能，或流于一种纯粹的数字游戏，只能哗众取宠于一时，从长远来看却于事无补。

（三）声望定价

这是根据产品在消费者心中的声望、信任度和社会地位来确定价格的一种定价策略。声望定价可以满足消费者对地位、身份、财富、名望和自我形象等的特殊欲望，还可以通过高价格显示产品名贵优质的特性。声望定价能有效地消除消费者的心理障碍，使消费者对产品或零售商形成信任感和安全感，消费者从中得到荣誉感。声望定价往往采用整数定价方式，高昂的价格能使消费者产生一分价格一分货的感觉，从而在购买过程中得到精神的享受。

声望定价策略适用于一些传统的名优产品、具有历史地位的民族特色产品，以及知名度高、有较大市场影响、深受欢迎的驰名商标。另外，用于正式场合的西装、礼服、领带等商品，且服务对象为企业总裁、著名律师、外交官等职业的消费者，则可以采用声望定价。为了使声望价格得以维持，需要适当控制市场拥有量。英国名车劳斯莱斯的价格在所有汽车中雄踞榜首，除了其优越的性能、精细的做工外，严格控制产量也是一个很重要的因素。

（四）招徕定价

招徕定价是企业有意对部分产品制定较低的价格以吸引消费者的注意，通过其他一些产品的高价销售来弥补低价产品损失的一种定价策略。产品价格定得低于市价，一般都能引起消费者的注意，能够满足消费者求廉的心理需要。这一定价策略常为大型百货商店、超级市场、专卖店所采用。招徕定价运用得较多的是将少数产品价格定得较低，吸引消费者在购买“便宜货”的同时，购买其他价格比较正常的商品。采用招徕定价策略时，必须注意以下几点：

(1) 只使用于关联性强的产品。只使用于消费中关联性强的产品，特别是生活必需品、购买频率高且价格对消费者有吸引力的产品。

(2) 降低幅度要大。降价产品的降低幅度要大，一般应接近成本或者低于成本。只有这样，才能引起消费者的注意和兴趣，才能激起消费者的购买动机。

(3) 降价数量要适当。降价产品的数量要适当，产品太多企业容易亏损，产品太少又容易引起消费者的反感。

(4) 降价品为适销产品。用于招徕的降价产品，必须是品种新、质量优的适销产品，应该与低劣、过时产品明显地区别开来。否则，不仅达不到招徕消费者的目的，反而可能使企业声誉受到影响。

三、折扣定价策略

折扣定价是指对基本价格作出一定的让步，直接或间接降低价格，以争取消费者、扩大销售量的一种策略。其中，直接折扣的形式有数量折扣、现金折扣、功能折扣、季节折扣，间接折扣的形式有回扣和津贴。

（一）数量折扣

数量折扣是企业给那些大量购买某种产品的消费者的一种减价，购买数量越大，折扣越多。数量折扣的实质是将节约的部分销售费用，以价格折扣方式分配给消费者。目的是鼓励和吸引消费者长期、大量或集中地购买企业的产品。数量折扣可以分为累计数量折扣和非累计数量折扣两种形式。

累计数量折扣是消费者在规定的时间内，当购买总量累计达到折扣标准时，给予一定的折扣。累计数量折扣定价可以鼓励消费者经常购买本企业的产品，成为企业可信赖的长期客户；企业可据此掌握产品的销售规律，预测市场需求，合理安排生产；中间商也可保证货源。运用累计数量折扣定价法时，应注意消费者为争取较高折扣率在短期内大批进货对企业生产的影响。

非累计数量折扣是一种只按每次购买产品的数量而不按累计的折扣定价策略。其目的是鼓励消费者大量购买，节约销售中的劳动耗费。

数量折扣的促销作用非常明显，企业因单位产品利润减少而产生的损失完全可以从销量的增加中得到补偿。此外，销售速度的加快，使企业资金周转次数增加，流通费用下降，产品成本降低，从而使企业的总利润水平上升。

运用数量折扣策略的难点是如何确定合适的折扣标准和折扣比例。如果享受折扣的数量标准定得太高，比例太低，则只有很少的消费者才能获得优待，绝大多数消费者将感到失望。购买数量标准过低，比例不合理，又起不到鼓励消费者购买和促进企业销售的作用。因此，企业应结合产品特点、销售目标、成本水平、资金利润率、需求规模、购买频率、竞争者手段，以及传统的商业惯例等因素来制定科学的折扣标准和比例。

（二）现金折扣

现金折扣是在分期付款条件下，企业给那些在规定的时间内提前付清货款的消费者的一种价格折扣。现金折扣的目的是鼓励消费者尽早付款，加速资金周转，降低销售费用，减少财务风险。这是国际上十分流行的一种价格策略。在美国，最常见的现金折扣用语是“2/10，net30”，即要求成交后 30 天内付清货款，如果 10 天内付清货款，则给予消费者 2%的折扣。

由于现金折扣的前提是产品的销售方式为赊销或分期付款，因此，有些企业采用附加风险费用、管理费用的方式，以避免可能发生的营销风险。同时，为了扩大销售，分期付款条件下消费者支付的货款总额不宜高于现款交易价太多，否则就起不到折扣促销的效果。提供现金折扣等于降低价格，所以，企业在运用这种手段时要考虑产品是否有足够的需求弹性，保证通过销售量的增加使企业获得足够利润。

(三) 功能折扣

功能折扣是制造商给那些代行某种职能的中间商的一种价格折扣。功能折扣的目的是鼓励中间商代行职能,争取更多的利润,或利用中间商努力推销产品,占领更广泛的市场。功能折扣的另一个目的是对中间商经营的有关产品的成本和费用进行补偿,并让中间商有一定的盈利。

功能折扣的比例,主要考虑中间商在分销渠道中的地位、对制造商产品销售的重要性、购买批量、完成的促销功能、承担的风险、服务水平、履行的商业责任,以及产品在分销中所经历的层次和在市场上的最终售价,等等。交易折扣的多少,随着产业与产品的不同而不同;相同的产业与产品,又要看中间商所承担的功能责任的多少而定。如果中间商提供运输、促销、资金融通等功能,对其折扣就较多;否则,折扣将随着功能的减少而减少。一般而言,给予批发商的折扣较大,给予零售商的折扣较少。

(四) 季节折扣

有些产品的生产是连续的,而其消费却具有明显的季节性。季节性折扣是零售商给那些购买过季产品的消费者的一种价格折扣。季节折扣的目的是鼓励消费者提早购买或淡季购买,保持产品四季销售稳定,防止仓库积压。季节折扣有利于制造商合理安排生产,做到淡季不淡,充分发挥生产能力,加速商品流通,迅速收回资金,避免因季节需求变化所带来的市场风险。季节折扣比例的确定,应考虑成本、贮存费用、基价和资金利息等因素。

(五) 回扣和津贴

回扣是间接折扣的一种形式,是指消费者在按价格目录将货款全部付给营销者以后,营销者再按一定比例将货款的一部分返还给消费者。津贴是企业为了特殊目的,对特殊消费者以特定形式所给予的价格补贴或其他补贴。例如,当中间商为制造商产品提供刊登地方性广告、设置样品陈列窗等在内的各种促销活动时,制造商给予中间商一定数额的资助或补贴。又如,对于进入成熟期的消费者,开展以旧换新业务,将旧货折算成一定的价格,在新产品的价格中扣除,消费者只支付余额,以刺激消费需求,促进产品的更新换代,扩大新一代产品的销售,这也是一种津贴的形式。

上述各种折扣价格策略增强了定价的灵活性,对于提高国际营销企业利润水平具有重要作用。但在使用折扣定价策略时,必须注意各个国家的法律、法规,保证对所有消费者使用同一的标准。如美国 1936 年制定的罗宾逊-巴特曼法案规定,折扣率的计算应以卖方实现的成本节约数为基础,并且卖方必须对所有消费者提供同等的折扣优惠条件,不然就是犯了价格歧视罪。

四、地区定价策略

企业在国际市场上销售产品,由于各国地理分布的差异而带来了成本费用的差异,因而,企业需要对销售于不同地区的产品制定出差异价格。地区定价的形式有如下几种。

(一) 原产地定价

原产地定价或离岸价(Free on Board,FOB),就是客户按照厂价购买某种产品,企业负责将这种产品运到某种运输工具（如卡车、火车、船舶、飞机等）上之后，交货即告完成。此后从产地到目的地的一切风险和费用都由客户承担。采用这种定价策略，与企业相邻国家的客户负担的费用小，距离企业较远国家的客户负担的费用大，有可能导致较远国家的客户不愿意购买这个企业的产品，而购买离他们近、运费低的企业的产品，使企业失去地理位置较远的市场。

（二）统一交货定价

统一交货定价和原产地定价正好相反。统一交货定价是企业对于销售给不同地区客户的产品，都按照相同的出厂价加上相同的运费（按平均运费计算）定价，保证企业全球市场上的客户都能以相同价格买到同一产品。这种策略便于企业对价格进行管理，有助于企业在各国的促销中保持统一的价格。很明显，这种策略有利于巩固和发展距离企业较远目标市场国的占有率，但容易失去距离较近的部分市场。

（三）分区定价

分区定价是对原产地定价和统一交货定价的一种改进。分区定价是指企业把销售市场划分为若干区域，对于不同区域的客户，分别制定不同的地区价格，产品在同一地区的价格相同，在不同地区价格有差异，较远区域的产品价格略高一些。企业采用分区定价也有问题：在同一价格区内，有些客户距离企业较近，有些客户距离企业较远，前者就不合算。处在两个相邻价格区附近的客户，他们相距不远，但是要按高低不同的价格购买同一种产品。相邻区域的价格差异有可能导致中间商随意地跨区域销售，不利于企业对区域价格的控制。

（四）基点定价

基点定价是企业设定一个或若干定价基点，以基点与购买地点之间的运费加上基点价格，作为交货价格。采用基点定价，客户可以选择最近的基点，就近购买，这样远距离的价格会相对降低，从而有利于企业扩大市场。但是基点定价容易产生虚假运费，加大客户的成本。基点定价一般适用于产品笨重、运费成本比较高的产品；以及市场范围大、生产地点广泛和价格弹性小的产品。

（五）运费免收定价

一般来说，随着市场范围扩大，运输费用随之增加，交货价格就会相应提高，从而限制了销量的增加。有些企业为了尽快开拓国家市场，实行运输免收定价，或与客户分担运输费用。运输免收定价虽然减少企业的销售净收入，从局部来说是一种损失，但由此可扩大市场和提高销售量。这样随着销售量的增加，平均成本就会降低，由此可以抵偿运输费的开支，最终使总收益增大。采取运费免收定价，有利于企业在国际市场实现快速渗透，尽快站稳脚跟。

五、差别定价策略

所谓差别定价，也叫价格歧视，就是国际营销企业按照两种或两种以上不反映成本费用的比例差异的价格销售某种产品的定价方式。差别定价有四种形式。

（一）消费者差别定价

消费者差别定价是指企业按照不同的价格把同一种产品销售给不同的消费者。这种价格歧视表明，消费者的需求强度和产品知识有所不同。

(二) 产品差别定价

产品差别定价是指企业对不同型号、不同档次、不同部位的产品分别制定不同的价格。不同型号、不同档次、不同部位的产品虽然产品不同，但制定不同价格的主要原因是因为不同产品的需求价格弹性不同。

(三) 空间差别定价

空间差别定价有两种形式：一是同一产地、不同销地的产品的价格不一样，因为产地与销地之间有物流成本的差异；二是同一产品、不同产地的产品价格不一样，因为不同产地生产产品的劳动生产率是不同的。

(四) 时间差别定价

时间差别定价是指企业对不同季节、不同时期甚至不同钟点的产品制定不同的价格，原因是不同的时间消费者对产品需求的重要性是不一样的。

第三节　国际市场价格变动策略

一、国际营销中的调价策略

(一) 产品的提价策略

由于国际市场供求关系及竞争状况的变化，产品价格也在不断地变动，或者是价格提高，或者是价格下降。企业提高产品价格，有可能引起消费者和国外中间商的不满，甚至本企业的销售人员也会表示异议。但是，一个成功的提价策略可以使企业的利润大大增加。产品价格提高，除了追求更高利润外，还有其他导致不断提高产品价格的因素。

1. 通货膨胀

世界范围内持续的通货膨胀，使得企业的成本费用不断提高。与生产率增长不相称的成本的速度增长，压低了国际营销企业的创汇幅度，使得许多企业不得不定期提高产品价格。为了应付普遍存在的通货膨胀趋势，企业可以采取很多方法来调整价格：

(1) 推迟报价策略。推迟报价是指企业暂时不规定最后价格，等到产品制成时或交货时才规定最后价格。在工业建筑和重型设备制造等产业中一般都采取这种定价策略。

(2) 签订短期合同，或者在长期合同中附加调价条款。即企业在合同上规定在一定时期内(一般到交货时为止)可按某种价格指数来调整价格。

(3) 把产品供应和定价作为两个文件分别处理。在通货膨胀、物价上涨的条件下，企业不改变原有产品的报价，但将原来免费提供的某些服务另外计价，不包括在原有定价范围内，实际上提高了产品的价格。

(4) 提高最小批量，减少价格折扣。企业削减正常的现金和数量折扣，限制营销人员以低于价目表的价格来签订合同。

(5) 取消那些以前为增加产品种类，而实际上为企业带来利润比较低的产品。对成套出口的系列产品，可以在中间增加一些利润高的品种。

(6) 降低产品质量或者减少产品功能和服务。企业采取这种策略短期内能够获得一定的利润，但有可能影响企业声誉和形象，失去消费者的忠诚。

国际营销实践证明，企业提高产品价格后，应该利用各种沟通渠道，向消费者说明提价原因并听取反应。同时，企业的营销人员应该帮助消费者解决因提价而带来的各种问题。

2. 供不应求

企业的产品供不应求，不能满足所有消费者的需要。在这种情况下，企业也必须提价，或者对消费者限额供应，或者两种措施共同采用。

3. 市场竞争

在国际营销实践中，企业会针对竞争者的价格而提价。当同产业领袖企业提价时，为了响应必须随之提价。当企业产品在与竞争产品的抗衡过程中，已在消费者心理上确立了某种差别优势时，企业可以考虑利用自己的独特优势提价。但此时，提价幅度必须在消费者可以承受的范围内，并且能够维系消费者的忠诚。提价幅度过大，差别优势就可能丧失，消费者将另选品牌，转向竞争产品。

(二) 产品的降价策略

在经济全球化的推动下，市场竞争已经从国内竞争扩展到国际竞争，由于诸多因素的相互作用，企业有时不仅会提高产品价格，也会降低产品价格。导致企业降低价格的原因有：

(1) 供过于求。当国际市场产品供过于求时，企业为了追加出口额，可能会千方百计地改进产品，增加促销手段或者采用其他措施。这些均不能奏效时，就要考虑降低售价。

(2) 竞争加剧。当国际市场上出现了强有力的竞争者时，往往导致企业市场占有率下降。例如，具有质量高、价格低竞争优势的日本产品，使美国的汽车、电子产品、照相机、钟表等产品丧失了一些市场份额。在这种情况下，美国一些公司不得不降低价格竞销。

(3) 成本优势。当企业进入国际市场的成本费用比竞争者低时，一般会考虑通过降低价格来扩大市场或提高市场占有率，从而扩大生产和销售量及排挤竞争者。

企业在采取降价策略之前，一定要考虑降价对整个产品线的影响以及对企业利润的影响。由于价格高低常常被视为产品质量的象征，当产品降价时，消费者可能以为产品质量出了问题，并且怀疑原先是否受骗了，从而影响到产品线其他产品的销售。而且，降价势必会减少企业的收益。因此，必须权衡利弊，慎重选择此策略。

(三) 消费者对变价的反应

企业在国际市场上，无论是提高价格还是降低价格，都必然影响到国外消费者的购买，进而影响到产品的销售量。一般来说，产品降价消费者的购买量增加，但也可能由于其他因素影响消费者的购买量。例如，认为降价产品的式样老了，将被新产品所代替；认为产品有某种缺点，销售不畅才降价；认为企业财务困难，难以继续营销才降价销售；认为价格还要进一步下跌；产品的质量下降了。

企业提高产品价格通常会使销售量减少，但是消费者也可能因提价而增加购买，原因有：一是消费者认为提高价格，表明这种产品很畅销，不赶快购买就买不到了；二是认为提价表明这种产品很有价值。

一般来说，消费者对于不同价值的产品价格变动的反应有所不同。消费者对于价值高、又是必需品的价格变动比较敏感。对价低、不经常购买的产品价格变动不大注意。消费者对产品的价格变动，虽产生直接的反应，但他们通常更关心取得、使用和维护产品的总费用。因此，如果企业能使消费者相信某种产品购买、使用和维护的总费用较低就会积极购买，企业就可能把这种产品的价格定得比竞争者高，并取得较多的利润。

(四) 企业对变价的反应

企业改变价格策略时，不仅要考虑到消费者的反应，还必须考虑竞争对手的反应。当某一产业中企业数目很少，产品差别不大，消费者具有辨别能力与知识时，竞争者的反应就显得更为重要。

在营销实践中，企业可以通过竞争者的内部资料或借助其他方法来进行估计竞争者的可能反应。内部资料来源于竞争者以前的员工、消费者、金融机构、供应商、代理商。企业要调查研究竞争对手目前的财务状况、生产和销售能力、消费者忠诚度以及企业目标等。如果竞争者的目标是提高市场占有率，那么企业就可能随之降低价格。如果竞争者的目标是获得最大利润，那么企业可能会采取增加广告预算、加强促销或者提高产品质量等措施。总之，企业在变动价格时，必须善于利用企业内部和外部的信息来源，判断竞争对手的反应，以便采取适当的对策。针对竞争者作出的价格反应，企业可以采取如下应对策略：

(1) 维持原价。如果企业对产品一再降价，会造成较大的利润损失时，便可采用维持原价策略。

(2) 提高感受价值。企业可以通过改进质量、加强和消费者之间的联系等手段，提高消费者对产品的感受价值，以增强忠诚度。

(3) 降价。当企业发现市场需求弹性很大，夺回失去市场的代价远远高于降价所造成的损失时，企业可以采取降低价格的策略，以扩大销售量。

(4) 提高产品质量和价格。为了在竞争中取得主动进攻的优势，企业推出高质高价产品到国际市场销售，同时加强广告宣传，从两个方面来夹击竞争者。

二、国际营销中的转移定价策略

(一) 转移定价的目的

转移定价(Transfer Price)是指国际营销企业根据全球营销目标在母公司与子公司之间，或者在不同子公司之间转移产品时使用的一种内部交易价格。

作为一种国际营销企业的内部交易价格，转移价格具有三个特征：一是转移价格服务于企业的全球营销目标和整体利润追求，并非完全反映被转移产品的实际价值；二是转移价格是由企业少数高级营销管理人员谋划，并非通过市场供求与竞争机制确定；三是转移价格仅适用于企业内部的交易，转移的是成本费用或利润收入。

从根本上说，国际营销企业的母公司与子公司之间或各国子公司之间，为转移产品制定价格的目的，就在于获取企业整体的、长期的最大利润。转移定价是企业实行全球利益最大化的重要调节机制，希望达到的目的有六个方面。

(1) 加强某个子公司的竞争地位。企业从全局利益出发,可能认为某个子公司所在的市场潜力很大或很有前途,扩大产品的市场占有率,对整个企业的长远利益大有好处。因此,母公司或其他市场的子公司就会以低价向子公司提供所需的原材料,使该子公司能够保持较低的成本,以低价击败竞争对手,并使该公司显示出较好的资信状况,从而有利于子公司扩大市场占有率,树立较好的财务形象,在市场竞争中处于有利的地位。

(2) 减少税负。通过转移定价,国际营销企业可以设法降低在高税率国家的纳税基数,增加在低税率国家的纳税基数,从而减少企业的整体税负。

从所得税的角度看,各国税率相差悬殊。当国外子公司之间进行交易时,国际营销企业先将产品以低价售给"避税地"的子公司,通过转移定价的形式在公司之间进行转账。这样便可以达到减轻税负的目的。

从关税的角度看,企业同样可以利用转移定价减少税负。不过只有在征收从价税和混合税条件下转移定价才具备这样的功能。当国外子公司出售产品给关联企业时,可以采用偏低的价格发货,从而减少企业的纳税基数和纳税额。

值得注意的是,减少关税和所得税有时是互相矛盾的。例如,如果进口国所得税税率比出口国高,企业需要提高价格以减少所得税。但这样做的结果会增加关税税额。这时企业就要从全局的角度出发,根据各种税率进行计算、比较和分析,最后制定出使公司整体利益最大化的转移价格。

(3) 获取利润。许多国际营销企业在国外的子公司都与当地企业共同兴建合资企业。国际营销企业可以运用转移定价将利润转移出去,损害合作伙伴的利益。当然,转移利润时要考虑企业在利润输入公司所持的股份,还要计算所得税及关税上的得失。国际营销企业只有在经过综合比较后才能制定出价格。

(4) 规避风险。国际营销企业在国外从事营销活动,面临政治风险、经济风险、外汇风险、通货膨胀风险等各种各样的风险,为了规避这些风险,企业可以利用转移定价将资金转移出去,将可能遭受的损失降到最低的程度。

(5) 对付价格控制。当目标市场国认为国际营销企业的产品是以低于成本的价格进行倾销时,企业可以尽量降低原材料、零部件的供应价,减少成本,使较低的价格成为合理的价格,从而逃避目标市场国的限制和监督。当目标市场国认为企业的产品价格太高、利润过多时,企业对海外子公司尽可能提高原材料、零部件的供应价格,增加成本,使较高的价格成为合理的价格,这样也有效地避免了目标市场国的限制和监督。

(6) 减轻配额限制的影响。在国际市场上,配额是常见的非关税壁垒。如果配额是针对产品数量,而不是产品金额,国际营销企业可利用转移定价在一定程度上减轻限制。若干出口国子公司降低转移价格,而进口国配额一定,结果等于不增加配额就扩大了进口国子公司实物的进口量,达到了扩大销售的目的。

(二) 国际转移定价的手段

(1) 高进低出,低进高出。这是在货物采购与销售时国际营销企业经常使用的方法。高进低出是指国际营销企业的子公司以高于市场价格从国外母公司或子公司采购货物,而在该子公司出口货物给母公司或其他子公司时采取低于市场价格的方法来制定转移价格。

通过这种方法可以将该子公司的利润转移到母公司或其他子公司。低进高出则采取相反的购销活动,可将利润从国外母公司或其他子公司转移进来。

(2) 收取咨询费、服务费、管理费等费用。国际营销企业的母公司通过提高或降低服务费、咨询费等费用水平,人为地提高或降低子公司的利润,以达到国际营销企业的多种目的。

(3) 收取商标、专利、专有技术等无形资产转让费用。国际营销企业的母公司还可以通过调整商标、专利等无形资产转让费用,达到提高或降低子公司利润的目的。

(4) 提供货款或设备租赁。国际营销企业母公司采取向国外子公司提供高息或低息贷款的方法影响子公司的成本,还可通过对设备租赁费用高低的调整来达到转移定价的目的。

(三) 国际转移定价的限制

(1) 国际营销企业内部的限制。高低价格的利用,虽然能使国际营销企业整体利益达到最优化,但它以转移部分子公司的营销绩效为前提,在国际营销企业管理实行高度分权的模式下,有些转移定价的政策会受到某些子公司的抵制。在国外的合资企业中,由于目标市场国一方决策权力的存在,通过转移定价以实现国际营销企业整体利益最优化更难办到。为了解决集中管理与分散经营相对独立的矛盾,大型国际营销企业往往通过设置结算中心来进行统一协调。

(2) 目标市场国政府的限制。各国政府都很重视外国企业通过转移定价来逃税,因而通过税收、审计、海关等部门进行检查、监督,并在政策法规上采取一系列措施,以消除通过转移定价进行逃税的现象。目前,国际上普遍采用的是比较定价法,即将同一产业中某项产品一系列的交易价格、利润水平进行比较,如果发现某一国际营销企业子公司的进口货价格过高,不能达到该产业平均利润水平时,目标市场国税务部门可以要求按“正常价格”进行营业补税。

三、国际营销中的价格变动趋势

(一) 价格逐步升级

与在国内销售产品相比,到国际市场上销售产品由于空间距离的增加、经济差异的加大,导致了国际营销需要更多的运输和保险服务,需要更多的中间商和更长的分销渠道服务,还需要支付国际营销所需的各种案头工作费用和进口税。以上各种税费都作为成本费用加在产品的最终售价上,从而使产品在国际市场上的最终价格要比国内销售价格高出很多。在营销实践中,把因外销成本的逐渐提高所形成的产品价格逐步上升的现象称为价格升级。

产品内销、外销价格的巨大差异是由国际销售比国内销售需要增加更多的营销职能而决定的。不能因此就认为企业将产品销往国外就能得到更多的利润,国际营销过程中各环节费用的逐渐增加是造成价格升级的根本原因。

可以看出,价格升级并没有给国际营销企业带来额外的利润。相反,由于价格升级,使得企业目标市场国的消费者必须以高价购买同样的产品,高的价格抑制了需求,减少了企业产品的销售量,对企业本身产生不利的影响。因此,价格升级也是企业要想办法解决的一个问题。企业减轻价格升级消极影响的常用方法有以下几种:

(1) 降低净售价。即通过降低净售价的方法来抵销关税和运费。但这种策略常常行不通，一是因为减价可能使企业遭受严重的损失；二是这种行为可能被判定为倾销，目标市场国政府征收反倾销税，使价格优势化为泡影，不能发挥扩大销量的作用。

(2) 控制关税和运费。例如，在国外建厂，将零部件运到目标市场国，在当地组装，这样可以按照比较低的税率缴纳关税，减少运费、关税、中间商毛利等价格升级造成的影响，从而在一定程度上使价格降低。这样，也会面临国外政治经济形势变动的风险。

(3) 缩短分销渠道。缩短分销渠道可以减少交易次数，从而减少一部分中间费用。但是，有时渠道虽然缩短了，成本却未必会降低，因为许多营销的职能无法取消，仍然会有成本支出。在按照交易次数征收交易税的国家，可以采用这种办法来少缴税。

(4) 减少产品成本，即取消产品的某些成本昂贵的功能特性，甚至全面降低产品质量。一些发达国家需要的功能在发展中国家可能会显得多余，取消这些功能可以达到降低成本控制价格的目的。降低产品质量也可以降低产品的制造成本，不过这样做有一定的风险，决策时一定要慎重。

(二) 政府价格规制加强

随着经济全球化的发展，一方面，各国市场进一步扩大开放度；另一方面，各国政府为了保护国内市场，对价格的规制力度加强，控制的形式多样化。政府对企业定价的调控是多方面的，既可以是宏观的，也可以是微观的；既可以是法律形式，也可以是行政命令形式。国际营销中的定价要同时受本国政府和外国政府的双重影响，国内政府多半采用价格补贴形式来降低企业出口产品价格，增强竞争实力。国外政府对价格的规制主要通过立法形式或行政手段规定产品价格的上限与下限；以反倾销法来反对倾销政策；政府通过直接定价来限制进口货的消费及保护国内市场；政府在国内经济滞胀时期，往往在一定时期内冻结一切价格。此外，各国政府对国际市场上某些产品定价起着日益重要的作用，诸如咖啡国际协定、可可国际协定、白糖国际协定，以及部分小麦价格通过政府间谈判决定。

面对政府价格规制的加强，企业既要遵循目标市场国的立法，也要善于运用大市场营销策略，特别是要注重运用政治力量这一手段，来赢得对企业有利的定价环境。

(三) 倾销问题日益突出

倾销是指出口到目标市场国市场上的产品价格按低于当地市场价格销售，致使当地市场上生产和销售同类产品的企业受到实质性的损害和威胁。倾销可分为四种类型：

(1) 零星倾销。零星倾销即制造商抛售库存，处理过剩产品。这类制造商既要保护在国内的竞争地位，又要避免引发可能伤害国内市场的价格战，因此必然选择不论定价多低，只要能减少损失就大量销售的办法，向海外市场倾销。

(2) 掠夺倾销。企业实施亏本销售，旨在进入某个外国市场，而且主要为了排斥国外竞争者。这种倾销持续时间较长，一旦企业在市场上的地位确立，该企业便依据垄断地位而提价。

(3) 持久倾销。企业在某一国际市场持续地以比在其他市场低的价格销售，是持续时间最长的一类倾销。持久倾销的适用前提是各个市场的营销成本和需求特点各有不同。

(4) 逆向倾销。这是母公司从海外子公司输入廉价产品，以低于国内市场价格销售海外产品而被控告在国内市场倾销，这种情况在国际营销实践中时有发生。

国外许多企业事实上都曾进行过倾销。为了逃避反倾销调查，企业除了用给进口商回扣、把出口产品伪装成进口国内生产的产品、开具假文件隐瞒出口产品真实价值等手段隐瞒倾销行为外，还经常通过如下措施"合法地"逃避反倾销控告：一是设法使出口产品从表面上与在国内市场销售的产品有差别，即对实质上的同一产品，通过促销宣传，使之差异化，在国内市场上也就没有相应产品作价格比较的基础，从而使倾销行为被掩盖；二是采取多种国际营销方式，变单纯的出口为在目标市场国生产，可以降低成本及低价销售。

本章小结

1. 影响国际产品定价的因素有定价目标、成本因素、市场需求、市场结构和政府规制，在国际营销中企业的定价目标有维持生存、当期利润最大化、市场占有率最大化和产品质量最优化。国际产品定价分为数据收集、战略分析和制定战略三个步骤。国际产品定价的基本方法分为成本导向定价法、竞争导向定价法和需求导向定价法。

2. 国内外关于新产品的定价策略有撇脂定价、渗透定价和满意定价；常用的心理定价策略有整数定价、尾数定价、声望定价和招徕定价；折扣定价策略有数量折扣、现金折扣、功能折扣、季节折扣以及回扣和津贴；地区性定价的形式有原产地定价、统一交货定价、分区定价、基点定价和运费免收定价。

3. 在国际市场上提高产品价格的因素是通货膨胀、供不应求和市场竞争，导致企业降低价格的原因有供过于求、竞争加剧和成本优势。面对价格变动，消费者和竞争者会作出不同的反应，采取不同的对策。国际营销企业的母公司与子公司之间制定转移价格的目的在于获取企业整体的、长期的最大利润。转移定价是企业实行全球利益最大化的重要调节机制，希望达到的目的有六个方面。国际营销中的价格变动趋势表现在价格逐步升级、政府价格规制加强和倾销问题日益突出三个方面。

思考与练习

一、名词解释题

1. 产品定价　　2. 价格策略
3. 成本导向定价法　　4. 目标收益定价法
5. 边际成本定价法　　6. 盈亏平衡定价法
7. 随行就市定价法　　8. 转移定价

二、多项选择题

1. 影响国际定价的成本因素有(　　)。
A. 关税　　B. 中间商与运输成本　　C. 风险成本
D. 交际成本　　E. 交易成本

2. 需求导向定价主要包括(　　)。
A. 理解价值定价法　　B. 需求差异定价法　　C. 盈亏平衡定价法

D. 随行就市定价法　　E. 逆向定价法

3. 撇脂定价策略的优点有(　　)。

A. 便于驾驭市场　　B. 便于快速收回投资　　C. 便于价格调整

D. 便于控制需求　　E. 便于制定价格

4. 尾数定价的心理效应是(　　)。

A. 准确　　B. 便宜　　C. 中意

D. 共鸣　　E. 实惠

5. 导致企业降价的原因有(　　)。

A. 供不应求　　B. 供过于求　　C. 竞争加剧

D. 成本优势　　E. 占领市场

6. 针对竞争者作出的价格反应，企业可采取的应对策略有(　　)。

A. 维持原价　　B. 提高感受价值　　C. 降价

D. 提价　　E. 提高产品质量和价格

7. 企业减轻价格升级消极影响的常用方法有(　　)。

A. 降低净售价　　B. 控制关税和运费　　C. 缩短分销渠道

D. 减少产品成本　　E. 提高感受价值

三、简答题

1. 简述国际产品的定价目标。
2. 简述国际产品定价的步骤。
3. 简述成本导向定价的具体方法。
4. 简述新产品的定价策略。
5. 简述撇脂定价策略的使用条件。
6. 简述招徕定价策略应注意的问题。
7. 简述折扣定价中直接折扣的具体形式。
8. 简述地区定价的具体形式。
9. 简述应对通货膨胀时，企业可以采取的调价策略。
10. 简述国际转移定价的目的。
11. 简述国际转移定价的手段。

四、论述题

1. 试述影响国际产品定价的因素。
2. 试述国际营销的转移定价策略。
3. 试述国际营销中的价格变动趋势。

五、案例分析题

沃尔玛“天天平价”的价格策略

世界最大的零售商沃尔玛在全球拥有 4 000 多家连锁店，员工总数达 100 多万人，其中国际员工 25 万多人，在零售业辉煌的业绩有目共睹。1996 年，沃尔玛在我国深圳开设第一家购物广场和山姆会员店，引起当地业界一片震动，“狼来了”的呼声不绝于耳。

沃尔玛能够迅速发展，除了正确的战略定位以外，也得益于其首创的“天天平价”策略。

每家沃尔玛商店都贴有“天天平价”的大标语。同一种商品在沃尔玛比其他商店要便宜。在沃尔玛的商店里，我们很少见到2.99美元或者5.95美元等接近整数的标价，更多看到的是诸如2.73美元或5.22美元的价格牌。沃尔玛提倡的是低成本、低费用、低价格的营销思想，主张把更多的利益让给消费者，“为消费者节省每一美元”是他们的目标。沃尔玛的利润通常在30%左右，而其他零售商的利润率都在45%左右。公司每星期六早上举行经理人员会议，如果有分店报告某商品在其他商店比沃尔玛低，可立即决定降价。沃尔玛之所以能够始终保持“天天平价”的低价策略，是因为采取措施尽可能地降低自己的成本。

采购本土化。沃尔玛商店销售的95%产品都是中国制造，这样，既节约成本，又适应当地消费者的消费习惯。沃尔玛在中国直接采购和通过供应商间接采购的中国产品总额，超过了任何一家外贸出口企业的业绩。如果按照每个工业职工年均产品销售收入10万人民币计算，沃尔玛公司的采购额相当于解决了我国80多万人的就业问题。

尽可能降低产品的进价。在阿肯色州本特维拉市沃尔玛的总部，各个部门的采购人员每天都在与供货商谈判，艰难地砍价。有时换来的结果只是比竞争对手的定价少了几分钱。但对消费者来说，每一分钱的差价决定了消费者是在沃尔玛购物而不是到其他商店购物。

降低营业成本。沃尔玛明文规定，员工因公外出时，需两人住一间汽车游客旅馆；而商店里诸如照明设施、空调设备等出于节约能源和降低成本的考虑，也实行统一管理。削减成本的措施和小技巧相辅相成，使得沃尔玛的经营成本大大低于其他同行业竞争者。

运用先进的信息技术。沃尔玛的信息系统是最先进的，其主要特点是投入大、功能全、速度快、智能化和全球联网。沃尔玛专门负责软件设计的工程师就有2 000多名。沃尔玛投资4亿美元由美国休斯公司发射了一颗商用卫星，实现了全球联网。先进的信息技术使得沃尔玛拥有先进的存货管理系统、物流配送系统、决策支持系统、管理报告工具以及扫描销售点记录系统等，从而大大降低了沃尔玛的运营成本。

(资料来源：广东工业大学市场营销学精品课程，主持人张德鹏。)

案例问题：

1. 沃尔玛为什么能够成功？

2. 沃尔玛采用了哪些价格策略？

3. 结合本案例，讨论沃尔玛实施“天天平价”的基础。

第七章　国际营销中的分销策略

学习目标

通过本章的学习，了解分销渠道的概念，掌握国际分销渠道的模式和各种分销渠道的特点及使用范围，领会国际分销渠道的选择原则和影响因素。了解经销商、代理商、批发商、零售商和辅助商的特点和作用。领会国际物流的概念、形式、特点和意义，掌握国际物流的发展趋势和发展策略。

第一节　国际分销策略概述

分销策略是国际营销组合策略之一，同产品策略、促销策略、价格策略一样，也是企业能否成功地将产品打入国际市场，实现企业营销目标的重要手段。与国内市场分销相比，国际市场分销的特征、构成和模式都是不同的。分销策略主要涉及分销渠道及其结构；分销策略的选择与管理；批发商、零售商、物流等内容。

一、分销策略概念

分销渠道(Distribution Channel)，也叫销售渠道，是指产品从生产领域向消费领域转移中所经过的所有企业、组织和个人构成的路线或通道。分销策略的目的是使企业生产经营的产品顺利地被消费者使用，具体任务是把产品从生产者那里转移到消费者手中，使消费者能在适当的时间、适当的地点购买到自己需要的产品，从而便于消费，实现扩大市场销售的目的。

分销渠道所涉及的是产品实体和所有权从生产领域向消费领域转移的整个过程。在市场经济条件下，产品必须通过交换，发生价值形式的运动，使产品从一个所有者转移到另一个所有者，直至消费者手中，这称为商流。同时，伴随着商流还有产品实体的空间移动，称为物流。商流与物流相结合，使产品从生产者到达消费者手中，便是分销渠道。在整个分销过程中至少有一次所有权转移，起点是产品的生产者，终点是产品的消费者，营销中介是各种中间商，即代理商、经销商(批发商、零售商)和辅助商(物流商、广告商、策划商)。

未来企业的竞争不仅是产品的竞争，更是分销渠道的竞争！

二、国际分销渠道模式

当采取不同的战略进入国际市场时，企业会面临不同的分销决策。当企业选择不同的分销策略时，产品从生产者向消费者的转移就会经过不同的营销中介机构，从而形成不同类型的国际分销渠道(International Distribution Channel)模式。

当企业以出口方式进入国际市场时，产品不仅要经过国内的分销渠道，而且要经过进口国的分销渠道，才能最终到达目标市场国家的消费者手中。在这种情况下，一次分销的完成必须经过三个环节：第一个环节是本国国内的分销渠道；第二个环节是由本国进入进口国的分销渠道；第三个环节是进口国的分销渠道，如图 7－1 所示。

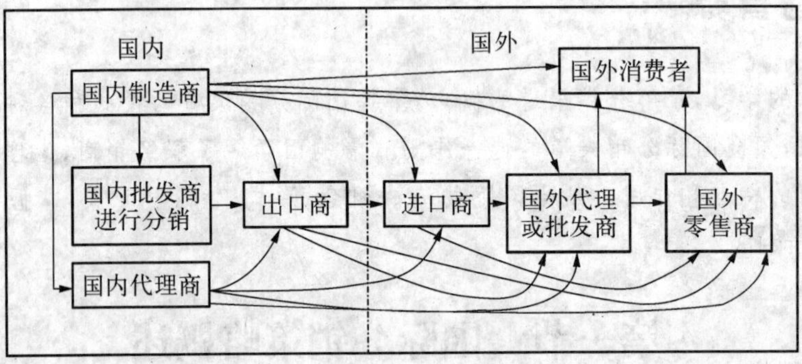

图 7－1　国际分销渠道的模式示意图

当从事国际营销的企业在目标市场国设厂生产、就地销售时，产品分销所经过的过程和环节与以出口方式相比要简单得多，最明显的就是在目标市场国生产时不需要经过所在国的国内中间商。

由此可见，从事国际营销的企业有多种分销渠道模式可供选择，这依赖于企业已确定的进入国际市场的战略。不仅如此，企业在选择具体的国际分销策略和设计国际分销渠道结构时，还必须充分地考虑企业自身的资源及其所在产业的特点，竞争者的分销策略，目标市场特征，目标市场国家的法律环境以及消费者的生活方式和购买习惯等。此外，不论采取何种选择，国际营销企业都必须考虑渠道的效率和对渠道的控制。

三、国际分销渠道类型

1. 按产品是否经过中间商，国际分销渠道分为直接分销渠道和间接分销渠道

(1) 直接分销渠道。直接分销渠道是企业采用产销合一的方式，即产品在从生产者流向国外最终消费者的过程中，不经过任何中间商，由生产者直接将产品销售给国外消费者的一种方式。

直接分销渠道减少了中间环节，全部销售利润归生产者所有，而且可以节约流通费用；产品尤其是工业用品产销见面，生产者能够直接了解目标市场国市场或消费者的需求和变化，有利于企业及时地作出相应的对策。但是直接分销渠道也有一定的限制条件，适应范围有限；生产者直接销售产品会耗费一定的人力、物力和财力，对集中精力进行产品生产活动不利；生产者在承担流通职能的同时，也承担了产品销售的风险。

一般来说，在以下情况下适合采取直接分销渠道：价值大、体积大、市场集中，销售范围较小的产品；技术性强、制造成本高的产品，以及易腐、易烂、易碎、易变质等物理化学性质活跃的产品；自身管理水平较高，经验丰富，财力雄厚，能够高度控制产品销售的企业。

(2) 间接分销渠道。间接分销渠道是指企业通过各种中间商把产品销售给目标市场国消费者的一种分销形式，如以出口方式进入国际市场时，较典型的间接分销渠道是制造商→出口中间商→进口中间商→国外代理或批发商→国外零售商→最终消费者。

间接分销渠道通过中间商分销产品，使产品销售简单化，缩短流通时间，有利于企业集中人力、财力和物力用于发展生产，促进生产效率的提高；利用中间商的知识、经验和关系，可以增加产品销售的覆盖面，有利于提高市场占有率；各种中间商的加入，分担了生产者的营销风险。但是，如果营销中介环节过多，会增加流通费用，增大产品成本，会给信息反馈带来困难。

一般而言，在以下情况下适合采取间接分销渠道：市场分散、销售范围广的大部分消费品；价值小、成本低、物理化学性质稳定的日用品、标准品等；自身缺乏国际营销的技术和经验，管理能力较差，财力薄弱，对其产品和营销的控制要求不高的企业。

2. 按产品经过的中间商的多少，国际分销渠道分为长的分销渠道和短的分销渠道

(1) 长的分销渠道。长的分销渠道是指经过许多中间商或营销中介环节，最终将产品从生产者转移到目标市场国消费者手中的一种分销方式。

一般来说，在以下情况下适合采取长的分销渠道：从产品特点来看，非易腐、非易损、价格低、选择性不强、技术要求不高的产品；从市场特点看，零售市场较为分散，各市场需求量较小的产品；从企业特点看，企业有较强的国际市场销售能力(组织机构、营销经验、推销员等)，运输、仓储条件好，财力能够承担，经济效益好。

(2) 短的分销渠道。短的分销渠道是指经过很少或不经过任何中间商或营销中介环节，将产品从生产者转移到目标市场国消费者手中的一种分销方式。

一般来说，以下情况适合采取短分销渠道：易腐、易损、价格贵、高度时尚、新潮、售后服务要求高而且技术性强的产品；零售市场相对集中，消费需求数量较大的产品；自身销售能力强，推销人员素质好，资本雄厚，或者增加的收益能够补偿增加的销售费用时，或者各种中间商能力强、信誉高时。

企业决定采用间接分销渠道后，还要对适用渠道的长短作出选择。从节省流通费用，加速社会再生产过程的角度出发，应当尽量减少中间环节，选择短渠道。但是也不能认为中间环节越少越好，在多数情况下，批发商、零售商等中间商的作用是生产者无法替代的。因此，采用长的分销渠道还是短的分销渠道，必须综合考虑产品的特点、市场的特点、企业本身的条件以及市场营销组合策略的效果等。

3. 按同一环节中间商数量的多少，国际分销渠道分为宽的分销渠道和窄的分销渠道

宽的分销渠道是指产品在从生产者流向目标市场国的过程中，在同一环节或层次选择较多的同类中间商将产品销售给最终消费者的一种方式。窄的分销渠道是指产品在从生产者流向目标市场国的过程中，在同一环节或层次选择较少的同类中间商将产品销售给最终消费者的一种方式。企业在国际分销渠道宽度的选择上有三种策略：

（1）密集性分销策略。密集性分销策略就是生产者尽可能多地通过批发商、零售商等各种中间商销售自己的产品，其目的是能够快速地将本企业的产品销售到目标市场国，使消费者有更多的机会、更方便地购买产品。在密集性分销中，由于所有符合生产者的最低信用标准的营销媒介机构都可以参与产品的分销，因此各媒介机构之间的竞争十分激烈，产品市场覆盖水平也很高。在国际市场上，价格较低、一次性购买数量较少、在一定时间内购买次数较多的产品，如日用品、食品、副食品等，以及高度标准化的产品，如润滑油、小五金等，多采用密集性分销策略。在运用密集性分销策略时，一般要在目标市场国进行大量的促销活动，引起众多消费者的关注，以吸引中间商加入分销大军之中。同时，采用密集性分销策略会增加营销费用，对销售活动的控制比较困难。

（2）选择性分销策略。选择性分销策略是指生产者在一定的时期、在特定的市场区域内，精心挑选一定数量的中间商来销售自己的产品。选择性分销策略适用于消费品中的选购品、特殊品和工业品中专业性强、用户较固定的设备和零配件等。选择性分销策略是密集性分销策略的延续，有些产品为了能够迅速进入国际市场，在开始时往往采用密集性分销策略，但经过一段时间后，为了减少费用，保持产品声誉转而采用选择性分销策略，逐步淘汰那些作用小、效率低的中间商。采用这种策略，生产者不必花太多的精力联系众多的中间商，而且便于与中间商建立良好的合作关系，还可以使生产者获得适当的市场覆盖面。与密集性分销策略相比，采用选择性分销策略具有较强的控制力，成本也较低。

（3）独家性分销策略。独家性分销策略是指生产者在一定的时期、在特定的市场区域内仅用一家中间商来销售自己的产品，并规定不得经营竞争性产品。该策略比较适用于服务要求较高的专业产品和品牌产品。采用独家性分销策略，生产者能在销售价格、促销活动、信用和各种服务等方面对中间商进行控制，同时期望得到独家中间商强有力的销售支持。对于中间商而言，独家性分销策略可以得到生产者的庇护，避免了与其他竞争对手作战的风险，可以使中间商大胆地开展销售的业务，不必担心生产企业会另作选择。独家性分销策略的不足之处主要是由于缺乏竞争会导致中间商力量减弱，而且对消费者来说也不方便购买。采用独家性分销策略，通常双方要签订协议，在一定地区、一定时期内规定经销商不得再经营其他竞争者的产品，生产者也不得再找其他中间商经营该产品。

四、国际分销渠道的选择

1. 国际分销渠道的选择原则

国际营销企业在选择分销渠道时，一般都要遵循以下原则：

（1）畅通高效原则。畅通高效是国际分销渠道选择的首要原则，任何正确的渠道决策都必须符合物畅其流、经济高效的要求。产品的流通时间、流通速度、流通费用是衡量分销渠道效率的重要标志。畅通的分销渠道应以消费者需求为导向，将产品尽快、尽好、尽早地通过最短的路线，以尽可能优惠的价格送达到方便消费者购买的地点。畅通高效的分销渠道，不仅能够让消费者在适当的地点、时间，以合理的价格买到满意的产品，而且应努力提高企业的分销效率，争取降低分销费用，以尽可能低的分销成本，获得最大的经济效益，赢得竞争的时间和价格优势。

（2）覆盖适度原则。企业在选择国际分销渠道时，仅仅考虑加快速度、降低费用是不够的，还应考虑能否及时、准确地将送达的产品销售出去，是否有较高的市场占有率和足以覆盖目标市场。因此，不能一味强调降低分销成本，这样可能导致销售量下降、市场覆盖率不足的后果。成本的降低应是规模效应和速度效应的结果。在国际分销渠道的选择中，也应避免扩张过度、分布范围过宽过广的现象，以免造成沟通不力、协调困难，导致无法控制和管理中间商。

（3）稳定可控原则。畅通有序、覆盖适度是分销渠道稳固的基础。企业的国际分销渠道一旦确定，就需要花费相当大的人力、物力、财力去建设和维护，这个过程往往是复杂而缓慢的。所以，企业不会轻易更换分销渠道成员，更不会随意转换分销渠道策略。只有保持分销渠道的相对稳定，才能进一步提高分销渠道的效益。由于影响分销渠道的各种因素是不断变化的，原有的分销渠道难免会出现某些不合理的问题，这时，就需要分销渠道具有一定的调整功能，以适应市场的新情况、新变化，保持渠道的适应力和生命力。调整分销渠道时应综合考虑各种因素，尽量使渠道始终都在可控制的范围内保持基本的稳定状态。

（4）协调平衡原则。企业在选择、管理国际分销渠道时，应合理分配各个渠道成员的利益，不能只追求自身效益的最大化而忽视其他渠道成员的利益。分销渠道成员之间的合作、冲突、竞争的关系，要求分销渠道的领导者对此有一定的控制能力，能够统一、协调、有效地引导渠道成员充分合作，鼓励渠道成员之间有序竞争，减少冲突发生的可能性，快速解决已发生的矛盾，确保总体目标的实现。

（5）发挥优势原则。企业在选择国际分销渠道时，为了争取在竞争中处于优势地位，要注意发挥自己各个方面的优势，将分销渠道的设计与企业的产品策略、价格策略、促销策略结合起来，增强营销组合的整体优势。

2. 影响国际分销渠道选择的因素

国际营销企业在选择国际分销渠道时，一般要考虑成本、资金、控制、覆盖、特征和连续性等六个因素。

（1）成本。成本（Cost）特指国际分销渠道成本，包括开发渠道的投资成本和维持渠道的维持成本两个方面，其中维持成本是主要的、经常的。维持成本包括维持企业自身销售队伍的直接开支，支付给中间商的佣金，物流中发生的运输、仓储、装卸费用，各种单据和文书开支的费用，提供给中间商的信用、广告、促销等方面的支持费用，以及业务洽谈、通讯等费用。支付渠道成本是任何企业都不可避免的，国际营销企业必须在成本与效益之间作出权衡和选择。一般来说，如果增加的效益能够补偿增加的成本，分销渠道策略的选择在经济上就是合理的。较高的渠道成本常常是企业开拓国际市场的重要障碍。评价渠道成本的基本原则是能否用最少的成本达到预期的销售目标，或能否用一定的费用最大限度地扩展其他方面的利益。

（2）资金。资金（Capital）是建立国际分销渠道的资金要求。一般情况下，资金不是国际分销渠道建设的关键因素，除非企业的业务正处在不断扩张阶段，或者建立自己的国际分销渠道。如果制造商要建立自己的国际分销渠道，使用自己的销售队伍，通常需要大量的投资。如果按照社会分工原则，使用社会已有的各种中间商，虽然可以减少自己的现金支出，但有时需要向中间商提供财务上的各种支持。

(3) 控制。控制(Control)是指企业对国际分销渠道的控制程度。在企业自己投资建立国际分销渠道的情况下，最有利于对分销渠道的控制，但是相应地会增加分销渠道的成本。如果使用各种中间商，企业对分销渠道的控制力会相对减弱，而且还受各种中间商愿意接受控制的程度的影响。一般来说，分销渠道越长、越宽，企业对价格、促销、售后服务等方面的控制就越弱。分销渠道控制与产品性质也有一定的关系。对于工业品来说，由于最终消费者相对较少，分销渠道较短，中间商依赖生产者对产品的售后服务，所以生产者对分销渠道进行控制的能力较强；而就消费品来说，由于最终消费者人数众多，市场分散，分销渠道较长、较宽，生产者对分销渠道的控制能力就较弱。

(4) 覆盖。覆盖(Coverage)是指分销渠道的市场覆盖面，即企业通过一定的分销渠道所能达到或影响的市场范围。国际营销企业在考虑市场覆盖时应注意三点：一是分销渠道所覆盖的每一个市场能否获取最大可能的销售额；二是这一市场覆盖能否确保合理的市场占有率；三是这一市场覆盖能否取得满意的市场渗透率。对于企业来说，市场覆盖面并非越广越好，主要看是否合理、有效，最终能否给企业带来较好的经济效益。国际上不少企业在选择国际分销渠道时，并不是以尽可能地拓展市场的地理区域为目标，而是集中力量在核心市场中进行尽可能的渗透。从事国际营销的企业，在考虑市场覆盖时还必须考虑各类、各个中间商的市场覆盖能力。对于大中间商来说，尽管数量不多，但一个中间商的市场覆盖面却非常大；而小中间商虽然为数众多，但单个中间商的市场覆盖面却非常有限。

(5) 特性。特性(Character)是指所选择的分销渠道必须与企业及其从事营销活动的市场特性相一致。国际营销企业在进行国际分销渠道选择时，必须考虑自身的企业特性、产品特性以及目标市场国的市场特性、环境特性等因素。一般而言，企业的规模越大，越容易取得中间商的合作，因此，可选择的分销渠道方案就越多；如果企业的财务状况好，资金实力强，可自设销售机构，少用中间商；反之，主要借助中间商进入国际市场。鲜活、易腐产品等，应尽量使用较短的分销渠道；价值较低的产品、标准化的产品，可采用较长的分销渠道；汽车、机电、电脑等技术要求高的产品，应该采取直接分销渠道；如果面对的市场、消费者在地理上比较集中，可采用短的分销渠道和直接分销渠道；反之，可采用长的分销渠道和间接分销渠道。

(6) 连续性。连续性(Continuity)是指尽量保持国际分销渠道的可持续发展。一个企业国际分销渠道的建设往往需要付出巨大的成本和促销努力，而且一个良好的分销渠道体系，不仅是企业重要的外部资源，也是企业在国际市场上建立差异化竞争优势的基础。因此，维持渠道的连续性对于国际营销企业来说是一项重要的任务和挑战。分销渠道的连续性会受到三个方面力量的冲击：一是中间商的终止；二是激烈的市场竞争；三是新的分销渠道的出现。因此，企业要维持分销渠道的连续性。第一，要慎重地选择中间商，并采取有效的措施提供支持和服务，同时在消费者中树立良好的品牌形象，培养中间商的忠诚；第二，对已加入本企业分销体系的中间商，只要愿意继续与企业合作，而且也符合企业的条件和要求，不要轻易更换，应努力与之建立良好的长期关系；第三，对那些可能不再经营本企业产品的中间商，应预先作出评估，预先安排好潜在的接替者，以保持分销渠道的连续性；第四，时刻关注竞争者渠道策略、现代技术以及消费者购买习惯的变化，以保证分销渠道的不断优化。

第二节　国际分销中的中间商

中间商是指在生产者与最终消费者之间，参与市场交换、促使买卖行为发生和实现的经济实体、经济组织和个人。按照是否对产品拥有所有权，可将中间商分为经销商和代理商；按照在分销中的地位和作用，可将中间商分为批发商、零售商和辅助商。在本节中，从国内中间商、制造商自营出口的机构和国外中间商两个方面，对国际分销渠道中的中间商进行研究。

一、国内中间商

国内中间商与国际营销企业处在同一国家的国境之内，由于社会文化背景相同，因此彼此容易沟通，可以很方便地合作。但由于它们远离目标市场国，与目标市场国消费者的接触少，因此在提供目标市场国信息方面存在一定的不足。国内中间商一般是在企业资源不足或缺乏国际营销经验，或认为没有必要直接进入某个或某些国际市场时被使用。国内中间商根据是否拥有出口产品的所有权可以分为出口经销商和出口代理商两大类。凡对出口产品拥有所有权，并通过进销差价获利的，称为出口经销商；凡接受委托，以委托人的名义买卖货物，收取佣金，并不拥有产品所有权的，称为出口代理商。

（一）出口经销商

出口经销商的基本职能与国内批发商相同，不同的只是出口经销商的客户是国外买主。出口经销商以自己的名义买卖产品，自己决定买卖产品的花色品种和价格，自己筹集经营的资金，自己备有仓库，从而自己承担经营风险。一些发达国家的大型出口经销商还能给国外买主提供融资服务，在目标国市场国进行促销宣传。大多数出口经销商一般都长期从事一个产业的出口业务，因此比较了解该产业的情况，能向需要产品出口的企业提供一定的专业服务。

出口经销商经营出口业务形式有“先买后卖”、“先卖后买”两种。常见的出口经销商主要有以下三种类型。

(1) 出口行。出口行(Export House)有的国家称为国际贸易公司，有的国家称为综合商社(如日本、韩国)，我国则一般称为对外贸易公司或进出口公司。由于出口行熟悉出口业务，与国外客户联系广泛，拥有较多的国际市场信息，一般在国际市场上享有较高的声誉，而且拥有大批精通国际商务、熟悉法律的专业人才，因此对一些初次进入国际市场的企业来说，使用出口行往往是比较理想的选择。由于出口行能提供花色品种齐全的产品，因此国外买主也愿意与出口行打交道。

(2) 采购/订货行。采购/订货行(Buying/Indent House)主要依据从国外收到的订单向国内生产企业进行采购，或者向国外买主指定的生产企业进行订货。采购/订货行拥有产品的所有权，但并不大量、长时期地持有存货，在收购数量达到订单数量时，就直接运交国外买主。因为采购/订货行是先找到买主，而后才向生产企业进行采购，同时也不大量贮存货物，因此具有营销风险小、资金周转快、成本低的特点。

(3) 互补营销。互补营销(Complementary Marketing)又称合作出口,或附带式出口,实际上是一种将自己与其他企业的互补产品搭配出售的出口营销形式。互补营销对于那些没有力量进行直接出口的小企业来说,是一种简单易行、风险较小的进入国际市场的形式。

(二) 出口代理商

出口代理商(Export Agent)是接受出口企业的委托代理出口业务的中间商。与出口经销商不同的是,出口代理商不以自己的名义向国外买主出售产品,而只是接受国内卖主的委托,以委托人的名义,在双方的协议所规定的条件下,代理委托人开展出口业务,不拥有产品所有权,而在产品售出后向委托人收取一定比例的佣金。

利用出口代理商可使生产企业获得以下好处:出口代理商可随时向生产企业提供外国市场信息和国际市场营销技巧;由于同时经营几种互补产品,出口代理商在远洋运输和海外市场代理方面可以取得规模经济;利用出口代理商可节省自己建立出口机构所耗费的时间和费用;出口代理商也可使生产企业对海外购买者具有较大的控制权。从理论上讲,中小企业刚开始从事国际营销时,使用出口代理商是一种理想的进入国际市场的方式。在国际市场上,出口代理商主要有综合出口经理商、制造商出口代理商、销售代理商、出口佣金商和国际经纪人等。

(1) 综合出口经理商。综合出口经理商(Combination Export Manager)为产品需要出口的生产企业提供全面的管理服务,以生产企业的名义向国外买主出售产品,实际上相当于生产企业的出口部,一般负责资金融通和单证的处理,有时还要承担信用风险。获得报酬的形式一般是收取销售佣金,此外每年还收取少量服务费用。

(2) 制造商出口代理商。制造商出口代理商(Manufacturer's Export Agent)是一种专业化程度较高的出口代理商,又称制造商出口代表。与综合出口经理商的作用非常相似,不同之处是制造商出口代理商提供的服务相对要狭窄一些,经营的产品品种也要少一些,一般是经营非竞争的互补产品。在国际营销中许多中小企业都使用制造商出口代理商,此外,有些企业在开拓海外新市场、推销新产品或市场潜力不大时,也常使用制造商出口代理商。

(3) 销售代理商。销售代理商(Selling Agent)通常能够影响甚至决定出口产品的价格、分销渠道和促销方式,因此实际上相当于生产企业的销售部门,负责生产企业的全部产品的销售。销售代理商比出口经销商能够提供更多的服务,如国际市场广告的策划、国际分销渠道的评价与优化、开展人员推销培训、召开订货会、进行国际市场调研、提供国际营销咨询等。

(4) 出口佣金商。出口佣金商(Export Commission House)也是一种接受生产企业的委托代理出口业务的出口中间商。主要从事两种业务:一种是代理国外买主在国内采购所需的产品后办理出口;另一种是代理国内企业向国外销售产品。出口佣金商代理国内企业开展出口业务时,通常有两种方法:一是寄售;二是佣金商先在国际市场上寻找客户,取得订单,然后由国内生产企业供货。在第二种情况下,出口佣金商的职能与作用相当于制造商代理商。

(5) 国际经纪人。国际经纪人(International Broker)是指从事进出口业务的经纪人。这种代理商只负责给买卖双方牵线搭桥,既不拥有产品所有权,也不实际持有产品和代办货物运输工作，与进出口双方一般也没有长期、固定的关系。适用国际经纪人的情况主要有：缺乏国际营销经验的企业；季节性强的产品；无力设立国外销售机构的中小企业；不值得或没有必要设立国外销售机构；目标市场国遥远、市场分散或市场规模小等。

二、制造商自营出口的机构

国际营销业务量或出口业务量较大的制造商，通常都设有自营出口机构。制造商自营的出口机构主要有以下四种类型。

（一）销售部门内部附设出口部

这种出口部仍隶属于制造商的销售部，通常设有一名出口经理，专门负责对国外的销售业务，而国内的销售业务仍由销售部中的其他单位及人员负责。国内与国外的销售工作由销售部经理统一协调和控制。

（二）独立的出口部或分公司

独立的出口部或分公司专门负责制造商的整个外销业务，虽然也不具有法人资格，但与附设的出口部不同，它不再隶属于销售部，而直接受总经理或分管副总经理的领导。

（三）出口子公司

这是具有进出口经营权的大型制造商为进一步扩大出口，更多地占领国际市场而设立的具有独立法人地位的子公司。这类子公司由于专门承担母公司产品的出口业务因此熟悉产品，了解客户，便于积累经验。同时，由于在法律上具有法人地位，所以也具有较大的自主权和灵活性以及较强的国际市场适应能力。

（四）海外销售分支机构

有些制造商除在国内设立出口机构外，还在海外设有分支机构，直接向海外客户展示、销售产品，拓展海外市场。海外销售分支机构除了承担产品的海外分销职能外，还可以承担市场调研、仓储、促销、产品展示、售后服务等职能。

三、国外中间商

国外中间商与目标市场国消费者处在同一个国家，熟悉营销环境和消费者的消费行为，可以更方便地解决语言、运输、财务、促销等方面的问题。国外中间商可以掌握国外市场第一手的信息，积累国际营销经验，加强对分销活动的控制力，扩大企业在国际市场上的影响力。因此，为进一步扩大出口规模和促进企业长远发展，制造商越来越多地选择国外中间商。与国内中间商类似，根据国外中间商是否拥有产品的所有权也可以将其区分为进口经销商和进口代理商两大类。凡拥有产品所有权的，称为进口经销商；凡接受委托、不拥有产品所有权，以佣金形式获取报酬的，称为进口代理商。

（一）进口经销商

进口经销商主要有进口商、经销商、批发商和零售商四种类型。

(1) 进口商。进口商（Import Merchant）又称进口行，是直接从国外进口产品，然后再转售给国内批发商、零售商和消费者的中间商。进口商熟悉经营的产品和目标市场国的营销环境，并掌握专门的产品挑选、分级、包装技术和销售技巧，因此国内中间商很难取代进口商的作用。进口商既可以先卖后买，也可以先买后卖。按照业务范围，一般又可分为专业进口商、特定地区进口商、从国际市场广泛选购产品的进口商等三种。

(2) 经销商。经销商(Distributor Dealer)是与出口国的供应商建立长期合作关系，并享有一定价格优惠和货源保证的从事进口业务的中间商。经销商从国外购买产品，再转售给国内的批发商、零售商等其他中间商，或直接出售给最终消费者。在特定的地区或市场上，经销商通过经销合同与出口国制造商、出口商建立经常性的合作关系，在购买及转售产品方面获得独家销售权或优先权销售权。出口企业可以同经销商建立密切的伙伴关系，对价格、促销、存货、服务等进行适当的控制。还有一类经销商，专门从事工业品或耐用消费品的独家经销，他们所经营的产品主要来自单独的供应商或出口企业。

(3) 批发商。进口国国内的批发商(Wholesaler)是专门或主要从事批发业务的中间商，是在进口国国内销售进口产品的重要渠道成员。批发商经营的产品主要要由本国进口或其他中间商供应，也有一些大批发商直接从国外购进产品，目的是转卖给小批发商和零售商。批发商的种类很多，可以分为专业批发商、综合批发商等。国际市场中的批发商形式多种多样，反映了各自所处的文化、经济和社会背景。一般来说，在国际营销中应尽量选择实力雄厚、规模较大的批发商，因为批发商主要是从规模经济中获取收益的，与小型的批发商打交道对制造商来说意味着得到的服务少而负担却重。当企业不得不与小型批发商打交道时，营销人员必须对以下问题做好准备：批发商不能向下游渠道成员提供融资支持，而且常常要求制造商向其提供融资服务；小型批发商的花色品种较少，可能迫使制造商去掉产品线中的某些产品项目；小型批发商覆盖的地理区域小，服务效率低，服务范围有限。

(4) 零售商。零售是将产品出售给最终消费者的一种商业活动。零售商(Retailer)是从进口商、进口代理商、批发商、国外出口商等处购买产品，然后转卖给本国最终消费者的中间商，是分销渠道的终端市场。零售商是消费品国际营销中不可缺少的一种渠道成员。按照组织形式，零售商可分为孤立零售商和连锁零售商；按照经营业态，零售商可分为百货商店、超级市场、专业店、专卖店、便利店、折扣商店、购物中心、仓储商店等。不同的产品，在目标市场国的营销中可能需要选择不同的零售业态。

各国零售商的结构一般是随该国的经济发展水平而变化的。在发达国家，零售业态结构比较合理，专卖店、超级市场、购物中心和便利店等较多，零售业的集中程度也较高。在发展中国家，零售商的规模通常较小，而且业态比较单一，新兴的业态发展迟缓并且很不成熟，传统的业态如杂货店、百货店等在零售业中仍占据着主导地位。

从总体上看，世界各国的零售商结构是在不断变化的。许多发展中国家、新兴工业化国家都在努力改善各自的零售业态结构、零售商的规模水平和效率。发达国家的零售业也处在不断的发展变化之中。零售业发展的一个新趋势是国际化的发展，这一趋势对国际分销渠道的影响应引起国际营销企业的重视。零售业发展的另一趋势是规模化和连锁化经营。规模化主要通过连锁经营的途径来实现，连锁经营的基本原理是将进货与销售两种零售功能区分开来，由总部进行大量集中进货，统一配送，由众多分散的店铺实现大量销售，并以此来克服零售业固有的小规模、分散性的缺点。

（二）进口代理商

进口代理商(Importing Agent)是接受出口国委托，代办进口，收取佣金的贸易企业、经济组织和个人。进口代理商一般不承担信用、汇兑和市场风险，不拥有进口产品的所有权。进口代理商主要有以下几种类型：

(1) 经纪人。经纪人(Broker)是对提供低价代理服务的各种中间商的统称，一般主要经营大宗产品和粮食制品的交易。在大多数国家，经纪人为数不多。但由于经营的是大宗产品，再加上在某些国家，经纪人组建了联营公司，熟悉当地市场，往往与客户建立有良好的合作关系，因而是初级产品市场上最重要的中间商。

(2) 融资经纪商。融资经纪商(Factors)是近年来迅速发展的一种代理中间商。这种代理中间商除具有一般经纪人的全部职能外，还可以为销售、制造商生产的各个阶段提供融资，为买主或卖主分担风险。

(3) 制造商代理人。制造商代理人(Manufacturer's Representatives)是指接受出口国制造商的委托，签订代理合同，为制造商推销产品并收取佣金的进口国中间商。制造商代理人有很多不同的名称，如销售代理人(Sales Agent)、国外常驻销售代理人(Resident Sale's Agent)、独家代理人(Exclusive Agent)、佣金代理人(Commission Agent)、订购代理人(Indent Agent)等。制造商代理人可以对一个城市、一个地区、一个国家或是相邻几个国家出口企业的产品负责，既不承担信用、汇兑和市场风险，也不负责安排运输、装卸，不实际占有货物。制造商代理人忠实履行自己责任，为委托人提供市场信息及开拓市场提供良好的服务。当出口企业无力向进口国派驻自己的销售机构，但希望对出口业务予以控制时，利用适当的制造商代理人是一种明智的选择。

(4) 经营代理商。经营代理商(Managing Agents)是同产品制造国的供应商签订独家代理合同，在某一国境内开展销售业务有时也对业务进行投资代理商。经营代理商的报酬一般按所用成本加母公司利润的一定百分比提取。经营代理商在亚洲及非洲国家较为普遍，在某些地区也称为买办(Compradors)。

第三节　国际分销中的物流策略

一、国际物流的基本问题

（一）国际物流的概念

国际物流(International Logistics)是不同国家之间的物流，这种物流是国际营销的一个必然组成部分，各国之间的相互营销最终通过国际物流来实现。国际物流是指当生产和消费分别在两个或两个以上国家独立进行时，为了克服生产和消费之间的空间距离和时间差异，对产品进行国际化的物理性移动，从而完成国际产品交易的最终目的，即实现卖方交付单证、货物和收取货款，而买方接受单证、支付货款和收取货款的对流条件。国际物流是相对国内物流而言的，是国内物流的延伸与扩展，是跨国界的、流通范围扩大的物的流通，是产品实体在不同国家之间的流动。国际物流的基本功能是在国际消费者需要的时间和地点，向消费者提供所需要的产品。国际物流不但包括一般的国内物流活动，如产品的运输、装卸、搬运、贮存、存货、加工、包装、配送、物流信息管理等活动，还包括与产品跨境移动有关的特殊活动，如通关、商品检验、运输保险等。

（二）国际物流的形式

1. 铁运物流

铁运物流（Rail Transport Logistics）是陆地相邻国家通常采取铁路运送货物的方式，运输工具主要有火车等。铁路运输是利用铁路进行国际贸易、国际营销货物运输的一种方式。铁路运输是仅次于海洋运输的一种国际间的主要运输方式，具有运量大、速度快、风险小和运营准点的特点。我国国际铁路运输包括国际铁路联运和至我国港、澳地区的铁路运输两部分。

2. 海运物流

国际物流中的大部分产品是海运物流（Ocean Transport Logistics），即通过海洋运输运送完成的，运输工具主要是各种船舶。海洋运输是指使用船舶，通过海上航道，在不同国家或地区的港口之间运送货物的一种方式。海洋运输通航能力大、运输量大、运费低廉，因此为国际贸易、国际营销的主要运输方式，我国进出口货物绝大部分也使用海洋运输。海洋运输按照经营方式不同，分为班轮运输和租船运输。

3. 空运物流

空运物流（Air Transport Logistics）是针对贵重和数量少的产品，为了争取时间，采用专门的运输机和普通客机搭乘完成航空运货任务的物流形式。航空运输是利用飞机运送进出口货物的运输方式，它与海洋运输和铁路运输相比具有运输速度快、安全准时、节省包装和保险费用且不受河海和道路等地面条件限制等优点，但是运量小、运价高也是其显著缺点。在国际贸易、国际营销中，航空运输适用与运送急需物资、鲜活易变质商品、精密仪器和贵重物品。航空运输主要有班机运输、包机运输、集中托运和航空快递四种方式。

4. 邮政物流

邮政物流（Parcel Post Transport Logistics）是以邮购包裹的方式对数量不多的国际产品采用的输送手段，具体运输方式不定，但主要以空运、铁运为主。邮政运输又称邮包运输，是一种最简便的物流运输方式。国际上邮政部门之间签订有协定和《万国邮政公约》，通过这些协定和公约，邮件的递送可互相以最快的方式传递，从而形成一个全球性的邮政运输网络。国际邮政运输具有国际多式联运和“门到门”运输的性质，托运人只需按邮局章程办理一次托运、一次付清足额邮资，取得邮政包裹收据，交货手续即完成。邮件在国际间的传递由各国的邮政部门负责办理，邮件到达目的地后，收件人可凭邮局到件通知向邮局提取邮件。邮政运输手续简便，费用不高，适用于重量轻、体积小的货物传递，如药品、机械零件、小量金银首饰、工程图纸等。

5. 集装箱物流

集装箱物流（Container Transport Logistics）是借助集装箱运输完成的一种国际间的物流方式。集装箱运输是以集装箱为载体采用一种或多种运输工具运输货物的一种新型高效的现代化运输方式。和传统其他运输方式相比，集装箱运输具有货运手续简化，货物运输便利；包装材料节省，运输成本降低；货物装卸加速，船舶周转加快；运输质量提高，货损货差减少；把传统单一的运输串成连贯的成组运输，促进了国际多式联运发展等多种优点。基于以上诸多优点，目前集装箱运输已成为国际上普遍采用的一种重要运输方式。为了适应不同货物的需要，集装箱可以设计成各种不同的类型，如干货集装箱、冷藏集装箱、挂式集装箱、开盖集装箱、框架集装箱、牲畜集装箱、灌装集装箱和平台集装箱等。

6. 国际多式联运物流

国际多式联运物流（International Multimodel Transport Logistics，International Combined Transport Logistics）是以陆空联运、陆海联运、海空联运形式完成的物流方式。国际多式联运是指按照多式联运合同，以至少两种不同的运输方式，由多式联运经营人将货物从一国境内接收货物的地点运到另一国境内指定的交货地点的一种现代综合运输方式，如陆空联运、陆海联运、海空联运等。国际多式联运是在集装箱运输的基础上产生并发展起来的一种新型运输方式，也是近年来在国际货物运输中发展较快的一种综合性运输方式。

构成国际多式联运的条件：必须是至少采用两种不同运输方式的连贯运输；必须是国际间的货物运输；必须由一个多式联运经营人对全程运输负总的责任，多式联运经营人是与托运人签订多式联运合同的当事人，也是签发货物联运单据的人；必须有一个多式联运合同，明确规定多式联运经营人（承运人）和托运人之间的权利、义务、责任、豁免；必须使用一份全程多式联运单据，全程多式联运单据是指证明多式联运合同及证明多式联运经营人已接受货物并负责按照合同条款交付货物所签发的单据；必须是全程单一的运费率。

国际多式联运具有手续简单、责任统一、安全准确、快速高效、节省费用等一系列优点，是实现"门到门"运输的有效途径。目前我国已开办的多式联运路线有 10 余条，可以在我国内地或港口与日本、中东、西北欧、中东欧、新西兰、美国、加拿大和东非等地港口和内陆之间采用多式联运方式进行货物运输。

7. 陆桥物流

陆桥物流（Land Bridge Transport Logistics）是借助陆桥运输完成的物流方式。陆桥运输有大陆桥运输、小陆桥运输和微型陆桥运输之分。

（1）大陆桥运输。大陆桥运输是指利用横贯大陆的铁路或公路运输系统作为中间桥梁，把大陆两端的海洋运输连接起来的连贯运输方式，即在海洋运输的全过程中，插入一段横贯大陆的运输，从形式上看是海—陆—海的连贯运输。大陆桥运输大都以集装箱为媒介，因此它具有集装箱运输的优点，同时，它不论经过几个国家，也不论中间转化了几种运输工具，都由总承运人负责安排和承担运输责任，因此，它也具有国际多式联运的所有优点。

目前世界上有三条大陆桥运输线：一是西伯利亚大陆桥，它是利用俄罗斯西伯利亚铁路作为桥梁，把太平洋远东地区与波罗的海和黑海沿岸及西欧大西洋口岸连接起来，是世界上最长的运输陆桥；二是欧亚大陆桥，它于 1992 年投人运营，东起我国连云港，经陇海线、兰新线，接北疆铁路，出阿拉山口，最终抵达荷兰鹿特丹、阿姆斯特丹等西欧主要港口；三是北美大陆桥，它包括两条路线：一条是从西部太平洋口岸至东部大西洋口岸的铁路（公路）运输系统，一条是西部太平洋口岸至南部墨西哥湾口岸的铁路（公路）运输系统。

(2) 小陆桥运输。小陆桥运输是由远东把货物运至美国西海岸港口,再以铁路或公路运至美国东海岸港口或墨西哥湾靠近最后目的地的港口,卸车后再转运目的地。小陆桥运输全程使用一张海运提单,由海运承运人支付陆上运费,由美国东海岸或墨西哥港口转运至目的地的费用由收货人负担。小陆桥运输能避免绕道运输(不必通过巴拿马运河),节省运输费用,缩短运输时间,还可享受铁路集装箱直达列车的优惠运价。

(3) 微型陆桥运输。微型陆桥运输是在小陆桥运输形成和发展的基础上产生的。因为它只利用了大陆桥的一部分,不通过整个陆桥,比小陆桥还短一段,因此也称为"半陆桥",是海运加一段从海港到内陆城乡的陆上运输或相反方向的运输形式。其具体路线是把从远东各地到美国中部内陆城市的货物,先装船运至美国西海岸港口,卸船后以陆运方式直接运至美国内陆城市。微型陆桥运输全程也使用一张海运提单,铁路运费也由海运承运人支付。微型陆桥运输与小陆桥运输的区别在于铁路运费,包括由东岸港口或墨西哥湾至最终目的地的运费由承运人负责,而后者对由港口或墨西哥湾至最终目的地的运费由收货人承担。

(三) 国际物流的特点

(1) 国际物流市场的广阔性。全世界有 200 个国家或地区,70 亿人口。这样一个范围和人口的市场是任何国家的国内市场所不能比拟的。

(2) 国际物流的国际性。国际物流跨越不同国家或地区,跨越海洋或大陆,运输距离长,运输方式多,这就需要合理选择运输路线和运输方式,尽量缩短运输距离,缩短产品在途时间,加速产品的周转并降低物流成本。

(3) 国际物流的复杂性。第一,由于各目标市场国经济制度、自然环境、管理方法、生产方式、消费习惯的不同,因而在国家间组织产品进行流动是项复杂的工作;第二,不同国家的物流适用的法律不同,有可能阻断国际物流;第三,不同国家的经济和科技发展水平不同造成国际物流处于不同的科技条件支持下,甚至有些地区根本无法应用某些技术,从而迫使国际物流系统的总水平下降;第四,不同国家的不同标准和不同风俗、人文环境也使国际物流产生局限甚至与国际接轨困难。

(4) 国际物流的高风险性。物流本身的功能要素和系统与外界的沟通就已经很复杂,而国际物流又在这一复杂系统上增加了不同国家的因素,这不仅导致了地域和空间的广阔,而且还使所涉及的内外因素更多,所需时间更长。这些因素带来的直接后果是难度和复杂性的增加,即风险增大。

(5) 国际物流方式的多样性。为了缩短运距和货运时间,加速产品的周转,降低物流成本,国际物流加强了方式选择和组合的多样性,以海运为主,特别是远洋运输最为普遍。

(四) 国际物流的意义

(1) 国际物流为国际营销的顺利进行提供了保障。在国际营销中,企业与消费者达成交易后,产品所有权发生了转移。但是,如果没有相应的物流活动及有效运作,产品实体就不能转移,产品价值就无法实现。相反,企业只有把物流工作搞好了,才能将产品在适当的时间和地点按质、按量地传送给不同国家的消费者。因此,国际物流是顺利实现产品交换的保证。

(2) 国际物流直接影响和制约着国际营销战略目标的实现。国际营销离不开国际物流的支持与配合，随着国际市场竞争的加剧，不少企业都以市场为中心，不断向世界各国的消费者提供各种定制化的产品，这些产品批量小品种多，对包装材料、装卸设备、运输工具以及物流运作有不同的要求，必须要有国际物流的配合，才能确保产品能按时交付。

(3) 有效的国际物流能降低成本，提高产品竞争力。物流成本是产品成本的一个重要组成部分，是国际营销中影响产品价格的关键因素。物流成本居高不下必然导致产品价格上升，使产品在国际市场上丧失竞争力。较高的物流成本引起了许多国际营销企业的关注，不少企业把国际物流作为一种具有竞争力的武器使用，纷纷加强对国际物流的管理，压缩物流成本。随着国际市场的不断扩展，企业需要从不同的生产地点向世界各国市场提供产品，企业可以在综合考虑各项物流活动成本与效率的前提下，采用先进的物流技术，通过合理布局仓库和配送中心，优化库存水平，选择最佳运输路线和使用有效的运输方式组合，降低产品的物流总成本和提高物流效率，从而使企业为产品制定有吸引力的价格，扩大产品在国际市场上的销售。

(4) 有效的国际物流能够增进消费者的满意度。国际物流的质量与效率影响着国际市场中消费者的满意度。国际物流可以从下列三个方面来提升消费者的满意度：一是产品的可得性。空间便利性和等待时间是消费者衡量渠道服务水平的两个重要指标，消费者通常喜欢在方便的地点购买产品，希望渠道成员能快速交货、等待时间越少越好，有效的国际物流能在合理的时间将产品运送到适当的地点，使消费者能及时方便地获得产品。二是产品的安全性。当产品由一国制造商转移到国外市场时，运输距离较国内更长，在运输途中，产品容易变质、损坏、丢失，而有效的国际物流能把产品安全地送达消费者手中，提高消费者的满意度。三是产品的经济性。企业可以加强对国际物流的管理，在向消费者提供一定服务水平的前提下实现物流总成本最小化，减少消费者所支付的货币成本，从而提高消费者的感知价值。总之，国际物流的服务保障功能可以提高消费者的满意度，从而增强企业在国际市场上的竞争能力。

二、国际物流的发展趋势

由于现代物流业对本国经济发展、国民生活提高和竞争实力增强有着重要的影响，因此，世界各国都十分重视物流业的现代化和国际化，从而使国际物流发展呈现出一系列新的趋势。

(一) 国际物流系统更加集成化

传统物流是产品运输的起点到终点的流动过程，即产品出厂后从包装、运输、装卸到仓储的一个流程。而现代物流，从纵向看，将传统物流向两头延伸并注入新的内涵，即从最早的采购物流开始，经过生产物流再进入销售领域，期间要经过包装、运输、装卸、仓储、加工、配送等过程到最终送达消费者手中，最后还有回收物流，涵盖了产品出“从生到死”的全过程。从横向看，通过参股、控股等形式将社会物流和企业物流、国内物流和国际物流等有机地组织在一起，即通过统筹协调、合理规划来掌控整个产品的流动过程，满足各种消费者的需求是发展趋势。国际物流的集成化，是将各种物流打造成一个高效、通畅、可控制的流通体系，以此来减少流通环节、节约流通费用，实现提高流通效率和效益的目的，适应在经济全球化背景下“物流无国界”的发展趋势。

过去是单个物流企业之间的竞争，现在是一群物流企业与另一群物流企业的竞争、一个供应链与另一个供应链的竞争、一个物流体系与另一个物流体系的竞争。物流企业所参与的国际物流的规模越大，物流的效率就越高，物流的成本就越低，物流企业的竞争力就越强。国际物流的集成化趋势，是一个国家为适应国际竞争组建跨部门、跨行业、跨区域社会系统的过程，是一个国家流通业走向现代化的主要标志，也是一个国家综合国力的具体体现。

国际物流向集成化方向发展主要表现在两个方面：一是大力建设物流园区；二是加快物流企业整合。物流园区建设有利于实现物流企业的专业化和规模化，发挥它们的整体优势和互补优势。物流企业整合，特别是一些大型物流企业跨越国境展开“横联纵合”式的并购，或形成物流企业间的合作并建立战略联盟，有利于拓展国际物流市场，争取更大的市场份额，加速本国物流产业向国际化方向发展。

（二）国际物流管理更加网络化

在系统管理思想的指导下，以现代信息技术为基础，强化资源整合和优化物流过程是当今国际物流发展的最本质特征。信息化、标准化对当前国际物流的整合与优化起到了革命性的影响。同时，标准化的推行，使信息化的进一步普及获得了广泛的支撑，使国际物流可以实现跨国界、跨区域的信息共享，物流信息的传递更加方便、快捷、准确，也加强了整个物流系统的信息连接。

现代国际物流就是这样在信息化和标准化的共同支撑下，借助于仓储、运输和配送等各种功能、依靠各种物流设施的帮助，形成了一个纵横交错、四通八达的物流网络，使国际物流覆盖面不断扩大，规模经济效益更加明显。

（三）国际物流标准更加统一化

国际物流的标准化是以国际物流为一个大系统，制定系统内部设施、机械装备、专用工具等各个分系统的技术标准；制定各系统内分领域的包装、装卸、运输、配送等方面的工作标准；以系统为出发点，研究各分系统与分领域中技术标准与工作标准的配合性；按配合性要求，统一整个国际物流系统的标准；最后研究国际物流系统与其他相关系统的配合问题，谋求国际物流大系统标准的统一。

随着经济全球化、市场国际化的不断深入，世界各国都很重视本国物流与国际物流的相互衔接问题，努力使本国物流发展初期的标准与国际物流的标准体系相一致。如果不这样做，不仅会加大与国际交往的技术难度，还因为与国际标准不统一增加的工作量，将使整个物流成本增加。因此，国际物流的标准化问题不能不引起更多的重视。目前，国际营销企业的全球化经营，正在极大地影响物流全球性标准化的建立。一些国际物流行会和协会，在国际集装箱和 EDI 技术发展的基础上，开始进一步对物流的交易条件、技术装备规格，特别是单证、法律条件、管理手段等方面推行统一的国际标准，使物流的国际标准更加深入地影响到国内标准，使国内物流日益与国际物流融为一体。

（四）国际物流配送更加精细化

随着现代经济的发展，各产业、部门、企业之间的交换关系和依赖程度也越来越错综复杂，物流是联系这些复杂关系的纽带，物流使经济社会的各部分有机地结合起来。在市场需求瞬息万变和竞争环境日益激烈的情况下，要求物流企业必须具有更快的响应和协同能力。更快的响应能力，要求物流企业必须及时了解消费者的需求信息，全面跟踪和监控需求过程，及时、准确、优质地将产品传递到消费者手中。更快的协同能力，要求物流企业必须与供应商和消费者实现实时的沟通与协同，使供应商对自己的供应能力有预见性，能够提供更好的产品；使消费者对自己的需求有清晰的计划性，以满足自己生产和消费的需要。

国际物流为了实现零阻力、无时差的协同，必须做到与合作伙伴之间业务流程的紧密集成，共同分享业务数据、进行统一管理、完成绩效评估等。只有这样，才能使物流作业更好地满足消费者的需要。由于现代经济专业化分工越来越细，相当一些企业除了自己生产一部分主要部件外，大部分部件需要外购。国际间的加工贸易就是这样发展起来的，国际物流企业伴随着国际贸易的分工布局应运而生。为了适应各制造商的生产需求，以及多样、少量的生产方式，国际物流的高频度、小批量的配送也随之产生。自 20 世纪 80 年代以来，美国、欧洲等一些发达国家开始进行了一场"物流革命"，对物流的各种功能、要素进行整合，使物流活动系统化、专业化，出现了专门从事物流服务活动的第三方物流企业。随后，各种专业化的物流服务企业在欧美发达国家大量涌现并加速发展，使物流服务功能更强大，服务质量更精细。20 世纪 90 年代，我国台湾地区电脑业就创建了一种"全球运筹式产销模式"，就是采取按客户订单、分散生产形式，将电脑的所有零部件、元器件、芯片外包给世界各地的制造商去生产，然后通过国际物流网络将这些零部件、元器件、芯片集中到物流配送中心，再由配送中心发送给电脑生产厂家。

（五）国际物流园区更加便利化

为了适应国际营销迅速扩大的需求，许多国家致力于港口、机场、铁路、高速公路、立体仓库的建设，一些国际物流园区应运而生。这些园区一般依托重要港口和机场，形成国际物流中心，并根据国际物流的发展和要求，提供更多的物流服务。如日本，为了提高中心港口和机场的国际物流功能，重点在京滨港、名古屋港、大阪港、神户港进行超级中枢港口项目建设，对成田机场、关西机场、羽田机场进行扩建，并在这些国际中心港口和空港附近设立物流中心，提高国际货物的运输和处理能力。这些国际物流中心，一般都具有保税区的功能。此外，港口还实现 24 小时作业，国际空运货物实现 24 小时运营。在通关和其他办证方面，也提供许多便利。国际物流和国内物流，实际上是货物在两个关税区的转接和跨国界的流动，要实现国内流通体系和国际流通体系的无障碍连接，必须减轻国际物流企业的负担、简化行政手续、提高通关的便利化程度。日本在这方面实行了同一窗口办理方式，简化了进出口以及机场港口办理手续，迅速而准确地进行检疫、安全性和通关检查。因此，国际物流园区的便利化发展，不仅有赖于物流企业本身的努力，而且特别倚重于政府的支持。而如何围绕机场、港口建立保税区、保税仓库，提供"点到点"、"一站式"服务，则是国际物流中心规划必须深入考虑的问题。

（六）国际物流运输更加现代化

国际物流的支点离不开运输与仓储。而要适应当今国际竞争快节奏的特点，仓储和运输都必须现代化，要求通过实现高度的机械化、自动化、标准化手段来提高物流的速度和效率。国际物流运输的最主要方式是海运,有一部分是空运,还会渗透国内的其他一部分运输,因此,国际物流要求建立起海洋运输、航空运输、铁路运输、公路运输的"立体化"运输体系,来实现快速便捷的"一条龙"服务。为了提高物流的便捷化,当前世界各国都在采用先进的物流技术,开发新的运输和装卸机械,大力改进运输方式,比如应用现代化物流手段和方式,发展集装箱运输、托盘技术等。美国的物流效率之所以高,原因在于美国的物流模式是善于将各种新技术有机融入具体物流运作中,因而能在世界上率先实现高度的物流集成化和便利化。这也使从事物流的企业,利润和投资收益持续增加,进而诱发新的研究开发投资,形成良性循环。总之,融合了信息技术与交通运输现代化手段的国际物流,对世界经济运行将继续产生积极的影响。

三、国际物流的发展策略

随着经济全球化和我国经济的快速发展,越来越多的企业走出国门,参与到国际市场竞争中,国际营销活动日益增多,对国际物流的需要越来越迫切,国际物流的发展是国际营销企业获得良好国际营销效果的重要保障。政府和企业都应该重视国际物流,积极采取各种策略促进国际物流的发展。

(一) 加强物流基础设施建设

完善的基础设施是发展国际物流的基础和前提,高水平的国际物流运作无法离开良好的基础设施。就我国而言,虽然物流基础设施建设粗具规模,但与现代国际物流的要求还存在很大的差距,因此政府应该重视对物流基础设施的建设。

首先,政府应该统筹规划国际物流的各种基础设施。由于条块分割、多头管理,我国的物流基础设施存在着重复建设的现象,各城市在一些基础设施的建设上缺乏全局性和系统性,相互之间不衔接,难以获得规模效益,还造成了社会资源的浪费。因而政府应从宏观上对港口、机场、铁路、公路、国际货物集散地、物流园区等基础设施进行系统规划,使各个城市之间形成的一体化物流服务体系与国际物流服务体系相对接,避免重复建设,消除国际物流的障碍。

其次,加大对交通基础设施的投入。货物运输通道的建设是基础设施建设中的重要内容,要增加对交通基础设施的资金投入,以提高各种运输方式的效率为导向来协调港口设施、航空枢纽港、铁路和公路运输网等交通基础设施的建设。交通基础设施的建设投资巨大,现阶段各级政府仍是基础设施建设的主体,但国家财政支出有限,资金不足会制约国际物流的发展。为了解决这一问题,可以在以政府为主的前提下鼓励民间组织和企业积极参与,由中央政府、地方政府和企业共同投资,以加快交通基础设施的建设。

最后,进一步完善物流相关设施的建设。积极引导与大力促进综合物流中心、现代仓储中心、货物处理中心、配送中心、保税物流设施、支持物流活动的各种服务设施等与国际物流相配套的物流设施的建设。

(二) 加快对国际物流人才的培养

在产品实体从一国制造商向其他国家的消费者移动的过程中,产品会流经不同的国家或地区,需要对处于世界各国的不同成员进行协调管理,这就要求对国际物流进行系统设计，整合各种资源、协调各个成员，才能高效率地将产品提供给消费者，以满足消费者对物流服务的需求。因此，国际物流需要具有广博知识和较强能力的高素质人才来支撑。从目前情况来看，世界各国尤其是发展中国家的物流人才十分缺乏，国际物流人才更是紧俏，成为制约国际物流发展的一大瓶颈。因此，应加快对国际物流人才的培养，以解决国际物流人才严重匮乏的问题，要逐步形成完善的物流人才培养体系，通过职业学校、高等职业教育、本科生和研究生的多层次物流教育，为国际物流培养所需要的操作人员、中层管理人员和高级管理者等各种人才。同时，可以借鉴发达国家的经验，构建国际物流从业人员的培训和执业资格的认证制度和体系，如国际物流职业资格认证、国际采购经理认证等，通过这些从业资格、执业资格的认证来提升国际物流从业人员的素质。值得注意的是，由于国际物流人才属于一种复合型的物流人才，在培养国际物流人才时，不仅要讲授相关知识与理论，还要注重对其组织管理能力、应变能力和创新能力的培养。

（三）强化技术在国际物流中运用

先进的技术可以为高效的国际物流运作提供有力的支持，国际物流的空间范围广，耗费的时间长，物流成本较高。在国际物流中引入现代化的技术来协调物流各个环节和改造物流流程，可以降低物流成本，提高物流效率。采用先进的技术和手段，使国际物流成本最小化，不断提高物流服务水平可以从以下几方面入手：一是与相关研究机构、高校进行合作，充分利用这些组织在研发方面的优势开发先进的运输技术、仓储技术、装卸技术和包装技术，以提高物流效率；二是引进吸收国外先进的技术，加快信息技术在国际物流中的应用，充分利用供应链管理、管理信息系统等管理系统，以及全球卫星定位系统、地理信息系统、射频技术和电子数据交换系统等现代应用信息技术，以整合物流业务流程，共享物流信息；三是改造原有物流设备，采用先进的物流新设备，在物流作业中使用无人操作铲车、叉车、自动货物升降机、自动搬运小车、传送带、自动分类分拣系统、计算机管理系统等机械设备与现代技术，做到能够自动装卸、存取、运输和分拣货物，在物流活动中实现高度的信息化、机械化和自动化。

（四）积极发展第三方物流

第三方物流（Third-Party Logistics）是指企业把物流业务以合同方式委托给专业物流公司。例如，宜家家具将物流业务外包给马士基集团，惠而浦使用联邦快递来提供物流服务。根据西方学者的研究，第三方物流公司主要为美国的大制造商提供运输、报关、仓储管理、货物配送、货物追踪等物流服务。国际营销企业可以依靠自身的力量来开展国际物流业务，也可以将国际物流业务外包给专业的物流公司。从欧、美、日等发达国家的物流发展来看，第三方物流发展迅猛，越来越多的国际营销企业采用第三方物流。这是因为使用第三方物流具有以下优势：一是强化核心业务。独立地完成国际营销活动，国际营销企业不但需要关注市场需求以设计出合适的产品和考虑如何生产，还需要关注如何将生产出来的产品及时运送到不同目标市场国的市场上并提供给消费者。由于国际营销企业没有足够的精力和资源来发展各种业务，许多国际营销企业将物流业务外包给专业的物流公司，这样国际营销企业可以将精力和资源集中在核心业务上，有利于形成核心能力，使企业建立起竞争优势。二是降低物流成本，获得良好的物流服务。第三方物流企业专门从事物流活动，具有专业的知识和技能，丰富的物流经验，有效的物流网络。这些物流领域的专家有能力对复杂的国际物流进行管理，能以相同的价格或低价向消费者提供优质高效的一体化物流服务。国际营销企业将物流外包给专业的物流公司，可以减少支出并能得到快捷的物流服务。三是利用物流公司的经验和资源。世界各国的营销环境存在很大差异，各国具有不同的文化和商业模式，第三方物流企业了解国外产品过境的规则，与当地的政府和中间商有一定的联系，这些对于企业进入一个新的目标市场国开展营销活动是十分重要的。

本章小结

1. 分销渠道是指产品从生产领域向消费领域转移中所经过的所有企业、组织和个人构成的路线或通道。分销策略的任务是把产品从生产者那里转移到消费者手中，使消费者能在适当的时间、适当的地点购买到自己需要的产品，从而便于消费，实现扩大市场销售的目的。在整个分销过程中至少有一次所有权转移，同时起点是产品的生产者，重点是产品的消费者，营销中介是各种中间商。

2. 当企业以出口方式进入国际市场时，一次分销的完成必须经过本国国内的分销渠道、由本国进入进口国的分销渠道、进口国的分销渠道等三个环节。按产品是否经过中间商，国际分销渠道分为直接分销渠道和间接分销渠道；按产品经过的中间商的多少，国际分销渠道分为长的分销渠道和短的分销渠道；按同一环节中间商数量的多少，国际分销渠道分为宽的分销渠道和窄的分销渠道。选择国际分销渠道应遵循五项原则和考虑六大因素。

3. 国内中间商分为出口经销商和出口代理商。凡对出口产品拥有所有权，并通过进销差价获利的，称为出口经销商；凡接受委托，以委托人的名义买卖货物，收取佣金，并不拥有产品所有权的，称为出口代理商。制造商自营的出口机构有销售部门内部附设出口部、独立的出口部或分公司、出口子公司和海外销售分支机构等四种类型。国外中间商分为进口经销商和进口代理商。凡拥有产品所有权的，称为进口经销商；凡接受委托、不拥有产品所有权，以佣金形式获取报酬的，称为进口代理商。

4. 国际物流是国内物流的延伸与扩展，是跨国界的、流通范围扩大的物的流通。它最显著的特点是物流活动跨越了国界，产品实体在不同国家之间流动。国际物流的基本功能是在国际消费者需要的时间和地点，向这些消费者提供所需要的产品。国际物流不但包括一般的国内物流活动，如产品的运输、装卸、搬运、贮存、存货、加工、包装、配送、物流信息管理等活动，还包括与产品跨境移动有关的特殊活动，如通关、商品检验、运输保险等。国际物流的有六大发展趋势和四大发展策略。

思考与练习

一、名词解释题

1. 分销渠道　　2. 商流

3. 物流　　4. 直接分销渠道

5. 间接分销渠道
6. 长的分销渠道
7. 短的分销渠道
8. 宽的分销渠道
9. 窄的分销渠道
10. 密集性分销策略
11. 选择性分销策略
12. 独家性分销策略
13. 中间商
14. 代理商
15. 经销商
16. 辅助商
17. 国际物流
18. 邮政物流

二、多项选择题

1. 在国际分销渠道宽度上，可供企业选择的策略有(　　)。

A. 密集性分销策略　B. 选择性分销策略　C. 独家性分销策略
D. 合作性分销策略　E. 临时性分销策略

2. 常见的出口经销商有(　　)。

A. 出口行　B. 采购/订货行　C. 互补营销
D. 销售代理行　E. 出口代理商

3. 常见的出口代理商有(　　)。

A. 综合出口经理商　B. 制造商出口代理商　C. 销售代理商
D. 出口佣金商　E. 国际经纪人

4. 制造商自营出口的机构有(　　)。

A. 出口子公司　B. 海外销售分支机构　C. 独立的出口部
D. 销售部门内部附设出口部　E. 自行出口商

5. 目标市场国的进口经销商有(　　)。

A. 进口商　B. 经销商　C. 批发商
D. 零售商　E. 代理商

6. 按照零售业态，对零售商可分为(　　)。

A. 百货商店　B. 超级市场　C. 专卖店
D. 便利店　E. 购物中心

7. 目标市场国的进口代理商有(　　)。

A. 经纪人　B. 融资经纪商　C. 制造商代理人
D. 经营代理商　E. 物流商

8. 国际物流的形式有(　　)。

A. 陆运物流　B. 海运物流　C. 空运物流
D. 管道物流　E. 邮政物流

三、简答题

1. 简述国际分销渠道的含义及特点。
2. 简述国际分销渠道的选择原则。
3. 简述按照零售业态，对零售商的分类。
4. 简述国际物流的特点。
5. 简述国际物流的意义。

四、论述题

1. 试述影响国际分销渠道的因素。
2. 试述国际物流的发展趋势。
3. 试述国际物流的发展战略。

五、案例分析题

我国企业一体化策略范式

(1) 统一范式。统一公司在渠道建设上最为人称道的是辅销所模式，厂家针对分销商的薄弱环节，在管理、营销、财务等方面给予人力物力优势资源的支持，整合分销商强大的资金实力、丰富的行业经验、健全的销售网络等优势，共建全新的销售经营单位，以取代传统的经销商模式。

统一公司通过辅销所对分销商的改造，短期内通过对分销商注入规范的管理制度和专业的营销方法，迅速地将分销商的营销组织进行了优化升级，取得跨越性的质变，而且启动投入低，运营见效快。辅销所将制造商关系从体制上进行根本性的改革，达到制造商高度一体化，加强了对渠道的控制。

(2) 格力范式。格力是通过股份制销售公司模式，在每个省选定几家大的分销商，共同出资、参股、组建销售公司，形成利益共同体，共同来操控区域市场。格力先将分销商横向一体化，以加强规模，厂家给提供管理、营销和财务等一揽子支持，在降低公司成本的同时，使得这种支持的效果更为显著，从而取信于分销商。再者，因合并而规模扩大的分销商对厂家支持的依赖性更强，如此制造商能达到更高层次的协调一致。股份制销售公司加强了分销商的管理能力，能够很好掌控更多下游客户，以压缩渠道层级，达到渠道扁平化。

(3) 清华紫光范式。清华紫光推行渠道董事会制度，让每一个分销商都有发言的机会，让每个核心分销商的总经理亲自参与沟通。如此广开言路，博采众长，一方面，可积极获得分销商的很多切实可行的建议，毕竟他们对市场更了解；另一方面，厂家的方案可得到更有力的执行，更多的是因为分销商是在执行自己制订的方案，配合的积极性更高。

(4) 美的范式。美的推行单边的大户激励机制，在各个区域培养少数的销售大户，制造商之间加强联系，将管理、营销等动作渗透到分销商，辅之以加强合作与协调。在空调领域，素有“三分产品七分安装”之说，这种说法体现了这一领域的专业性，特别是在空调的售后服务、工程安装上，表现得更加明显。而且，未来空调渠道的走向将垂青专业性。使用单边的大户激励机制，在每个区域都着力培养数个销售大户，与格力的股份销售公司有所区别，这种模式主要侧重于专业性渠道。区域性的空调专业性经销商，利用自身的优势资源，加强区域内部的网络建设、增强旗下二级、三级商家的竞争力，得到了很大的发展。

(5) 海尔范式。海尔的产销联合体的渠道模式，不论在省会城市、地级城市还是县级城市，海尔公司都会建设自己的分支机构，建立销售网络和渠道，发展零售商。由于各地营销中心的存在，海尔有能力严格选择零售商，并配合市场销售，举行多种行之有效的宣传促销活动，这也为维护品牌形象和今后的规模化发展打下了良好的基础。优点在于取消了中间流通环节，降低了分销渠道的成本，厂家能真正拥有属于自己的零售网络资源，有利于对零售终端网络的控制与管理。真正实现了从厂家到批发商、零售商的双赢，产销联合体的渠道模式使渠道成员变成了公司销售渠道的主人。

（资料来源：刘卫华.渠道一体化，抱团打天下[J].易迈管理咨询网络，MBA163.com，2004－05－26.）

案例问题：

1. 分析以上五个企业分销渠道式的利弊。

2. 就你了解的五个企业的现行分销渠道式进行比较分析。

第八章 国际营销中的促销策略

学习目标

通过本章的学习，掌握促销的实质、目的、基本方式和促销组合，了解促销的作用。领会人员推销的特点，熟悉国际市场人员推销的模式和推销策略。掌握国际广告策略、国际广告文化风险及规避。了解国际公共关系的重要性，掌握国际公共关系的对象、方式和策略。掌握国际营业推广的特点和方式

第一节 国际市场促销概述

现代国际营销要求企业不仅要开发适合目标市场国际消费者需求的优良产品，制定适当的价格，以适宜的分销渠道提供产品给消费者，还要通过传媒，让消费者及时、充分地了解本企业的产品，从而对本企业的产品产生购买动机和实施购买行为。这种营销活动就是国际市场销售促进活动。

一、促销的基本问题

促销(Promotion)是指企业以满足消费者需要为前提，将产品或服务的信息通过各种促销方式传递给消费者，诱导消费者购买其产品所进行的说服、沟通活动和各种努力。

促销的实质是企业与消费者之间的沟通。为了有效地与消费者进行信息沟通，可以直接派遣推销员面对面地说服消费者购买产品，可以通过广告来传递有关产品的信息；可以通过各种公共关系树立企业的良好形象；可以通过各种营业推广的方式来增加消费者对产品的兴趣，促使购买产品。这种促销的信息沟通方式，一方面要把产品的信息传递给消费者；另一方面又要将消费者对产品的意见、要求、需求动向等信息反馈给企业，由此组成了一个循环的、双向式的信息沟通系统。

促销的目的是引起消费者的注意与兴趣，转变消费者的态度和行为。促销要服从于营销的目的，为了获得丰厚的利润必须争取更多的消费者，因此要通过促销活动促成大量的购买行为的实现，最终实现扩大销售和增加利润的目的。

促销的基本方式分为人员推销、广告、公共关系、营业推广等四种，其中人员推销是通过推销员与消费者直接沟通，说服消费者采取购买行为的人际沟通方式，广告、公共关系、营业推广是非人际沟通方式。促销方式的选择取决于市场特点、产品性质、促销成本和促销效率

等因素。

二、促销的重要作用

在现代营销活动中，促销作为营销组合的一个重要组成部分，在整个营销活动中发挥着重要的作用。

（一）传递信息，沟通产销

在现代市场上，企业与消费者之间客观上存在着信息的不对称。一方面，企业不知道消费者需要什么产品，何时需要，何地需要，乐于接受何种价格；另一方面，消费者也不清楚企业生产什么产品，何时生产，何地生产，能够提供何种价格。因此，一种产品在进入市场之前，甚至在进入市场以后，企业为了让更多的消费者了解这种产品，需要通过适当的促销方式与手段，向消费者传递有关产品的信息，以引起消费者的广泛注意，密切生产者、销售者与消费者之间的关系，从而吸引更多的消费者，扩大销售。

（二）突出特点，强化竞争

在同类产品竞争比较激烈的市场上，由于产品种类繁多，花色各异，彼此之间差异细微，消费者辨认和选择时显得比较困难。企业通过适当的促销活动，可以突出宣传本企业产品区别于同类竞争产品的特点，展示产品能给消费者提供的满足程度及物超所值。使消费者加深对本企业产品的了解和信任，感受到购买产品在满足需求的同时能够带来特殊利益，实现提高企业产品竞争力的目的。

（三）诱导需求，促进销售

消费者的需求和购买行为是可以被诱导的。企业通过人员推销、广告、公共关系、营业推广等方式与手段，不但可以唤起需求，而且可以创造需求、增加需求和恢复需求，进而促进销售。

（四）提高声誉，稳定销售

由于市场竞争日益激烈和企业自身的各种因素，使得企业各期的销售量呈曲线式波动，有时甚至产生持续下滑的趋势。为了拓展市场规模，达到稳定和扩大销售的目的，企业仅有质量上乘的产品和通畅的流通渠道是不够的，还必须通过有效的促销活动建立企业和产品的良好形象，使消费者产生偏爱，从而促进购买，使企业获得稳定的销售、稳定的市场占有率、稳定的市场地位。

三、促销组合

促销组合(Promotion Mix)是指企业根据促销需要，对人员推销、广告、公共关系、营业推广等各种促销方式的适当选择和综合运用，从而形成的整体促销策略。在促销实践中，企业不是单纯的运用某一种促销方式，往往是根据需要把几种促销方式有机组合起来，同时运用。促销组合的基本原则是效率最高、费用最低。企业在制定促销组合时，应综合考虑以下影响因素。

（一）促销目标

促销目标是企业从事促销活动所要达到的目的。在企业营销的不同阶段和适应市场营销活动的不断变化，要求有不同的促销目标。无目标的促销活动收不到理想的效果。因此，促销组合和促销策略的制定，要符合企业的促销目标，根据不同的促销目标，采用不同的促销组合和促销策略。

相同的促销工具在实现不同的促销目标上，其成本效益会有所不同。例如，尽管营销工业用品的企业花在人员推销上的费用远远高于广告费用支出，但是所有促销目标都靠人员推销这一种促销工具去实现也是不切实际的。广告、营业推广和公共关系在建立消费者知晓方面，比人员推销的效益要好得多。在促进消费者对企业及其产品的了解方面，首先是广告的成本效益最好，其次才是人员推销。消费者对企业及其产品的信任，首先在很大程度上受人员推销的影响，其次才是广告。消费者购买与否以及购买多少主要受推销访问影响，营业推广则起协调作用。

（二）产品因素

1. 产品的属性

产品的属性主要是指产品是消费品还是工业用品。不同属性的产品，消费者的购买目的是不相同的，因此，对不同属性的产品必须采用不同的促销组合和促销策略。从现代营销发展史看，在消费品市场，因市场范围广而更多地采用拉式策略，尤其以广告促销为多；在工业用品市场，因消费者购买批量较大，市场相对集中，则以人员推销为主要形式。营业推广在这两类市场上具有同等重要程度。

2. 产品的市场寿命周期

以消费品为例，在介绍期，促销目标主要是宣传介绍产品，以使消费者了解、认识产品，产生购买欲望。广告起到了向消费者、中间商宣传介绍产品的功效，因此，这一阶段以广告为主要促销形式，以营业推广和人员推销为辅助形式。在成长期，由于产品销量上升，同时也出现了竞争者，这时仍需加强广告宣传，但要注重宣传企业产品特色，以增进消费者对产品的购买兴趣，若能辅之以公关手段，会收到相得益彰之佳效。在成熟期，竞争者增多，促销活动以增进购买兴趣与偏爱为目标，广告的作用在于强调本产品与其他同类产品的差别。同时，要配合运用适当的营业推广方式。在衰退期，由于更新换代产品和新发明产品的出现，使原有产品的销量大幅度下降。为减少损失，促销费用不宜过大，促销活动宜针对老的消费者，采用提示性广告，并辅之适当的营业推广和公关手段。

（三）市场条件

除了考虑促销目标外，市场特点也是影响促销组合决策的重要因素。市场特点受目标市场国或地区的文化、风俗习惯、经济政治环境等影响，促销工具在不同类型的市场上所起作用是不同的，所以我们应该综合考虑市场和促销工具的特点，选择合适的促销工具，使他们相匹配，以达到最佳促销效果。

从市场地理范围大小看，若促销对象是小规模的本地市场，应以人员推销为主；而对广泛的全国甚至国际市场进行促销，则多采用广告形式。从市场类型看，消费品市场因消费者多而分散，多数靠广告等非人员推销形式；而对消费者较少、批量购买、成交额较大的工业用品市场，则主要采用人员推销形式。此外，在有竞争者的市场条件下，制定促销组合和促销策略还应考虑竞争者的促销形式和策略，要有针对性地不断变换自己的促销组合及促销策略。

(四) 促销预算

企业应从自己的经济实力和宣传期内受干扰程度大小的状况决定促销组合方式。如果企业促销费用宽裕，则可几种促销方式同时使用；反之，则要考虑选择耗资较少的促销方式。企业开展促销活动，必然要支付一定的费用。费用是企业经营十分关心的问题，并且企业能够用于促销活动的费用总是有限的。因此，在满足促销目标的前提下，要做到效果好而费用省。企业确定的促销预算应该是企业有能力负担的，并且是能够适应竞争需要的。为了避免盲目性，在确定促销预算时，除了考虑营业额的多少外，还应考虑到促销目标的要求、产品市场寿命周期等其他影响促销的因素。

(五) 经济前景

企业应随着经济前景的变化，及时改变促销组合。例如，在通货膨胀时期消费者对价格反应十分敏感。在这种情况下，企业至少可采取如下对策：提高营业推广相对于广告的分量；在促销中特别强调产品的价值与价格；提供信息咨询，帮助消费者知道如何明智地购买等。

第二节　国际市场人员推销策略

一、国际市场人员推销的概述

(一) 国际市场人员推销的主体

人员推销(Personal Selling)是指企业派出或委托推销人员直接向目标市场国消费者、中间商，介绍、宣传、推销产品的一种古老而有效的促销形式。国际市场人员推销的主体是推销人员，推销人员通常有四种：

(1) 企业经常性派出的外销人员或销售人员。这是国际市场人员推销的基本力量，外销人员或销售人员在目标市场国专门从事推销和贸易谈判业务，或定期到国际市场进行调研、考察和访问时附带推销。

(2) 企业临时派出的有特殊任务的推销人员和销售服务人员。一般又分为三种情况：一是当目标市场国出现特殊困难和问题时，其他办法不能解决，必须由企业组织专业推销人员或其他人员前往解决；二是企业突然发现了一个庞大的值得进入的市场，有必要派出一个专业推销小组，集中推销；三是企业建立一个后备推销小组和维修服务组织待命而行，任务一到就出国推销兼做维修工作，或在国际市场维修时，开展推销工作。西方国家的许多企业还特别组织一个专家小组，在国际市场巡回考察、调研、推销，解决与本企业有关的经济、贸易和技术问题。

(3) 企业在国外的分支机构或附属机构的推销人员。国外许多大企业特别是贸易公司，都在国外有分支机构或附属机构，这些机构一般都有自己的推销人员，专门负责企业产品在有关地区的推销工作。这些推销人员不仅有本国人，往往还大量雇佣目标市场国人员或熟悉当地市场的第三国推销人员代为推销。

(4) 国际市场的代理商和经销商充当推销人员。在许多情况下,企业不是自己派员推销,而是请国外中间商代为推销。但是,请国外代理推销人员,必须有适当的监督和控制,而不能单听代理推销人的意见和策略,或者完全交给代理推销人去做。在必要的时候,企业应该直接了解目标市场国消费者的有关情况,或派出专业人员陪同代理推销人员去推销,或企业派自己的推销人员,对这些做法企业须慎重选择。此外,企业还可以在主要市场派出常驻贸易代表,协助代理推销人员,在该市场上开展推销工作。

(二) 国际市场人员推销的主要任务

现代国际市场人员推销的主要任务是:

(1) 开拓市场。推销人员必须具有一定的市场开拓能力,能够善于发现市场机会,发掘市场潜在需求,培养国际市场潜在消费者。

(2) 传递信息。推销人员能够将有关产品或服务的信息传递给现有和潜在消费者,让现有消费者和潜在消费者了解企业的产品或服务,树立形象,提高信誉。

(3) 推销产品。推销人员善于接近消费者,说服消费者,推荐产品,接受订货,洽谈交易,实现销售目标。

(4) 提供服务。主要包括免费送货上门安装,提供咨询服务,开展技术协助,及时办理交货事宜,必要时帮助消费者和中间商解决财务问题,搞好产品售后服务和维修等。

(5) 收集情报。推销人员在推销过程中,针对性地开展市场研究,搜集市场情报,反馈市场信息,为企业制定营销组合策略创造条件。

(三) 国际市场人员推销的特点

人员推销与广告、营业推广等非人员推销相比,具有无法比拟的优势,归纳起来,人员推销有如下特点:

(1) 信息传递的双向性。双向的信息沟通是区别于其他促销方式的重要标志。在推销过程中,一方面,推销人员与推销对象(消费者)直接对话,可以面对面地观察对方的态度,了解对方的需求,并及时采用适当的措施和语言来排除顾虑、解答疑难,达到促进产品销售的目的;另一方面,推销人员必须把从消费者那里了解到的有关产品和企业的信息,诸如消费者对产品的意见、要求,对企业的态度、信誉、市场占有率等反馈给企业,以便更好地满足需求,扩大销售,取得良好的营销效果。

(2) 推销过程的灵活性。在人员推销过程中,买卖双方直接联系、现场洽谈、互动灵活、反应迅速。推销人员要根据消费者的态度和反映,把握对方的心理,从消费者感兴趣的角度介绍产品以吸引其注意。要及时地发现问题,进行解释和协调,抓住有利时机促成消费者的购买行为。必须注意,即使未能成交,推销人员也应与消费者之间保持和建立起良好的人际关系。

(3) 推销目的的双重性。在人员推销活动中,推销人员不仅通过交往、鼓励、讨价还价,将产品卖出去,还要通过宣传、答疑、微笑、参谋、承诺来促使消费者实现购买,并在购买中获得满意和满足。可见,人员推销不是单纯意义的买卖关系,它一方面要推介企业、推销产品;另一方面要满足消费者需要,建立同消费者的情感联系和良好关系,以利于开展关系营销。

人员推销的双重目的是相辅相成、相互联系的。

(4) 满足需求的多样性。人员推销满足消费者的需求是多种多样的。通过推销人员有针对性的宣传、介绍,满足消费者对产品信息的需求;通过直接销售方式,满足消费者方便购买的需求;通过为消费者提供售前、售中、售后服务,满足消费者在技术服务方面的需求;通过推销人员礼貌、真诚、热情的服务,满足消费者心理上的需求;最重要的还是通过产品的使用效能来满足消费者对产品使用价值的需求。

(四) 国际市场人员推销的优缺点

在国际市场上采用人员推销方式,主要有以下优点:第一,人员推销形式最直接,也最灵活;第二,推销人员可当场对产品进行示范性使用,消除目标市场国消费者由于对产品规格、性能、用途、语言文字等不了解,或者由于社会文化、价值观念、审美观、风俗习惯的差异而产生的各种怀疑;第三,人员推销可以促进买卖双方的良好关系,进而建立深厚的友谊,通过友谊又可以争取更多的消费者;第四,由于推销人员亲临市场,及时了解消费者的反应和竞争者的情况,可以迅速反馈信息,提出有价值的意见,为企业研究市场、开发新产品创造良好的条件。

当然,在国际市场上开展人员推销,也有不足之处。首先,推销人员不可能遍布国际市场,推销范围也不可能太大,往往只能做选择性和试点性的推销,有的效果不如非人员推销方式好;其次,人员推销的费用一般比较高,增加了销售成本,导致价格上升,显然不利于企业在国际市场上开展竞争;再次,国际市场推销人员的素质要求很高,而高素质的推销人员又很难得到,不易培养。

二、国际市场人员推销的模式

国际市场人员推销模式是指推销人员在国际市场的分布和内部构成,一般包括四种模式。

(一) 地区模式

每个推销人员负责一个或两个地区内自己企业产品的推销业务。这是一种常用的比较简单的模式,该模式的优点是国际市场销售地区的划分简单,地区目标明确,容易考核推销人员的工作成绩,发挥推销人员的综合能力,同时也有利于节约企业的推销费用。但是,当产品或市场差异性较大时,推销人员不易了解众多的产品和消费者,这会直接影响推销效果。

(二) 产品模式

每个推销人员专门推销一种或几种产品,而不受国家或地区的限制。在企业出口产品种类多,分布范围广,差异性大,技术性能强和技术结构复杂时,采用这种模式效果较好。这是因为,运用对产品技术特征具有深刻了解的推销人员专门推销一种或几种产品,有利于很好地服务于消费者。但这种模式的最大缺点是,不同产品的推销人员可能同时到一个地区推销,这既不利于节约推销费用,也不利于制定国际促销策略。

(三) 客户模式

这是按不同的客户或消费者类型来组织推销人员的模式。由于国际市场客户或消费者众多，因而在国际市场上，按客户或消费者组织推销人员的模式也有多种。比如，按产业区分，可以对家电产业、机电产业、纺织产业、轿车产业等派出不同的推销员；按企业区分，可以委派 A 推销员向甲、乙企业推销产品，而让 B 推销员负责对丙、丁企业推销产品；按分销渠道区分，批发商、零售商、代理商等，由不同的推销人员包干；按客户规模及关系区分，可以对大客户和小客户、关键客户和一般客户、现有客户和潜在客户等分配不同的推销员。采用这种模式的优点是，企业与客户或消费者之间的关系密切而又牢固，因而有着良好的公共关系，但若客户或消费者分布地区较分散或分销渠道比较长，会使推销费用增加。

(四) 综合模式

综合地采用上述三种模式来组织国际市场推销人员。在企业规模大、产品种类多、市场范围广和消费者分散的条件下，当上述三种单一的模式都无法有效地提高推销效率，则可以采取上述三种模式中的两种或三种的综合模式，在不同的国家或地区，向不同类型的消费者推销产品。

三、国际市场人员推销的基本策略

人员推销具有很强的灵活性。在推销过程中，有经验的推销人员善于审时度势，并巧妙地运用推销策略，促成交易。人员推销的策略主要有三种。

(一) 试探性策略

试探性策略即“刺激—反应”策略，是推销人员利用刺激性的方法引发消费者的购买行为。推销人员通过事先设计好的能够引起消费者兴趣，刺激消费者购买欲望的推销语言，投石问路地对消费者进行试探，观察其反应，然后采取相应的措施。因此，运用试探性策略的关键是要引起消费者的积极反应，激发消费者的购买欲望。

(二) 针对性策略

针对性策略即“配方—成交”策略，是通过推销人员利用针对性较强的说服方法，促成消费者购买行为的发生。针对性的前提必须是推销人员事先已基本掌握了消费者的需求状况和消费心理，这样才能够有效地设计好推销措施和语言，做到言辞恳切，实事求是，有目的地宣传、展示和介绍产品，说服消费者购买。让消费者感到推销员的确是真正为自己服务，从而愉快地成交。因此，运用针对性策略的关键是促使消费者产生强烈的信任感。

(三) 诱导性策略

诱导性策略即“诱发—满足”策略，是推销人员通过运用能激起消费者某种欲望的说服方法，唤起消费者的潜在需求，诱导消费者采取购买行为。运用诱导性策略的关键是推销人员要有较高的推销技巧和艺术，能够诱发消费者产生某方面的需求，然后抓住时机，向消费者介绍产品的功效，说明所推销的产品正好能满足消费者的需要，从而诱导消费者购买。

四、国际市场推销人员的管理

国际市场推销人员的管理主要包括推销人员的招聘、培训、评估、激励等各个环节。

（一）国际市场推销人员的招聘

国际市场推销人员的招聘多数是在目标市场国进行的。因为目标市场国的公民对本国的风俗习惯、消费行为和商业惯例更加了解，与当地政府及工商界人士，与消费者或潜在消费者有着复杂的联系。但是，在目标市场国招聘推销员会受到当地市场人才结构和推销人员社会地位的限制，在某些国家或地区要寻找合格的推销人选并非易事。企业也可以从国内选派人员到目标市场国担任推销工作，但是外派推销人员能否适应目标市场国的社会文化环境，是推销能否成功的关键。

推销人员无论来自哪里，都应具备以下素质：一是热爱推销工作，遵守职业道德，维护企业声誉；二是丰富的产品知识和市场开拓意识；三是有敏锐的观察力和灵活的应变能力，能够根据消费者的需求变化，及时调整促销策略；四是有良好的气质、性格和语言表达能力。

（二）国际市场推销人员的培训

（1）培训的地点与培训内容。国际营销企业推销人员的培训既可在目标市场国进行，也可安排在企业所在地或者企业区域培训中心进行，多数是安排在目标市场国。培训内容主要包括产品知识、企业情况、市场知识和推销技巧等方面。若在目标市场国招聘推销人员，培训的重点应是产品知识、企业情况与推销技巧。若从国际营销企业现有员工中选派推销人员，培训重点应是目标市场国的营销环境和当地的风俗习惯、消费行为和商业惯例等。

（2）对高科技产品推销人员的培训。对于高科技产品，可以把推销人员集中在企业培训中心或者区域培训中心进行培训。因为高科技产品市场在各国具有更高的相似性，培训的任务与技术要求也更加复杂，需要聘请有关专家或富有经验的营销管理人员担任主讲教师进行培训。

（3）对推销人员的短期培训。对于这类性质的培训，企业既可采取组织巡回培训组到各地进行现场培训，也可将推销人员集中到区域培训中心进行短期集训。

（4）对国外中间商的推销人员培训。为国外中间商培训推销人员，是工业用品制造商常常要承担的任务。对国外中间商推销人员的培训通常是免费的，因为中间商推销人员素质与技能的提高必然会带来国外市场销售量的增加，制造商与中间商均可从中受益。

（三）国际市场推销人员的业绩评估

国际市场推销人员的业绩考核与评估，是对国际市场推销人员进行激励的基础。但是企业对国际市场推销人员的考核与评估，不仅是为了表彰先进，而且还要发现推销业绩不佳的推销人员，分析原因，找出问题，加以改进。

人员推销业绩的考核与评估指标可分为两个方面：一是直接的推销业绩，比如所推销的产品数量与金额、推销的成本与费用、新老消费者购买量比率等；另一种是间接的推销业绩，如访问消费者的人数与频率、产品与企业知名度的增加程度、消费者服务与市场调研任务的完成情况等。

企业在对国际市场推销人员推销业绩进行考核与评估时，还应考虑到当地市场的特点以及不同社会文化因素的影响。比如，产品在某些地区可能难以销售，则要相应地降低推销限额或者提高酬金。若企业同时在多个国外市场上进行推销，可按市场特征进行分组，规定小组考核指标，从而更好地分析比较不同市场条件下推销员的推销业绩。

（四）国际市场推销人员的激励

对国际市场推销人员的激励，可分为物质奖励与精神鼓励两个方面。物质奖励通常指薪金、佣金、奖金等直接报酬形式，精神鼓励可有进修培训、晋级提升、特权授予和带薪休假等多种方式。企业对推销人员的激励，应综合运用物质奖励、精神鼓励等各种手段，调动国际市场推销人员的积极性，提高他们的推销业绩。

对国际市场推销人员的激励，更要考虑到不同社会文化因素的影响。国际市场推销人员可能来自不同的国家或地区，有着不同的社会文化背景、行为准则与价值观念，因而对同样的激励措施有不同的反应。

第三节　国际市场广告策略

一、国际广告的概述

（一）国际广告的概念

广告（Advertising）是指广告主付出一定的费用，借助报纸、杂志、广播、电视、网络等大众传播媒体，向受众传播产品信息，以扩大销售为目的一种促销手段。国际广告（International Advertising）是指为了配合广告主进行的国际营销活动，通过国际性的各种传播媒体，向目标市场国消费者传播有关产品信息一种促销手段或活动。

与国内广告相比，国际广告由于其诉求对象和目标市场是国际性的，广告代理是国际性的，因而有自身的一些特点。这是因为不同的国家或地区，有不同的经济制度、不同的政策法令、不同的消费水平与结构、不同的传统风俗与习惯、不同的自然环境、不同的宗教信仰，以及由此形成的不同的消费观念及市场特点。

（二）国际广告的作用

国际广告在国际营销中的重要作用归纳起来主要有：

(1) 传递信息，诱导消费。传递信息是国际广告最基本的作用，广告可以帮助目标市场国的消费者了解产品的特点，诱导消费者的需求，改变消费者的消费心理，刺激消费者的购买行为，创造销售的机会。通过国际广告，可以有效地沟通企业与消费者、中间商三者之间的关系，为开拓国际市场奠定基础。

(2) 介绍产品，引导消费。在国际市场新产品层出不穷，消费者不易识别和难于选择的情况下，国际广告能使新产品、新观念得以迅速流行，并形成一种消费时尚。国际广告对产品的有效介绍，可以帮助目标市场国消费者在众多的同类产品中比较和选择，完成购买过程。优秀的国际广告是一种文化消费，可以引导消费走向文明健康。

(3) 树立形象，促进销售。先声夺人的广告宣传及其潜移默化的作用，加深了消费者对企业和产品的记忆与好感。消费者在自觉与不自觉中常常借助广告来购买产品。国际广告可以在一定程度上展示企业的规模和知名度，在目标市场国树立一定的企业形象和产品形象，以促进销售，巩固和扩大市场占有率。

（三）国际广告的特征

(1) 电子信息技术、计算机技术已全面渗透广告业。由于大规模应用现代通讯技术和计算机信息处理技术，广告日益向为广告主提供完善服务的方向发展，为国际营销企业在市场调研、产品设计、产品生产、产品销售、售后服务等方面提供全面咨询服务，并帮助企业进行形象设计和决策分析，从而促进了广告活动整体策划技术的普遍推广。

(2) 高科技成果在广告中得到广泛运用。广告的宣传手法借助高科技成果，变得更为吸引人，更具有视听效果。美国一家食品公司在郊外竖起的推销面包的巨型广告牌，当人走近广告牌时能闻到一股面包的香味。高科技所带来的新颖的表达形式，使广告如虎添翼，令人耳目一新。

(3) 广告更加注重树立企业和产品的形象。20 世纪 70、80 年代，广告都突出独有的销售观点，强调产品特色，只要在广告中把产品比同类产品优越之处告诉消费者，便是有效的广告。20 世纪 90 年代以来，产品广告更以独有的美好形象来支持，长久性的形象带来长久性的收益，是今后广告竞争的无形投资。

(4) 广告制作更加专业化。广告在现代社会的高速发展将变得更为专业化，其中包括广告理论的建立、市场调研、形象设计、媒体运用、竞争策略、专项研究等。专业化的广告公司将更加注重广告策略的重要性，帮助客户解决市场推广的全部问题，提供全面服务。

(5) 广告活动有全球化倾向，国际广告业的合作进一步发展。随着经济全球化与市场一体化的发展，出现了大量的国际间广告活动。国际广告界相继成立各种行业性协会，并在各大洲举办各种培训班，为一些国家培养了一批广告专业人才。同时，随着营销的国际化，各国的广告公司或广告组织也经常开展国与国之间的合作、交流。

二、国际广告媒体及其选择

（一）国际广告媒体的特性

广告媒体（Advertising Media）就是指能够借以实现广告主与广告对象之间信息传播的物质工具或手段。在国际市场广告促销活动中，可以利用的媒体很多，最常使用的是报纸、杂志、广播、电视、网络等五大媒体。

1. 报纸

在传统五大媒体中，报纸无疑是发行最多、普及性最广和影响力最大的媒体。随着时代的发展，报纸的品种越来越多，内容越来越丰富，版式更灵活，印刷更精美，报纸广告的内容与形式也越来越多样化。报纸成为人们了解时事、接受信息的主要媒体。报纸的主要特点有：

(1) 传播速度较快，信息传递及时。对于大多数综合性日报或晚报来说，出版周期短，信息传递较为及时。有些报纸甚至一天要出早、中、晚等好几版，报道新闻就更快了。一些时效性强的产品广告，如新产品和有新闻性的产品，就可利用报纸，及时地将信息传播给消费者。

(2) 信息量大，说明性强。报纸作为综合性内容的媒体，以文字符号为主，图片为辅来传递信息，容量较大。由于以文字为主，因此说明性很强，可以详尽地描述，对于一些关心度较高的产品来说，利用报纸的说明性可详细告知消费者有关产品的特点。

(3) 易保存、可重复，阅读具有主动性。由于报纸的特殊材质及规格，相对于电视、广播等其他媒体具有较好的保存性，而且易折易放，便于携带。一些人在阅读报纸过程中还养成了剪报的习惯，根据各自所需分门别类地收集、剪裁信息。这样，无形中又强化了报纸信息的保存性及重复阅读率。

报纸把许多信息同时呈现在读者眼前，增加了读者的认知主动性。读者可以自由地选择阅读或放弃哪些部分；哪些地方先读，哪些地方后读；阅读一遍，还是阅读多遍；采用浏览、快速阅读或详细阅读。读者也可以决定自己的认知程度，如仅有一点印象即可，还是将信息记住、记牢；记住某些内容，还是记住全部内容。此外，读者还可以在必要时将所需要的内容记录下来。

(4) 权威性，高认知卷入。消息准确可靠，是报纸获得信誉的重要条件。大多数报纸历史长久，且由党政机关部门主办，在读者中素有影响和威信。因此，在报纸上刊登的广告往往使读者产生信任感。

报纸广告多数以文字符号为主，要了解广告内容，要求读者在阅读时集中精力，排除其他干扰。一般而言，除非广告信息与读者有密切的关系，否则读者在主观上是不会为阅读广告花费很多精力的。读者的这种惰性心理往往会减少他们详细阅读广告文案内容的可能性。换句话说，报纸读者的广告阅读程度一般是比较低的。不过当读者愿意阅读时，他们对广告内容的了解就会比较全面、彻底。

(5) 印刷难以完美，表现形式单一。报纸是印刷成本最低的媒体，受材质与技术的影响，报纸的印刷品质不如专业杂志、直邮广告、招贴海报等媒体的效果。报纸仍需以文字为主要传达元素，表现形式相对于电视、互联网要单调得多。

2. 杂志

杂志也是一种印刷平面广告媒体，与报纸相比明显地缺乏时效性，而且覆盖面有限，但由于印刷精美，具有光彩夺目的视觉效果，故深受特定受众的喜爱。由于印刷技术的发展和人类思维的进步，以往的单纯平面设计模式不断被打破，新的设计形式不断出现，这都体现着杂志广告的广阔前景。杂志的主要特点有：

(1) 杂志的读者分类较细，读者阶层和对象明确。每一类杂志都拥有基本的读者群，可以针对不同的消费者选择不同的杂志。一般来说，杂志的读者都有一定的文化水平，有较好的理解能力，而且凡是订阅某种杂志的人，对该杂志的性质与刊登内容都有一定了解和兴趣，搞专业的人对专业杂志刊登的东西容易接受，这样就有利于广告发挥作用。订阅杂志的人生活水平都较高，有能力领略广告介绍的内容，所以新产品在开辟市场时，杂志媒体也是一个有效的媒体。

(2) 杂志印刷精美，阅读率高。杂志媒体的用纸较好，尤其是广告用纸更为讲究，在广告的印刷上更是精美，尤其是彩色广告，色彩鲜艳精致，容易引人注目，可以逼真地展现产品形象，激发读者的购买欲望。杂志广告大都用全页或半页，版面较大，内容多，表现深刻，图文并茂，容易把广告客户所要提供的信息，完整地表达出来。杂志阅读时间长，常被人保存下来反复阅读，因此，杂志广告能反复与读者接触，有充分时间对广告内容作仔细研究，加深人们的印象。

(3) 杂志媒体版面安排灵活，颜色多样美感好。在版面位置安排上可分为封面、封底、封二、封三、扉页、内页、插页，颜色上可以是黑白，也可以是彩色，在版面大小上有全页、半页，也有1/3、2/3、1/4、1/6页的区别，有时为了适应广告客户、作大幅广告要求，还可以作连页广告、多页广告，效果十分强烈，影响巨大。

杂志纸质较好，可以印上精美的彩色图片，逼真地展现产品的原貌。同时，杂志广告多是商业广告，广告登载量也不多，一般都集中刊登在一定的页面上，排列整齐美观，因此，杂志广告有较强的艺术感染力，引人注目，给人以美的享受。

(4) 读者针对性强，知识性、重复性强。杂志内容有较大的倾向性、专业性，不同的杂志，一般可以在广大区域里，拥有不同的和比较稳定的读者层。比如摄影杂志，读者以摄影行业和业余摄影爱好者为主，故有关摄影器材的广告，登在摄影杂志上，广告对象正与该杂志的读者接近，有效地争取这些读者成为购用该产品的消费者。

许多杂志的内容以专业知识和科普知识为主体，因而容易使读者对杂志阅读产生知识性期待。杂志的内容丰富多彩，长篇文章较多，读者不仅要仔细阅读，而且常常要分多次阅读，甚至保存下来日后再读。读者的多次翻阅增加了与杂志广告接触的机会，有利于在记忆中留下较深的广告印象。

(5) 时效性差，传播速度慢。杂志是定期刊物，发行周期较长，有周刊、半月刊、月刊、季刊、半年刊，甚至年刊，因而影响广告的传播速度。时效性强的广告，如企业开张广告，文娱广告，促销广告等，一般不宜选用杂志媒体，否则容易错过时机，收不到广告效果。

3. 广播

由于科技的发展，新媒体不断出现，广播媒介面临着越来越多的挑战和冲击，然而广播还是有其优越性的，只有充分地了解这些特性，才能扬长避短，进一步开掘这一媒体的潜力。广播广告的主要特点有：

(1) 传播方式的即时性。广播可使广告内容在信息所及的范围内，迅速传播到目标消费者耳中。不论身在何地，只要打开收音机，广告对象就可以立即接收到。如果广告策略、战术的临时调整而需要紧急发布某些广告信息，如发布展销会、订货会、折价销售等时效性要求比较强的供求信息时，广播广告可以在数小时内完成播出任务，有时还可以做到现场直播。广播广告的这种即时性的优势是其他媒介所无法取代的。

(2) 传播范围的广泛性。由于广播广告是采用电波来传送广告信息的，电波可以不受空间的限制，并且广播的发射技术相对比较简单，所以广播的覆盖面积特别广泛，可以到达全世界的每一个角落。广播覆盖范围的广阔性使得人们不论在城市还是乡村，在陆地还是空中，都可以收听得到。广播不受天气、交通、自然灾害的限制，尤其适合于一些自然条件比较复杂的地区。

(3) 收听方式的随意性。收听广播最为简便、自由、随意。因为它不受时间、地点的限制，不管是白天还是晚上，不管你在哪里，也不管你在干什么，只要打开收音机，都可以收听广播的内容。科技的进步，使收音机向小型化、轻便化发展，广播媒体可以为受众所随身携带。

(4) 受众层次的多样性。广播可使文化程度很低甚至不识字的人也能听懂广告的内容,所以广播媒体的受众层次更显出多样性。尤其是在发展中国家,文化教育事业还不很发达,仍有很多文盲和半文盲,而这一部分人又是任何广告主都无法忽视的消费群体。要想针对他们发挥广告的告知与说服功能,广播是非常合适的广告媒体。

(5) 制作成本低廉,播出灵活。广播广告单位时间内信息容量大、收费标准低,是当今最经济实惠的广告媒体之一。同时,广播广告制作过程也比较简单,制作成本也不高。因为广播广告是诸媒介中制作周期最短的,所以广告主要根据竞争对手的举动来调整自己的战术行动,快速作出反应。广播广告在安排播出和调整时段上相对比较容易,比较灵活。

(6) 激发情感的煽动性。广播靠声音进行传播,诉之于人的听觉,能给听众无限的想象空间,这是广播的魅力所在。广播广告的特色正是通过刺激人的听觉感官,帮助收听者产生联想,因为广播的声音是实在的、具体的,特别容易诱发人的激情,煽动人的情绪,而广告也常在这种情形中,不知不觉地完成传达与说服的功能。但是,广播广告也有稍纵即逝、传播方式单一等不足之处。

4. 电视

视听技术的发展、生产销售的国际化,以及电视普及率的提高,为电视作为国际性的广告媒体提供了有利条件。电视的主要特点有:

(1) 直观性强。电视是视听合一的传播,人们能够亲眼见到亲耳听到如同在自己身边一样的各种活生生的事物,这就是电视视听合一传播的结果。单凭视觉或单靠听觉,或视觉与听觉简单地相加而不是有机地合一,都不会使受众产生如此真实、信服的感受。电视超越了读写障碍,是一种最大众化的宣传媒介。电视对观众的文化知识水准没有严格要求,即便不识字、不懂语言,也基本上可以看懂或理解电视广告中所传达的内容。

(2) 有较强的冲击力和感染力。电视是能够进行动态演示的感性型媒体,因此电视广告冲击力、感染力特别强。电视媒介是用忠实记录的手段再现信息的形态,即用声波和光波信号直接刺激人们的感官和心理,以取得受众感知经验上的认同,使受众感觉特别真实,因此电视广告对受众的冲击力和感染力特别强。

(3) 受收视环境的影响大。电视需要一个适当的收视环境,离开了这个环境,也就根本阻断了电视媒介的传播。在这个环境内,观众的多少、距离电视机荧屏的远近、观看的角度及电视音量的大小、器材质量以致电视机天线接受信号的功能如何,都直接影响着电视广告的收视效果。

(4) 受众被动接受。全世界的电视广告长度差不多,都是以 5 秒、10 秒、15 秒、20 秒、30 秒、45 秒、60 秒、90 秒、120 秒为基本单位,超过三四分钟的比较少,而最常见的电视广告则是 15 秒和 30 秒。这就是说,一则电视广告只能在短短的瞬间之内完成讯息传达的任务,这是极苛刻的先决条件,而且受众又是在完全被动的状态下接受电视广告的,这是电视区别于其他媒介的特点。

(5) 费用昂贵。费用昂贵,一是指电视广告片本身的制作成本高,周期长;二是指播放费用高。就制作费而言,电影、电视片这种艺术形式本身就以制作周期长、工艺过程复杂而著称,而电视广告片又比一般的电影、电视节目要求高得多。同时,为广告片专门作曲、演奏、配音、剪辑、合成,都需要花大量的金钱。就广告播出费而言,电视台的收费标准也很高。美国黄金时段电视广告的播出费用每30秒要10万～15万美元,如果在特别节目中插播广告更贵,有的竟高达几十万美元。

(6) 有较高的注意率。经济发达的国家或地区,观看电视节目已成为人们文化生活的重要组成部分。电视广告注意运用各种表现手法,便广告内容富有情趣,增强了视听者观看广告的兴趣,广告的收视率也比较高。电视广告既可以看,还可以听。当人们不留神于广告的时候,耳朵还是听到广告的内容。广告充满了整个电视屏幕,也便于人们注意力集中。因此,电视广告容易引人注目,广告接触效果是较强的。

(7) 有利于增加购买者的信心和决心。由于电视广告形象逼真,可以把产品展示在每个家庭成员面前,使人们耳闻目睹,对广告的产品容易产生好感,引发购买兴趣和欲望。同时,受众在欣赏电视广告中,有意或无意地对广告产品进行比较和评论,通过引起注意,激发兴趣,统一购买思想,这就有利于增强购买信心,作出购买决定。特别是选择性强的日用消费品,流行的生活用品,新投入市场的产品,运用电视广告容易使受众注目并激发对产品的购买兴趣与欲望。

(8) 不利于深入理解广告信息。电视广告时间长度多在5～30秒之间。要在很短的时间内,连续播出各种画面,闪动很快,不能做过多的解说,影响人们对广告产品的深入理解。因此,电视广告不宜播放需要详尽理解性诉求的产品,如生产设备之类产品。

(9) 容易产生抗拒情绪。电视广告有显著的效果,运用电视广告的客户不断增加,但电视节目经常被电视广告打断,容易引起观众的不满。

5. 网络

随着网络用户的增多,电子商务的迅猛发展,网络广告也将高速度阔步向前。网络的主要特征有:

(1) 小众媒体。互联网作为一个媒介,有一些非常特殊的性质,就是说它不是一个大众媒体,而是承担一个小众媒体的角色。作为小众媒体上的广告必须深入研究目标受众群体的心理需求,才能有的放矢,达到预期的广告目标。

(2) 互动性。网络广告的互动性决定了网上的旗帜广告和电视广告不一样,电视广告可以强迫收看,这天这个节目很有趣,节目播到一半,广告时间进来你非看不可,这多少可以保证受众看到。但是上网的网民在上一个网站的时候,他们是有目的的,那个在上面闪来闪去的东西,常常不看。所以要深入研究消费者的心理,充分吸引网民的无意注意。

(3) 超大信息容量。一般而言,一个网站下面,会有数十乃至数百个网页。网页信息采取非线性文本形式,通过链接方式将不同的网页互相链接起来,组合成一个有机的整体,更为关键的是,网络广告所负载的信息,可以由广告受众自主选择,随心所欲。消费者强烈的主动性及强大的信息量就要求要深知消费者的需要及根据不同类型消费者对信息进行分类,以便使广告受众深入点击,获取更多的广告信息,提高广告的效率。

(4) 吸引有意注意程度高。网络广告是一种非强迫性传播,独特的交互性是吸引人们有意注意,让人们在信息的海洋中注意它、点击它。在一般媒体上,广告找人看,在网络媒体上,人找广告看。所以吸引消费者有意注意的程度水平是评价一则网络广告心理效果的重要指标。互联网是一个分众媒体，是一种双向的沟通方式，并能将信息按照客户的个人情况和需求进行定制。只有引起客户的兴趣，满足客户的某种现实需要或潜在需要的网上广告信息才能一步步吸引客户深入点透，接受广告信息。因此，是否引起客户的兴趣，满足客户的需要是关系网络成败的一个重要因素。

(5) 信息的针对性、亲和力强。网络互动广告一对一模式就要求信息传播的个人化，让每个接触广告的人都感到，广告产品是专门为自己准备的，让广告信息走到每个人身边来，贴近每个人的心，想其所想，爱其所爱。因此，广告信息是否有针对性，富有个性，是否具有亲和力应是网络广告心理效果测评系统中的一个重要指标。

(6) 引起在线购买。网络广告是一种针对目标市场进行广泛劝说的传播活动，和其他大众传播方式相比，网络广告有更明确的广告对象，另网络技术可以帮助广告主选择客户、跟踪客户，多方面掌握客户资料，然后有的放矢，对症下药，是一种最富针对性的促销行为。网络这种全天候、全球性的市场交流媒介，不仅能建立品牌认知度，还能吸引人们仔细打量一种产品，促成购买，并提供售后服务。所以网络广告是否能引起人们的直接在线购买行为也是评价网络广告的重要指标。

(二) 国际广告媒体的选择

1. 企业营销目标与媒体选择

一个国际营销企业在确定了自己的目标市场国以后，要以一个最佳的营销组合或以一个有效的营销计划进入和占领这个目标市场，其具体表现为如何实现一定时期内的企业营销目标。如果把企业的营销目标简单地加以归结，不难发现，所有企业营销目标都可以分为扩大销售额、增加市场占有率、树立企业或产品形象三种。在媒介选择时，必须针对特定的营销目标。

(1) 扩大销售额时的媒体选择。企业扩大销售额的目标要求广告能够促使消费者缩短购买决策过程，尽快地作出购买决策。为了达到这一目标，在媒体上较为理想的选择顺序应该是电视、广播、报纸、杂志等。

(2) 增加市场占有率时的媒体选择。增加市场占有率就是争取新的消费者，甚至把自己竞争对手的消费者吸引过来，加强企业自身的竞争地位。在增加市场占有率时，首先选择的媒介以报纸、杂志的效果为最佳，其次是电视、广播。

(3) 树立企业或产品形象时的媒体选择。树立企业或产品形象是使消费者产生对企业或产品的好感，提高企业或产品的知名度与美誉度。为了实现这些目标，在媒体选择上，报纸、户外交通和赛场等媒体较为适宜，同时，在电视、杂志上进行形象广告宣传，也会产生良好的效果。

2. 企业的目标市场与媒体选择

可以按以区域划分的目标市场和以消费者自身因素划分的目标市场进行媒体选择。

(1) 以区域划分的目标市场的媒体选择。企业的目标市场从区域上划分，可以分为国际性、区域性和全国性目标市场。如果目标市场为全国性的话，媒体的选择应尽可能寻求一个成本尽可能低，广告信息总暴露量尽可能大的媒介组合，因此，可以选择国家一级的电视台、电台、杂志和全国范围内发行量较大的报纸。

(2) 以消费者自身因素划分的目标市场的媒体选择。所谓消费者自身因素是指消费者的年龄、性别、职业、受教育程度、收入等因素。在对市场细分时,企业比较多地使用这种社会文化标志来细分市场。在媒体选择上,经常运用撇脂媒体选择法。撇脂媒体选择法就是企业首先把广告集中投放到最有可能购买企业产品的消费群体中去,如果产品的销售没有达到预期的目标,随后再调整到另一个群体,直到在广告媒体上找出一个最能适应某一个消费群体的媒体。

3. 企业的营销环境与媒体选择

可以根据社会意识形态、人口密度、文盲率、生活水平等营销环境因素进行媒介选择。

(1) 社会意识形态与媒体选择。从统计分析来看,经济发达国家或通讯传播业发达的国家,广告媒体的运用比较平衡,各种媒体都被广泛使用。许多国家,由于政策、法律上的限制,导致在某类媒体上的偏重。如挪威、瑞典、丹麦等国家,禁止在电视、广播上播放广告;有的国家法令禁止香烟、酒类在电视和广播上做广告;在伊斯兰国家,对于电视、电影的限制比较严格,这些国家的广告选择便偏向于其他的媒体。可见,政策、法律直接影响一个国家的媒体选择。

(2) 人口密度与媒体选择。人口密度与广告媒体的传播范围与传播速度有一定关系。在人口密度低的地区,对于媒体传播的速度与范围要求就高。

(3) 文盲率。文盲率的高低直接制约着印刷媒体的发行范围及数量。在文盲率高的国家或地区,宜于用电视、广播去说服消费者,因为电视、广播能够通过画面的直观形象和语言的通俗表达,把产品信息传递给消费者。同时,销售点和户外媒体在文盲率高的国家或地区也经常使用。

(4) 生活水平。一个国家或地区生活水平的高低与通讯传播业的发达状况成正比。生活水平高的国家或地区,报纸、杂志、电视、网络的普及率较高,报纸、杂志、电视、网络等媒体的使用都比较经常与广泛。生活水平低的国家或地区,广播媒体使用的可能性较大。

三、国际广告策略

广告策略是指企业在分析环境因素、目标市场、产品特性、广告目标、媒体可获得性、政府控制和成本收益关系的基础上,对广告活动的开展方式、媒体选择和宣传劝告等重点内容与活动作出的决策。但国际广告达到预期效果,必须使广告能适应目标市场国的各种环境因素,在此基础上选择广告方式、广告媒体等各种策略。

(一) 标准化策略

所谓标准化,是指国际营销企业在不同目标市场国市场上,使用主题相同的广告手段和方式。企业采用国际广告的标准化和差异化策略取决于消费者购买产品的动机,而不是广告的地理条件。当不同目标市场国对相同的广告作出相同程度的反应时,即对同类产品的购买动机相似时,或企业实行标准化国际营销战略时就可采用标准化的广告策略。美国万宝路香烟和麦当劳快餐店的广告基本上属于标准化策略,通过广告诉求使不同目标市场国的消费者,看到美国西部风景、牛仔和骑马涉水就联想到万宝路香烟,看到拱形的大 M 标志就联想到麦当劳快餐店。国际广告标准化策略的主要优点有:

(1) 可以降低企业广告促销活动的成本。企业只需确定一个广告主题,就可以在各个目标市场国不加改动或略加改动后进行广而告之,从而节省许多开支。

(2) 充分发挥企业人、财、物各种资源的整体效益。可以集中企业内部各种广告人才的智慧,设计出新颖时尚的广告主题,同时能够将企业的广告费用集中使用,充分利用科学技术的最新成果,从而在广告手段上形成竞争优势。

(3) 易于形成统一的企业和产品形象。广告与企业营销总目标保持一致,并将广告信息以统一的整体形象传递给目标市场国,从而增强目标市场国消费者对企业和产品的印象。

国际广告标准化策略的主要缺点是没有考虑各个目标市场国的特殊性,特别是在特殊性成为矛盾的主要方面时,标准化策略更显得力不从心,导致广告的针对性较差,广告效果不佳。因此,标准化策略并不排斥就地区差异作一定程度的修改。

(二) 差异化策略

国际广告的差异化是指企业针对各个目标市场国的特性,设计不同的广告主题,向目标市场国传递不同的信息,以迎合不同目标市场国消费者的需求。雀巢公司在世界各地雇佣了150家广告代理商,在40多个国家的市场上做各种主题的咖啡宣传广告,运用的就是国际广告差异化策略。由于不同国家或地区存在着不同的政治、经济、文化和法律环境,消费者对产品需求动机差异甚大。因此,当消费者对企业产品购买动机差异很大时,或企业实行差异化国际营销战略时,应采用差异化广告策略。

国际广告差异化策略具有适应不同文化背景的消费者的需求;有利于克服当地市场的进入障碍和针对性较强的优点。

国际广告差异化策略的缺点是企业总部对各个目标市场国的广告宣传控制较差,甚至出现相互矛盾,从而影响企业形象。

目前,许多国际营销企业在采用差异化策略时,为了控制广告成本以及世界范围的促销活动,都力求实行广告标准化,由总部研制一套典范性的广告方案,然后把广告推向各个目标市场国,每个目标市场国的子公司以这个广告主题为基础,对其作适当改变。这样,既控制了企业在国际市场上广告主题,也照顾了各个目标市场国的特点。

总之,无论是选择标准化或是差异化广告策略,目的都是在于将企业或产品信息传递给目标市场国的消费者,使消费者理解及接受这些信息,促进产品销售。无论是标准化或是差异化广告策略,都要根据具体广告目标去进一步制定更加具体的广告策略,以使它更加具有可行性。

(三) 形象广告策略

运用形象广告策略时,广告主的广告目标是为了塑造企业和产品、品牌的形象,并巩固和发展这一形象,使目标市场国的消费者对企业和产品产生信赖和感情,而不是单纯地为了销售产品。

形象广告的目的是为了获得长久和稳定的利润,而不是追求产品利润上立竿见影的效果。

形象广告的内容真实美妙,耐人寻味,通过显示拥有某种产品的消费者具有的风格和风度等塑造独特的、典型的产品形象,进而塑造企业形象和品牌形象。

（四）产品广告策略

运用产品广告策略时，广告主的广告目标在于推销产品，核心是要采用各种方式介绍、宣传产品的特点和优点，利用各种劝说内容和形式，诱导消费者购买，希望短期内使销售额迅速增长。

产品广告的内容是多种多样的，但是主题都是展示、介绍、宣传产品的优点，形式多是降价销售、有奖销售、摸奖销售等。

形象广告与产品广告并不是截然分开的。形象广告的最终目标也是为了推销企业的产品，获得更大的利润，而产品广告也必须考虑企业形象，产品形象的树立，绝不能与企业形象背道而驰。

（五）广告设计策略

广告设计是一项复杂的工作，既要遵循科学性原则，又要保持艺术特性，而且还必须与广告目标紧密相连，为实现广告目标服务。广告目标是广告设计的指导思想，广告创意是广告目标的信息传递和体现形式。设计一则成功的广告，要求广告设计者具有较高的创造力和想象力，还必须将广告主的广告目标融于广告内容之中。广告设计必须处理好以下关系：

(1) 情感与理性的关系。以强调情感为主的广告称为情感诉求式广告，以强调理性为主的广告称为理性诉求式广告，两者的主要区别是诉求的方式和重点不同。目前，大多数国际营销企业都采取情感和理性兼顾，以其中一种为主的策略。在竞争十分激烈的国际航空市场上，大多数航空公司都想树立自己的独特形象，招揽乘客，其中有一个不变的主题就是以微笑吸引乘客。

(2) 对比与陈述的关系。对比广告就是将企业产品与其他同类产品进行对比分析，以期显示出本企业产品的独特之处。美国一家生产洗发精的企业，采用对比广告时直接将自己的产品与本国两家最大企业的洗发精对比，强调“他们的产品我们也具备，然而我们产品的价格仅为他们产品的一半”这一广告主题，结果使该企业的洗发精迅速在市场上占有了主导地位。但是，对比广告是一种较为敏感的广告，很多国家都先后制定了有关对比广告的法律规定。因此，在营销实践中还是以陈述广告为主，即便是采用对比广告也要注意各个目标市场国的法律规定，否则很有可能招致诉讼而带来损失。

(3) 正面叙述与全面叙述的关系。正面叙述是指在广告中只强调产品的优点，而全面叙述则是既讲产品的优点也讲产品的缺点。一般而言，如果广告受众的文化水平高，则可采用全面叙述的方法；相反，则采用只强调产品优点的正面叙述的方法。对那些对本企业有疑问的消费者，则采用全面叙述的方法，促使消费者逐渐改变对本企业产品的偏见。从产品的角度讲，对于特别豪华、特别高级类产品应仅强调长处，因为指出这类产品的不足有损其高贵和卓越的形象。

（六）媒体组合策略

1. 各媒体的组合搭配分析

报纸与广播媒体搭配，可以使目标市场国不同文化程度的消费者都能够接受到广告信息。电视与广播媒体搭配，可以使目标市场国城市和乡村的消费者都接受到广告信息。报纸、电视与网络媒体搭配，常常有利于提醒目标市场国消费者购买已经有了感知信息的产品。报纸与电视媒体的搭配运用，可以在报纸广告对产品进行了详细解释之后再以电视开展广告攻势，产生强力推销的效果。报纸与杂志的媒体搭配，可以用报纸广告做强力推销，而用杂志广告来稳定专业市场，或以报纸广告固定市场，以杂志广告拓宽市场。报纸或电视与直邮广告媒体搭配，以直邮广告为先导，做试探性宣传，然后以报纸或电视开展强力推销广告，也可能取得比较显著的成效。直邮广告和销售点广告或招贴广告的配合，在对某一特定地区进行广告宣传时，能够起到巩固和发展市场的作用。

2. 媒体时机分析

当确定了选择哪几种媒体组合之后，随后的问题就是如何把握广告的时机，即何时发布广告的效果最为明显。在电台和电视台确定后，要选择好一定的广告时段，尤其是广告黄金时段。

(1) 季节性时机。许多产品存在着明显的季节性，在广告发放上就必须加以考虑。比如，在春末大做电扇广告或空调广告，不但能够造势，扩大产品的知名度，还能够增加产品的销售量。

(2) 时间分配。这主要指在限定时间内使用媒体的频率(少量、适中、大量)以及广告量在较长时期内的分布(持续式、间隔式)，这应该和企业的总体营销策略相联系。当产品在市场上已经有了较高的知名度时，可以选择间隔式广告，广告此时所起的作用是提醒。在开拓市场时，就必须采用高频率的方式，才能使产品品牌形象迅速树立起来。从产品市场寿命周期来看，介绍期广告应适当集中；成长期广告可适当减少，以充分利用已有的知名度；在激烈竞争的成熟期，广告量应该适当回升。

由此可见，何时发布广告，效果是不同的。在等量的时间里，选择不同量的广告宣传，效果也会不同。对于企业来讲，先进入市场的广告无疑能够占有先声夺人、先入为主之利，但如果能把握时机，后来者也可以后发制人、后来居上。因此，企业可以根据自己的具体情况，选择不同的广告时机。

四、国际广告文化风险及规避

(一) 国际广告文化风险的种类

(1) 负面效果风险。负面效果风险是指广告伤害了目标市场国消费者或者政府的感情、危害了公众的利益，甚至违反了相关法规导致反感、愤怒和遭到禁止。另外，国际广告传递的信息因文化差异不被消费者理解或者不能完全理解，导致广告无效或者低效也属于负面效果风险。

(2) 观念风险。观念风险由于国际广告传播者的价值观念与接受者的价值观念的差异，导致目标市场国消费者不能理解或者不能正确理解，甚至反感而引起的国际广告的低效、无效，甚至负面效果。

(3) 民族、宗教风险。民族、宗教风险是由于国际广告传达的直接和间接信息与广告发布地消费者的民族、风俗和宗教禁忌相违背，伤害了发布国家或地区受众的民族自尊、民族感情而导致的消费者抵制和反对的危害。

(4) 翻译风险。采取国际广告标准化策略的国际广告主在异文化国家发布广告,因翻译使广告受众不能理解或不能正确理解而产生广告低效、无效或者负面效果。福特公司把Comet(彗星)汽车投放墨西哥市场时取名为Caliente,该词在墨西哥的行话术语是Streetwalker(妓女),这必然妨碍消费者购买,甚至导致消费者拒绝购买这款车。

(二) 国际广告文化风险产生的原因

国际广告文化风险产生的直接原因是国际广告主与广告受众之间的文化距离。在跨文化传播中,文化距离是客观存在的,文化风险的产生则是广告主体漠视、不尊重广告发布地的文化差异或者违背广告发布地文化的主观和客观条件相作用的过程和结果。

(1) 文化风险意识缺乏或者不强。广告主体文化风险意识的缺乏或者不强,就不可能事先发现文化风险和规避文化风险,而文化风险意识不强就容易忽视风险,更谈不上防范风险。因此,国际广告主缺乏文化风险意识或者文化风险意识不强,是造成国际广告文化风险的根本原因。从维护广告主和广告代理商利益的角度看,以伤害消费者情感扩大品牌知名度的方法是极其错误的,国际营销企业和国际知名品牌在做广告的时候一定要尊重目标市场国的文化,不断强化文化风险意识,不做伤害目标市场国民族自尊心的事情。

(2) 对异文化认识不够。国际广告是跨文化的传播与沟通。国际广告主体要跨越文化差异的鸿沟必须迈过认识和表现这两道坎。认知心理学揭示,人认识新事物是凭借已有的知识和经验来实现的。广告主是以特定文化背景下的知识经验去认识异文化现象和异文化受众的。所以,广告主对异文化的认识和了解在客观上存在距离,也容易出现偏差。国际广告代理商拥有的国际广告运作的经验有助于减少认识上的偏差,但不可能从根本上改变以有限的、特定的文化去认识差异的、多变的和无限的异文化的客观现实,这就决定了他们对异文化的认识和理解是有限的。另外,即使是本土的国际广告代理商,由于自以为对文化的熟悉,在文化风险意识不强的条件下,往往容易产生麻痹的心理倾向,从而丧失了对文化风险的警惕。广告主对本土或国际广告代理商的信任和广告代理商的局限与麻痹心理妨碍了广告主体深入认识异文化。因此,国际广告主体对异文化的认识不深、理解不透是容易出现的现象,也是导致文化风险的重要原因。

(3) 国际广告的表现方式不恰当。广告表现是国际广告沟通的重要环节。一方面,由于国际广告主对异文化的认识、理解不深,运用的表现符号容易出现异文化人群不理解或者不能正确理解的问题;另一方面,异文化人群受认知心理规律的作用,他们不可能站在广告主的文化角度,以广告主的文化价值观和与广告主相同或相近的知识和经验去理解国际广告的表现。所以,国际广告主与广告受众之间存在较大的文化和心理距离,增加了广告表现沟通的难度。这也是造成国际广告主对异文化认识不深、理解不透,进而形成文化风险的又一客观原因。

(三) 国际广告文化风险的规避

文化风险是国际广告的主要风险之一,规避文化风险应做好如下工作:

(1) 牢固树立以受众为中心的广告沟通观。国际广告的沟通是以跨文化为特点的,广告主只有树立以受众为中心的广告沟通观,才能从思想上规避国际广告的文化风险。国际广告的受众对广告主而言是异文化受众,以异文化受众为中心的观念就要求广告策划、创意和发布要充分考虑并尊重异文化受众的需要、价值、情感和习惯特点。树立正确的国际广告沟通观，广告主必须从根本上肃清广告主中心观念、由内向外的观念、产品中心观念和以创意为中心的观念，使国际广告沟通以异文化受众为出发点和归属点，以尊重和满足异文化受众为中心。所以，坚持和落实以受众为中心的广告沟通观是规避国际广告文化风险的根本措施。

(2) 加强对异文化和国别文化差异研究。营销的全球化是现代国际营销的重要特点，国际文化的趋同倾向虽然是一种潮流，但国家与国家之间的文化差异仍然是文化主体和主流。国际广告沟通是以对异文化的尊重和认同为前提的，是以异文化和国别文化差异研究为基础的。加强对异文化和国别文化差异的研究是从知识上和认识水平上规避国际广告文化风险的重要措施。深入研究异文化和国别文化差异，应从如下几方面入手：第一，根据不同文化差异的特点和对文化刺激反应的敏感与激烈程度建立全球国别文化差异分类体系，以便广告主更好地策划和实施跨文化广告，减少文化风险；第二，建立全球国别文化禁忌和文化风险核对表，为减少和消除国际广告文化风险提供方便；第三，建立全球国别文化风险评价体系和确立国别文化风险等级，为规避国际广告文化风险打造预警系统。

(3) 建立风险作业和实施上的规避机制。国际广告文化风险在作业上的规避机制指的是国际广告在主题和创意表现领域必须设立文化风险的检查环节。检查者按照异文化的风俗、习惯、禁忌、价值观和民族情感等具体指标进行专项的反思与评估，以便查出可能存在的问题。另外，在国际广告制作完成后，必须组织各方代表观看并进行文化风险查找，清查潜在的文化风险。在正式发布之前，还可以将广告在一定范围内试验，对受众进行文化风险的专项检测，在更大的范围查找隐藏的文化风险，把文化风险消除在未发之前。广告正式发布后，建立风险的适时监控机制，随时检测风险，一旦发现异常情况就及时处理。

五、国际广告管理体制与代理制度

(一) 国际广告管理体制

几乎所有从事国际营销的企业都委托广告代理商办理广告事务，因此国际广告管理体制对国际营销企业而言是非常必要的。国际广告管理体制一般有三种：一是由总公司对公司系统的广告方针政策实行集中管理，在各个目标市场国的广告活动亦由总公司统一实施；二是对广告方针政策实行集中管理，但广告业务的实施则由各个目标市场国当地的机构承担；三是广告方针政策的管理和广告业务的实施全由目标市场国当地公司直接负责。

国际广告管理体制的实质是集中管理还是分散管理各有其理由。赞成集中管理的主要理由是集中管理可以发挥总公司广告高级人才的才能，通过集中管理开展的广告活动经济上节省，有助于加强总公司对各地广告业务的控制。这些理由都与管理的效力有关，但是在广告活动中发挥这种效力就可能妨碍市场的开发，影响市场开发的效果。集中管理的这些缺陷也就是主张分散管理的主要依据。主张分散管理的主要理由是认为各个目标市场国的文化多种多样，需要对各个目标市场国的实际情况进行专门调研，对语言文字的翻译、对广告媒体的限制条件及可利用性进行专门研究。分散管理就需要选择国际广告代理商。

(二) 国际广告代理商

国际广告代理商，主要分为本国广告代理商、目标市场国广告代理商等两大类型，又可以细化为四种形式。

(1) 兼营国际广告业务的本国广告代理商。一是无国外分支机构的广告代理商，这种代理商具有强有力的国际广告策划能力、创造能力与发布能力，否则就无法胜任国际广告业务；二是有国外分支机构的广告代理商，这种代理商拥有雄厚的资本，高素质的员工和先进的设备，而且具备丰富的国际广告经验。

(2) 本国专业的国际广告代理商。一是部分国际广告业务代理商，这种代理商的资本、人员和设备有限，只能承担企业国际广告中的部分业务，如代购媒体，承担部分广告制作或部分国家或地区的广告业务；二是全面国际广告业务代理商，这种代理商具有充分的国际广告实施条件、经验和能力，能为企业提供全面的广告业务服务。此外，这种代理商中的多数拥有国外广告分支机构，并且与国外广告代理商、经销商有着密切联系，因而有利于国际广告业务的实施。

(3) 目标市场国的广告代理商。一是部分国际广告业务的目标市场国代理商，这种代理商只能为企业提供部分广告业务，如代购媒体、创意设计与制作等；二是全面国际广告业务的目标市场国代理商，这种代理商规模大，设备完善，人才众多，能为企业提供全面的、高水平的广告业务。

(4) 合作式的目标市场国代理商广告。一是本国广告代理商与目标市场国专业广告代理商合作。这种合作形式，一般以本国广告代理商为主体，而目标市场国专业广告代理商作为本国代理商的国际部从事广告活动，优点是既为企业提供国际广告的专门技术与知识，又可以节约广告开支，充分发挥两种代理商的优势。二是本国专业广告代理商与进口代理商合作。这种合作方式适用于专业广告代理商无国外分支机构，或国外分支机构不够健全尚需进口国代理商配合工作的情况。但是，目前即使具有强大分支机构的国际广告代理商，也多与进口国代理商实行合作，以制作高水平的广告，并节约成本。

(三) 国际广告代理商的选择

如上所述，国际广告代理商有多种。实施国际广告委托代理业务时，应该首先慎重选择代理商。选择广告代理商必须考虑以下问题：

(1) 广告主与广告代理商的广告愿景是否一致。广告愿景是指广告主与广告代理商，在对待广告的原则与态度上是否相同，在创意上是否意气相投，在态度上是否诚恳，在人际关系上是否和谐，在目标上是否一致。这些条件如果具备，那么国际广告就踏上了成功之路的第一步。要了解这些问题就必须与广告代理商进行面谈，详细了解对方的观点和态度。

(2) 广告代理商的作业能力是否具备。作业能力包括设备、人力、创意、策划、制作、实施和效果评估等。广告代理商的作业能力是广告公司的生命线，广告主付出费用所要求的就是这种能力。对广告代理商作业能力的了解，最简便的方法，是通过目前的广告主去了解，也可以通过广告媒体去了解。

(3) 广告代理商的经验与绩效如何。一个成功的广告代理商总是有骄人的绩效和在产业内具有一定的知名度的。但是，选择广告代理商只从“名气”上了解是不够的，因为广告代理商虽能代理一切产品广告，但是广告代理商是有其专长的，所以要知道代理商过去的客户是哪些方面的，对哪些产业比较熟悉，所经办的主要是哪些产品。然后，根据广告代理商的经验与绩效是否有利于本企业的广告代理活动来最终选择代理商。

(4) 企业广告规模的大小。如果企业广告项目多，要求高，就需要相当规模的广告代理商才能胜任；如果企业广告项目较少，规模不大，那就不一定要找大型代理商。小型广告代理商对关键客户的重视程度，可能会胜于大型代理商对一个附加小客户重视程度。

(5) 广告代理商是否具备一定资本能力。广告代理商资本薄弱，可能由于先天投资不足，也可能由于后天的经营失调。不管由于什么原因，代理商的规模很小，资金差额很大，也就难以向广告主提供良好的服务。因此，企业应当寻找那些有资本实力，善于经营的广告代理商承办广告业务。

此外，还要了解广告代理商的收费标准和收费方式。比如，委托代理商作调查研究或代办某项服务，各企业的收费标准与方式是不相同的，必须作出事先调查和对比，择优选用。

第四节　国际公共关系策略

一、国际公共关系的概述

(一) 公共关系的起源与发展

所谓公共关系(Public Relations)，是指企业为了树立自身的良好形象，运用传播媒介的沟通方式，与公众建立一种平等互惠的社会关系。现代意义上的公共关系，作为一种全新的思想，一门科学而系统的理论，一种新兴的职业，发源于 19 世纪末 20 世纪初的美国。公共关系的产生与发展，有着广泛的经济、政治、思想文化和其他社会基础。公共关系的三大要素是社会组织、公众和传播沟通。公共关系的基本特征是以公众为对象，以美誉为目标，以沟通为手段，以互惠为原则，以真诚为信条，以长远为方针。公共关系的职能是树立形象，收集信息，咨询决策，传播沟通和协调关系。随着我国社会主义市场经济体制逐步完善，公共关系越来越为人们重视，许多企业家已认识到要使企业健康发展和繁荣，必须借助于公众的信赖与支持，企业的兴衰成败与公共关系的好坏密不可分。许多大企业、大公司都成立了公共关系部，积极开展公共关系，使本企业的知名度蜚声于海内外。

(二) 国际公共关系的作用

国际公共关系是指企业为适应国际营销环境，为了争取目标市场国公众和消费者的了解、支持和信任，以树立企业的良好信誉和国际形象为目的而采取的一系列决策、计划与行动的总称。国际公共关系已成为影响企业国际营销成败的重要因素，国际公共关系活动是整体营销活动的重要组成部分，是一种软推销术。

国际公共关系在国际营销活动中的作用主要体现在以下几个方面：第一，有利于树立企业形象和塑造产品品牌；第二，有利于建立企业与消费者之间双向的信息沟通；第三，有利于企业消除公众的误解和化解危机；第四，有利于沟通与协调企业内部关系，增强企业内部的凝聚力；第五，有利于沟通、协调企业与社会公众的各种联系，创造良好的国际营销环境。

(三) 国际公共关系的任务

国际营销企业开展国际公共关系的任务与目标市场国营销环境,市场供求和竞争状况,以及与企业在国际市场的地位和本国的对外贸易政策等密切相关。通常情况下,企业开展国际公共关系活动,主要有以下任务:

(1) 宣传企业。借助报纸、杂志、广播、电视、网络等大众传播媒体,把企业的信息传递给消费者、政府公众、社区公众、金融公众等,以建立良好的企业形象。公共关系条件下的宣传报道内容具有针对性,公众感觉比广告更加可信。通常这种宣传是由新闻媒体单位自发采集报道的,不需要企业付费,但是如果企业通过专门的协调和精心策划,将会取得更好的效果。

(2) 意见收集与反馈。认真听取和收集目标市场国公众对本企业产品、服务、人事、财务等各方面的意见,了解本企业在国际市场的形象和知名度。建立与公众之间的联系制度,答复公众向本企业提出的各种询问,提供有关本企业情况的材料,对来访、来电和来信的人,进行迅速、有礼、准确、友好的接待和处理。

(3) 加强与公众沟通与交流。与国内外有关组织特别是目标市场国的公众,建立固定的公开往来制度,经常向他们说明本企业对消费者、公众和社会可能作出和已经作出的贡献。为了完成这项任务,企业可以在国际社会搞一些赞助、捐赠、竞赛等活动。为了调整本企业的国际市场营销目标、营销方法、营销策略、产品组合和战略规划,适应市场变化,公共关系部门要提供最大的帮助,努力理顺企业与社会公众之间的关系,为企业顺利地开展国际营销开辟道路。以具体的行动向社会公众表明,本企业正在虚心听取各方面的意见,并迅速作出反应,从消费者利益,从公众利益出发,为社会公众提供完善的服务,作出有益的贡献。

(4) 化解危机。当企业的国际营销战略发生失误,或出现较大的营销问题时,可以利用公共关系给予补救;对不利于本企业发展的社会活动和社会舆论,要运用公共关系进行纠正和反驳。

以上只是企业开展国际公共关系的基本任务,各个企业应当根据不同时期不同市场的不同情况,确定公共关系的具体内容、任务和方法。国际公共关系的作用虽然重大,但它不能弥补产品和企业本身的缺陷,更不能取代人员推销、广告、营业推广和分销渠道。

(四) 国际公共关系的程序

要在国际市场上建立良好的公共关系,必须以诚实为基础,以社会公众利益为原则,以树立企业形象为要旨。但树立企业形象不是一朝一夕就能完成的,需要持续、全面、稳妥、有计划地开展工作,并通过一定的程序给予保证。企业开展国际公共关系活动,一般应按照以下几个程序进行:

(1) 开展公众调查。收集、了解目标市场国公众对本企业的意见和态度,分析企业及其产品在公众中的形象和知名度,总结经验教训,发现问题。美国、日本、西欧国家等都有专门的公共关系咨询公司和市场调研机构,帮助企业在国际市场上调查了解有关方面的问题。企业开展国际公共关系活动,可以首先与这些机构取得联系。

(2) 确定公共关系目标,制定公共关系计划。根据公众调查分析的资料信息和企业的促销目标,确定企业开展国际公共关系应达到的目标,包括近期、中期和远期目标,按照目标，再制定具体的公共关系活动计划。

(3) 实施计划与沟通信息。按国际公共关系计划，企业通过多种形式、途径和渠道实施，并把企业的所作所为告诉给社会公众，沟通企业与社会公众之间的关系。这样既可以扩大企业的国际影响和社会声誉，又便于听取社会公众的意见，接受社会公众对企业的监督。

(4) 公共关系效果评价。在公共关系实施过程中和实施之后，企业必须对公众信息进行反馈，了解国际公众对公共关系策略和企业产品的反应，以及公共关系目标是否实现，任务是否完成。评价和反馈工作，可以由企业公共关系部门完成，也可以聘请目标市场国有关机构和国际性公共关系公司、市场调研公司、营销咨询公司代为进行。此外，目标市场国的社会公众的密切配合是必不可少的。

二、国际公共关系的对象

国际公共关系的对象由独立的经济实体、组织和个人构成，包括本国和目标市场国政府、企业所在的社区及其他一些公众团体。在国际营销实践中，国际公共关系的对象具体包括媒体公众、政府公众、社区公众、金融公众、客户公众等。

(一) 媒体公众

媒体公众是指本国和目标市场国的报纸、杂志、广播、电视、网络等大众传播机构。报纸、杂志、广播、电视、网络等大众传播媒体承担着传播信息、引导舆论和提供娱乐的社会职能，因此企业必须充分利用媒体公众为企业服务。媒介公众是公共关系对象中最敏感、最特殊的一部分。媒介公众具有明显的两重性：一方面是企业必须特别重视的媒体公众，具有对象性；另一方面又是企业与其他各类公众实现有效沟通的渠道，具有中介性。这种公众与中介的合一，决定了媒体关系是企业外部关系中最重要的关系之一。

在现代社会中，媒介公众有着巨大的影响力。媒介公众长期从事信息传播工作，颇受广大社会公众的信任，是社会公众的代言人。媒介公众是引导、影响民意及造成社会舆论的主要力量。因此，任何企业要想造成有利于自身发展的社会舆论，确立和维护自身在广大社会公众中的良好形象，就必须加强与媒体公众的联系，建立融洽的合作关系。可以说，建立良好的媒体关系是营造良好舆论环境的关键。同时，媒体公众与社会各界有着密切广泛的联系，整理和传播着各种信息。企业要将自己的有关信息传播给广大社会公众并使之接受，必须依靠新闻界的力量。因为企业与社会公众只有很少一部分是可能面对面的，绝大部分社会公众都不能直接接触，要实现大范围、远距离的迅速传播，最佳途径就是借助于新闻媒体。而企业的有关信息是否为大众媒体所报道，以及报道的时机、频率、角度等一般都决定于新闻界，而不是企业本身。因此，与媒体公众建立广泛的、良好的关系，是成功地运用传播手段，实现与公众有效沟通的前提。

企业必须加强与媒体的联系，通过个人交往，向媒体主动提供企业的信息；通过座谈交流等方式，寻找长期、理想的合作伙伴。建立媒体关系必须做好以下工作：一是要充分了解新闻媒介传播的特性，努力争取新闻界的注意，力争先报道、连续报道、在显著位置报道；二是要充分了解媒体公众的心理，提供有报道价值的新闻，激发媒体公众的热情；三是运用复合型的媒体手段，发挥宣传的综合效应。

（二）政府公众

政府公众是指本国和目标市场国管理、规范企业国际营销活动的有关政府机构，如产业主管部门、财政、工商、税务、物价、检疫检验等部门。政府公众是企业的领导者、管理者、监管者和规范者，可以限制和影响某些产业的发展，同时政府公众又是巨大的潜在市场。对国际营销企业而言，与目标市场国政府公众的沟通和协调，是企业顺利进行营销活动的首要途径。任何企业作为社会的一个组成部分，都必须服从政府对社会实行的统一管理。

与在国内营销企业不同，国际营销企业面临着来自目标市场国政府的截然不同的要求或压力。所以，一方面，国际营销企业必须随时调整自己的行为，以适应目标市场国政府政策的变化；另一方面，企业又要协调可能发生的目标冲突和利益矛盾。企业要通过公共关系加强与目标市场国政府官员的联系，了解他们的意图，懂得他们的法律，以求得企业营销活动的长期发展。处于不同成长阶段的国际营销企业的公共关系任务是不一样的。刚进入目标市场国时期，问题多，公共关系的任务繁重。尔后，进入营运阶段，就要关注目标市场国政局与政策动向，以及企业利润汇回母国的风险问题。最后，在撤出阶段，也要注意与目标市场国保持良好关系以维护其他方面的利益。企业可以建立固定的公开往来制度，经常向目标市场国的政府和社会公众，说明企业对公众和社会可能作出和已经作出的贡献。

国际营销企业必须处理好本国和目标市场国的政府关系。政府关系包括与行政机构的关系、与法律机构的关系两个方面。政府关系的目标有两个：一是遵守政府制定的各项法律与政策；二是搞好与政府各部门的沟通交流。密切政府关系的做法有：第一，企业有关人员必须认真、全面、准确、及时地了解和研究政府的政策法令，密切注意政策法令的变化，为企业决策提供依据，确保企业营销活动在国家政策、法令许可的范围内进行；第二，熟悉政府机构的内部层次、工作范围和办事程序，与主管部门的公务员保持密切联系，提供工作效率；第三，主动向政府有关部门通报企业的情况，沟通信息，以求得政府的指导和帮助。

（三）社区公众

社区公众是指本国和目标市场国企业所在地，以地缘为纽带而连接和聚集的社区居民、社会群体、社会组织以及地方行政官员等。社区公众是企业的根基所在，对企业的生存与发展有着重要的影响。第一，社区为企业提供劳动力，因此企业与社区公众的关系直接影响到企业与员工及家属的关系，在这个意义上，可以说社区关系是企业内部员工关系的延伸；第二，企业的正常运营有赖于社区公众提供的邮政、电信、供水、供电等各种社会服务；第三，企业员工及家属的日常生活必须依靠社区的商店、医院、托儿所、学校等社会公益部门；第四，社区的文化直接影响企业的文化和生活方式。因此，社区公众是企业重要的公众之一，社区关系是企业重要的外部关系之一。

重视社区公众，搞好社区关系的目标在于协调企业与社区公众之间的利益，争取社区公众的理解、合作和支持，为企业创造一个良好的外部环境。密切社区关系的做法有：第一，通过散发印刷品、刊发广告、召开座谈会、参观企业生产线等方式，促进企业与社区的相互了解，主动向社区公众通报企业各方面的情况，并表示愿为社区发展作出贡献的良好愿望；第二，关心、支持社区建设，参加社区各项公益活动，资助社区福利事业；第三，纠正误会，答复批评，妥善处理与社区公众的矛盾。当企业遇到某些重大事件时，如新设备安装、新建筑破土动工等，先做些舆论宣传工作，注意与社区公众沟通。

（四）金融公众

金融公众是指本国和目标市场国那些关心和可能影响企业取得资金的组织和机构，如银行、证券、期货、信托、投资等。金融关系是企业与银行、证券、期货、信托、投资等构成金融市场的金融公众之间形成的关系。银行等金融公众是经营货币信用业务的特殊的社会组织，通过存款、放款、汇款、结算、信托、保险、证券、投资、租赁等金融活动，与各行各业发生着关系。由于货币是现代社会商品经济的一般等价物，每个人、每个企业、每个组织都要与货币打交道，所以银行等金融公众的活动渗透到社会肌体的每根"血管"，深入每个地区的每个角落。银行等金融公众对象的广泛性是任何社会组织都无法比拟的。企业要借助金融市场或处理好各种金融关系，能够给企业带来及时、低息的贷款，确保企业高绩效运行。

（五）客户公众

客户是企业服务的对象，是企业国际营销活动的出发点和归宿。企业的一切营销活动都要以满足客户的需要为中心。国际营销实践证明，谁能赢得客户对企业的信任和支持，谁就能在市场上立于不败之地。按照购买动机和目的分类，客户公众可分为消费者公众、生产者公众、中间商公众和集团消费公众。每一个客户公众都是一个独特的市场，企业必须坚持客户第一观念，加强对客户的研究，研究每一个客户的类别、需求特征、购买动机、购买规律以及购买的人员或组织、购买的方式等，使企业的营销活动针对客户需要，符合客户的愿望。

企业运用公共关系同社会沟通思想，增进了解，使客户对企业形象和产品产生良好的感情，企业应积极收集和听取目标市场国的客户公众对企业政策、策略、产品等方面的意见和态度，及时处理意见，消除客户公众的抱怨情绪，同时，提出改进企业政策、策略和产品方案，以消除抱怨情绪产生的根源。开展消费教育，以各种方式向客户介绍产品的用途和性能，并帮助客户迅速掌握产品的使用办法；对来访、来电、来函热情接待和对待，及时答复。

除此之外，行业协会、宗教团体、社会组织对企业的营销活动具有重要影响，也要注意处理好与上述各方的关系。

三、国际公共关系的方式

企业公共关系的目的是树立良好的社会形象。良好形象的树立，一方面要在营销中创造名牌，以优质产品回报社会，同时诚实守信、热心服务、关爱消费者；另一方面需要广泛开展公共关系活动，提高企业的知名度和美誉度。可供企业选择的有以下几种国际公共关系方式。

（一）利用新闻媒体

新闻媒体宣传是一种免费广告。由于大众传播媒体进行的宣传，具有客观性和真实感，社会公众在心理上往往不设防，传媒的客观性带来的社会效益和经济效益往往高于单纯的商业性广告。国际公共关系人员的一项重要任务是发现和创造对企业有利的新闻，争取一切机会和新闻媒体建立联系，及时地将企业的新情况、新事物、新动向、新产品等具有新闻价值的信息提供给新闻媒体，创造机会吸引媒体，扩大企业在社会公众中的影响，提高企业的知名度和美誉度。

（二）参与社会活动

企业是社会的一个组成部分，在从事国际营销活动的同时，应该积极参与社会活动，在广泛的社会交往中发挥自己的能动作用，赢得社会公众的爱戴。例如，赞助社区组织的各种文化、娱乐、体育活动；参加政府组织的节日庆典、基金捐献、重大开工仪式；参与扶贫济困、抗震救灾、植树造林等社会公益活动。通过参与这些社会活动，一方面充分表现企业对社会的一片爱心，展示企业良好的精神风貌；另一方面广交朋友，亲善人际关系，从而以企业对社会的关系换来社会对企业的关心。

（三）组织宣传展览

企业宣传展览的形式应尽可能多样化，可以组织编印宣传性文字、图像资料，拍摄宣传影视片，以及组织展览等开展公共关系活动，从不同侧面充分展示企业的形象。企业宣传展览的内容，既可以是企业宗旨、企业历史、企业优秀员工、企业的发展现状，也可以是企业的技术实力、企业的优异成绩和企业的名牌产品等。通过一系列形式多样、活泼新颖的宣传展览，让社会公众认识企业、理解企业，从而达到树立企业形象的目的。

（四）刊登公关广告

公共关系广告即企业为形成某种进步的具有积极意义的社会风气或宣传某种新观念而做的广告。如国际营销企业针对本国和目标市场国过度吸烟、酗酒、交通秩序混乱等危害公民健康的社会现象的规劝，以及倡导勤俭节约、尊老爱幼、理性消费、保护环境等社会新风尚的广告宣传均属公共关系广告。公共关系广告在客观效果上，能够有效地扩大企业的知名度和美誉度，树立关心社会公益事业的良好形象。

（五）建设企业文化

企业形象的传播，一个重要的方面是通过全体员工的言谈举止来进行的。社会公众从与之交往的企业员工身上，可以感受到企业的形象。因此，企业应结合实际情况，有计划、有步骤、有重点地建设企业文化，建设企业的核心价值观和企业精神，不断提高员工素质，活跃企业文化氛围，美化企业环境，从深层次有效地开展公共关系活动。

四、国际公共关系策略类型

（一）宣传型公共关系策略

宣传型公共关系策略是指企业运用本国和目标市场国的大众传播媒体和内部沟通方法，开展宣传工作，树立良好企业形象的一种策略。宣传型公共关系策略的基本形式包括举办展览会、经验与技术交流会、座谈会、新闻报道、专题通讯、记者专访、记者招待会等，必要时可以制造新闻、利用名人发挥名人效应，达到扩大宣传的目的。

（二）服务型公共关系策略

服务型公共关系策略是指企业通过向本国和目标市场国各类公众提供各种形式服务的一种策略。服务型公共关系策略的目的是强化企业信誉与形象，设身处地为社会公众着想，为社会公众当参谋，通过热情、周到的售前、售中、售后服务，为社会公众提供全方位的服务，使社会公众得到最大限度地满足。

(三) 社会型公共关系策略

社会型公共关系策略是指企业利用在本国和目标市场国举办的各种社会性、公益性、赞助性活动开展公共关系工作的一种策略。如参与扶贫济困、抗震救灾、植树造林等社会公益活动。社会型公共关系策略的目的是塑造企业形象,扩大企业的社会影响,提高企业社会声誉,赢得社会公众的支持。

(四) 交际型公共关系策略

交际型公共关系策略是指企业在本国和目标市场国的人际交往中开展公共关系工作的一种策略。如参与政府组织的节日庆典、重大开工仪式,参与行业俱乐部,举办新闻发布会等。交际型公共关系策略的目的是通过人与人的直接接触,进行感情上的联络,为企业广结良缘,建立广泛的社会关系网络,形成有利于企业发展的人际环境。

(五) 征询型公共关系策略

征询型公共关系策略是指企业通过在本国和目标市场国以采集各种信息,了解民情、民意,了解社会舆论的一种策略。如征询商标、厂歌、厂名、广告词,征询发展计划等。征询型公共关系策略的目的是为企业的营销决策者提供咨询,保持企业与社会环境之间的动态平衡。

第五节　国际市场营业推广策略

一、国际市场营业推广概述

(一) 国际市场营业推广的含义

国际市场营业推广(Sales Promotion)是在目标市场国采用的短期内能够使销售额迅速上升的促销手段,是与人员推销、广告和公共关系并列的四大基本促销手段之一。

营业推广是西方企业广泛运用的促销手段,21 世纪以来营业推广的总费用有不断上升的趋势。在我国,随着市场竞争在更大范围和更深层次上的展开,营业推广也成为企业竞争的重要促销手段。

(二) 国际市场营业推广的特点

(1) 辅助性。营业推广是介于广告和人员推销之间,用来补充广告和人员推销不足的一种不经常的、无规则的、辅助性的促销手段。与经常性、有计划进行的国际广告和人员推销不同,营业推广主要是针对目标市场国一定时期、一项任务,为了某种目标而采取的辅助性的推销方法和措施。典型的营业推广一般用于短期的和额外的促销工作,着眼点往往在于解决一些更为具体的促销问题。如为了打开产品出口的销路,刺激目标市场国消费者购买,推销新产品,处理滞销产品,提高销售量,击败竞争者等,往往使用营业推广配合广告和人员推销,使三者相互呼应,相互补充,相得益彰。

(2) 短期性。通过营业推广的一些措施,如赠送、发放优惠券等能够引起目标市场国消费者的兴趣,刺激购买行为,在短期内促成交易,使企业销售额大幅度增长。也就是说,作为一种辅助性的促销手段，营业推广只能在偶尔或短期内使用，如果经常使用会给消费者带来上当受骗的感觉，从而会引起消费者的观望和怀疑，同时导致营业推广的促销效应大幅度降低。

(3) 迅速性。营业推广向目标市场国消费者提供了一个特殊的购买机会，它能够唤起消费者的广泛注意，具体、实在、针对性强、灵活多样，对想购买便宜东西和低收入阶层的消费者颇具吸引力。因此营业推广具有见效快、能够迅速提高销售额的特性。

(4) 防御性。通过营业推广，企业向目标市场国消费者提供一些特殊的优惠条件，可以有效地影响、抵御和击败竞争者。当竞争者大规模地开展促销活动时，营业推广往往是在市场竞争中抵御和反击竞争者的有效武器，如减价、赠券、买一送一等方式常常能增加企业营销的同类产品对消费者的吸引力，从而稳定和扩大自己的消费者队伍，防御竞争者的进入。

(三) 国际市场营业推广的影响因素

企业在目标市场国采用营业推广这一促销手段时，应特别注意各个目标市场国对营业推广的限制、中间商的合作态度、市场竞争程度等因素的影响。

1. 目标市场国政府的限制

出于种种原因，许多国家对营业推广的应用加以限制。有的国家规定，企业在目标市场国市场上进行营业推广活动要事先征得政府有关部门的同意；有的国家对营业推广的形式进行限制，如法国禁止抽奖；有的国家规定赠送的物品必须与推销的产品有关，如法国规定杯子可以作为咖啡消费者的赠品，而餐具不能作为推销洗衣机的随赠礼品；有的国家则限制企业营业推广活动的规模，如法国规定免费赠送的物品不得超过消费者所购产品价值的5%。

营业推广的方式多种多样，由于各国政府的限制，使得不同国家营业推广方式和效果各不相同。一项国际市场研究报告表明：在法国，最有效的营业推广方式是降价、功能折扣和免费样品；在巴西，有效的营业推广方式是附赠礼品；在匈牙利、荷兰和希腊每周有效的营业推广方式是功能折扣。此外，企业还可以根据目标市场国的具体情况采取灵活的营业推广方式，以避免触犯政府的法规。

2. 目标市场国中间商的合作情况

企业营业推广活动能否成功，需要得到目标市场国中间商的支持与协助。例如，营业推广中需要代为分发的赠品、优惠券，一般由零售商来负责交易印发处理，并进行现场示范或者商店陈列等。对于那些零售商数量多、规模小的目标市场国，企业的营业推广活动要想得到零售商的有效支持与合作就十分困难，因为零售商数量多，规模小，分散，不容易联系，无法提供必要的营业面积或者示范表演场地，加上营业推广经验缺乏，难以收到满意的促销效果。

3. 目标市场国市场的竞争程度

目标市场国的市场竞争程度，以及竞争对手在促销方面的动向或措施，能够直接影响企业的营业推广活动。比如，竞争对手推出新的营业推广方式以吸引消费者，企业若不采取相应的对策，就有因为失去消费者而丧失市场的危险。同样的，企业在目标市场国的营业推广活动，也可能遭到当地竞争对手的反对或阻挠，甚至通过当地商会或政府部门利用法律或法规的形式来加以禁止。

二、国际市场营业推广的方式

在国际市场上，营业推广方式很多，一般可分为对目标市场国消费者的营业推广、对目标市场国中间商的营业推广、对各类推销人员的营业推广等三类。

（一）对目标市场国消费者的营业推广

1. 赠送样品

赠送样品按发送方式的不同，又分为直接邮寄、逐户分送、定点分送、媒体分送、联合分送和选择分送。

(1) 直接邮寄。将赠送的样品通过邮政邮寄的形式，送至消费者，但是边远地区、新建社区在邮政体系不健全时，可能难以及时投递到位，影响营业推广的效果。

(2) 逐户分送。将赠送的样品以专人直接送至消费者门外、应门人手中或消费者专用信箱内，这种方式更适用于人口密集度较高的地区，一般情况下委托专门的公共关系公司或大学生进行分送。但是，为保障居民安全，有些国家的一些高级社区已严禁使用。

(3) 定点分送及展示。在人流汇集的公共场所设点，将赠送的样品直接送到在场的消费者手中。与此同时，在现场对促销的产品进行展示、推荐和宣传。

(4) 媒体分送。由报纸、杂志等大众媒体将赠送的样品送至消费者，一般适用于重量轻、体积小并且薄，可以附在媒体里面发送的样品。

(5) 联合分送。将具有相关性消费且是非竞争性产品的样品集成一个样品袋送到消费者手中的形式。各类产品分摊促销费用使成本降低，样品袋组合精美，能够获得消费者的喜爱。

(6) 选择分送。将赠送的样品送至公务员、大学生、新郎、新娘、母亲等特定的目标消费者手中，这样具有针对性，既可直接接触目标消费者，又可节省人力、物力和财力。

2. 购买赠送

通过赠送便宜产品或免费品，以此介绍产品的性能、特点、功效等，这样既可使消费者得到实惠，又可刺激消费者的购买行为。赠送的物品主要是一些能够向消费者传递企业有关信息的精美小物品，如赠送印有企业名称、地址、网址、电话号码、传真号码、企业精神、企业理念、企业宗旨的日历、台历、挂历、打火机、温度计、纪念物等。赠送的形式也是灵活多样的，如随货赠送、批量购买赠送、随货中彩奖品等。

3. 赠券或印花

当消费者购买某一产品时，企业给予一定张数的交易赠券或印花，消费者将赠券或印花积累到一定数量或数额时，可到指定的地点换取该种产品、赠品或奖金。赠券或印花的实施，可以刺激消费者大量购买企业的产品，扩大企业的市场占有率。但是，对小批量购买的消费者来说，吸引力不大。

4. 赠送优惠券

营业推广人员事先通过多种渠道将优惠券发送到消费者手中，当消费者持优惠券购买企业的产品时，可以得到一定比例的价格折扣。一般而言，优惠券的持有者通常是对企业有直接或间接贡献的消费者，或社会影响较大、与企业业务关系密切的合作伙伴，也有一部分是企业要争取的新的消费者。无论哪种消费者，享受折扣都是有吸引力的，尤其是发展中国家的消费者，或是处于经济危机中的发达国家的消费者。

5. 退费优待

企业根据消费者提供的购买某种产品的购物凭证，给予一定比例的退费。退费优待有单一产品购买优待、同一产品重复购买优待、统一制造商多种产品购买优待、几种相关产品购买联合优待等形式。退费优待适用于各行各业，效果特别明显，尤其是在通货膨胀期间，更是深受消费者欢迎。不过高度个性化、经久耐用的产品比产品差异化小、再购买率高的日用品的效果稍差一些。

6. 折价优待

折价优待是指企业调低特定时期某种产品的销售价格，减少自身利润以回馈消费者。折价优待可以有效与竞争性产品抗衡，增加市场占有率，从长期来看企业也增加了利润。折价优待有四种形式，即标签上注明折价、包装上注明折价、包装内附赠一定数量的优惠、买一赠一等。

7. 抽奖与竞赛

这是企业以特定的奖品为诱因，吸引消费者积极参与购买以期中奖的一种营业推广形式。奖品的价值范围以及中奖率可大可小，根据实际情况作出选择。抽奖与竞赛促销效果明显，因为能给消费者提供一些获得惊喜的奖品和收入的机会，如提供出国旅游、赠送家电消费品、小轿车等。

（二）对目标市场国中间商的营业推广

1. 批量折扣

批量折扣是指中间商的进货量达到一定数量时，制造商按事先规定的折扣比例或金额给予中间商一定的折扣。批量折扣的基本形式有两种：一是明码标价，即按照进货量分段标明价格，或者标明折扣率，进货量越大，折扣越多；二是只标明零售价格，在交易谈判中根据实际情况灵活掌握进货量与折扣之间的比例。

2. 期间补贴

限制在一定时间内，凭发票享受扣抵补贴。此促销优待着重于进货期间，不管数量。凡在规定的时间内，均可凭发票获得补贴。期间补贴可以刺激中间商提前进货以控制预期的竞争性品牌的折价促销。有时制造商可以说服中间商在折扣期间降价优待消费者，但是有时也会造成中间商借机囤货，利用折价优待大量进货，以后再按原价销售获取丰厚利润。

3. 经销津贴

经销津贴是指为促进中间商增购产品，鼓励中间商开展促销活动，制造商给予中间商的一种补贴。经销津贴主要有新产品津贴、清货津贴、广告津贴、单独货架津贴、大批展示津贴、降价津贴等。

4. 免费附赠补贴

免费附赠补贴是指中间商的进货量达到一定数量时,制造商向中间商加赠免费产品给予优待的一种促销形式。免费附赠补贴有两种基本形式:一是有时间限制,通常不限于一次进货,只要是在一定时期内都可以累计获得优待;二是没有时间限制,凡是进货量总计达到一定数量,即使时间相距很长,也可以获得附赠补贴。免费附赠补贴可以刺激中间商多进货,因为多进货多补贴,获赠越多,赠品出售的利润就越多。

另外,对目标市场国中间商的营业推广形式还有联合促销、合作广告、特许经营、代销等。

(三) 对各类推销人员的营销推广

1. 红利提成

红利提成的具体形式有两种:一是推销人员的固定工资不变,在一定时间内,通常是季末或年末,从企业的销售利润中提取一定比例的金额作为奖金发放给推销人员;二是推销人员没有固定工资,每达成一笔交易,推销人员按销售利润的多少提取一定比例的金额作为奖金,销售利润越大,提取的奖金也就越多。

2. 特别推销金

企业给予推销人员一定的现金、礼品或免费提供企业的产品,以鼓励推销人员努力工作,完成更多的推销任务。

3. 推销竞赛

推销竞赛的内容包括推销数量、推销金额、推销费用、市场渗透、推销服务等,规定奖励的级别、比例与金奖、奖品的数额,用于鼓励推销人员。对成绩优异、贡献突出的推销人员,给予现金、奖品等物质激励或荣誉称号、通报表扬等精神激励,以及提供带薪度假、带薪旅游、攻读 MBA 机会等。

三、国际市场营业推广策略的制定

企业要制定一套优秀的国际市场营业推广策略,不只是选择一种或几种推广方式,还要结合产品、市场等具体情况而定。

(一) 营业推广的对象与目的

营业推广的对象不同,营业推广的目的也各不相同。对消费者来说,营业推广的目的是为了鼓励经常和重复购买,吸引新的消费者试用,建立品牌知晓和兴趣,树立品牌形象。对中间商来说,营业推广的目的是为促使中间商提高进货水平和购买新的产品项目,鼓励非季节性进货。对推销人员来说,营业推广的目的是为鼓励推销人员多推销产品,对新产品给予支持,刺激非季节推销。因此,企业在选择营业推广方式、制定营业推广策略时,必须适应推广对象的特点和目的的要求。

(二) 营业推广的时机与期限

不同的产品,在不同的市场、不同的条件下,营业推广的时机是不同的。市场竞争激烈的产品，质量差异不大的同类产品，刚进入国际市场的产品，老产品，滞销产品等，多在销售淡季或其他特殊条件下运用营业推广策略。营业推广的期限必须符合整体促销策略，有恰当的持续时间。如果时间太短，不少有希望的潜在消费者，也许恰好在这个时期没有购买而影响效果；如果时间太长，会给消费者造成一种误解，以为这是一种变相减价，失去吸引力。营业推广的安排，既要有欲购从速的吸引力，又要避免草率从事，必须确定恰当的推广期限。

（三）营业推广的条件与途径

在目标市场国，营业推广鼓励对象可以是任何人，也可以是部分人，企业有时可以有意识地提出条件，限制那些不可能成为长期消费者的人或购买量太少的人参加营业推广活动。比如，床上用品有奖销售中，限定当年五月结婚的新郎新娘方可参加；教师节期间对教师的各种优惠，限定必须是满 30 年教龄的教师方可享受等。企业在确定了前述问题后，还要决定通过什么途径向目标市场国的消费者开展营业推广。营业推广的途径不同，推广费用和效益也不一样，企业必须结合自身内部条件、市场状况、竞争动态、消费者需求动机和购买动机等进行综合分析，选择最有利的营业推广途径。

（四）营业推广预算与费用

营业推广固然可以增加销售额，扩大市场占有率，但同时也加大了促销费用。企业要权衡费用与经济效益的得失，确定营业推广的费用预算。常见的方法有三种：一是参照法，即参照上期费用确定当期的预算，这种方法简便易行，但必须估计到未来各种可变的情况；二是比例法，即根据占总促销费用的比例确定当期营业推广的费用，再将预算分配到每个推广项目；三是总和法，即先确定营业推广项目的费用，再相加得到总预算，其中，各个推广项目包括优惠成本（样品、折价）和实施成本（邮寄费、印刷费）两个部分。

本章小结

1. 促销的实质是企业与消费者之间的沟通，促销的目的是引起消费者的注意与兴趣，转变消费者的态度和行为。促销的基本方式是人员推销、广告、公共关系、营业推广。促销有四大作用，制定有效促销组合必须综合考虑促销目标、产品因素、市场条件、促销预算和经济前景等因素。

2. 国际市场人员推销的主体是推销人员，现代国际市场人员推销有五项任务，四大特点。国际市场人员推销有地区模式、产品模式、客户模式和综合模式等四种模式，试探性策略、针对性策略和诱导性等策略等三种策略。国际市场推销人员的管理主要包括推销人员的招聘、培训、激励、评估等环节。

3. 国际广告在国际营销中的三大作用，五大特征。在国际市场广告促销活动中，最常使用的是报纸、杂志、广播、电视、网络等五大媒体，在选择媒体时要考虑企业的营销目标、目标市场和营销环境等各种因素。国际广告策略包括标准化策略、差异化策略、形象广告策略、产品广告策略、广告设计策略和媒体组合策略等六个具体策略。国际广告活动中由于种种原因，存在着文化风险，国际营销企业必须适时规避各种文化风险。

4. 在国际营销实践中，国际公共关系的对象具体包括媒体公众、政府公众、社区公众、金融公众、消费者公众等。国际公共关系方式是利用新闻媒体、组织宣传展览、刊登公关广告和建设企业文化。国际公共关系的策略有宣传型公共关系策略、服务型公共关系策略、社会型公共关系策略、交际型公共关系策略和征询型公共关系策略。

5. 国际市场营业推广具有辅助性、短期性、迅速性和防御性的特点。在国际市场上，营业推广方式分为对目标市场国消费者的营业推广、对目标市场国中间商的营业推广、对各类推销人员的营销推广等三类。国际市场营业推广策略的制定要考虑营业推广的对象与目的、营业推广的时机和期限、营业推广的条件和途径、营业推广预算与费用等。

思考与练习

一、名词解释题

1. 促销　　2. 促销组合
3. 国际广告　　4. 人员推销
5. 公共关系　　6. 营业推广
7. 买一送一　　8. 广告代理商

二、多项选择题

1. 国际市场人员推销的模式有(　　)。
A. 地区模式　　B. 产品模式　　C. 客户模式
D. 综合模式　　E. 国家模式

2. 国际市场人员推销的基本策略有(　　)。
A. 试探性策略　　B. 针对性策略　　C. 诱导性策略
D. 强硬性策略　　E. 公关性策略

3. 国际广告的四大媒体是指(　　)。
A. 报纸　　B. 杂志　　C. 广播
D. 电视　　E. 网络

4. 国际公共关系的对象有(　　)。
A. 媒体公众　　B. 政府公众　　C. 社区公众
D. 金融公众　　E. 消费者公众

5. 国际公共关系的方式有(　　)。
A. 利用新闻媒体　　B. 参与社会活动　　C. 组织宣传展览
D. 刊登公关广告　　E. 建设企业文化

6. 国际公共关系策略有(　　)。
A. 宣传型公共关系策略　　B. 服务型公共关系策略　　C. 社会型公共关系策略
D. 交际型公共关系策略　　E. 征询型公共关系策略

7. 国际市场营业推广的特点是(　　)。
A. 主导性　　B. 辅助性　　C. 短期性
D. 迅速性　　E. 防御性

8. 对目标市场国中间商的营业推广形式有(　　)。

A. 批量折扣　　B. 期间补贴　　C. 经销津贴
D. 免费附赠补贴　　E. 红利提成

9. 对各类推销人员的营业推广形式有(　　)。

A. 红利提成　　B. 特别推销金　　C. 推销竞赛
D. 带薪度假　　E. 带薪旅游

三、简答题

1. 简述促销的含义及实质。
2. 简述促销的目的及基本方式。
3. 简述促销的重要作用。
4. 简述影响促销组合的因素。
5. 简述在国际营销中,推销人员的种类。
6. 简述国际市场人员推销的主要任务。
7. 简述国际市场人员推销的特点。
8. 简述国际广告的作用。
9. 简述国际广告的特征。
10. 简述国际广告标准化策略的优点。
11. 简述国际公共关系的任务。
12. 简述国际公共关系的程序。
13. 简述对目标市场国消费者的营业推广形式。
14. 简述国际市场营业推广的制定应考虑的因素。

四、论述题

1. 试述国际市场人员推销的管理。
2. 试述国际广告媒体的特性。
3. 试述国际广告策略。
4. 试述国际广告文化风险的产生原因及规避。

五、案例分析题

惠普公司的促销策略

惠普公司在全球拥有400多个分公司,80多种产品。企业组织结构按产品类别建立,再根据职能划分部门,如市场、销售、服务、研究开发等。80多种主要产品就有80多个销售总经理,80多个生产厂长,80多个市场总经理,80多个财务总经理。1999年,44岁的卡莉·菲奥娜出任惠普CEO,也开始了惠普的改革,决心按照客户种类和需求把组织结构改造为全面客户体验的服务模式。经过2个多月的时间,卡莉将惠普销售部门按不同客户重新划分成全球客户 、大客户、中小客户等部门;把从事技术研发和生产的部门重新组成三个大的部门,即与计算设备相关的计算系统部、与图像处理及打印相关的图像及打印系统部、与信息终端相关的消费类电子产品部。改革后,每一位销售人员所代表的都是惠普公司全线的产品和服务,在客户从选购到安装、调试、培训、使用,再到升级发展整个过程中都有专人与客户保持互动关系。

组织结构调整完善后,卡莉开始进行另一项大动作。2001年9月4日,惠普对外宣布并购康柏。备受世界关注和争议的并购案例历时8个月后，2002年5月6日，HPQ新代码在纽约证券交易所正式挂牌交易，开始了新惠普时代。合并后的新惠普成为全球最大的计算机和打印机制造商。新惠普在2002年的营业额达到817亿美元，仅次于蓝色巨人IBM的900亿美元。

经过一年多整合，新惠普计划拿出4.5亿美元作为全球推广费用，全面展开"惠普科技，成就梦想"营销计划，塑造新惠普"科技巨人"的形象。红色的康柏＋蓝色的惠普＝新惠普，两者的完美结合将是创新、客户体验和速度。

并购完成前惠普就着手准备这项计划，整个广告的策划过程花了近一年的时间。惠普聘请专业公司对竞争对手的广告支出进行跟踪调查，发现惠普在广告上的支出与竞争对手相仿。2000年1月至2002年6月间，惠普在广告上花费7.23亿美元，戴尔5.62亿美元，IBM 8.72亿美元。惠普全球品牌和联络部门高级副总裁约翰逊称，她的团队访问了数百位普通人、公司客户、雇员和行业分析师，想了解他们怎样看待惠普。结果是许多客户仅把惠普视为一家打印机公司，还有许多人并不了解惠普。实际上，惠普科技全球领先，服务于广大客户和中小企业，应用于100多个股票交易所、95%的证券交易所和2/3的信用卡交易。看来，新惠普塑造形象势在必行了，增加广告品牌投入将有利于达到这个目的，使竞争的天平向自己这一边倾斜。

惠普的广告力图用"客户＋惠普"的创意模式，表达惠普给人类各行各业带来的生命力、动感、艺术感、创造性等各种各样的美妙体验。广告总主题为"一切皆有可能"及"客户＋惠普＝惠普科技，成就梦想"2003年6月开始，"客户＋惠普"营销活动是铺天盖地："宝马F1车队＋惠普"、"梦工厂＋惠普"、"芬兰鸟类研究所＋惠普"、"亚马逊＋惠普"、"联邦快递＋惠普"……从平面媒体、广告牌、电视到网络媒体，展开全球广告攻势。但在一系列广告中，看不到惠普的具体产品，而是以客户为主体的一系列有趣故事。惠普科技如何帮助宝马F1车队超过法拉利；如何帮助梦工厂缔造新一代动画《怪侠史莱克》中的小金人，捧回奥斯卡最佳动画奖；如何帮助芬兰的鸟类观察者纪录珍稀鸟类的GPS位置；如何帮助亚马逊实现在线零售；如何帮助联邦快递将货物在第二天快速、准确送达……

惠普让客户的形象占据广告画面大部分位置，自己则退居一隅。新惠普CEO卡莉·菲奥娜的解释是：借助惠普科技，实现梦想！惠普为众多著名客户成功提供解决方案新广告以惠普客户的第一手经验为主打，强调惠普科技为日常生活带来的影响是随处可见。"客户＋惠普"的加法算式强调了惠普与客户的紧密合作，与客户共进共荣；成就了客户，也成就了自己，使一个全新的惠普形象脱颖而出。"客户＋惠普"为很多企业成就了梦想，也打造了新惠普"科技巨人"的新形象。

惠普新广告现在美国展开，第一则平面媒体广告刊登在美国两大强势媒体《华尔街日报》和《纽约时报》上，且都使用了极其少有的16个连续整版；电视广告选择了在收视率领先的CNBC上播出；随后，纽约著名的时代广场上也树立起了醒目的户外广告牌。全球其他国家的广告活动也陆续展开。从用户反馈来看，一系列广告活动取得了很好的效果，新惠普市场地位和影响力也得到了空前的提高。惠普不仅成为欧洲、中东及非洲最大的IT供应商，而且其PC服务器出货量超过了其后九大厂的总和。事实印证了"1＋1＞2"，新惠普比合并前两个公司单纯相加更好。

（资料来源：彭强.惠普“疯狂”[J].成功营销.2003(7)；丁飞洋.新惠普：整合一年间[N].中国经营报，2003-06-30.）

案例问题：

1. 惠普“客户＋惠普”广告创意模式的利与弊。

2. 惠普采用的是什么样的广告策略？

3. 请收集最近几年惠普的广告材料，并进行比较评价。

专业词汇索引

外销员考试历年真题汇总

一、名词解释(如系英文,先译成中文,然后就其含义作简要解释,每小题 2 分)

1. 可行性研究(2006)

2. 产品生命周期(2007)

3. 国际市场价格(2008)

二、选择题(在下列试题的几种答案中选出正确的一个或多个答案,并在括号内画上"√",每小题 1～1.5 分)

1. 社会营销观念强调的利益是________。(2001)

(　　)① 企业和消费者的共同利益

(　　)② 消费者和社会的长远利益

(　　)③ 企业、消费者和社会的整体利益

2. 消费者市场常用的细分标准有(　　)。(2001)

(　　)① 人口因素

(　　)② 地理因素

(　　)③ 组织因素

(　　)④ 心理因素

(　　)⑤ 行为因素

3. 显像管价格的下降,并没有导致电视机厂购买更多的显像管,这是因为产业市场具有________的特点。(2002)(2005)

(　　)① 需求具有派生性

(　　)② 行业波动性较小

(　　)③ 需求缺乏弹性

4. 通过实地调研收集的第一手资料具有的特点为________。(2002)(2005)

(　　)① 真实可靠

(　　)② 时效性强

(　　)③ 调研费用低

(　　)④ 覆盖面广

(　　)⑤ 针对性强

5. 企业渠道宽度策略选择的依据之一是产品的类型。消费品中的________适宜于选择性分销渠道策略。(2002)

(　　)① 高档品

(　　)② 选购品
(　　)③ 低价品
(　　)④ 日用品

6. 营业推广是指能够迅速刺激需求,鼓励购买的各种促销形式。________是针对中间商的营业推广形式。(2004)

(　　)① 经销竞赛
(　　)② 现场示范
(　　)③ 购货折扣
(　　)④ 免费样品
(　　)⑤ 合作广告

7. 整体产品概念包括核心产品、有形产品和附加产品三方面的内容。________属于有形产品。(2004)

(　　)① 产品质量
(　　)② 产品保证
(　　)③ 产品功能
(　　)④ 产品包装
(　　)⑤ 产品品牌

8. 西方国家企业经营观念演变中,________的产生代表企业经营思想的一次根本性变革。(2004)

(　　)① 营销
(　　)② 社会营销
(　　)③ 生态营销
(　　)④ 大营销观念

9. 当顾客对某一产品有需求,但尚未形成偏好时,企业应选择的广告策略目标是________。(2007)

(　　)① 通知广告
(　　)② 劝说广告
(　　)③ 提示广告

10. 下列可供企业选择的进入国际市场方式中,属于直接出口的有________。(2007)

(　　)① 利用国外经销商或代理商
(　　)② 将产品卖给国外企业驻本国采购处
(　　)③ 设立国外营销子公司
(　　)④ 特许经营
(　　)⑤ 设立国外办事处

三、判断题(正确的,在括号内画上"√",错误的,在括号内画"×",每小题1分)

(　　)1. 集中性目标营销策略的主要缺点是经营成本高、风险过于集中。(2001)

(　　)2. 企业分析国际营销环境的意义不仅在于发现和利用营销机会,而且在于发现并避免环境威胁。(2001)

（　）3. 营销学认为，一种产品属于消费品还是产业用品，取决于产品的购买者及其购买意图。（2002）

（　）4. 营销组合中的非价格因素，一方面影响成本，另一方面又影响顾客对产品的理解价值。（2002）

（　）5. 文化因素、社会因素、个人因素和心理因素是影响消费者购买行为的主要因素。其中影响最直接的、决定性的因素是文化因素与心理因素。（2004）

（　）6. 可支配收入是影响非生活必需的消费品和劳务推销的主要因素。（2004）

（　）7. 营销学认为，一种产品属于消费品或是产业用品，取决于产品的购买者及其购买意图。（2006）

（　）8. 营销组合中的非价格因素，一方面影响成本，另一方面影响消费者对产品的理解价值。（2006）

（　）9. 市场细分的前提是产品的不同特征以及顾客需求的差异性。（2007）

（　）10. 企业营销组合中，除了促销因素以外，产品本身，如特色、品质、包装、品牌、销售时间和地点以及定价等因素也起着一定的促销作用。（2007）

（　）11. 运输包装上的标志就是运输标志，也就是通常所说的唛头。（2007）

（　）12. 跨国公司利用转移价格来实现全球利润最大化，因此，在制定该价格时需考虑全球市场的供求关系。（2008）

（　）13. 名牌、高档消费品由于价格高，利润率也相对较高，企业应尽量增加分销网点，以便潜在顾客有较多机会接触到产品。（2008）

四、简答题（每题 2.5 分）

1. 简述国际广告信息的标准化策略和当地化策略。（2008）

2. 简述在我国实施市场多元化战略的意义。（2008）

五、案例题

1. P&G 公司进入中国市场以来，在洗发水系列中，先后推出了海飞丝、飘柔、潘婷、沙宣四个品牌，每一品牌都以基本功能之上的某一特殊功能为诉求点，在广告中，依仗 USP（独特销售主张）以及卓越的创意表现，加以传播，来强化品牌的个性定位，如海飞丝定位于去头屑专家，头屑去无踪、秀发更出众；飘柔定位于洗发、护发合二为一，令头发飘逸柔顺；潘婷定位于营养专家，含有维他命原 B5，兼含护发素，令头发拥有健康，当然亮泽；沙宣定位于发型专家，含保湿因子，保持发型持久。（6 分）（2002）（2006）

请问：(1) P&G 公司采用的是何种品牌策略？

(2) 采用这种策略的意图是什么？

2. 某油漆公司经过市场调研，发现油漆市场的用户主要由职业油漆工和那些喜欢自己动手的个体客户两大类构成。公司选择了前者为主要服务对象，并根据职业油漆工的工作特点，建立了一个灵活、及时提供的服务系统，除了供应不同的油漆品种外，还提供免费配制油漆服务以及即使是很少量的需求也快速送货到工地，此外，公司还在工厂仓库设立免费咖啡屋，为职业油漆工提供休息场所。（5 分）（2002）

请你从营销学角度评析该公司的目标营销策略及竞争优势所在。

3. BBB 公司是一家经营中国传统中药的百年老店。为了打开海外市场，在市场调研的基础上，公司选择了北美和西欧为目标市场。并以其中崇尚自然，受中国文化影响，喜欢中药的消费者为目标顾客。针对西方消费者的服药习惯，公司对产品形式做了较大的改变，“中药西做”，以西方消费者习惯的片剂、粒剂和水剂的形式销售。由于采取了正确的营销战略和策略，该公司产品很快打开了海外市场。(5 分)(2004)

请问：(1) 该公司采取了什么标准细分世界中药市场？

(2) 该公司海外市场的目标营销策略属于哪种类型？并简要解释其含义。

4. 曾有两个案例：其一，某公司向伊朗出口了 200 吨肉鸭，货物刚运抵伊朗海关，即被打回票。原因是鸭子的屠宰方法不符合伊斯兰教教规，必须退货，于是，肉鸭不得不“出口转内销”；其二，某钟表公司为中东市场开发了具有独特功能的手表，即无论在世界任何地方，都能将时间转换成穆斯林时间，并在应做祷告的时刻自动提醒戴表的人，表上一根“指南针”始终指向麦加。手表一投放市场，大获全胜。(6 分)(2007)

请从营销学角度分析：

(1) 该两案例失败与成功的原因是什么？

(2) 你从中得到什么启示？

5. 某企业选择了“快餐市场”为其目标市场。经济市场调研，了解到快餐消费者最关心的因素是价格和就餐环境及服务。假定目标市场上现有 A、B、C、D、E 五位竞争者，A 被认为是价格较高，服务环境较好；B 公司被认为价格适中，服务水平一般；C、D、E 被认为环境及服务较差，但价格也便宜。在竞争者位置既定情况下，你认为该公司应如何定位(要求在图中以 F 表示)？这种定位策略需具备哪些条件？(6 分)(2007)

6. 某家声誉卓著的商行，近来由于受到其他商行削价竞争的冲击，销售业绩波动较大。该商行想巩固和提高市场占有率，又想维持较高的市场价格以维护其形象，你认为企业应采取什么样的营销策略以应付竞争？(4 分)(2008)

主要参考文献

[01] 菲力普·科特勒，等. 市场营销管理（亚洲版·上）[M]. 北京：中国人民大学出版社，1997.

[02] 菲力普·科特勒，等. 营销管理（十二版）[M]. 上海：格致出版社，上海人民出版社，2006.

[03] 菲力普·科特勒. 营销管理（十版）[M]. 上海：上海人民出版社，2002.

[04] 瓦拉瑞尔·泽丝曼尔. 服务营销（第四版）[M]. 北京：机械工业出版社，2009.

[05] 菲利普·R·凯特奥拉. 国际市场营销学（第12版）[M]. 北京：机械工业出版社，2005.

[06] 尤　金·麦卡锡. 市场营销基础（第三版）[M]. 上海：上海人民出版社，2000.

[07] 乔　尼·约翰逊. 全球营销（第三版）[M]. 北京：中国财政经济出版社，2004.

[08] 格雷厄姆·胡利，等. 营销战略与竞争定位（第三版）[M]. 北京：中国人民大学出版社，2007.

[09] 苏比哈什·贾殷. 国际市场营销（第六版）[M]. 北京：中国人民大学出版社，2004.

[10] 沃　伦·克尹根. 全球营销管理（第五版）[M]. 北京：清华大学出版社，1998.

[11] 利　昂·希夫曼，等. 消费者行为学（第8版）[M]. 北京：中国人民大学出版社，2007.

[12] 克　尔·所罗门，等. 消费者行为学（中国版）[M]. 北京：中国人民大学出版社，2009.

[13] 贝雷迪. 教育中的比较方法（Compartive Method in Education）[M]. 华盛顿：Holt Rinehart and Winston, Inc, 1964.

[14] 吴世经. 市场学[M]. 武汉：武汉大学出版社，1990.

[15] 方　虹. 国际市场营销学[M]. 北京：机械工业出版社，2009.

[16] 赵伟晶. 国际市场营销学教程[M]. 北京：北京航空航天大学出版社，2009.

[17] 万后芬，等. 市场营销教程[M]. 北京：高等教育出版社，2003.

[18] 甘碧群. 国际市场营销学[M]. 北京：高等教育出版社，2006.

[19] 胡正明. 中国营销：对策与创新[M]. 北京：经济科学出版社，2001.

[20] 李　强. 市场营销教程[M]. 大连：东北财经大学出版社，2004.

[21] 张占东. 关系营销[M]. 北京：中央广播电视大学出版社，2011.

[22] 荣晓华，等. 消费者行为学[M]. 大连：东北财经大学出版社，2001.

[23] 郭　毅，等. 基于关系视角的营销理论[M]. 上海：华东师范大学出版社，2006.

[24] 郭国庆. 市场营销管理：理论与模型[M]. 北京：中国人民大学出版社，1995.

[25] 杨国荣. 科学的形上之维[M]. 上海：上海人民出版社，1999.

[26] 张胜勇. 反思与建构——20世纪的教育科学研究方法论[M]. 济南：山东教育出版

社,1999.
[27] 林　佳.零售商自有品牌策略研究[M].北京:首都经济贸易大学出版社,2004.
[28] A·C·尼尔森.全球经理人报告:2005 自有品牌的力量[R],2005.
[29] 甘碧群.国际市场营销学[M].北京:高等教育出版社,2001.
[30] 王　维,龚福麒.市场营销学[M].北京:经济管理出版社,2002.
[31] 帕拉苏拉曼.市场调研[M].北京:中国市场出版社,2009.
[32] 王方华.营销学的中国"变迁"[J].营销学苑,2008(5).
[33] 陈向明.定性研究方法评价[J].教育研究与实验,1996(3).
[34] 沈剑平,瞿堡奎.教育研究范式简论[J].华东师大学报(教育科学版),1990(1).
[35] 张占东.延长产品成熟期的策略[J].销售与市场,1995(8).
[36] 娄世娣,张占东.新产品市场扩散的三大支点[J].销售与市场,1995(4).
[37] 赵　晋.波士顿矩阵分析在实际案例中的运用[J].中国高新技术企业,2008(8).
[38] 张镜天.波士顿矩阵在酒类营销中的运用[J].中国酒业.2006(1).
[39] 李　玲.试论我国企业在国际营销中的品牌策略[J].重庆工商大学学报(社科版),2003(4).
[40] 李克芳.国际营销下的国际物流发展策略[J].物流科技,2011(6).
[41] 向　洁.浅谈国际物流与中国物流业的对策[J].现代营销·营销学苑,2010(12).
[42] 熊荣生.浅谈国际市场营销环境[J].宁波职业技术学院学报,2006(6).
[43] 张　哲.国际营销中的文化策略[J].商场现代化,2007(3).
[44] 邹玥名.论国际市场营销的经济环境分析[J].时代经贸,2007(6).
[45] 张荣耀.社会文化环境对企业国际营销的影响和对策[J].时代经贸,2007(6).
[46] 陈钦兰.新技术革命与国际营销[J].中国商贸,2010(6).
[47] 贺继红.中国商业企业自有品牌研究[J].科技与管理,2000(3).
[48] 彭　强.惠普"疯狂"[J].成功营销.2003(7).
[49] 丁飞洋.新惠普:整合一年间[N].中国经营报,2003-0N6-30.
[50] 刘卫华.渠道一体化,抱团打天下[J].易迈管理咨询网络,MBA163.com,2004-05-26.
[51] 李　峰.市场营销学资料,2008.6.

教学课件索取单

敬爱的老师：

感谢您使用我们出版社的教材。为了方便教学，教材配有相关教学课件。如果您需要，请您填写下面表格中的相关信息，并以电子邮件的形式发到我社，我们在核对您的信息后，即免费向您提供教学课件。

我们的联系方式：

地址：上海市中山西路 2230 号 1 号楼 1505 室　　　　邮编：200235

立信会计出版社　　　　电话：(021) 64411191

电子邮件：gogo2006gogo@126.com

教材名称					作者姓名	
教师姓名		性别		身份证号		
学　校			院系		教研室	
学校地址					邮　编	
职　务			职称		办公电话	
E-mail			手机		宅　电	
通信地址					邮　编	
教材用量		册	委托订购单位			

您对本教材的意见和建议是：